政治学的思维方式

［英］安德鲁·海伍德（Andrew Heywood）著
张立鹏 译

Politics

（Third Edition）

中国人民大学出版社
·北京·

序　言

与三十年前不同，如今关于政治学的教科书虽然不能用汗牛充栋来形容，至少也称得上是琳琅满目了。在这种情形下，这本译著的出版似乎需要一个理由。显然，它不只是为国内读者增加了一本政治学入门读物，使人们多了一个阅读选择，在我看来，它还具有其他层面的意义。到目前为止，国内已经出版的诸多政治学导论类的翻译作品中，作者大多是美国学者。例如罗伯特・达尔的《现代政治分析》、肯尼斯・米诺格的《当代学术入门：政治学》、詹姆斯・W. 西瑟的《自由民主与政治学》、莱斯利・里普森的《政治学的重大问题：政治学导论》、迈克尔・罗斯金等人的《政治科学》、杰弗里・庞顿和彼得・吉尔的《政治学导论》等，莫不如此。也许这是一种巧合，一种可以理解的巧合。毕竟美国是现代政治学的发源地，是行为主义革命的大本营，也是当代政治学规范研究的重镇。然而，这无意中的"一边倒"，是否也表达了某种遮蔽？中国的对外开放应该具有全球意识，政治学的交流也当是多元的。美国很重要，但不是全部，因为欧洲学者对政治学的贡献也是巨大的，其学术作品同样值得我们重视（事实上，欧洲之外的其他领域，以及英语之外的其他语种，都应该纳入我们的视野）。在这一意义上，张立鹏博士的翻译可谓补了一个缺。

当然，这一肯定并非简单基于对外开放立场的"政治正确"。无论从哪个方面看，海伍德教授的《政治学的思维方式》都是一本非常精彩的政治学入门读物，简明但不简单，易读但不肤浅，尤其适合于对政治学感兴趣的非专业读者作为了解政治学的一块"敲门砖"来阅读。

在此，利用一点篇幅谈下面三个问题，希望对国内政治学初学者理解和把握西方政治学教科书有所助益。

第一，作为一门经验科学，政治学的内涵与人们对政治的理解方式以及所采用的研究方法有着密切的联系。从政治学诞生至今，人们对政治的理解在诸多方面都经历了重要的变化。例如，在研究内容上，从政府机构拓展到非政府行动者、从传统的公域深入到私域、从静态的政治结构描述到动态的政府过程分析、从国别政治发展到全球政治等；在研究方法上，从规范叙述经由经验描述，发展到基于数据的统计分析（与行为主义革命紧密相关）、演绎研究（公共选择理论），到如今正在风靡的大数据研究；在意识形态上，西方学者放弃了早期尚存的文化相对主义立场，越来越主张普遍价值观，确立了自由民主（liberal democracy）在政治学研究中的话语霸权地位。与上述发展过程相契合，政治学教科书的内容也经历了一个不断丰富的过程，在某种意义上，海伍德教授的《政治学的思维方式》可以视为体现了这种发展的一个集成品。由此，我们可以大致了解西方政治学者所关注的问题、使用的基本概念、看待问题的方式，以及理论发展的层次（或高度）。

故而，指出下面这一点是必要的：到目前为止，政治学的基本知识依然具有相当浓厚的西土色彩，其核心概念和基本理论主要提炼自西方国家的政治发展经验；虽然比较政治学将广大的非西方社会纳入了分析的视野，但欧洲中心主义的味道仍然没有完全散尽。因此，在阅读西方政治学教科书时，我们需要时常考虑这样的问题：如何评判这些概念和理论的普遍性程度？借助它们是否能够充分理解本国的政治经验？如果不能，应该怎么办？

第二，在上述历史的演进过程中，西方政治学教科书囊括了相当多的内容，除了传统的政治制度之外，还涉及非政府的政治主体（政党与利益集团等）、政府过程（选举、投票、游说、社会运动等）、政策过程（制定、执行、评估）、政治环境、影响政治的诸多因素，等等。如何将上述要素组合起来，是教科书写作的逻辑结构问题。

就笔者所见，大多数西方政治学教科书对核心内容的编排都采取“政治设置”与“政治互动”的分类法，虽然在具体内容上有所区别，但这一区分思路是明显的。相比之下，国内相关的教科书基本采取“政治体系”（或“政治主体”）与“政治行为”的分类法。两种编排方式的最大区别在于，“政治设置”只涉及政府结构内部的行为者，而“政治体系”或“政治主体”除此之外还包括非政府的政治行为者。由此导致的第二个区别是，按照西方教科书的分类法，政党和利益集团被纳入“政治互动”的范畴，而在国内学者编著的教科书中，政党和利益集团通常被视为“政治体系”（或“政治主体”）

的构成要素。接下来的第三个差别是，在“政治互动”的部分，西方教科书通常介绍政治沟通、代表、选举和投票等内容（在不同作者那里各有千秋），而国内教科书偏向于谈论“政治斗争”、“政治统治”、“政治管理”以及“政治参与”等内容。两者有交合之处（例如都关注“政治参与”），但分叉是明显的。作为上述设计的一个副产品，西方教科书花很多篇幅来讨论政府的不同结构（通常是立法、行政和司法分章讨论），而在国内教科书那里，对政府的叙述只用一章便可。

这两种编排方式各有特点。西方教科书的编制方式体现了（旧）制度主义的深刻影响。从历史发展来看，西方政治学作为一门独立的学科从社会研究的母体中分离出来（各国有所差异），首先将国家或政府作为自身的考察对象，重视对宪法、政府机构和政治制度的研究——今天我们称之为旧制度主义。在某种意义上，“政治设置”的范畴（包括宪法、法律与司法机构，议会机构，政治行政机构，官僚机构，军警力量）可以看作是传统制度主义的历史遗产（当然，行政国家的出现、官僚制的权力膨胀、政府权力结构的重心转移等是崭新的因素），它反映了这样一个基本事实：政治制度是西方政治学的核心，也是国家与社会区分的关键（对于自由主义来说，这是非常重要的原则）。虽然政治学的随后发展不断拓宽了研究的范围，但政治制度的核心地位依然得以保留。海伍德的《政治学的思维方式》以及罗斯金等人的《政治科学》都可以视为这方面的范例。

相比之下，政治学在中国是一门舶来的学科，1950年代初期一度被取消。在1980年代初期学科恢复时，教科书的写作受到了政治系统论和结构—功能主义的深刻影响。有趣的是，在这一点上，中西教科书有了共同的语言。在政治体系、政治互动、政策过程、系统绩效等术语中，我们不难发现这一点。事实上，无论是“政治设置”与“政治互动”的分类法，还是“政治体系”（或“政治主体”）与“政治行为”的分类法，都与政治系统理论的理念有着千丝万缕的联系。

第三，尽管绝大多数政治学研究者的自我定位是科学研究，而且作为这门学科的入门书，大多数教科书也冠以“政治科学”的名称（由于历史传统的缘故，相比于美国学者，英国学者一度倾向于使用 politics，或 political studies，而不是 political science），但是，一个不可回避的事实是，政治学教科书具有浓厚的意识形态色彩，经验科学的定位并不能将价值问题排除在外。事实上，西方学者的政治学研究是在自由民主观的支配下进行的，其教科书也体现了这一内在的价值。无论是在政体分类的标准，还是在政治过程的理解方面，我们都可以体味到这一点。反过来也一样，我们的政治学教科书也体现了自身的价值。例如，基于马克思主义的阶级理论，国内教科书一般都有国体与政体的论述，前者指在一个国家中哪个阶级占据统治地位（国家的阶级性质），后者指国家政权的组织形式，它服从于国体（当然这种关系不是一一对应的）。这一对术语构成了国内研究者理解政治现象的核心概念，然而这种区分在西方政治学教科书中是找不到的。虽然西方政治学主流学者并不否认阶级的存在，但他们对阶级以及阶级在政治中的作用之理解与马克思主义迥然相异。认识到这一点有助于我们以理性和科学的态度对待西方的政治学教科书，同时更好地理解不同文本和话语之间的意识形态竞争。在这一意义上，教科书是一项事业，既有科学的成分，也有价值的含量。对此，我们不能不察。

简言之，希望读者用发展的眼光、比较的视野、理性的审慎、批判的态度（就“批判”两字的本义而言）来阅读本书。由此得到的收获，可能大矣。

景跃进

清华大学政治学系教授

目　录

第一部分　政治理论

不管事的政府是最好的政府。

——亨利·大卫·梭罗

民主是最坏的政府形式，只不过要除掉所有其他已经不断试验过的政府形式。

——丘吉尔

国家的目的总是相同的：限制个人，驯服之、征服之、压制之。

——马克斯·斯特纳

第二部分 政治互动

即使最强者也绝不会强大到足以永远做主人，除非他把自己的强力转化为权利，把服从转化为义务。

——卢梭

第三部分 政府机构

无宪法之政府乃不正当之力量。

——托马斯·潘恩

议会纯粹是多少有些无聊之人参加的大型会议。

——白芝浩

官僚组织是由侏儒管理的庞大机构。

——巴尔扎克

第一部分　政治理论

第 1 章

什么是政治？

人们之间总是存在歧见，政治生活也因此让人激动。人们对于他们应如何生活看法不一：谁应当得到什么？权力和资源应如何分配？社会应建基于合作还是冲突？等等。同时，他们对这些问题如何解决也存在分歧：集体决定应如何做出？谁应有发言权？每个人应有多大的影响力？对亚里士多德来说，上述问题使政治成为**“最高科学”**（master science）——人类试图改善生活并创造美好社会的活动即是政治。政治首先是一种社会活动，它永远是双向的交流，而非个体的独白。离群索居的个人，如鲁滨孙·克鲁梭①或许会逐渐掌握简单的经济和生产技能等，但绝无可能参与政治，只有星期五②之类的男人（或女人）到来后，政治方才产生。不仅如此，政治的核心分歧，也延伸至政治学的性质及

主要问题

本章讨论的主要问题如下：

- 政治作为一种活动的主要特点是什么？
- 不同的思想家和传统是如何理解政治的？
- 政治活动发生在所有社会机构中，还是仅见于其中之部分？
- 学界采用了哪些政治研究的取向？
- 政治研究能够科学化吗？
- 概念、模型和理论在政治分析中各有什么作用？

① 《鲁滨孙漂流记》的主人公。——译者注

② 源出《鲁滨孙漂流记》，鲁滨孙于星期五救了一个土著人，为之起名“星期五”。——译者注

其应如何研究上来。人们对于如下两个问题存在不同的看法：(1) 哪些因素使社会互动具有“政治性”？(2) 如何以最佳的方法来分析和解释政治？

1.1 政治的界定

冲突 (conflict)：指对抗力量之间的竞争，反映了观点、偏好、需求或利益的多样性。

合作 (cooperation)：指协同努力，通过集体行动达到目标。

政治在最广义上是人们制定、维系和修正其一般生活规则的活动。政治也是一门学科（有时候用“Politics”——首字母大写来突出这一点），它研究的显然就是这一类活动。政治与**冲突**及**合作**的现象联系紧密。一方面，不同或对立的观点、期望、需求和利益，很可能使人们对生活规则并无一致的看法；另一方面，人们也认识到，要想影响这些规则或确保这些规则得到维护，他们必须和他人协作——汉娜·阿伦特 (Hannah Arendt) 因此将政治权力定义为“协同的行动”(acting in concert)。也正因为这个原因，人们常将冲突解决的过程描绘为政治的核心，对立的观点和竞争性利益在此过程中相互妥协。不过，我们最好将这种广义政治理解为寻求冲突解决的过程，而不是其得以最终解决，因为并非所有的冲突都得到了或能够得到解决。多样性（我们不会完全一样）和稀缺性（资源从来都不够分配）不可避免地存在，政治也因此成为人类生存境况的必然特征。

任何厘清“政治”含义的尝试都必须处理两个重要问题。第一，“政治”一词在日常语言中使用时常使人产生诸多联想，换句话说，政治是个诱导性术语。大多数人会认为经济、地理、历史和生物只是学术的科目，但说到政治，却很少有人不会怀有先入之见。比如，许多人会想当然地假定研究政治的学者和教师必然带有某种偏见，而很难相信他们能够以不偏不倚、完全客观的态度对该学科加以研究。更糟糕的是，人们还往往认为政治是个“肮脏”的字眼：它一方面使人联想到麻烦、混乱甚至暴力，另一方面又与欺骗、操纵和谎言纠缠不清。这些联想其实并不新奇。早在1775年，英国人塞缪尔·约翰逊 (Samuel Johnson) 就将政治斥为“不过是飞黄腾达的工具而已”，19世纪美国历史学家亨利·亚当斯 (Henry Adams) 则将其概括为“仇恨的系统性安排”。因此，任何界定政治的尝试，都必须摆脱这些联想的约束。很自然，这意味着需要确认政治是一种有意义甚至值得赞许的活动，而使之摆脱原先的恶名。

第二个更为棘手的问题是，即便是德高望重的权威学者，对政治的含义也观点不一。他们从不同的角度界定政治，如权力的行使、权威的运用、集体决定的做出、稀缺资源的分配、欺骗和操纵的使用等等，不一而足。本书所提定义——“一般生活规则的制定、维系和修正”——的优点，是能够涵盖大多数（若非全部的话）政治的界定，相较更显周延。但若仔细分析这一定义或进一步精确其内涵，问题就出现了。例如，“政治”是指规则制定、维系或修正（即以和平的方式讨论）的特定方式，还是指整个过程？同样，政治是发生于所有社会场景和机构之中，还是仅出现在特定场所（即政府和公共生活）？

概念

权威（authority）

可以将权威最简单地定义为“正当的权力”。权力是影响他人行为的**能力**，而权威则是发挥此影响的**权利**。因此，权威的基础是公认的必须服从的义务，而不是任何形式的强迫或控制。从这个意义上讲，权威是披着合法和正当外衣的权力。根据服从形成的基础，韦伯（Weber）区分了三种权威类型：传统型权威源于历史，克里斯玛型（超凡魅力，charismatic）权威来自个人的非凡气质，合理—合法型（legal-rational）权威则建立在一套非人格化的规则基础上。

从这个角度看，我们认为政治有多种可以接受或者说合理的含义，因而是个有“实质争议”的概念。另一方面，这些不同的看法可能纯粹是对同一（纵使必定有些模糊）概念的不同理解。不管我们讨论的是对立的概念还是不同的理解，关于“政治是什么”的争论都值得继续深究下去，因为它揭示了该学科研究中一些最深层次的知识和意识形态分歧。对政治含义理解的不同观点如下：

- 作为政府艺术的政治；
- 作为公共事务的政治；
- 作为妥协和共识的政治；
- 作为权力和资源分配的政治。

作为政府艺术的政治

据说德国首相俾斯麦曾在国会称："政治不是科学……而是艺术。"俾斯麦心目中的艺术，意指政府的艺术，也就是制定与实施集体政策，在社会中施加控制。这大概属于由古希腊时期的最初政治含义发展而来的古典政治定义。

> **城邦**（*polis*）：希腊语，即城市国家（city-state），传统上被认为是最高和最可取的社会组织形式。
>
> **政体**（polity）：通过行使政治权威组织起来的社会。对亚里士多德来讲，是指为实现所有人利益的多数统治。

"政治"一词源于希腊语 *polis*，字面意思是**城邦**。古希腊地区曾遍布着独立的城邦，每一个城邦都有自己的政府系统，其中最大也最有影响力的是雅典，它常被世人称为民主政府的摇篮。政治由此可以理解为城邦的事务——实际上就是"与城邦有关的事务"（what concerns the *polis*）。因此这一定义的现代形式可转换为"与国家有关的事务"。这种关于政治的看法在日常用语中非常明显：人们担任公职，便被视为"从事政治"；若试图担任公职，则被认为"正要涉足政治"。政治学界对这种定义的历久不衰也起了推动作用。

政治就是"与国家有关的事务"的观念，在多个方面都是政治学学科的传统认识，学术研究则往往更集中于政府的人事组成和机构。研究政治实质上就是研究政府，或者更为宽泛一点，就是研究权威的行使。影响颇大的美国政治学家戴维·伊斯顿（David Easton，1979，1981）在其著作中提出了这种观点，他将政治界定为"价值的权威性分配"。伊斯顿认为，政治包括多个不同过程，政府在这些过程中对社会压力进行反馈，特别是通过对利益、奖赏或惩罚的分配来达到目标。"权威性价值"因此为社会广泛接受，并且被认为对广大民众具有约束力。根据这种观点，政治与政策相联系，亦即与正式或权威性决定相联系，这些决定则确定了共同体的行动计划。

这种定义的引人注意之处在于，它在很大程度上限定了政治的范围。政治发生在**政体**内部，而政体这种社会组织系统的核心是政府机构。因此，政治发生在内阁、立法机构和政府部门之类的场所，参与者包括显赫的政治人物、文官和游说者，他们数量有限且属于特殊群体。这意味着大多数民众、机构和社会活动都处在政治"之外"。企业、学校和其他教育机构、社群团体、家庭等在这种意义上都是“非政治”的，因为它们没有参与“管理国家”。同样，若是完全将政治描绘成国家范围内的活动，就会忽视国际或全球因素（如跨国技术和跨国公司的冲击）对现代生活日益增大的影响。从这种意义上讲，该政治定义实为民族国家时代——认定民族国家是世界事务中完全独立的行为者——的残余物。而且，人们也日渐认识到，管理复杂社会的任务不再只由政府负责，它还涉及类别广泛的公共部门和私人部门组织。如今，政府正逐渐被“治理”的理念所代替恰恰反映出这种认识。

概念

治理（governance）

治理是比政府更为宽泛的术语。尽管它仍无固定和公认的定义，但它在最广义上是指协调社会生活的各种方式。因此，政府可视为参与治理的机构之一；“没有政府的治理”（Rhodes，1996）是可能的。主要的治理渠道有市场、阶层和网络（networks）。该术语的广泛使用反映了国家/社会界分的模糊化，这是新公共管理形式、公私伙伴关系（public-private partnerships）、政策网络以及超国家和次级国家组织等发展变化的结果。有些人提出治理代表着放弃指挥和控制机制，而转向依靠咨询和协商，另一些人则认为，治理意味着偏爱“更少政府干预”和自由市场。

上述定义仍可作进一步的限定。认为政治是政党政治对应物的倾向显然反映了这一点。换句话说，“政治的”领域，仅限于那些由意识形态信仰自觉推动的国家行为者，以及意图借参加政党等正式政治组织而获得晋升者的活动范围。政治人物正是在此意义上被认为具有“政治性”，而文官只要根据中立和职业原则行事，即为“非政治”人物。同样，当法官公正地解释法律并根据确凿证据来断案时，他们理所当然地应被看作“非政治”人物；但如果个人偏好或成见影响了判决，这些法官就可能被指控卷入了“政治”。

政治与国家事务之间的关联，也有助于解释政治缘何常给人以负面印象。原因在于，在一般人看来，政治与政客的活动紧密交织。说得过分一点，人们常将政客看成追求权力的伪君子，在其服务公职和意识形态信仰的花言巧语后面，掩藏着个人的野心。这种看法在现代确实更普遍，越来越多的媒体报道已更有效地揭露了腐败和欺骗，

反政治（anti-politics）：对正式和既有政治过程的幻想破灭，表现为拒绝政治参与，支持反体制政党或者采取直接反抗行动。

从而引发了“**反政治**”的现象。这种对传统政治生活中人事和机构的厌恶，源于人们将政治视为追逐个人私利、两面讨好和毫无原则的活动，“争权政治”、“拉拢政治”等贬义词的使用即是明证。人们对政治的上述印象，有时可追溯到马基雅维利那里，他在《君主论》一书中，从纯粹现实主义的角度描述政治，将注意力引向了政治领袖对诡诈、残忍和操纵手段的娴熟利用方面。

人物

马基雅维利（Nicclò Machiavelli，1469—1527）

意大利政治家和作家。马基雅维利是平民律师之子，他生活的时代佛罗伦萨政治动荡，波诡云谲的时局增强了他对公共生活的了解。他曾任佛罗伦萨市政议会第二秘书（1498—1512），并奉命出使法国、德国和意大利其他地区。马基雅维利曾经有过短暂的牢狱之灾，美第奇（Medici）家族重新掌权后，他开始了著述生涯。他的主要作品《君主论》[①]（*The Prince*）于1531年出版，该书很大程度上利用了他对红衣主教博尔贾（Cesare Borgia）的治国权术及当时权力政治的第一手观察资料。该书旨在为意大利未来统一后的君主提供治国的指导。“马基雅维利主义”（Machiavellian）后来意味着“狡猾奸诈”。

上述负面看法，反映的基本上是一种自由主义的观点，也就是认为个人是自利的，政治权力也将流于腐化，因为它驱使“掌权”者利用职位，以牺牲他人为代价谋取个人私利。阿克顿勋爵（Lord Acton，1834—1902）的警言发人深省：“权力导致腐败，绝对的权力导致绝对的腐败。”不过，即便持上述看法的人，也很少怀疑政治活动是社会存在的必然和持久特征。不管政客们如何贪赃枉法，人们通常都会接受（就算有点勉强）他们一直与我们相随的事实。正如早期社会契约理论家所指出的那样，假若没有某种权威性价值的分配机制，社会将彻底分崩离析，陷入一切人反对一切人的内战状态中。所以，我们的任务不是清除政客和终结政治，而是要使政治在一个彼此制约平衡的

① 中译本《君主论》，北京，商务印书馆，1996。——译者注

框架内运作，确保政府权力不被滥用。

作为公共事务的政治

另一种政治概念更为宽泛，它超出了政府的狭窄范围，延伸到“公共生活”或“公共事务”的领域。换言之，“政治”和“非政治”的划分，与基本的公共生活领域和私人生活领域的划分相吻合。这种看法可追溯至古希腊著名哲学家亚里士多德那里。在《政治学》一书中，亚里士多德声称“人是天生的政治动物”，意在说明，唯身处政治共同体之内，人类方能过“美好生活”。根据这种看法，政治是一种关心创造“公平社会”的道德活动，也就是亚里士多德所称的“最高科学”。

人物

亚里士多德（公元前 384—前 322）

希腊哲学家。亚里士多德是柏拉图的学生，也是亚历山大大帝（Alexander the Great）年轻时的家庭教师。公元前 335 年他在雅典创立了自己的哲学学园，由于习惯谈话时来回走动，后人称之为“逍遥学派”（peripatetic school）。他现存有 22 篇遗著，多为当时的讲稿笔记，涵盖了逻辑学、物理学、形而上学、天文学、气象学、生物学、伦理学和政治学等领域。他的著作在中世纪成为伊斯兰哲学的基础，后又被纳入基督教神学。亚里士多德最有名的政治著作是研究理想政体形式的《政治学》①。

但“公共”与“私人”生活的界限应划在哪里呢？公共领域和私人领域的传统划分与国家和市民社会的分野相一致。就其负责组织共同体的集体生活而言，国家机构（政府部门、法院、警察、军队以及社会安全系统等等）可被视为“公共的”，且其经费也来自税收的公共开支。相较之下，家庭和血缘团体、私人企业、工会、俱乐部、社区团体等，它们由个体公民出资并建立，目的是实现自身而非更大范围的利益，从这个意义

① 中译本《政治学》，北京，商务印书馆，1983。——译者注

上讲它们是“私人的”。基于这种“公共/私人”的划分，政治限定于国家自身活动和公共机构所能恰当履行的职责范围内。个人能够并确实自我管理的生活领域（经济、社会、家庭、个人、文化和艺术的领域等等），显然应归于“非政治”范围。

人们有时候还进一步根据更加精细的差异，也就是“政治的”和“个人的”的不同（见表1—1），划分出“公共/私人”。这些机构在更广义上是开放性的，它们活动于公共的场域，公众拥有可进入其中的渠道。这种划分的重要影响之一，就是它拓宽了我们对政治的理解，特别是将经济从私人领域挪到了公共领域。我们由此就可以在工作场所发现政治的踪影。这种观点认为企业、社区团体、俱乐部和工会属“公共”机构，但它仍然对政治的范围有所限定。根据这种观点，政治不能也不应该侵犯“个人”的事务和机构。特别是女性主义思想家业已指出，政治实际上应止步于家庭之外，它不能发生在家庭、居家生活或个人关系中。政治人物倾向于将其职业行为与个人或家庭行为作出截然区分，或可说明这一点。例如，如果将欺骗配偶或虐待儿女归入“个人”的事情，他们就能否认这种行为的政治意义，理由是这与他们处理公共事务的品行无关。

表1—1　公共/私人划分的两种观点

公共的	私人的
政府机构	自主性机构：企业、工会、俱乐部、家庭等
公共的	私人的
公共领域 政治、商业、工作场所、艺术、文化等	**个人领域** 家庭和居家生活

对政治主要是“公共”活动的看法，评价有正面亦有负面。一种评价的传统可回溯到亚里士多德，政治因具有“公共”品格，被看成是高尚且文明的活动。汉娜·阿伦特对此观点甚为推崇，在《人的条件》一书中，她认为政治包含了自由和平等公民之间的交往互动，是最重要的人类活动形式。政治因此赋予生命以意义，肯定每一个体的独特性。其他的理论家，如让-雅克·卢梭和约翰·密尔（John Stuart Mill）认为，政治参与是一种内在的善（a good in itself），得出与阿伦特类似的结论。卢梭指出，只有所有公民直接且不间断地参与政治生活，国家才能真正服务于公益（the common good）。在密尔看来，涉足“公共”生活具有教育意义，能够促进个人在自我、道德和精神方面的发展。

人物

汉娜·阿伦特（Hannah Arendt，1906—1975）

德国政治理论家和哲学家。汉娜·阿伦特成长于一个犹太中产阶级家庭。为免遭纳粹的迫害，她在1933年逃离德国，最后定居美国，她的主要作品是在美国写成。她的写作涉及面广、风格独特，受到海德格尔（Heidegger，1889—1976）和雅斯贝尔斯（Jaspers，1883—1969）的存在主义的影响；她称这种写作为“无障碍思考”。阿伦特的主要作品有《极权主义的起源》（*The Origins of Totalitarianism*，1951），哲学著作《人的条件》[①]（*The Human Condition*，1958），《论革命》（*On Revolution*，1963），《耶路撒冷的艾希曼》（*Eichmann in Jerusalem*，1963）。她称最后一部作品为关于“邪恶的陈词滥调”的研究。

另一种评价则与此对比鲜明，认为政治作为公共活动是多余的干涉。特别是自由主义理论家，在市民社会和国家间更加钟爱前者，认为“私人”生活是自主选择、个人自由和个体责任的领域。最能体现这一点的是，一些人试图压缩“政治”的范围，往往希望“将政治排除于商业、体育和家庭生活等私人活动之外”。这种看法认为政治是有害的，一个很简单的理由是它阻碍了人们按照自主的选择行事。比如它会介入公司的商业行为，干涉我们如何运动以及和谁一起运动，甚至干预我们如何培养下一代。

作为妥协和共识的政治

第三种对政治的理解与政治活动的舞台没有什么联系，而更多地关注决策制定的方式。具体而言，政治被看作解决冲突的特定手段：即通过妥协、调解和谈判，而非武力和赤裸裸的权力威胁来达到目标。当人们把政治描述为“可能的艺术”时，所指向的就是此类看法。这种定义是“政治”一词在日常用语中的本来之意。例如，说某一问题的

---

① 中译本《人的条件》，上海，上海人民出版社，1999。——译者注

解决是“政治”解决，意味着和平地辩论和裁决，与常讲的“军事”解决相对。这种看法同样可溯及亚里士多德，他相信自己所称的“政体”是理想的政府体系，因为它是“混合的”，结合了贵族制与平民制的优点。这种说法的主要倡导者在现代是伯纳德·克里克（Bernard Crick），他在其经典之作《为政治辩护》（*In Defence of Politics*）中，给出了下面的定义：

> 政治是这样一种活动，它根据不同利益集团对整个共同体福祉和生存的重要性，给予其相应权力，以此来调解它们在既定统治单位内的关系。[Crick，(1962) 2000：21]

在这种观点看来，政治的关键是权力的广泛分布。鉴于冲突难以避免，克里克主张，当社会团体和利益团体占有权力时，一定要相互妥协，而不能任意倾轧冲突。正因为这个原因，克里克将政治描绘成“选择调停而非暴力和强制的秩序问题解决之道”(p. 30)。这种看法显示了对自由—理性主义（liberal-rationalist）原则的高度信奉。该原则的基础是对辩论和讨论的效能怀有坚定信心，同时相信社会以共识而非不可调和的冲突为特征。换句话说，分歧不必诉诸威胁与暴力就“能够”得到解决。但也有批评家指出，克里克的政治概念，过于偏重西方多元民主之下形成的政治形态，实际上将政治等同于选举和政党竞争。对于一党制国家或军事政权，他的分析模式并不能带来多少有益的帮助。

概念

共识（consensus）

共识意即一致，但通常指一种特定类型的一致。首先，它意指广泛的一致，为许多个人或团体接受；其次，它是根本或基础性原则的一致，而非确切或具体的一致。换句话说，共识容许某些重点事项或细节方面的分歧。人们在两种意义上使用“共识政治”（consensus politics）：一是程序共识（procedural consensus），指不论是政党、政府还是其他主要利益相关者，愿意通过协商或讨价还价的方式作出决定；二是实质共识（substantive consensus），指两个或多个政党在意识形态方面有重合之处，基本政策目标具有一致性。如 1945 年后英国的社会—民主共识以及德国的社会—市场共识。

将政治看作妥协和共识，有一个非常明显的积极特点。政治当然不是乌托邦式的问题解决之术（妥协意味着所有各方都要作出让步，哪一方都不可能完全满意），但无疑比其他选择——杀戮和残暴——更为可取。政治在这个意义上可以看作文明和教化的力量。应该鼓励民众理解政治只是一种活动，并有意愿投身于所在共同体的政治生活。尽管如此，政治形成妥协和共识的过程必然是挫折不断、困难重重的（因为要认真听取他人观点）；在多数发展中国家，由于没有理解这一点，人们越来越对民主政治失去幻想。诚如斯托克（Stoker，2006：10）所言：政治预定了失望，其结果“经常是混乱、模糊和没有结局的”。

作为权力的政治

政治的第四种定义最宽泛也最为激进，它不再将政治限定于特定的场域（政府、国家或“公共”领域），而认为在所有社会活动和人类生存的每一个角落，都有政治在发挥作用。正如莱夫特威克（Adrian Leftwich）在《什么是政治？政治活动及其研究》（*What Is Politics? The Activity and Its Study*，2004）一书中所称，“政治处于所有集体社会活动——不管正式的还是非正式的、公共的还是私人的——的核心，存在于所有人类团体、机构和社会中”。在这层意义上，政治发生在社会互动的所有层次。小至家庭和朋友性的小群体，大到民族及全球交往，都存在大量的政治现象。那么，政治活动有何独特性？政治与其他社会行为相区别的标志是什么？

焦点论述

权力的几张“面孔”

当 A 使 B 做了 B 不愿做的事情时，就可以说 A 行使了权力。但 A 可用许多方式影响 B，我们可由此区分出权力的不同维度或“面孔”。

● 作为决策的权力：指以某种方式影响决定内容的有意识行动。罗伯特·达尔（Robert Dahl）在其著作《谁统治——一个美国城市的民主和权力》（*Who Governs? Democracy and Power in an American City*，1961）中，对这种权力形式有经典的解释，该书根据涉入之行为者的已知偏好来分析，从而判断谁拥有权力，不过它仍会受到多方面的影响。基思·博尔丁（Keith Boulding）在《权力的三张面孔》（*Three Faces of Power*，1989）一书中区别了三种影响方式：使用强制或威胁的手段（棍子）；使用互利的生产交换（交易）；形成责任、忠诚和同情的纽带（亲吻）。

● 作为议程设置的权力：如巴卡拉克（Bachrach）和巴拉兹（Baratz）所指出的那样，权力的第二张面孔是阻止决定作出的能力，实际上就是“非决策”（non-decision-making）能力。这要求有能力确定或控制政治议程，一开始就能阻止某一议题或方案的公开。例如，私人企业既可发起运动挫败有关消费者保护的立法提案（第一张面孔），也可通过游说党派和政客阻止消费者权利问题的公开讨论（第二张面孔）。

● 作为思想控制的权力：权力的第三张面孔是塑造他人的思想、欲望或需求，从而对其施加影响的能力。这种权力表现为意识形态灌输或心理控制。一个例子就是广告界能够说服消费者相信自己的利益已得到企业的照顾（如宣传产品有利于保护地球生态），从而减轻要求制定更加严格的消费者保护法的压力。政治生活中，我们可以在公关宣传和更为一般的意识形态影响中看到这种权力形式的使用。

最广义而言，政治涉及社会生活过程中资源的生产、分配和使用，它在本质上是权力——即通过任何手段达到所期望结果的能力。哈罗德·拉斯维尔（Harold Lasswell）所著的《政治学：谁得到什么？何时和如何得到?》[①]（*Politics*：*Who Get What*，*When*，*How*?，1936）一书的题目正是这种观点的简明概括。根据这种观点，政治与差异性和冲突有关，但本质要素是资源稀缺性的存在：一个简单的事实，人类的需求和欲望是无穷的，而可满足他们的资源却永远是有限的。政治由此被视为围绕稀缺资源的争斗，权力则是进行争斗的手段。

上述权力观的支持者包括女性主义者和马克思主义者。现代女性主义者对“政治的”观念特别感兴趣，这是因为传统的政治定义事实上将女性排除在政治生活之外。女性在传统上被禁锢在“私人”生活领域，忙于家庭和家务责任。相形之下，男性则支配着传统政治和其他“公共”生活领域。激进的女性主义者因此抨击“公共/私人”的划分，换而主张“个人的就是政治的”。这个口号简洁地概括了激进女性主义者的

① 中译本《政治学：谁得到什么？何时和如何得到?》，北京，商务印书馆，1992。——译者注

信念，即认为居家、家庭和个人生活中发生的事情具有高度政治性，并且事实上是其他所有政治斗争的基础。显然，还有一种更激进的政治观念支撑这种立场。凯特·米莱特（Kate Millett）在《性的政治》（*Sexual Politics*，1969：23）中概述了这种观念，她将政治界定为“一群人借以控制另外一群人的按照权力组织的关系和安排”。因此，女性主义者对“日常生活的政治”颇有兴趣，在她们看来，丈夫和妻子、父母和孩子等家庭内部关系，与雇主和工人或政府和公民的关系并无二致，都具有政治性。

概念

权力（power）

权力最宽泛的意义是指达到所期望结果的能力，有时候人们还以“有权力做某事”这样的言语指涉该词。从某人生存下去的能力，一直到政府提高经济增长的能力，都在权力范畴内。但在政治学中，权力通常被视为一种关系，也就是以非他人选择的方式对其施加影响的能力。比如人们以对他人“拥有权力”来指称该词。更狭义一点，权力可与惩罚和奖励相联系，近于强制或操纵。“影响”则与权力不同，它还包括理性规劝的意思。（参见“权力的几张‘面孔’”的焦点论述）

马克思主义者在两个层次上使用“政治”一词。在第一个层次，马克思在传统意义上使用政治，指的是国家机关。他在《共产党宣言》（*Communist Manifesto*，[1848] 1967）中称政治权力不过“是一个阶级用以镇压另一个阶级的有组织的暴力”（p. 105）。对马克思来讲，政治与法律、文化是“上层建筑”的组成部分，不同于作为社会生活真正基础的“经济基础”，但是他并不认为“经济基础”与法律和政治“上层建筑”完全分离，而认为“上层建筑”产生于并反映“经济基础”。在另一较深层次，马克思主义者认为政治权力源于阶级制度，如列宁所言，“政治是经济的集中表现”。马克思主义者不同意政治仅限于国家和狭隘的公共领域的观点，可是说他们相信“经济的就是政治的”。马克思主义者因而认为以阶级斗争为特征的市民社会是政治的核心所在。

上述观点多以消极字眼描绘政治。简言之，政治就是压迫和征服。激进女性主义者相信社会是家长制的，女性彻底地从属和臣服于男性权力之下。传统马克思主义的观点认为，资本主义社会政治的特征，是无产阶级受到资产阶级的剥削。同时，政治也被视为挑战非正义和支配的手段，从而抵消了政治的负面含义。例如，马克思断言，阶级剥削将会被无产阶级革命所颠覆，而激进女性主义者也宣称有必要以性的革命来重组两性关系。不过，当政治被描绘成权力和支配时，它也就不一定被看成社会存在的必然特征了。女性主义者希望通过建立“非性社会”（nonsexist society）来终结“性的政治”，从而根据个人价值而不是性别来对公民进行评价。马克思主义者相信，随着无阶级共产主义社会的建立，“阶级政治”将走到尽头，传统意义上的政治也将不复存在。

1.2 政治的研究

政治研究的取向

人们对政治作为一门学科的性质的争议，与有关政治活动性质的分歧旗鼓相当。作为最古老的知识探究领域之一，政治最初被视为哲学、历史和法律的分支，其主要目的是发现人类社会所建基的原则。从 19 世纪后期开始，把政治变为科学的尝试逐渐替代了上述哲学倾向，并在 1950 年代和 1960 年代达到顶峰，此时的政治科学家公开将早期传统斥为毫无意义的玄学。但从那时起，追求政治严格科学化的乐观主义也开始减弱，政治价值和规范理论的持久意义重新获得承认。如果寻求所有人都接受的价值的“传统”研究多被摈弃，那么顽固坚持科学自身就能提供揭示真理的手段的说法也将无容身之地。今天我们所看到的政治学研究之所以硕果累累且令人振奋，就是因为它包容了多种理论取向和不同分析流派。

哲学传统

规范的（normative）：对价值和品行标准的规定；属于“应然”而非“实然”问题。

政治分析的源头可追溯到古希腊和通常称为“政治哲学”的传统中。这涉及人们对伦理、规定性（prescriptive）和**规范的**问题的关注，显示出关心“应然”

(should)、“必然”(ought) 或 “必须”(must) 的命题，而不是 “实然”(is) 命题。人们通常认为柏拉图和亚里士多德是这一传统的开创者，他们的思想在奥古斯丁 (Augustine，354—430) 和阿奎那 (Aquinas，1225—1274) 等中世纪理论家的著作中得到了继承和发展。柏拉图著作的核心主题，就是试图描述理想社会的性质，在他看来，理想社会应该采用哲学王阶层统治的仁慈专制形式。

人物

柏拉图 (Plato，公元前 427—前 347)

古希腊哲学家。柏拉图出身贵族家庭，后成为苏格拉底的追随者。苏格拉底是柏拉图道德和哲学对话的主要人物。公元前 399 年苏格拉底死后，柏拉图为了训教新雅典的统治阶层，创立了自己的学园。柏拉图认为物质世界由抽象和永恒“理念”的残缺摹本所组成。其政治哲学在《理想国》① (*The Republic*) 和《法律篇》② (*The Laws*) 中有详细阐释，他试图根据正义理论来描述理想国家。柏拉图的著作对基督教和欧洲文化的影响十分广泛。

这些著作构成了所谓“传统”政治研究取向的基础。该取向对政治思想的核心概念和学说进行分析研究，最常采用撰述政治思想史的形式，集中研究“主要”思想家（如从柏拉图到马克思）和经典原著。该方法以文献分析为特征，主要关心重要思想家的言论、他们如何发展或证明自己的观点以及他们所处的知识脉络。尽管此类分析可能是审慎和严谨的，但在任何科学意义上都不是**客观的**，因为它们所处理的是规范性问题，比如“为何我应服从国家？”“奖赏应该怎样分配？”以及“什么才是个人自由的限度？”

> **客观的** (objective)：外在于观察者的，可以被证明的；不受感情、价值和偏见的影响。

经验传统

描述性或者说经验性传统虽不像规范的理论阐述那样引人注目，却也可追至政治

① 中译本《理想国》，北京，商务印书馆，1986。——译者注

② 中译本《法律篇》，上海，上海人民出版社，2001。——译者注

思想的最早发端时期，在亚里士多德的政体（constitution）分类尝试、马基雅维利对统治术的现实主义描述以及孟德斯鸠关于政府和法的社会理论中，均可见其踪影。从许多方面看，上述作品构成了今天所称的“比较政府”的基础，促成了政治学制度研究取向的产生。尤其是在美英两国，经验分析成为分析传统的主流。政治分析中经验取向的特征是试图客观公正地解释政治现实。这种取向试图作出分析和解释，是“描述性的”（descriptive），而规范取向则进行判断并给出建议，属于“规定性的”（prescriptive）。

描述性政治分析的哲学支持来自经验主义（empiricism）学说。经验主义学说自17世纪以来经由约翰·洛克（John Locke，1632—1704）和大卫·休谟（David Hume，1711—1776）等理论家的著述得到传播，该学说认为经验是知识的唯一基础，所有假设和理论都要通过观察过程来验证。到19世纪，经验主义发展成为人们所知的实证主义（positivism），这场知识运动特别与奥古斯特·孔德（Auguste Comte，1798—1857）相联系。实证主义主张，社会科学以及所有形式的哲学探索都应严格按照自然科学的方法进行。一旦科学被理解为揭示真理的唯一可靠手段，建立政治科学的压力就变得难以抵抗了。

科学传统

卡尔·马克思最早尝试以科学术语阐释政治，他力图运用其所称的唯物史观揭示历史发展的动力。从可证明这一点来讲，唯物史观的“规律”与自然科学中的规律具有同等地位，从而使马克思能够预测未来。到19世纪，主流政治学界对科学分析的喜好渐成风潮。牛津大学、巴黎大学和哥伦比亚大学在1870年代开设了政治科学课程，1906年《美国政治科学评论》（*American Political Science Review*）也开始出版。人们对政治成为科学的热忱，到1950年代和1960年代达至巅峰，当时，尤其是美国，出现了一种相当倚重**行为主义**的政治分析形式。① 行为主义提供了此前政治研究所欠缺的东西——验证假设的

> **行为主义**（behaviouralism）：认为社会理论只应建立在可观察的行为基础上，并为研究提供可量化的资料。
>
> **经验的**（empirical）：以观察和实验为基础；经验知识来源于感觉的资料和经验。

① 可参阅达尔：《现代政治分析》，上海，上海译文出版社，1987。——译者注

客观且量化资料，政治第一次有了可靠的科学性证明。戴维·伊斯顿（David Easton）等政治分析家主张政治学可采用自然科学的方法论。适用于数量研究方法的一些领域，如投票行为、立法者行为以及都市政客和游说者行为，在此基础上产生了大量研究成果。

概念

科学，科学主义（science，scientism）

科学（science 来自拉丁语 scientia，意思是知识）是旨在通过可重复实验、观察和推论对现象提出可靠解释的研究领域。“科学方法”就是根据可获得的证据验证并证明假设（证明为真），因而可被视为发现不涉价值之客观真理的手段。卡尔·波普（Karl Popper，1902—1994）认为，科学只能对假设进行证伪，因为“事实”总会被此后的实验推翻。科学主义相信，科学方法是获得可靠知识的唯一来源，所以除了自然科学外，也应在哲学、历史和政治学研究中得到应用。马克思主义、功利主义和种族主义的学说在这种意义上讲都是科学的。

自 1960 年代以来，行为主义所受压力日益增大。首先，有学者称，行为主义过多地限制了政治分析的范围，使其仅限于研究可直接观察的事物。毫无疑问，行为主义分析者在投票研究等领域产生了并将继续产生具有重大价值的成果，但沉湎于狭窄的量化研究，将会使政治学沦落到只专注一些细枝末节的地步。更使人担忧的是，行为主义使一代政治科学家背弃了整个规范政治思想的传统。“自由”、“平等”、“正义”和“权利”等概念，因为无法得到**经验的**证明，便被认为毫无意义而遭抛弃。到 1970 年代，人们又开始对规范问题感兴趣，而对行为主义的不满进一步增加，约翰·罗尔斯（John Rawls）和罗伯特·诺齐克（Robert Nozick）的著作反映了这种发展。

再者，行为主义的科学性也开始受到质疑。坚持行为主义具有客观性及可靠性的根据，是认定它是“价值无涉”（value-free）的，意即行为主义未受到道德或规范信条的毒害。但是，如果分析的焦点是可观察的行为，则除了描述现存政治安排外，难有更多的探讨，此中暗含着将现状合法化的意味。行为主义者从可观察的行为方面来重新界定“民主”，便显示出了这种保守的价值偏见。因此，他们并没有将民主定义为“人民自治”（popular self-government，字面意思即“人民的统治”），而认为民主代表着竞争性精英通过普选制赢得权力的争夺过程。换言之，行为主义理解的民主，就是西方发达国家正在运行的所谓民主政治制度。

晚近的发展

近来出现的政治学理论取向中，有一种被称为“形式政治理论”（formal political theory），包括政治经济学（political economy）、公共选择理论（public-choice theory）和理性选择理论（rational-choice theory）。这种分析取向在建立以程序性规则（通常是与个人的理性自利行为有关的规则）为基础的模型时，很大程度上是以经济学理论为范本的。形式政治理论在美国的根基最为坚实，特别与所谓的弗吉尼亚学派（Virginia School）联系密切，该理论至少提供了一种有用的分析手段，使我们能更深刻地洞悉选民、游说者、官僚和政客的行为，以及国际体系中的国家行为。形式政治理论常以制度的公共选择理论（institutional public-choice）的形式出现，它对政治分析的影响最广。唐斯（Anthony Downs）、奥尔森（Mancur Olson）和尼斯坎南（William Niskanen）等人用此分析技术，研究政党竞争、利益集团的行为以及官僚的政策影响等领域，本书将在后面几章加以讨论。该取向还曾应用于博弈论（game theory）——这种理论主要形成于数学而不是经济学领域，它运用基本原理分析个体行为的窘境，其中最为人知的例子就是“囚徒困境”。

然而，政治分析的理性选择取向并未得到普遍接受。支持者认为它给政治现象的讨论引入了更严密的方法，而批评者则怀疑其基本假设。例如它忽视了以下事实：人们很少有明确的偏好目标，也很少根据充分且准确的知识来作出决定，因此它可能高估了人类的理性能力。再者，理性选择理论从抽象的个体模型出发，没有充分注意社会和历史因素，无法认识到人类的自利性和其他事物一样会受到社会因素的制约，这种自利性并非与生俱来的。

焦点论述

囚徒困境（the prisoners' dilemma）

两个囚犯，监禁在一间独立的牢房内，面临着“告密”还是“不泄密”两种选择。如果他们中仅有一人供认罪行，且提供证据证明另外一人有罪，他将不受指控并被释放，而他的同伙将承担全部罪责，受 10 年牢狱之苦。如果两人都认罪，则均坐牢 6 年。若都拒绝承认，那么每人只被判刑一年。面临这种两难困境时，两囚犯可能都会供认，因为他们害怕若不承认，另一个人会告密认罪，自己将被判最重的刑罚。具有讽刺意味的是，该游戏显示，理性行为可能导致最不利的结果（两人合计在狱中服刑 12 年）。他们实际上是由于不合作和不信任对方而受到惩罚。但如果这一游戏重复数次，两个囚犯可能知道互相合作可以增进自我利益，从而促使他们拒绝认罪。

		囚徒 B：供认	囚徒 B：不供认
囚徒 A	供认	A 6，B 6	A 0，B 10
囚徒 A	不供认	A 10，B 0	A 1，B 1

图 1—1　囚徒困境中的选择

因此，政治研究作为一门学科开始采用各种不同的理论取向，使得现代政治分析更加丰富且多样化。除了规范的、制度的和行为的传统取向外，还有理性选择理论，更有其他较为晚近的一系列广泛的思想与主题。女性主义——特别是从 1970 年代开始——提醒人们注意性别差异和家长制结构的影响，并在此过程中质疑既有的有关“政治的”观念。被称为新制度主义的理论则将人们的注意力从**制度**的正式和结构层面，转移到制度在更大场景之下的意义、其实际作为和政策过程的结果等方面。绿色政治对现有政治社会理论中的人类中心（anthropocentric）倾向提出挑战，主张整体主义的政治和社会研究取

制度（机构，institution）：有正式角色和地位的固定机构；更广义而言是指保证正常和可预期行为的一套规则，即“游戏规则”。

话语（discourse）：指人类的互动，尤指人类的交往；话语能暴露并显示权力关系。

决定论（determinism）：一种认为人类行动和选择完全取决于外在因素的信条；决定论意味着自由意志是个不可能的神话。

向。批判理论（critical theory）源于法兰克福学派（Frankfurt School，1923 年形成）的新马克思主义，还广泛吸收了包括弗洛伊德（Freud）和韦伯在内的多位重要思想家的理论，将批判理念拓展至全部社会实践。后现代主义怀疑绝对和普遍真理的思想，由此催生出了**话语**理论和其他一些理论。最后是一种普遍但非常深刻的重要转向，即当前政治哲学和政治科学较少被视为两种不同的研究形态，也基本不会有人认为两者是争斗的敌手。相反，人们已开始认识到，它们只是揭示政治知识的两种互为参照的途径。

政治研究可以科学化吗？

尽管人们已普遍同意，政治研究应在严格和审慎的一般意义上具备科学性，但是，如上文已指出的，有人认为它能达到更为严格意义的科学性，即能够应用自然科学的方法论。这种观点由马克思主义和实证主义的社会科学家提出，并成为 1950 年代“行为主义革命”的核心。政治科学的吸引力显而易见，它预示着存在能甄别“真实”和“虚假”的不偏不倚且可靠的手段，我们由此能够获得有关政治世界的客观知识。实现这一目标的关键是区分“事实”（经验性证据）和“价值”（规范或道德信念）。事实是客观的，它可以无误且恒常地展现出来，还能加以验证。相形之下，价值则本质上是主观的，是个包含不同看法的集合。

任何建构政治科学的尝试必然面临三个难题。首先是资料获取问题。不管怎样，人类不能像蝌蚪那样可放在实验室里，也不能像细胞那样可在显微镜下观察。我们无法“进入”人的内心世界，也不能就人类行为做可重复性实验。因此，我们对个人行为的了解是有限和肤浅的。没有准确的资料，就没有可靠手段来验证我们的假设。绕过这种障碍的唯一途径，是诉诸**决定论**来处理问题，而忽略有思考能力的主体。一个例子就是心理行为主义［behaviourism，不同于行为主义（behaviouralism)］，这一心理学派别主要与华生（John B. Watson）和斯金纳（B. F. Skinner）两位心理学家相联系。该学派认为条件反应或反射能最终解释人类行为。另一个例子是“辩证唯物主义”，这是一种粗陋形式的马克思主义，曾支配着苏联的学术研究。

偏见（bias）：影响人类判断的同情心或先入之见（常为无意识的）；偏见意味着扭曲。

其次，隐含价值的存在使政治的科学研究困难重重。我们认真考察就会发现，政治模型和理论中完全价值中立的观点很难站住脚。事实与价值非常紧密地结合在一起，不能截然分开。这是因为，理论无一不是在有关人性、人类社会以及国家作用的假定基础上建构起来的，这些假定都掩盖着政治和意识形态的意涵。例如，我们可以在行为主义、理性选择理论和系统论中发现保守的价值**偏见**。同样，女性主义政治理论则是基于有关性别差异的性质和意义的假定。

再次，社会科学研究中存在中立性的虚构神话。自然科学家或能以客观和公正的方式从事研究，对所揭示的问题不带有预设的立场，但这在政治研究中却难以实现，甚至不可能实现。不管政治如何界定，它要处理的问题都与我们生活和成长的社会之结构和功能有关。家庭背景、社会经验、经济地位以及个人的同情心等等，在我们每一个人心中构筑了一套对于政治和周围世界的先入之见。这意味着不管我们的研究方法如何严格，绝对公正和中立的科学客观性在政治分析中都必然永远是不可企及的目标。积累可靠知识的最大威胁或许不是这类偏见，而是不承认偏见本身的存在，虚假地声称政治中立正是对此的反映。

概念、模型和理论

概念、模型和理论均为政治分析的工具。但是，与对待政治学中的其他问题一样，我们须谨慎地使用分析工具。首先考虑一下概念。概念是关于某种事物的一般观念，通常用一个字或短语表达。概念不只是某物的恰当名词或名称。比如，谈论一只“猫”（一只具体的猫）和掌握“猫”（指对猫的观念）的概念有所不同。猫的概念非指一个“事物”，而是一种“观念”，该观念包含若干属性，赋予猫独特性：“长毛的哺乳动物”、“体形较小”、“驯养的”、“捕食鼠类”等等。“平等”的概念是一种原则或理想，这和赛跑运动员“平了”（equalled）一项世界纪录的说法不同，也迥异于说两兄弟“平分”遗产等的措辞。同样，“总统”（presidency）的概念也不特指某位总统，而是指一套有关行政权力组织的观念。

那么，概念的价值何在？概念是我们思考、批评、论证、解释和分析的工具。仅仅感知外在世界本身并不会给予我们有关知识。为了理解这个世界，我们在某种意义上必须赋予它一定的意思，我们通过建构概念来达到这一目的。道理很简单，欲视猫之为猫，我们首先必须具有确定其为何物的概念。概念也有助于我们对事物进行区分，辨识其共同的形态或特征。比如，一只猫实为“猫”类中的一员。因此，概念是“一般性的”，它可与许多事物有关，准确地讲，涉及与一般观念自身特征相符的任何事物。可以毫不夸张地说，我们对于政治世界的知识，就是通过形成与提炼帮助我们解释世界的概念而逐步拓展的。这样看来，概念可以说是建构人类知识的基础材料。

不过，概念可能也是需小心应付的难题。首先，我们试图理解的政治现实常常变动不居且高度复杂。“民主”、“人权”和“资本主义”等概念，与它们试图描绘的不定型的现实相比，过于完美一致，我们在使用这些概念分析现实时，便不免冒着误用的风险。马克斯·韦伯将某些概念确定为“理想类型”（ideal type），试图以此解决上述难题。所谓“理想类型”是挑出所讨论问题的某些基本或中心特征来建构我们使用的概念，这意味着不重视甚至完全忽略其他特点。“革命”即可看作这种意义上的一种理想类型，它将人们的注意力引向了一个根本性的，通常比较剧烈的政治变化过程。例如，使用革命概念比较 1789 年法国大革命和 1989—1991 年的东欧革命之间重要的相似之处，有助于加深我们对两者的理解。但我们仍须谨慎地应用概念，因为它也可能掩盖某些重要的差异而扭曲我们的理解，如上面的革命例子中，两场革命的意识形态和社会特点就存在差异。有鉴于此，我们最好不要从“真实”或“虚假”的角度考虑概念或理想类型，只要明白它们有或多或少的“功用”即可。

另一更深层次的难题是，政治概念经常是意识形态激烈争论的对象。政治在某种程度上就是围绕术语和概念合法阐释权的争夺。敌对方可为此争吵、打斗甚至走向战争，都自称“保卫自由”、“捍卫民主”或“我方持有正义”。问题在于，不同的人对“自由”、“民主”和“正义”等词有不同的理解。我们如何确定什么才是“真正”的民主、“真正”的自由或“真正”的正义呢？答案很简单：我们不能。就像上文尝试界定政治一样，我们必须认识到有许多关于政治概念的不同说法，最好认为它们是“有实质争议的”概念（Gallie，1955/1956），因为有关分歧非常之深，无法达成任何中立或公认的定义。实际上，一个术语可能指涉若干不同概念，但没有一个可被接受为其“真实的”

含义。如将政治界定为与国家有关的事务、公共生活的行为、争论与妥协以及权力和资源的分配等，这些理解具有同等的合理性。

概念

理想类型（ideal type）

理想类型（有时称“纯粹类型”）是一种精神的建构，试图通过对逻辑极端的描述，从在其他方面几乎无限复杂的现实中抽取出意义来。理想类型首先应用于经济学，如“完全竞争”的概念。在社会科学中得到马克斯·韦伯支持的理想类型是一种解释的工具，而不是现实的近似物。它既没有“穷尽现实”，也未提供道德上的理想。韦伯式的例子，包括权威理想类型和官僚理想类型。

模型/模式（model）：经验资料的理论再现，旨在凸显重要的关系和互动，从而增进对事物的理解。

与概念相比，模型和理论更为综合广泛，它们包括了一系列而非一种观念。**模型**通常被理解为某物的缩影，规模一般较小，比如玩具房子和飞机模型。这种意义上的模型应尽可能忠实模仿原物实体。但是观念式模型（conceptual model）无须在任何方面与实物相像。比如，坚持认为计算机经济模型应该具有经济本身的实体特征是很荒谬的。准确而言，观念式模型是分析工具，其价值在于赋予所收集资料意义，否则，这些资料将只是令人迷惑且杂乱无章的堆砌而已。道理很简单，事实不能自己说话；它们必须得到解释，且必须经过组织条理化。模型能够协助完成此项任务，因为它所包含的关系网络凸显出了相关经验资料的意义和重要价值。举例最能帮助我们理解。政治分析中最有影响的模型之一，就是戴维·伊斯顿（1979，1981）提出的政治系统模型。[①] 该模型可经图 1—2 来说明。

这一雄心勃勃的模型，试图以所谓系统分析（systems analysis）来解释整个政治过程和主要政治行为者的功能。系统是一个有组织的复杂整体，互相联系、互相依赖的各个部分构成了这一集合性实体。在政治系统当中，伊斯顿所称的“输入”（input）和“输出”（output）之间存有关联。政治系统的输入包括公众的需求和支持。需求的范围从向政府施压要求提高生活水准、改善就业、增加福利拨款，到提升对弱势人群和个人

① 可参阅［美］伊斯顿：《政治生活的系统分析》，北京，华夏出版社，1989。——译者注

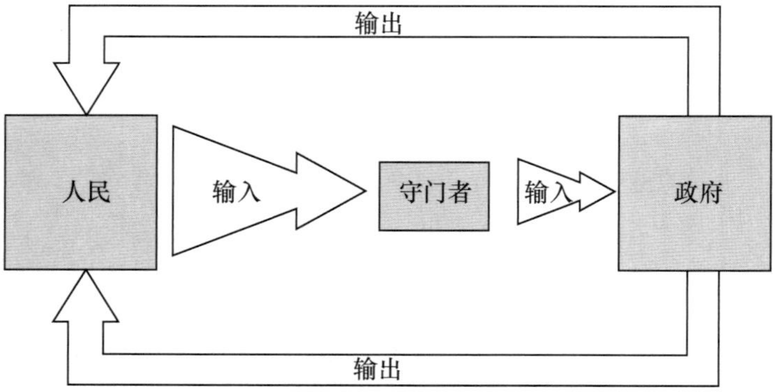

图 1—2 政治系统

权利的保护等等；支持则是公众通过纳税、遵守法律以及参与公共生活等形式对政治系统作出贡献的方式。输出由政府的决定和行动组成，包括制定政策、通过法律、征税以及公共款项的分配。显然，这些输出又产生了“反馈”（feedback），转而影响更深层次的需求和支持。伊斯顿的模型给予我们的主要启发，是政治系统趋向长期平衡或政治稳定，其生存取决于输出与输入之间的协调一致。

但是，仍需谨记一点，观念式模型充其量不过是所要解释之现实的简化形式，仅是辅助理解的工具，而非可靠知识本身。比如，拿伊斯顿的模型来讲，政党和利益集团被描绘成“守门者”，其核心功能是监督政治系统的输入内容。这是政党和利益团体的重要功能之一，但它们还影响公共的认知，从而帮助形塑公众需求的性质。简言之，与系统模型所表明的相比，这些是更有趣也更复杂多样的制度机构。同样可以理解，伊斯顿的模型更能有效解释政治系统如何以及为何对民众压力作出反应，而对政治系统采取镇压与强制手段——在某种程度上所有政府都如此——的解释却存在缺憾。

> **理论**（theory）：经验资料的系统解释，（不同于假设）通常被描述为可靠的知识。

在政治学中，**“理论”**与“模型”两个词经常交换使用，两者都是作为政治分析工具来使用的观念式建构。但严格来讲，理论是一个命题，它对一组经验资料给出系统的解释。相较之下，模型仅是解释的工具，更像一个尚待验证的假设。按照这种理解，政治学中的理论可以说多少有些“真实性”，而模型只是多少有些“有用性”。但是很明显，理论和概念常常相互关联，宽泛的政治理论可以用若干模型来解释。比如多元主义（pluralism）理论（将在第 4 章和第 5 章讨论）即涵盖了国家、选举竞争和团体政治等模型（模式）。

几乎所有观念式工具、理论和模型都有隐含性的价值或假定。这也是难以建构纯粹经验理论的原因所在；价值和规范信念常常掺杂其间。拿概念来讲，人们在使用中就怀有褒奖（如“民主”、“自由”和“正义”）或贬斥（如“冲突”、“无政府”、“意识形态”甚至包括“政治”）的不同感情倾向。模型和理论包含着多种偏见，从这个意义上讲，它们也是“诱导性的”。例如，我们难以接受理性选择理论（上文有论）是价值中立的说法。该理论的基本假定是人类根本上为自私自利的，这种理论的政策结论往往具有政治保守倾向实不足为怪。同样，马克思提出的政治的阶级理论也是以更为广泛的历史和社会理论为基础的，该理论能否成立最终仍取决于整个社会哲学的正确性（validity）。

因此，分析工具——如模型和微观理论，建立在更大的宏观理论基础上有其合理性。这些政治分析的主要理论工具包括多元主义、精英主义以及阶级分析等，它们解决权力和国家角色的问题。第 4 章和第 5 章将探究这些理论。在更深的层次上，许多宏观理论又反映出了某种主要意识形态传统的假定和信念。这些传统颇有些像库恩（Thomas Kuhn）在《科学革命的结构》①（*The Structure of Scientific Revolutions*，1962）一书中所称的范式。范式是一套帮助建构知识探究过程的相关原则、学说和理论，它实际上构成了进行知识探索的框架。在经济学中，货币主义（monetarism）取代凯恩斯主义（Keynesianism）[或许还有随后的新凯恩斯主义（neo-Keynesianism）转向] 的过程中可以看到范式的影子；在运输政策中绿色环保理念的兴起也显示了范式的作用。

按照库恩的说法，自然科学的支配范式任何时候都只有一个；科学通过一系列新旧范式更替的革命获得发展。但政治和社会研究就大为不同，它们本身就是对立和竞争性范式的战场。这些范式以一般社会哲学的形态出现，我们通常称之为政治意识形态：自由主义、保守主义、社会主义、法西斯主义、女性主义等等。每一种意识形态都对社会存在着自己的一套解释，都提出了独特的世界观。当然，将这些意识形态描绘成理论范式，并不是说多数（如果不是所有的话）政治分析在促进一定团体或阶级的利益方面具有狭隘的意识形态特性。相反，这仅仅是承认政治分析通常是以某种意识形态传统为基

① 中译本《科学革命的结构》，北京，北京大学出版社，2003。——译者注

础进行的。例如，许多理论政治科学就是在自由—理性主义假定基础上确立的，因而带有明显的自由主义传统印记。

概念

范式（paradigm）

在一般意义上讲，范式是指一种（尤以理想类型的方式）强调特定现象之相关特点的模式或模型。在库恩的用法中，它指包含相互关联的价值、理论和假定的知识框架，而知识的探究正是在这个框架下进行的。“常态”的科学是在既定知识框架内进行；而在“革命”的科学中，新范式则试图取代旧范式。该理论的根本意涵在于说明“真”“伪”无法最终确定，它们只是在公认的范式内产生影响的暂时性判断，这些判断最终仍将被其他判断所取代。

概念分析的各种层次，可用图 1—3 说明。

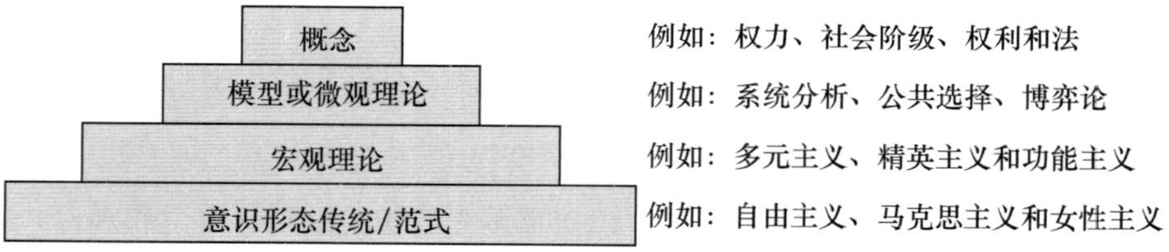

图 1—3 概念分析的层次

总　结

● 政治是人们制定、维系和修正生活一般规则的活动。它主要是一种社会活动，一方面，它与多样性和冲突的存在紧密联系，另一方面又与合作和集体行为的意愿颇有关联。并非所有冲突都得到了或者能够得到解决，因此，最好将政治视为寻求冲突解决的过程，而不是实现解决的目标。

● 不同的思想家和学术传统对政治有不同的理解，分别视之为政府的艺术或“与国家有关的事务”，公共事务的实施和管理，通过辩论和妥协解决冲突，或社会生活过程中资源的生产、分配和使用。

● 人们对于什么是“政治的”领域有很大争议。传统上，人们狭隘地认为政治仅限于“公共”领域内的机构和行为者，这种公共领域仅与社会生活的集体性组织有关。但当从权力结构关系角度来理解政治时，它也可存在于“私人”领域。

- 政治作为一门学术科目，拥有各种不同的研究取向，包括政治哲学或者说规范理论分析，尤为关注制度和结构的经验传统，一些研究者试图通过行为分析将科学的严密性引入政治研究的科学传统，还有包括理性选择理论在内的诸多现代政治分析取向。
- 通过区分事实与价值，我们或许能够获得有关政治世界的客观知识，从这个意义上讲，政治研究是科学的。但下列因素依然阻碍这一目标的实现：获取可靠资料的途径面临困难；政治模型和理论包含隐含性价值；所有的政治学者都持有偏见。
- 概念、模型和理论均为政治分析的工具，能提供知识的基础材料。但它们也仅仅是分析的工具。尽管它们有助于增进对世界的理解，但比起要力图描述但尚未定型且复杂的现实来，却显得过于完美和一致。最终，所有政治社会研究都是在特定知识框架或意识形态范式内进行的。

问题讨论

- 如果政治本质上是社会的，为何并非所有的社会活动都是政治的？
- 为什么政治常令人产生负面联想？
- 你如何为政治是一种有价值且崇高的活动的说法而辩护？
- 政治是必然的吗？它是否有终结的一天？
- 为什么政治科学的概念如此吸引人？
- 客观和没有偏见地研究政治是否可能？

扩展阅读

Ball，A. and B. Guy Peters，*Modern Politics and Government*，7th edn（Basingstoke：Palgrave Macmillan，2005）. 非常受欢迎的政治学入门读物，涵盖了众多的问

题和主题。

Crick, B. , *In Defence of Politics*, rev. edn (Harmondsworth and New York: Penguin, 2000). 该书试图为政治进行辩护，思想深刻且富有激情。

Hay, C. , *Political Analysis: A Critical Introduction* (Basingstoke and New York: Palgrave Macmillan, 2002). 该书浅显连贯地介绍了政治学的若干主要问题。

Heywood, A. , *Key Concept in Politics* (Basingstoke and New York: Palgrave Macmillan, 2000). 该书针对政治分析中遇到的重要思想与概念，提供了明晰而深入浅出的指导。

Leftwich, A. (ed.), *What is Politics? The Activity and Its Study* (Cambridge: Polity Press, 2004). 该书汇集了多篇有价值的文章，检视了各种不同的政治概念，并对各种观点加以对比分析。

Marsh, D. and G. Stoker (eds), *Theory and Methods in Political Science*, 2nd edn (Basingstoke and NewYork: Palgrave Macmillan, 2002). 该书内容较为浅易，全面细致地探讨了政治科学的性质与范围。

Stoker, G. , *Why Politics Matters: Making Democracy Work* (Basingstoke and New York: Palgrave Macmillan, 2006). 该书分析了民主政治为何注定让人失望，以及公民参与如何能实现复兴。

第 2 章

政府、体系和政体

多年来，划分政府形式一直是政治分析首要关注的问题。这一过程可以追溯到公元前 4 世纪，首次历史记录就是亚里士多德尝试描述当时的政体，他采用的“民主制”、“寡头制”和“僭主制”等术语至今仍普遍使用。从 18 世纪开始，人们越来越多地将政府形态划分为“君主制”或“共和制”、“独裁政体”或“立宪政体”。到 20 世纪，这些分类进一步细化。“三个世界”的政治体系分类在冷战时期特别盛行，它描绘了一幅由民主与极权主义之争支配的世界政治图景。随着近年来的发展，如苏东剧变、东亚的崛起以及伊斯兰政治势力的出现等等，上述分类似乎已经过时。不过，这些变化的意义尚不是完全清晰。有人认为这是西方自由民主胜利的象征，另外一些人则视之为现代世界在政治上变得越来越多元和分裂的证据。

主要问题

本章讨论的主要问题如下：

- 政府（government）、政治体系（political system）和政体（政权，体制，regime）有何区别？
- 划分政府体系的目的是什么？
- 政体分类的基础是什么，应该是什么？
- 现代世界的主要政体包括哪些？
- 西方自由民主在世界范围内胜利了吗？

2.1 传统的分类体系

政治体系（political system）：指政府借以回应来自公众的“输入”（包括需求和支持）、形成“输出”（政策）的关系网络。

在讨论如何划分不同统治体系之前，我们有必要考虑一下分类的对象是什么，以及**为什么**要这样分类。首先，什么是“政府”？如何区分政府与政治体系或政体（政权，体制）？政府指的是一种制度过程，在此过程中通常会作出具有约束力的集体性决定。**政治体系**或政体则更为宽泛，不仅包括政府机构与国家制度，而且涵盖了这些制度机构与更大社会发生互动的结构和过程。

概念

政府（government）

“to govern”在最广义上指支配或控制他人。政府因此可包括维持有序统治的任何机构，其核心特征是有能力制定和执行集体性决定。政府形式因而可存在于几乎所有的社会机构中：家庭、学校、企业以及工会等等。但是与治理相对的政府更常被理解为在国家层次运行，保持公共秩序、促进集体行动的正式的制度过程。政府的核心职能是制定法律（立法）、执行法律（行政）和解释法律（司法）。在某些情况下，政府只包括政治行政部门，等同于总统制国家中的行政当局。

政治体系实际上是更大社会系统的次级系统。说它是个“体系”，是因为复杂的整体内部存在相互联系；说它是“政治的”，是因为这些相互联系与社会中的权力、财富和资源分配相关联。因此，政体的特征实际上不仅包括政体借以运转的政府过程，经济生活的组织也应包括在内。所以，不管政府如何变换更替，政体这一“统治体系”都持续存在。政府会因选举、王朝更替或政变等原因而发生变化，而政体只有在外部军事介入或内部革命激变的情况下才会变更。

为何划分政治体系?

政府僵局（government gridlock）：由于政府内部各部门的制度性对抗，或试图回应相互冲突的公共需求而导致的政治瘫痪。

人们划分政治体系的兴趣来自两个方面。首先，分类是辅助理解政治和政府的基本手段。和多数社会科学一样，对政治的理解主要通过比较过程获得，特别是由于实验方法通常并不适用于政治研究，因此比较研究尤显重要。例如，我们不可能设计某种实验来验证一个假设——如果废弃分权（权力分立），美国政府能否较少受到制度性**政府僵局**的影响；如果早一代人开始改革，苏联的共产主义是否仍可延续。因此，我们希望采用比较方法使我们研究的对象对比鲜明。这种方法能够突出大量事实之间的相似性和差异性——而这些事实若以其他方法加以研究则会使人茫无头绪——同时帮助我们区分出哪些方面有价值和意义，哪些方面无足轻重。在这个过程中，我们既能形成理论、假设和概念，又可在某种程度上对其加以验证。诚如托克维尔所言，“若无比较，思想便不知如何迈步前行”。所以，对统治体系进行分类的诸多尝试，不过是使比较过程更加条理化和系统化的手段而已。

分类的第二个目的是为了便于**评价**（evaluation）而不是分析。从亚里士多德开始，那些试图了解政体的学者，不仅希望解释政体，还渴望“改进”政府。换句话说，描述性解释与规范性判断紧密相连：是什么的命题和应该怎样的命题相关联。这种渴望走到极端，还会追求“理想”的统治体系，甚至乌托邦。柏拉图的《理想国》、托马斯·莫尔（Thomas More）的《乌托邦》[*Utopia*，（1516）1965]以及克鲁泡特金（Peter Kropotkin）的《农场、工厂与工场》（*Fields*，*Factories and Workshops*，1912）等作品都表现出了这种倾向。而较为温和的分类则只允许就有关政治结构和政府形式问题进行性质判断。例如，只有利用比较研究方法，我们才可能考察下列问题：“俄国及其他前共产主义国家的自由民主转型是否应受到欢迎与鼓励?”“印度是否应该废弃联邦制，采用单一制或允许地方独立?”“英国是否应该采用‘成文’宪法?”

所有分类体系都存在缺陷。首先，和其他所有的分析手段一样，分类比较也有着简单化的危险。同一标题下的政体类型使人们注意到了它们的相似点，但使彼此相互区别

种族中心主义（ethnocentrism）：将从自身文化发展出来的价值和理论应用于其他团体和人群；种族中心主义意味着偏见或曲解。

的差异可能会被忽视和掩盖。一个相关问题是，人们或许无法意识到同一现象在不同场景下的不同意义。例如，日本和整个东亚地区的“国家”可能与西方语境中理解的“国家”在性质和意义方面存在差异。因此，比较分析会受到经常出现的“**种族中心主义**”危险的危害。其次，价值偏见很容易干扰分类过程。最后，所有的分类体系都必然局限于国家分析，将国家看成自身一致和独立的实体。尽管这种研究方法并非毫无可取之处，但在全球化的趋势下，人们也普遍认为政治学研究局限于国家分析是远远不够的。

概念

乌托邦（utopia），乌托邦主义（utopianism）

乌托邦（来自希腊语 *outopia* 或 eutopia，前者的意思是虚无缥缈的乌有之乡，后者的意思是美好的地方）字面意思是理想或完美的社会。尽管人们设想了各种乌托邦，但它们大多有如下特征：消除欲求、化解冲突及免于暴力和压迫。乌托邦主义是一种政治理论化的形式，它构想出理想或完美的社会模式，以批判现存秩序。无政府主义和马克思主义是两个很好的例子。乌托邦理论通常以人类自我发展具有无限可能的假定为基础。乌托邦主义常用作贬义，意指逃避或空想的思考，信仰不现实和无法实现的目标。

古典的分类

公元前 4 世纪，亚里士多德根据他对当时 158 个希腊城邦的分析，设计了一套政体分类体系。该分类的影响无疑最大，在此后约 2 500 年的时间里仍然支配着人们在这方面的思考。亚里士多德认为可根据两个问题进行政体分类：“谁统治”和“谁从统治中获益”。他相信，政府可由一个人、一个小群体或多数人掌握。而在每一种情况下，政府又可根据统治者个人私利或整个共同体的利益行事。他由此区分了图 2—1 所示的六种政体形式。

谁统治？

谁获益？	一个人	少数人	多数人
统治者	僭主政体	寡头政体	平民(民主)政体
所有人	君主政体	贵族政体	共和政体

图 2—1　亚里士多德的六种政体类型

> **煽动家**（demagogue）：指操纵民众的政治领袖，他有能力激起歇斯底里的狂热情绪。

亚里士多德的目的是在规范基础上评估政府形式，希望从中找出理想的政体。在他看来，僭主政体、寡头政体和平民政体（民主政体，democracy）是堕落或变态的统治形式，分别由一个人、少数人和多数人基于自身利益而牺牲他人进行统治。相形之下，他更欣赏君主政体、贵族政体与共和政体，因为这些政府形式是由一个人、少数人和多数人各自以所有人的利益为依归进行统治的。亚里士多德认为，僭主制使公民沦落到奴隶的地位，是所有可能政体中最坏的。而君主制和贵族制则行不通，因为它们要求统治者怀有类似于神一样的意愿，把共同体的良善置于一己私欲之上。共和政体（多数人根据所有人的利益进行统治）是最为可行的。亚里士多德对平民统治持批评态度，认为占统治地位的多数会对少数人的财富心存忌恨，政府极易堕入**煽动家**的掌控之中——这种认知传统一直延续到 20 世纪。亚里士多德主张一种结合平民和贵族政体要素的“混合”政体，政府掌握在既不富足又不贫困的“中产阶级”手里。

托马斯·霍布斯（Thomas Hobbes）、让·布丹（Jean Bodin，1530—1596）等思想家发展了亚里士多德的政体分类。他们尤为关注主权原则，视之为所有稳定政体的基础，认为主权是“至高无上的恒久性”权力，仅此权力即足以保证有序的统治。布丹在《国家六论》[*The Six Books of the Commonweal*，(1576) 1962] 一书中，广泛论述了当时和传统时期政体中主权的归属问题。他的结论是，专制主义确立了制定法律但又不受这些法律限制的主权，是受到最强保护的政体。主权赋予一人的最主要优点在于主权不可分割：主权体现为国家宣称拥有最终权威一种声音。不过布丹仍然认为，以上帝意志和自然法面貌出现的高级法制约着专制君主的权力。霍布斯则在《利维坦》①

① 中译本《利维坦》，北京，商务印书馆，1985。——译者注

[*Leviathan*，(1651) 1968] 一书中指出，主权是垄断性的强制权力，这意味着主权完全不受任何限制。

概念

专制主义（绝对专制主义，absolutism）

专制主义是专制政府的理论与实践，常与专制君主相联系。就政府拥有不受约束的权力而言，它是“绝对的”：不受外部机构的制约。不过，专制主义原则的落脚点不是**行使**权力的不可挑战性，而在于它宣称拥有无限的统治权力（如神授权力）。理性主义的专制权力理论认为，只有专制政府才能保障秩序和社会稳定。但是我们应当将专制主义与独裁（autocracy）和专政（dictatorship）区别开来。由于以原则性的宣示为基础——不管是宗教的还是理性的，专制主义并没有授予政府专断和无限的权力。

早期自由主义者如约翰·洛克和孟德斯鸠修正了上述思想。洛克在《政府论》（上下篇）中认为，主权在民，而不是在君，他主张建立有限政府来保障自然权利，尤其是生命、自由和财产权。孟德斯鸠则在《论法的精神》① [*The Spirit of the Laws*，(1734) 1949] 一书中试图对人类社会进行“科学的”研究，以期发现最能保护个人自由的宪治条件。孟德斯鸠猛烈抨击了专制主义，大加推崇英国的议会传统，提出在行政、立法和司法三个部门之间实行“分权”的制衡制度。这一原则后来融入美国1787年宪法。

共和主义（republicanism）：认定政治权威最终来自人民同意的原则，拒绝接受君主和王朝统治原则。

18世纪后期以来，滥觞于亚里士多德著作的“古典”政体分类，变得越来越不敷现实之需了。按照各自不同的发展道路，美国在1775—1783年独立战争之后确立了**共和主义**原则，法国的1789年大革命点燃了民主激进主义，英国的议会政府则逐渐成形，所有这些政治现状都要比早期思想家所预想的复杂得多。因此，新的政体分类取代了传统的分类体系，研究者越来越重视政治统治的宪法和制度特点。这在许多方面都是以孟德斯鸠的著作为蓝本的，尤为关注不同政府部门之间的相互关系。君主制由此

① 中译本《论法的精神》，北京，商务印书馆，1982。——译者注

区别于共和制，议会制不同于总统制，而单一制则有别于联邦制。

人物

约翰·洛克（John Locke，1632—1704）

英国哲学家和政治家。洛克出生于英国萨默塞特郡（Somerset），他先在牛津大学学医，后于 1661 年成为 A. A. 库珀（Anthony Ashley Cooper），即沙夫茨伯里第一伯爵（First Earl of Shaftsbury）的秘书。洛克的政治观点以英国革命为背景，常被视为对 1688 年“光荣革命”的辩护，而这场“光荣革命”结束了此前的英国专制统治，建立了威廉三世统治下的君主立宪制。洛克是早期自由主义发展中的关键思想家，他特别强调“自然”权利（或称天赋权利），包括生命权、自由权和财产权。由于洛克倡导代议制政府和宽容，他的思想对美国革命影响很大。洛克最重要的政治著作有《论宗教宽容》①（*A Letter Concerning Toleration*，1689）和《政府论》（上下篇）②［*Two Treatises of Government*，（1690）1965］。

“三个世界”的划分

20 世纪的历史发展又一次改变了政治分类的基础。两次世界大战之间，极权主义出现，特别是法西斯主义意大利和纳粹德国，还有其他一些政权，促使人们认为世界分为两类政体：民主国家和极权主义国家。尽管法西斯和纳粹政权早在第二次世界大战末期即已崩塌，但 1950 年代和 1960 年代的大部分时间里，民主与极权对垒鲜明，政体分类仍受此影响。不过人们也日益意识到，这种分类受到冷战的影响，具有冷战的意识形态色彩。这激发着人们去探寻更加价值中立和在意识形态上不偏不倚的分类体系，所谓“三个世界”的划分由此日渐盛行，政治世界据此可划归为三个不同的

---

① 中译本《论宗教宽容》，北京，商务印书馆，1999。——译者注

② 中译本《政府论》（上下篇），北京，商务印刷馆，1983。——译者注

集团：

- 资本主义的“第一世界”；
- 共产主义的“第二世界”；
- 发展中国家的“第三世界”。

概念

极权主义（totalitarianism）

极权主义是一种支配范围无所不包的政治统治体系，通常建立在渗透性的意识形态操纵以及公开的恐怖与残暴统治基础上。极权主义与独裁和威权主义统治不同，它试图将社会和个人生活的各个方面政治化，从而获得“全能的权力”（total power）。而独裁和威权体制企图垄断政治权力的目标没有这么雄心勃勃，通常只是将民众排除在政治之外。因此，极权主义意味着彻底消灭私人空间。我们有时可通过六个方面的特征来确认极权主义体制（Friedrich and Brzezinski，1963）：

- 官方的意识形态；
- 一党国家，通常由一个全权的领袖领导；
- 恐怖主义的警察系统；
- 对大众传媒工具的垄断；
- 对武装力量的垄断；
- 国家控制经济生活的所有方面。

国内生产总值（gross domestic product，GDP）：一个经济体系在一年内所生产的全部最终产品和服务的总值。

三个世界的划分涉及经济、意识形态、政治和战略几个层面。西方工业化国家从经济层面来讲是“第一”，人民享有最高水平的富足生活。1983 年，这些国家只拥有全球 15%的人口，却创造了全世界 63%的**国内生产总值**（World Bank，1985）。共产主义国家构成“第二世界”，这些国家基本实现工业化，能满足人民的基本物质需要，以占全球 33%的人口贡献了全世界 19%的 GDP。欠发达的非洲、亚洲和拉丁美洲国家属于“第三世界”，它们在经济上依附于发达国家，非常贫穷，人口占全球的 52%，却仅拥有全世界 18%的 GDP。

由于意识形态的尖锐对抗，第一和第二世界进一步分裂。第一世界坚持“资本主义”原则，如支持私人企业、物质刺激和自由市场；第二世界则信奉“共产主义”价值，如社会平等、集体劳动以及中央计划经济等。这些意识形态差异有着清楚的政治表现。第一世界国家实行选举竞争基础上的自由民主政治；第二世界是“执政”的共产党统治的国家；第三世界政权一般是威权主义的，由传统君主、独裁者统治，或完全由军队统治。三个世界划分的基础是两极世界秩序，美国为首的西方和苏联为首的东方互相对抗，北大西洋公约组织（NATO）和华沙条约组织（Warsaw Pact）两大对抗性军事阵营支撑着两极秩序。“不结盟”的第三世界则经常是地缘政治争夺的战场，这是有关国家在政治经济方面一直处于依附地位的重要原因。

概念

自由民主（liberal democracy）

自由民主是一种平衡有限政府原则与人民同意理想的民主统治形式。其“自由”特征表现为存在一个对政府加以外在和内在制约的网络结构，该结构旨在保障自由并确保公民免受国家侵害。其“民主”特征则建立在以普选权和政治平等为基础的定期及竞争性的选举制度之上。尽管“自由民主”可用来阐释一种政治原则，但人们更常用它来描绘某种政体类型。这种政体类型的主要特征如下：

- 建立在正式（通常是法律的）规则基础上的立宪政府。
- 保障公民自由和个人权利。
- 制度化分权与制衡体系。
- 定期选举，尊重“一人一票，票票等值”的原则。
- 政党竞争与政治多元主义。
- 独立于政府的组织化团体和利益。
- 按市场路线组织的私人企业经济。

从 1970 年代开始，上述分类越来越难以适应现实。部分第三世界国家因采用新经济发展模式而享有物质的富足，主要包括中东富产石油的国家、东亚和东南亚的新兴工业化国家，在某种程度上还有拉美国家。相形之下，撒哈拉以南非洲地区则深陷贫困，现在那里的国家构成了某种“第四世界”。此外，亚洲、拉丁美洲及非洲国家民主化的推进（特别是在 1980 年代和 1990 年代），意味着第三世界国家也已不再是清一色的威权政体。“第三世界”甚至被普遍看作一个贬义词，因为它隐含着陷入非常严峻的不利处境的意味。因此，“发展中世界”一词通常更为人们所接受。

毫无疑问，对三个世界模式的致命一击，是 1989—1991 年的东欧剧变，它造成苏联和东欧共产主义政权的崩溃，开启了政治自由化和市场改革的进程。弗朗西斯·福山甚至断言这一发展导致了“历史的终结”（Fukuyama，1989），意思是随着西方自由民主在全世界范围的胜利，意识形态的辩论实际上已经结束。个中原因很简单，第二世界和第三世界政权之所以会土崩瓦解，正是由于它们认识到，只有第一世界才拥有经济繁荣和政治稳定的前景。

人物

弗朗西斯·福山（Francis Fukuyama，1952— ）

美国社会分析家及政治评论家。福山出生于芝加哥的一个新教牧师家庭。他在担任兰德公司（Land Corporation）顾问前，曾是美国国务院政策计划小组的成员，是铁杆的共和党人。《历史的终结》（*The End of History*，1989）一书使他成为国际知名学者，稍后他又在此基础上完成了《历史的终结及最后之人》[①]（*The End of History and the Last Man*，1992）。福山在两书中断言，思想史已经随着承认自由民主是“人类最终的政府形式”而走到尽头。在《信任》[②]（*Trust*，1996）和《大分裂》[③]（*The Great Disruption*，1999）两部著作中，福山讨论了经济发展与社会团结之间的关系。他的观点对新右派（New Right）影响很大。在 2006 年出版的《后新保守主义者》（*After the Neocons*）中，福山对“9·11”后美国的外交政策提出了批评。

① 中译本《历史的终结及最后之人》，北京，中国社会科学出版社，2003。——译者注
② 中译本《信任》，海口，海南出版社，2001。——译者注
③ 中译本《大分裂》，北京，中国社会科学出版社，2002。——译者注

2.2　现代世界的政体

从 1980 年代后期开始，政体分类研究进入过渡期。旧有的分类，特别是“三个世界”的划分已然陈旧落伍，而新世界的政治轮廓尚不清晰。1980 年代末 1990 年代初的民主化浪潮和苏东剧变，一度使“历史终结”的观念备受鼓舞，但其光亮仍是一闪即逝。从某种意义上讲，自由民主必胜的信念说明西方中心论仍然存在，不管怎样它都是冷战时代的残留物。一个“自由民主世界”的形象，暗示着西方发展模式（或许尤以美国为基础）的优越性，意味着个人主义、权利与自由选择等价值具有普适性。不过其后果之一就是无法认识到伊斯兰和儒家等政治形态的意义，认为它们不过是应予摒弃的变态之物，或只是抗拒无可挑战的自由民主的证据。

建立新分类体系的困难之一，是人们对这种体系的标准尚无共识。任何分类体系都不会只依据一个极其重要的因素。某些分类体系往往会将不同的标准按照优先次序进行排列。人们最常使用的参照标准有：

- 谁在统治？政治参与限于精英和特权群体，还是包括全体人民？
- 如何获取服从？人们服从政府是暴力或暴力威胁的结果，还是讨价还价和妥协的结果？
- 政府权力是集中的还是分散的？政治体系的制衡机制属于哪种类型？
- 政府权力如何获取和交接？政体是开放和竞争性的，还是磐石一统的？
- 国家与个人之间的平衡关系怎样？权利与责任在国家与公民之间是如何分配的？
- 物质发展水平怎样？社会的物质富足度、财富分配的公平度如何？
- 经济生活如何组织？经济是适应市场还是计划？政府扮演着怎样的经济角色？
- 政权的稳定度如何？它是否存在很长时间？它能否对新的需求和挑战作出回应？

在 19 世纪和 20 世纪早期，人们采用了一种受“古典”分类影响的**宪法—制度**（constitutional-institutional）分类。这种取向强调成文宪法与不成文宪法、议会制与总统制以及联邦制与单一制之间的差异。**结构—功能**（structural-functional）取向由系统论发展而来，后者在 1950 年代和 1960 年代颇为引人注目。这种取向不甚关心制度安排，而较为关注政治体系的实际运作——特别是如何将“输入”转化为“输出”。三个世界的划分是以经济—意识形态为导向，尤为注意体系的物质发展水平及其更广泛的意识形态方向。本书在这里采用的分类取向与上述三者均有不同，试图考虑政体在政治、经济与文化三方面的重要特征。这种取向假定，相较于仅取决某些政治、经济或文化因素，政体特征更多地取决于这些因素在实际运作中交错结合的方式（见图 2—2）。

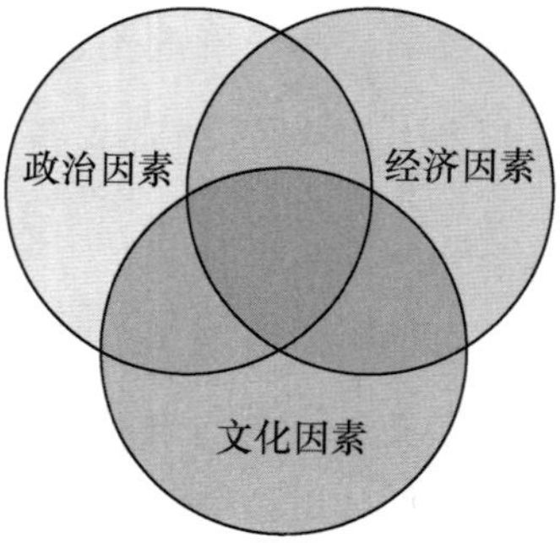

图 2—2 政体的主要特点

该取向的意义，在于它强调正式的政治经济安排在不同的文化背景中会有相当不同的表现。比如，在西方自由社会和非西方社会中，多党选举和市场经济可能有非常不同的意义。但是，有鉴于 20 世纪末期所发生的深刻政治变动，若认定任何分类体系都绝非暂时性的，那真是愚不可及。准确地讲，政体本身是流动变化的，政体分类的研究也在为赶上政治现实不断变化的步伐而奋起直追。尽管如此，我们仍可确认出现代世界的五种政体类型。

- 西方多头制；
- 新民主制；
- 东亚政体；
- 伊斯兰政体；
- 军事政体（军人政权）。

西方多头制

西方多头制基本上等同于“自由民主制”，甚至可以完全等于“民主制”。因此，多头制主要分布在北美、西欧和澳大利亚及新西兰。亨廷顿认为这些国家的政体是前两波民主化的产物：第一波发生在 1828—1926 年间，波及美、法、英等国；第二波发生在 1943—1962 年间，扩及联邦德国、意大利、日本和印度等国。尽管多头制在一定程度上是经由民主化和**自由化**运动演化而来，但“多头制”一词比“自由民主”更为恰当，原因有二：首先，人们有时把自由民主政治看作一种理想，赋予它更广义的规范内涵；其次，使用“多头制”意味着承认这种政体在某些重要方面尚未达到民主目标。

自由化（liberalization）：引入内部和外部机制制约政府权力，并/或转向私人企业和市场。

概念

多头制（polyarchy）①

多头制（字面意思是“多人的统治”）一般指现代代议民主的制度与政治过程。作为一种政体类型，多头制可与所有非民主制度相区别，也不同于建立在古典的（或雅典式）直接参与模式基础上的小型民主体系。多头制通过一种迫使统治者考虑选民利益与期望的制度而运转，因此可理解为民主大致或粗陋的近似物。其主要特点如下：

- 政府掌握在民选官员的手里；
- 选举是自由和公正的；
- 差不多所有成年人都有投票权；
- 参选权不受限制；
- 存在言论自由和批评与抗议权；
- 公民拥有可选择的信息来源；
- 团体至少享有不受政府控制的相对独立性。

在《政治、经济与福利》（*Politics, Economics, and Welfare*，1953）一书中，达尔和林德布洛姆（Lindblom）首次用“多头制”一词来描述一种统治体系，达尔后来在《多头制：参与和反对》（*Polyarchy: Participation and Opposition*，1971）中对其有详细阐述。在他们看来，多头制有两个一般特征使之与其他政体相区别。首先是相当地容忍反对声音，至少使之足以制约政府的专断倾向。在实践中这要求有下列保障因素：

① 可参阅［美］达尔：《多头政体》，北京，商务印书馆，2003。

竞争性政党体制、制度上受保障和保护的公民自由，以及充满活力且健康的市民社会。多头制的第二个特征是，政治参与的机会必须相当广泛，足以确保高水平的大众回应。这里的关键是必须有定期和竞争性的选举发挥作用，人民能够利用选举控制和（若有必要）撤换当权者。多头制在这种意义上与约瑟夫·熊彼特（Joseph Schumpeter）在《资本主义、社会主义和民主》①（*Capitalism*，*Socialism and Democracy*，1942）中所描述的民主精英主义（democratic elitism）颇为相似。但林德布洛姆（1977）和达尔（1985）仍然承认，大型企业权力过重对多头政治造成了冲击。因此他们有时更喜欢用"变形多头制"（deformed polyarchy）的提法。

如此界定的"多头制"可用来描述全世界越来越多的政体形态。实行多党选举的国家均具有多头制特征，但西方的多头制更为与众不同，它们不仅以代议民主制和资本主义经济组织为特点，而且以主要源于西方自由主义的文化和意识形态方向为标志。这种传承最重要的特征就是普遍接受自由个人主义。个人主义常被认为是最有西方特色的价值，它强调每一人类个体的独特性，主张社会应按照最能满足其构成个体的需求和利益的方式进行组织。自由个人主义以多种方式影响着西方多头制的政治文化。例如，这种政治文化高度重视个人权利（可能高于个人义务），普遍相信选择与竞争是有益的，而且它往往担心政府扩张，认为政府对自由至少构成潜在威胁。

概念

西方（the West）

"西方"一词有着两种互相重合的意思。它一般指欧洲的文化和哲学传统，后经移民和殖民主义而向外输出。这一传承的根基是犹太—基督教教义以及古希腊罗马的智识主义，近代又受到自由主义思想和价值的影响。"东方"（the East）一词通常指亚洲，特指地中海以东地区。"西方"一词在冷战时期的用法较为狭隘，指美国主导的资本主义集团，与苏联为首的东方相对。东欧现已不再属于这种意义的东方，但俄罗斯在更广义上是否属于东方尚不明了。

但西方的多头制也不尽全然一致，有些倾向集权和多数统治，而有些则倾向分权和

① 中译本《资本主义、社会主义和民主》，北京，商务印书馆，2000。——译者注

多元主义。利普哈特（Lijphart，1990，1999）区分了“多数”民主（majority democracies）和“共识”民主（consensus democracies）。多数民主是根据所谓**威斯敏斯特模式**按照议会政治的路线组织的，英国的制度最接近这种民主，新西兰、澳大利亚、加拿大、以色列和印度等国在某些方面也采纳了该模式。多数民主模式具有下列部分或所有特征：

> **威斯敏斯特模式**（westminster model）：行政部门由议会产生并（在理论上）对议会负责的政府制度。
>
> **协和式民主**（consociational democracy）：通过若干政党及其他政治组织之间的权力分享和紧密结合而运行的民主形式。
>
> **例外论**（例外主义，特异性，exceptionalism）：指某一政治体系具有独一无二的特点，因而限制了更广义范畴的适用性。

- 一党政府；
- 行政和议会机关缺少分权；
- 一院或弱化了的两院所组成的议会；
- 两党制；
- 单名额相对多数选举制；
- 单一制和中央集权的政府；
- 非法典化宪法和议会至上。

与这种模式不同，其他西方国家的多头制则以整个政府和政党制度中的权力分散为特征。美国多元民主模式的根基，在很大程度上是宪法条文所蕴含的制度性分权。在其他地区，特别是欧洲大陆，政党制度和协商妥协及权力共享的倾向支持着共识政治的运转。比利时、奥地利和瑞士等国则形成了一种**协和式民主**，这种民主特别适用于因宗教、意识形态、居住地域、文化习俗或其他方面的差异而分裂的社会。共识或多元政治往往具有如下特征：

- 联合政府；
- 行政和议会部门的分权；
- 有效运作的两院制；
- 多党制；
- 比例代表制；
- 联邦制或权力下放；
- 法典化宪法和人权法案。

当然，在另一个层次上讲，每一个多头政体（甚至可以说每一个政体）都是独特的，因而也是例外的。比如，美国**例外论**常与美国缺乏封建历史传统、具有移民及边疆扩张的经验有关，这可以解释美国何以存在深厚的个人主义政治文化，这种政治文化在西方多头政体中也是独一无二的，它没有为任何社会主义政党和运动提供生长空间。美国也是西方体制中宗教色彩最浓厚的国家，只有在美国，基督教原教旨势力才成为重要政治力量。

印度的情况更加复杂。当然，它在文化、哲学或宗教方面不是西方的一部分。与欧洲和北美“发达的”多头体制相比，印度尚有大半农村人口，识字率不足50%。但自1947年独立以来，该国的多头政治一直有效运行，甚至安全度过了1970年代英迪拉·甘地（Indira Gandhi）的“紧急状态”时期。毫无疑问，国大党“跨种姓”诉求以及尼赫鲁-甘地王朝的神秘魅力，促进了印度的政治稳定。但随着国大党的式微以及尼赫鲁-甘地时代的终结，印度在1990年代已向协和式民主之路迈进。

新民主制

概念

共产主义（communism）

共产主义在其最简单意义上是指建立在财产集体所有基础上的一种社会生活的共同体组织。作为一种理论上的理想，它最常与马克思的著作相联系。在马克思看来，共产主义意指财富公有的无阶级社会，它根据人类的需求进行生产，国家已经消亡，自发和谐与自我实现成为可能。正统（orthodox）共产主义作为一种政体类型，具有如下主要特征：

- 马克思列宁主义的官方意识形态；
- 按民主集中制原则组织的共产党掌握政治权力；
- 共产党居于执政地位；
- 共产党在社会中发挥“领导和指导作用”，领导包括经济、教育、文化和娱乐在内的所有机构；
- 经济生活以国家集体化为基础，通过中央计划体制进行组织。

按照亨廷顿的说法，第三波民主化浪潮在 1974 年即已开始，希腊、葡萄牙和西班牙右翼专政统治倾覆，拉丁美洲将军们下台，以及最重要的——共产主义的变动。截至 2003 年，拥有全世界 70%人口的 63%的国家显示了自由民主制的某些关键特征——主要是推行多党选举和市场基础上的经济改革。不过，这些国家仍处在转型期，将其归入**新民主制**或**半民主制**的类别比较恰当。民主转型过程一直都是复杂且艰难的，这主要凸显出如下事实：民主不能被简单地视为人类社会的“预设状态”（default position）。新民主国家不仅缺乏成熟的民主政治文化，而且必须承受全球化的外部力量和内部快速变化所导致的压力。新民主政治脆弱性的最好证明就是军队干政，如 1979 年巴基斯坦和 2006 年泰国的军事政变。

> **新民主制**（new democracies）：指民主巩固的过程没有彻底完成的政体；民主尚未成为唯一的游戏规则（Przeworski，1991）。
>
> **半民主制**（semi-democracies）：指民主和威权特征稳定结合共存的政体。

后共产主义政权面临的问题之一，是要面对共产主义统治遗留下的政治和文化后果。在俄罗斯，这种情况导致了一种脆弱破碎的政党制度，显然无法表达或凝聚俄国社会的主要利益。结果是，共产党（或说前共产党）经常继续发挥稳定社会的作用。例如在罗马尼亚和保加利亚，昔日共产主义制度在后共产主义时代依然延续存在；而现今匈牙利、波兰和俄罗斯等国的共产党也向社会民主主义的原则敞开怀抱（信奉程度可能不同），并在选举中东山再起。

问题之二来自经济转型过程。自中央计划向自由放任资本主义过渡的“休克疗法”获得了国际货币基金组织的支持，却推高了失业率和通货膨胀率，这在很大程度上加剧了社会不公，造成了高度的不安全感。从 1990 年代初开始，由于社会对市场改革的反应非常强烈（常表现为支持共产党或民族主义政党），经济自由化有时会大幅放缓步伐。

最后的问题来自国家权力的弱化。族群和民族对立的死灰复燃最能说明这一点。伴随苏联解体的是老苏联帝国的瓦解和 15 个新独立国家的建立，其中某些国家（包括俄罗斯）仍在承受族群冲突之苦。捷克斯洛伐克 1992 年不复存在，分裂成捷克和斯洛伐克两个国家。南斯拉夫的族群冲突最激烈，塞尔维亚和克罗地亚在 1991 年突然爆发全面战争，波斯尼亚则在 1992—1996 年陷入全面内战。

后共产主义国家间也存在一些重要差异，最主要的是下面两类国家的区别：一是工业较发达和较西化的中欧国家，如捷克、匈牙利和波兰；二是较为落后的东欧国家，如罗马尼亚、保加利亚，在某些方面还包括俄罗斯。前一类国家的市场改革进展迅速且相对顺利；后一类国家的经济改革若非勉为其难和未尽全功，便是引起了激烈的政治冲突。前一类国家，如捷克、匈牙利、波兰、斯洛伐克、斯洛文尼亚以及波罗的海三国，在 2004 年成为欧盟成员国，后一类国家如保加利亚和罗马尼亚于 2007 年加入欧盟，而其他巴尔干地区的后共产主义国家，如克罗地亚、阿尔巴尼亚、波斯尼亚-黑塞哥维那、塞尔维亚还在欧盟门口排队等候。还有一类划分，就是第二次世界大战后苏联的加盟共和国。除波罗的海国家外，苏联的加盟共和国均有较长时期的共产主义统治期，并曾是沙皇俄国的一部分。当然，也有人会非常支持俄国例外论，理由是俄罗斯拥有帝国传统，俄罗斯民族主义具有威权和扩张的性格倾向；或认为自彼得大帝以来，俄国人就因西方和斯拉夫两种不同认同而存在内部分裂，其文化传承与政治命运亦含混不明。

东亚政体

亚洲价值（Asian values）：反映亚洲社会历史、文化和宗教背景的价值，包括社会和谐、尊重权威以及信奉家庭。

20 世纪后期东亚的崛起，或可最终证明是比苏东剧变更为重要的全球历史事件。当然，这一时期世界经济的平衡点也明显地由西方移向东方。20 世纪最后 20 年，太平洋盆地西缘地区的经济增长率，要比欧洲和北美的“发达”经济体高出2～4倍。但存在一种独特的东亚政治形态的说法，却不为人所熟知。现代化意味着西化是人们的普遍看法，转换成政治术语，也就是说工业资本主义经常伴随自由民主。持此立场者会援引某些例子作为证明，如日本 1946 宪法的成功（美国离开时所遗留），以及泰国、韩国和中国台湾等国家和地区在 1980 年代和 1990 年代推行多党选举等。但是，这种解释没有考虑到多头制在亚洲与西方背景下运作的差异度，最重要的是，受儒家思想和价值与自由个人主义影响的两种文化间的不同被忽视了。正因为如此，人们认为存在一套不同于西方价值的特殊的**亚洲价值**。

概念

儒家思想（Confucianism）

儒家思想是由孔子（公元前 551—前 479）所创立的一套道德体系，其学说主要见于《论语》。儒家思想关注人的关系和自我修养两个紧密联系的问题。儒家强调“仁”（仁慈或爱），人们通常认为它隐含着对传统思想和价值的支持，特别是孝、敬、忠和仁慈。儒家还强调“君子”（有德之人），这暗含着对人类发展能力与达到完美境界的潜能的重视（特别是通过教育）。儒、释、道被视为中国三大主要思想体系，但也有许多人把儒家思想等同于中华文明本身。

东亚的政体往往有相似的特点。首先，它们重视经济发展甚于政治目标，优先考虑促进经济增长与繁荣。这种非常实际的考虑在东亚和东南亚（韩国、中国台湾、中国香港、新加坡和马来西亚）的“虎经济体”中表现明显。其次，人民多支持“强”政府，往往会容忍强势的执政党，普遍尊重国家权力。尽管由于低税收和相对较低的公共开支（通常低于 GDP 的 30%），这些国家没有多大空间去推行西方的福利国家模式，但民众仍普遍同意具有“父亲”形象的国家应该指导个人和公共的决策，制定国家发展战略。再次，与第二个特征相联系，由于儒家思想强调忠诚、纪律和义务，民众也普遍尊重领导人的权威。从西方的角度看，东亚政体内在地具有威权主义特点（有时候这种特点很明显）。最后，东亚地区非常重视共同体和社会的凝聚力——表现为家庭被赋予核心角色，结果是强调日本人所称的“群体思考”（group think），这势必会限制个人主义和人权等观念的生存空间——至少西方学者会这样理解。

东亚各政体之间也有分化。这也在某种程度上解释了经济发展模式的不同。在日本、中国台湾和新加坡等“虎经济体”，经济增长现在多靠技术创新以及重视教育和培训来推动，而中国在某些方面仍然靠其庞大的农村人口提供廉价和充足的劳动力。最后的一些差异源于文化，中国、日本以及多族群的新加坡和马来西亚，在文化上有所不同。例如，新加坡计划将儒家信条引入学校教育，但因害怕触犯马来西亚人和印度人而作罢。与此类似，马来西亚一直蓄意削弱华人的影响，试图巩固其与众不同的伊斯兰马来文化特点。

概念

威权主义（authoritarianism）

威权主义是一种“自上而下”的政府理念与实践，权力的行使不需考虑人民的同意。威权主义因而不同于权威。后者依靠合法性而存在，在这种意义上它是“自下而上”的。因此，威权政体强调权威应凌驾于个人自由之上。威权主义一般也不同于极权主义。“自上而下”的政府实践与君主专制主义、传统专制以及大多数军事统治形式相联系，主要是压制反对派和政治自由，而不是要达到消弭国家和社会界分的激进目标，因此，威权政体会容忍相当多的经济、宗教及其他方面自由的存在。

伊斯兰政体

伊斯兰作为一支政治力量的崛起，深刻地影响了北非、中东和部分亚洲地区的政治。好战的伊斯兰团体有时会对现存政权构成挑战，它们经常以城市贫民代言人自居。但在另外一些情况下，某些政权却按照伊斯兰路线进行建设或重建。沙特阿拉伯自1932年以来一直属于伊斯兰教国家。伊朗1979年革命的结果是建立了霍梅尼（Ayatollah Khomeini，1900—1989）领导下的伊斯兰共和国，苏丹和巴基斯坦也紧随其后。在某些国家，如卡扎菲统治的利比亚，对伊斯兰教更为个性化和颇具争议性的阐释变成了政治实践。

因此，政治伊斯兰主义旨在建立神权政治，按照“高级”的宗教原则来安排政治和其他事务。不过，政治伊斯兰主义有多种明显不同的形式，从一端的激进主义到另一端的多元主义繁复多样。

伊斯兰教教法（*Shari'a*）：伊斯兰法律，源自神的启示，由《古兰经》、圣训（穆罕默德的教诲）及其他来源组成。

伊斯兰教的激进主义形态最常与伊朗相联系。霍梅尼在1989年去世之前，领导着一套制度化的教士统治体系，该体系通过15名高级教士组成的伊斯兰革命委员会（Islamic Revolutionary Council）运作。伊朗建立了名为伊斯兰咨询会议（Islamic Consultative Assembly）的民选议会，但所有立法都要经宪法保护委员会（Council for the Protection of the Constitution）的批准，以保证其符合伊斯兰教义。**伊斯兰教教法**作为法律与道德准则，继续在全伊朗得到严格遵行。在 1997—2001 年的阿富汗塔利班政权中，宗教激进主义势力再次登台亮相，其特点是实行严格的神权统治，将妇女排除在教育、经济和一般公共生活之外。尽管沙特阿拉伯保守的逊尼派政权较为温和，明显不同于伊朗什叶派的革命民粹主义，但仍具有类似的专制主义色彩，宗教激进主义的影响仍不可小觑。

马来西亚证明了伊斯兰教和政治多元主义能够相容。伊斯兰教是马来西亚的国教，最高领导人既是宗教领袖，也是国家元首；该国推行“指导性”（guided）民主，“巫统”（马来民族统一机构）通过一个广泛联盟——国民阵线（Barisan Nasional）在多党制的框架内掌控该国政治。1981 年以来，“巫统”推行一种狭隘的伊斯兰教教义和亲马来人战略，同时实施日本经济发展模式。从 1988 年开始，由于司法独立实际上已经崩解，政治拘捕和强制新闻审查也紧随其后，威权主义倾向又在马来西亚重新抬头。在土耳其，伊斯兰与民主的关系也很有意思。凯末尔在 1923 年建立土耳其共和国，世俗主义为其立国之本。但自 1990 年代以来，伊斯兰政党开始崛起。1996 年福利党（Welfare Party）短暂领导了一个联合政府，旋即遭军方解散。由其演变而来的正义与发展党（Justice and Development Party，AKP）在 2002 年大选中取得压倒性胜利。不过，正义与发展党承诺支持政治多元主义，并仍然热衷于加入欧盟。

军事政体

大多数政权受到政治、经济、文化和意识形态等因素的综合影响，但某些政权却主要通过操控军权和系统压制而得以生存。在这种意义上讲，军事政权属于较宽泛的威权主义类型。军事威权主义在拉丁美洲、中东、非洲和东南亚最为普遍，1945 年后也在西班牙、葡萄牙和希腊出现。军事政体的主要特点是政府领导职位根据军事指挥链中的位置确定。正常的政治安排常被搁置，表达反对声音的制度，如民选议会和新闻自由，不是被弱化就是被废除。

所有军事统治都具有高度强制性，但它仍包括多种政体类型。在有些军事政权中，

执政军官团（junta）：字面意思是“委员会”，指通过革命或政变攫取权力的小集团（通常为军事集团）。

武装力量直接控制政府，最典型的就是拉美最常见的**执政军官团**，这是一种集体性军政府，核心是军官指挥会议，通常代表三军。军官团政体中各军种和主要领导人之间的对立抗争不断，正式权力职位也频繁易手。

第二种军事政权是军队支持的个人化专政。在这种情况下，某一个人往往利用旨在制造克里斯玛型权威的人格崇拜，在军官团或政权中获得卓越地位，如1974—1980年希腊的帕帕佐普洛斯（Papadopoulos）上校，1973年智利军事政变后的皮诺切特（Pinochet）将军，以及1993—1998年尼日利亚的阿巴查（Abacha）将军。在最后一种军事政权中，武装力量的忠诚同样是支持政权的决定因素，但军事领袖乐于幕后操纵。例如，1945年后，巴西国内的武装力量普遍认识到保持文职和军职的界限可以增强政权的合法性。不过，这种区分可能会激起实行立宪政治和代议政治的要求，压缩直接军事干预的空间，因此，随着时间的推移，它会促进多头政治发展的趋势。

总　结

● 政府指所有秩序性规则得以维系的机构，其中心特点是有能力制定和执行集体性决策。但是政治体系或者政体则不仅包括政府机构和国家制度，而且涵盖了这些机构与更大社会发生互动的结构和过程。

● 政治体系分类服务于两个目的。第一，它使比较成为可能，有助于在纷杂的事实中发现相似点和差异性，从而辅助我们理解现实；第二，它帮助我们评估不同政治体系的效能和成败。

● 政体可根据不同的基础进行分类。源于亚里士多德的“古典”分类专注于宪法安排和制度结构，而“三个世界”的取向则强调资本主义“第一世界”、共产主义“第二世界”和发展中国家“第三世界”三种政治体制在物质和意识形态方面的差异。

● 苏东剧变和民主化的推进使辨识现代世界的政治轮廓更加困难，而传统的分类体系也陈旧落伍了。虽说所有的体系分类都只具有暂时的生命力，但我们仍可根据政体的政治、经济和文化特征在实践中的交错结合来对其进行区别。

●"历史终结"论宣称历史已经结束，或者随着西方自由民主在全球范围的胜利而注定要结束。现代世界最普遍的政体形式的确是某种民主形式。然而，仍有证据表明政体类型变得更加复杂和多样。西方多头制、新民主制、东亚政体、伊斯兰政体和军事政体之间存在着重要的差异。

问题讨论

● 亚里士多德的政体分类对于现代世界来说是否还有意义？
● 现在还存在类似"第三世界"这样的事物吗？
● 为什么自由民主结构被证明如此有效和成功？
● 西方多头制的民主程度如何？

扩展阅读

Brooker, P., *Non-Democratic Regimes: Theory, Government and Politics* (Basingstoke: Macmillan, and New York: St Martin's Press, 2000). 该书是对不同形态非民主政权的概论，内容广泛，颇有用途。

Hadenius, A. (ed.), *Democracy's Victory and Crisis* (New York and Cambridge: Cambridge University Press, 1997). 非常棒的一本书，检视民主的全球复兴并反思其影响。

Hague, R. and M. Harrop, *Comparative Government and Politics: An Introduction*, 6th edn (Basingstoke: Palgrave Macmillan, 2004) [US edn: *Political Science: A Comparative Introduction*, 3rd edn (New York: Palgrave Macmillan)]. 该书是采

用了真正国际取向的比较政治导论，内容简明，富有启发性。

Lijphart，A.，*Patterns of Democracy*：*Government Forms and Performance in Thirty-Six Countries*（New Haven，CT：Yale University Press，1999）. 这是一部对民主统治形态作出区分的优秀作品，内容新颖，影响很大。

第 3 章

政治意识形态

没有人能看到世界的本来面目，我们都只是透过理论、预设和假定的幔纱来了解世界。从这个角度来看，观察和解释的活动非常紧密地交织在一起：我们在审视世界的时候，同时也赋予它某种意义。这种情况对于政治研究而言有着重要的意涵，尤其是它凸显出一点：有必要揭示出我们用来进行政治探究的预设和假定。在最深的层次上，这些假定源于一般的政治信条或传统，我们通常称之为“政治意识形态”。每种“主义”（自由主义、社会主义、保守主义、女性主义、法西斯主义等等）构成一个特殊的知识框架或范式，均对政治现实作出自己的解释——也就是其世界观。对于意识形态的性质及其在社会生活中所扮演的角色，人们的分歧非常大。

主要问题

本章讨论的主要问题如下：

- 什么是政治意识形态？
- 每一种主要意识形态特有的主题、理论和原则是什么？
- 每种意识形态包含了什么样的对立传统和内部张力？
- 主要意识形态是如何随时间推移而演变的？
- 如何解释意识形态的兴衰？
- 意识形态已经终结了吗？它是否会终结？

3.1 什么是政治意识形态?

意识形态是政治分析中争议最大的概念之一。该词目前的用法呈现中性，指已成型的社会哲学或世界观，但它在过去却有着非常负面的含义。意识形态概念的发展过程甚为曲折，常常被用作政治武器，谴责或批判对立的信条或学说。

概念

意识形态（ideology）

从社会—科学的观点来看，意识形态是一套有或多或少内在一致性的思想观念，不管目的是维护、修正还是推翻现存的权力关系体系，它都提供了有组织政治行动的基础。因而所有的意识形态都具有以下特点：(1) 通常以世界观的形式解释现存秩序；(2) 提供一个理想未来的模式和美好社会的构想；(3) 勾勒政治变迁何以产生并应该如何发展。但各种意识形态并非封闭的思想体系，相反，它们是由流动的思想观念组成的，这些思想在某些方面互有重合。在“基础”的层次上，意识形态类似政治哲学；在“操作”层次上，它们表现为一般的政治运动（Seliger，1976）。

法国哲学家德·特蕾西（Destutt de Tracy，1754—1836）在1796年首次使用“意识形态”一词，指一种新的“思想科学”（idea-ology），试图以之揭示有意识之思想与观念的来源。特蕾西希望，意识形态最终能享有与动物学或生物学等已确立科学相同的地位。到19世纪，马克思的著作赋予意识形态另一种更为持久的含义。对马克思来讲，意识形态就是“统治阶级”的思想，借此维护阶级制度。在其早期著作《德意志意识形态》中，马克思恩格斯这样写道：

> 统治阶级的思想在每一时代都是占统治地位的思想。这就是说，一个阶级是社会上占统治地位的**物质**力量，同时也是社会上占统治地位的**精神**力量。支配着物质生产资料的阶级，同时也支配着精神生产的资料。［Marx and Engels，(1846) 1970：64］

从马克思主义的观点来看，在资本主义社会，拥有财产的资产阶级的意识形态，在被剥削的无产阶级中培养一种错觉或者“虚假意识”（false consciousness），以防无产阶级认识到自己被剥削的事实。但马克思并不相信一切政治观点都具有意识形态特性，他认为自己的著作力图客观揭示阶级剥削和压迫过程，因此是科学的。在他看来，科学和意识形态、真理和谬误之间应有明显的区别。但在列宁和葛兰西等后期马克思主义者的著作中，这种区别却趋向模糊化，不仅有“资产阶级意识形态”，而且出现了“社会主义意识形态”或者“无产阶级意识形态”等马克思也许会认为其荒诞不经的概念。

自由主义者和保守主义者对“意识形态”一词的理解又有不同。两次世界大战之间出现的极权政体，促使卡尔·波普（Karl Popper）、塔尔蒙（J. L. Talmon）和汉娜·阿伦特等学者把意识形态看作确保顺从和服从的社会控制工具。与此相对，以坚定信奉个人自由为基础的自由主义，还有一般赞同自由主义原则的思想，如保守主义和社会民主主义，显然不是意识形态。这些思想容许甚至支持自由辩论、反对和批评，因而是“开放的”。

理性主义（rationalism）：认为通过运用人类理智就能理解和解释世界的信念，建立在有关人类理性结构的假定基础上。

实用主义（pragmatism）：最为强调实际环境和目标的理论和实践；实用主义意味着怀疑抽象理念。

奥克肖特（Michael Oakeshott）等思想家在使用意识形态概念时，具有一种特别的保守主义色彩，他们质疑**理性主义**价值，属于典型的保守主义不可知论（scepticism）——这种不可知论确信，世界在很大程度上超越了人类心智理解的能力范围。如奥克肖特所言，在政治活动中，“人类就像在无边无际且深不可测的大海上航行”。从这个视角来看，意识形态是一种抽象的“思想体系”，也就是扭曲政治现实的一套思想观念，因为它宣称要解释的事物，坦率地讲，是不可理解的。正因为这个原因，保守主义者传统上并不接受他们赞同一种意识形态的说法，而喜欢把保守主义描述成一种“意向”（disposition）或者“心灵的态度”（attitude of mind），信奉**实用主义**、传统和历史。

上述每一种对意识形态的解释都存在缺陷，因为它们都带有否定或贬义的意味，限制了该词的适用范围。换言之，这些用法将某些政治学说排除在“意识形态”范畴之外了。比如马克思坚信自己的思想是科学，而非意识形态；自由主义者也不认为自由主义应被视为一种意识形态；而保守主义者则在传统上就断言，自己信奉实用主义而非意识形态的政治理念。其次，这些意识形态的概念充斥着某种政治学说的价值与方向。因此，一种包容性的意识形态定义（适用于所有的政治传统）应该是中性的，摒弃了意识形态是“好”或“坏”、真或假、解放或压迫的观念。这也正是现代社会—科学意义上的意识形态含义具有的优点，即认定意识形态是一个行动导向（action-orientated）的信念体系，一套以某种方式指导或激励政治行动的相互联系的思想观念。

3.2 自由主义[①]

元意识形态（meta-ideology）：奠定意识形态争论得以发生的基础，为更高或第二顺序的意识形态。

阐释政治意识形态须从自由主义开始，因为自由主义事实上就是西方工业社会的意识形态，它有时被说成是**元意识形态**，能够涵盖多种对立价值和信念。自由主义直到19世纪早期才作为成熟的政治信条出现，但在此前的300年间，各种不同的自由主义理论和原则就一直处在逐渐发展过程中。封建主义瓦解，市场社会即资本主义社会取而代之，自由主义正是这一发展的产物，早期自由主义当然也就反映了正在崛起的工业中产阶级的期求。自由主义和资本主义自此就一直紧密联系（有人认为是内在地联系）在一起。早期自由主义是一种政治学说，它抨击专制主义和封建特权，鼓吹立宪政府，后来又主张代议制政府。到19世纪早期，一种与众不同的自由主义经济信条形成了，它颂扬自由放任（laissez-faire）资本主义的优点，抨击任何形式的政府干预，这成为古典（或19世纪）自由主义的主要特点。社会自由主义于19世纪晚期出现，它更倾向于福利改革和经济干预，并成为现代（或20世纪）自由主义的特有内容。

① 可参阅李强：《自由主义》，北京，中国社会科学出版社，1998。——译者注

自由主义的要素

● 个人主义：个人主义是自由主义意识形态的核心原则。它坚信人类个体具有至高无上的价值，反对任何社会团体和集体组织的控制。人类首先且最主要地应被视为个体存在，这意味着他们具有同等的道德价值，拥有独立且独特的个性。因此，自由主义的目标是建立一种个人能够发展和成功的社会，社会中的每个人都能尽其所能地追求其所设定的"良善"。人们由此认为自由主义具有道德上的中立性，因为它规定了一套允许个人作出自我道德决定的规则。

● 自由：个人自由（freedom 或 liberty，两者可互换）是自由主义的核心价值，优先于平等、正义和权威。这很自然地源于对个人的信仰，以及保证每个人都能按照自己的意愿或选择行事的期望。自由主义者主张"法律之下的自由"，因为他们认识到一个人的自由可能成为他人自由的威胁，自由可能变成放纵。因此，自由主义者赞同的理想，是个人应享有尽可能大的自由，但须与其他所有人享有的同样的自由相一致。

● 理性：自由主义者相信世界有一个理性的结构，它可经人类理智的运用和严谨的探究获得揭示。自由主义者确信，个人有能力按自身利益作出明智判断，在大多数情况下，他们自己就是自身利益最好的判定者。这进一步促使自由主义者信奉**进步**，相信人类能够通过辩论和讨论，而不是血腥屠杀和战争解决冲突。

> **进步**（progress）：前进；相信历史的特征是人类在知识和智慧积累的基础上发展前进。
>
> **贤能统治**（meritocracy）：能人的统治，应根据能力来分配报偿和职位的原则。

● 平等：个人主义隐含着对基本平等的信仰，亦即认为个人"生而平等"——至少就道德价值而言如此。这体现在自由主义重视个人权利和资格，特别是法律平等（法律面前的平等）和政治平等（一人一票，票票等值）方面。不过，鉴于个人的资质和工作意愿不尽相同，自由主义者并不认同社会平等或结果的平等，而倾向于机会平等（同样的赛场），给每个人同等机会实现他们并不等同的潜能。因此，自由主义者支持"**贤能统治**"原则，个人功绩（merit）大致反映其资质加辛勤工作。

● 宽容：自由主义者相信宽容（也就是容忍，人们允许他人以自己并不认同的方式思考、言说和行动）既是个人自由的保障，也是社会富足发展的手段。他们相信，表现为道德、文化和政治多样性的多元主义是积极有益的，它保证所有信仰能在思想的自由市场中接受检验，能够促进辩论和知识的进步。自由主义者还认为，对立的观点和利益之间能够达到平衡或自然和谐，这往往会降低不同思想间爆发水火不容的冲突的可能性。

● 同意：在自由主义看来，权威和社会关系应基于同意或自愿一致，政府必须以“被统治者的同意”为基础。该原则促使自由主义者拥护代议制和民主。与此类似，社会团体组织也应通过追求自我利益的个人自愿建立契约而形成。权威在这种意义上是“自下而上”产生的，有着深厚的合法性基础。

古典自由主义

原子论（atomism）：认为社会由相互间有很少或根本没有义务的自足个人组成的信条。

经济自由主义（economic liberalism）：认为市场是一种自我调节的机制，倾向于自然实现普遍繁荣并给所有人带来机会的信条。

古典自由主义的核心是信奉一种极端的个人主义。人类被看作自私自利且基本自立的动物。在麦克弗森（C. B. Macpherson，1962）所称的“占有性个人主义”（possessive individualism）中，人被看作其自身及能力的所有者，对社会或其他个人没有任何义务。“消极自由”的观念支撑着这种**原子论**的社会观，这种观念意味着不干涉，或不对个人施加不必要的外在限制。这意味着古典自由主义对国家或各种政府干预没有丝毫的热情。

用潘恩（Tom Paine）的话来讲，国家是“必要的恶”。之所以为“必要”，是因为国家至少确立了秩序和安全，能够保证契约执行；之所以为“恶”，是因为国家将集体意志强加于社会之上，限制了个人的自由与责任。因此，古典自由主义的理想是建立最小或“守夜人”性质的国家，其作用仅限于保护公民免受他人的侵害。在**经济自由主义**中，对自由市场机制的坚定信仰以及不受政府干预的经济运行最佳的信念支持着这一立场。因此，古典自由主义者相信，自由放任资本主义能保障经济繁荣，维护个人自由；又因其以功绩来评判个人成败，而能够保障社会正义。

现代自由主义

人物

约翰·斯图亚特·密尔（John Stuart Mill，1806—1873）

英国哲学家、经济学家和政治家。密尔幼时受到其父——功利主义理论家詹姆士·密尔（1773—1836）非常严格的教育，20 岁时终于精神崩溃。此后，密尔受到柯尔律治（Coleridge）和德国唯心论者的影响，建立了一套更为人性的哲学观。他的主要作品有《论自由》[①]（*On liberty*，1859）、《代议制政府》[②]（*Considerations on Representative Government*，1861）以及《妇女的屈从地位》（*The Subjection of Women*，1869），对自由主义思想的发展影响很大。密尔的著作广博复杂，跨越了古典和现代自由主义的分野。他反对国家干预的思想深植于 19 世纪古典自由主义的原则信条；但他同时又强调个人生活的质量（表现为他对“个性”的重视），支持妇女争取选举权和工人合作的目标，这显然预示着自由主义在 20 世纪的发展方向。

> **大政府**（big government）：指奉行干预主义政策的政府，一般意味着经济管理与社会控制。

现代自由主义更为赞同国家干预。在美国，人们甚至总是用“自由派”一词暗示对“**大政府**”而非“最小”政府的支持。这一转向之所以发生，是由于人们认识到工业资本主义只是造成了新的非正义，将大量民众弃于变化无常的市场中。在约翰·密尔的著作影响之下，格林（T. H. Green，1836—1882）、霍布豪斯（L. T. Hobhouse，1864—1929）以及霍布森（J. A. Hobson，1858—1940）等所谓的新自由主义者开始支持一种更广泛的“积极”（positive）自由观。在他们看来，自由的意思并不只是不加干预，这样的自由不过意味着饥饿穷困的自由而已；相反，自由应与个人的发展和成功相

---

① 中译本《论自由》，北京，商务印书馆，1982。——译者注

② 中译本《代议制政府》，北京，商务印书馆，1982。——译者注

联系，也就是个人应有能力获得自我实现。

> **再分配**（redistribution）：通过累进税制与福利政策来缩小社会群众在物质方面的不平等。
>
> **旧制度**（*ancien régime*）：（法语）字面意思就是旧秩序；通常与法国大革命之前的专制结构相联系。

上述观点奠定了社会自由主义，也就是福利自由主义的基础。这种自由主义的特点是认识到国家干预——特别是社会福利——能够保护个人生活不受社会罪恶的损害，拓展了自由的范围。1942 年英国的《贝弗里奇报告》（Beveridge [1]Report）将社会罪恶归为五类：匮乏、无知、怠惰、穷困和疾病。同样，现代自由主义也不再信奉自由放任资本主义，凯恩斯（J. M. Keynes）对此影响甚大。凯恩斯认为，只有通过管理或管制资本主义制度，将重要经济责任置于国家之手，经济的增长与繁荣方可维持。但是，现代自由主义者对集体性措施和国家干预的支持却一直是有条件的。他们关心那些确实无法自助而陷于困苦的弱者，目标是提升这些人的能力，使之能够重新为自身处境负起责任，作出自我道德选择。在对自由主义原则与福利及**再分配**政治进行调和的现代尝试中，约翰·罗尔斯的影响最大。

3.3 保守主义[2]

保守主义的思想与学说最早出现于 18 世纪晚期和 19 世纪早期，是对当时日益加快的经济与政治变革步伐的反动（在许多方面以法国大革命为标志）。从这种意义上讲，保守主义可在**旧制度**中找到踪迹。为了对抗自由主义、社会主义和民族主义的发展所带来的压力，保守主义坚决捍卫当时已四面楚歌的传统社会秩序。不过，从一开始，保守主义思想内部的分裂就非常明显。欧洲大陆出现的保守主义以约瑟夫·德·梅斯特尔（Joseph de Maistre，1753—1821）等思想家的著作为代表，其特点是十足的专制与反动，拒绝任何变革的思想。英美的保守主义较为谨慎和灵活，最终也更成功，其特点是埃德蒙·柏克所信奉的“为了保存而变革”（change in order to conserve）的思想。这

① 贝弗里奇（William Henry Beveridge，1879—1963），英国经济学家，第二次世界大战期间曾制定英国战后福利国家蓝图，提出了包括医疗、失业、老年和死亡在内的社会保险计划，著有《失业：一个工业问题》、《自由社会的充分就业》。——译者注

② 可参阅刘军宁：《保守主义》，北京，中国社会科学出版社，1998。——译者注

一立场使保守主义能在 19 世纪在“同一民族”（one nation）的家长式（paternalistic）旗帜下支持社会改革的事业。在英国，这一传统在 1950 年代发展到顶峰，当时的保守党接受了战后安排，提出了英国版本的凯恩斯主义社会民主方案。1970 年代以来，随着新右派的崛起，这种思想所受的压力越来越大。新右派激烈的反国家主义和家长主义的保守立场，在很大程度上吸收了古典自由主义的思想和价值。

人物

埃德蒙·柏克（Edmund Burke，1729—1797）

英国政治家和政治理论家，生于都柏林，常被视为英美保守主义传统之父。柏克的不朽声誉源于其一系列的著作，最主要的当属批判法国大革命的《法国革命论》① [*Reflections on the Revolution in France*，(1790) 1968]。柏克虽然同情美国革命，但却猛烈批评了美国在自由、平等和博爱等抽象原则方面仿效法国政治的尝试，他相信智慧大多存在于经验、传统和历史当中。不过，柏克认为法国的君主制也对其自身命运负有部分责任，因为它顽固地拒绝“为了保存而变革”。柏克对政府的看法比较悲观，承认它可规避邪恶，却罕能提升良善。他认为市场力量是“自然规律”。

保守主义的要素

- 传统：保守主义思想的核心观念——“保存的渴望”，显示出人们认识到传统的益处，并尊重根深蒂固的习俗及历经时日的制度。根据这种观点，传统蕴含了过往年代“经受了时间考验”的制度和活动所积累的智慧，为了当世和后代的福祉，它们应予以保存。传统还有促进稳定和安全的好处，能够为个人增强社会和历史的归属感。
- 实用主义：鉴于我们生活的世界具有无限的复杂性，保守主义者强调人类理性的

① 中译本《法国革命论》，北京，商务印书馆，1998。——译者注

有限性，认为不能信任抽象的思想原则和体系，而应使信念深植于经验、历史和实用主义（后者最为重要）。所谓实用主义，就是相信行动决定于实际的环境和目标，也就是由“发挥作用者”（what works）来决定。保守主义者更愿意将自己的信仰描述成为“心灵的态度”或“生活的取向”，而非意识形态，但他们并不认为这就是无原则的机会主义。

● 人类的不完美性：保守主义的人性论普遍比较悲观，认为人类是有限的、依赖性的和寻求安全的动物，愿意接近熟悉的、尝试过的和已验证过的事物，需要生活在稳定和有秩序的共同体中。此外，个人在道德方面是败坏的，他们受到自私、贪婪和权力欲的玷染。因此，犯罪和无序的根源在于人类个体而不是社会，这就需要强势国家和严刑峻法来维护秩序。

● 有机体论：保守主义者并不认为社会是人类运用灵巧的心智设计的制成品，而是在传统上视之为有机的整体或活生生的实体。社会取决于自然的需要，各种制度或者“社会结构”（家庭、地方共同体、民族等等）共同促进社会的健康与稳定。这个整体不是各个部分的简单组合堆砌。共享的（经常是“传统的”）价值和共通的文化是维系共同体和社会团结的关键所在。

● 等级：在保守主义者看来，一个有机社会当中，社会身份和地位的分层极为自然且不可避免，这反映了不同的角色责任，如雇主与工人、老师与学生以及父母与儿女等的差异。不过，等级与不平等却未必会引发冲突，因为相互责任与义务会使社会凝聚起来。由于一个人的“生活境遇”在很大程度上取决于运气和出身，因而富人和特权阶层有一定责任去照顾较穷困者。

自然贵族（自然的贵族统治，natural aristocracy）：认为才干和领导才能是固有或天生的素质，无法通过努力或自我发展来获取的观念。

● 权威：保守主义者坚持认为，权威在某种程度上总是“自上而下”行使的，它为那些因缺少知识、经验或教育而无法根据自身利益明智行事的人提供领导、指导或支持（例证之一就是父母对孩子的权威）。虽然“**自然贵族**”的观念曾一度盛行，但权威和领导现在更多地被视为经验和训练的产物。权威的优点在于它是社会凝聚力的源泉，使人们清楚地认识自我和人们对自身的期望。因此，自由必与责任共存，它相当程度上包含对责任和义务的自愿接受。

● 财产：保守主义者认为财产权至关重要，因为它给人安全感，使人们获得不依赖政府的自立手段，鼓励他们尊重法律及他人财产。财产也是人格的外在表现，人们会从其所拥有之物（房产、汽车等）中来认识自身。然而，财产权既涉及权利也包含义务。这样，我们在某种意义上只是财产的监护人，它可承继自前代（祖产），也可荫庇及后世。

家长式保守主义

> **贵族责任**（权高则任重，*noblesse oblige*）：（法语）字面意思是“贵族的责任”；一般而言，指引导或保护那些贫困者或拥有较少特权者的责任。
>
> **托利主义**（Toryism）：一种带有保守主义性质的意识形态立场，其特征是信奉等级、强调传统并主张义务和有机体论。

家长式保守主义（paternalistic conservatism）完全符合有机体、等级和义务等原则，因此可以说是从传统保守主义发展而来的。家长主义（家长式统治，paternalism）往往能追溯到本杰明·迪斯雷利[①]（Benjamin Disraeli，1804—1881）的早期著作中，它融合了谨慎与原则（prudence and principle）的要素。迪斯雷利警告当时英国面临着分裂为“富人与穷人两个民族”的危险，非常担心社会革命的爆发。该警告等于向自私自利的特权阶层发出呼吁，希望他们认识到“自上而下的改革”比“自下而上的革命”要可取。这一讯息的基础，源于新封建理念（如“**贵族责任**”）的义务和社会责任原则的诉求。在这种观点看来，义务事实上就是拥有特权的代价；为了社会凝聚和团结的更大利益，权势和有产者负有关照境遇较差者的责任。由此形成的“同一民族”原则，就是所谓**托利主义**立场的基础，它所反映的与其说是社会平等的理想，毋宁说是一种有机平衡（即凝聚和稳定的等级结构）的构想。

“同一民族”的传统不仅含有社会改革的倾向，而且带有对经济政策的基本务实态度。1950 年代英国的保守主义者所采取的“中间路线”清楚地显示了这一点。该路线避开了经济组织的两种意识形态模式：一种是自由放任资本主义；另一种是国家社会主义和中央计划经济。这些保守主义者排斥前一种模式的原因，在于它给所有人带来自由的同时，也使社会团结无法实现，并对弱势群体相当不利；他们之所以拒绝后一种模式，是因为它造就了磐石一般的国家，摧毁了一切的自主和进取精神。解决方案就落脚

---

① 英国首相（1868 年，1874—1880 年），保守党领袖、作家，写过小说和政论作品，其领导的政府推行殖民主义和扩张政策，发动了侵略阿富汗及南非的战争。——译者注

在融合市场竞争和国家管理的优点上来（“不具有私利的私人企业”——哈罗德·麦克米伦语）。

基督教民主（christian democracy）：欧洲保守主义的意识形态倾向，其特点是支持社会市场原则和有条件干预。

1945 年后，欧洲大陆的保守主义者得出的结论也很相似，他们接受了“**基督教民主**”的原则，后者主要是从德国基督教民主党（German Christian Democrats）的“社会市场”哲学发展而来的。这种哲学强调私人企业和竞争的优点，主张市场策略；但同时也认为，通过市场策略实现的经济繁荣，应用来增进更广泛的社会大众的利益，因此它还兼有社会的性质。上述立场来自天主教社会理论，该理论提出了重视社会和谐的有机社会观。基督教民主由此强调中介机构的重要性，包括教会、工会、商业团体，这些组织在“社会伙伴”（social partnership）的观念下聚合在了一起。家长式保守主义思想往往与“温情保守主义”（compassionate conservatism）有关系。

新右派

新右派（New Right）代表了保守主义思想的一个新起点，实际上是对 1945 年后转向国家干预以及自由主义（或进步主义）社会价值传播的某种反叛。新右派理念发端于 1970 年代，战后繁荣的结束标志着凯恩斯主义社会民主的明显失败，人们也越来越对社会分裂及权威衰落感到忧虑。新右派在英国和美国影响最大，1980 年代两国分别出现的撒切尔主义（Thatcherism）和里根主义（Reaganism）清楚地表达了这种思想。在社会经济组织形式普遍从国家导向转为市场导向的过程中，新右派思想影响更广，甚至遍及全球。新右派尝试结合两种不同的传统（一般称为“新自由主义”和“新保守主义”），但没有构造出统一和系统的哲学体系。不过，两种传统虽然存在政治和意识形态的张力，却可以共同支持一个强大但最小国家的目标，用安德鲁·甘布尔（Andrew Gamble，1981）的话讲，就是“自由经济加强大国家”。

新自由主义

新自由主义（neoliberalism）是新版的古典政治经济学，由弗里德里希·冯·哈耶克和密尔顿·弗里德曼（Milton Friedman）等自由市场经济学家，以及罗伯特·诺齐克等哲学家发展而成。新自由主义的核心支柱是市场原则和个人主义，首要目标是要求“国家退回边界”，相信不受干预的市场资本主义会带来效率、增长和普遍繁荣。这种观点认为，国家那“不散的阴魂”（dead hand）会消磨人们的进取心，阻碍企业发展；政府不管怀有多么良好的意愿，都会毫无例外地对人类事务造成破坏。自由主义新右派关注所有权政治（politics of ownership），偏爱私有企业，排斥国有企业和国有化政策，简言之就是认为“私即好，而公即坏”。此观点是一种强烈的个人主义（rugged individualism）形态，正如玛格丽特·撒切尔所言，“个人及其家庭就是社会，除此之外别无他物”。**保姆国家**被认为是在培养一种依赖文化，侵蚀了市场中的选择自由。新自由主义相信自助、个人责任以及企业家精神的价值；人们也普遍认为全球化进程能够推动这种理念的实现，有些学者称之为新自由主义全球化。

保姆国家（nanny state）：指所担负的社会责任无所不包的国家；该词意味着福利计划是不必要的，因为它有损个人利益。

人物

弗里德里希·冯·哈耶克（Friedrich von Hayek，1899—1992）

奥地利经济学家和政治哲学家。哈耶克曾执教于伦敦经济学院、芝加哥大学、Freiburg 和 Salzburg 大学，曾获 1974 年诺贝尔经济学奖。他坚信个人主义和市场秩序原则，对社会主义予以无情的批判。《通往奴役之路》①（*The Road to Serfdom*，1948）是批判经济干预主义的先锋之作；较后的《自由秩序原理》②（*The Constitution of Liberty*，1960）、《法律、立法和自由》③（*Law、Legislation and Liberty*，1979）等著作则探讨了一些政治哲学问题。哈耶克的著作对新右派的出现影响巨大。

新保守主义

新保守主义（neoconservatism）重申了 19 世纪的保守社会信条。保守的新右派最

① 中译本《通往奴役之路》，北京，中国社会科学出版社，1997。——译者注
② 中译本《自由秩序原理》，北京，三联书店，1997。——译者注
③ 中译本《法律、立法和自由》，北京，中国大百科全书出版社，2000。——译者注

纵溺（permissiveness）：指允许人们作出自己的道德选择；纵溺暗示着不存在权威价值。

为期望的是恢复权威并重返传统价值，主要是那些与家庭、宗教和民族有关的价值取向。权威据认为能保障社会稳定，理由是它能够造就纪律与尊重；而共同的价值与文化则能够促进社会团结，使文明社会成为可能。因此，新保守主义的敌人是**纵溺**，这是一种自我崇拜和“做自己喜欢的事情”的时尚，这种时尚据认为是1960年代的价值。事实上，美国许多自诩为新保守主义者的人士曾经是自由派，他们对肯尼迪-约翰逊时代的激进改革失去了幻想后才发生了转向。新保守主义的另一面，是对多元文化和多宗教社会的出现表示忧虑，因为他们相信这将引发冲突并造成社会的内在不稳定。这一立场也往往和狭隘的民族主义有关，它怀疑多元文化主义（multiculturalism），对影响渐大的联合国和欧盟等超国家机构心存芥蒂。新保守主义，尤其是在美国，还形成了一种独特的外交政策趋向。

3.4 社会主义

社会主义思想可以追溯到17世纪的平等派和掘地派①，或者托马斯·莫尔的《乌托邦》，甚至柏拉图的《理想国》，但作为一种政治信条，社会主义直到19世纪早期才逐渐形成。它的发展是对工业资本主义出现的反应。社会主义最初代表的是工匠和手工业者的利益，这些人受到当时工厂生产扩张的威胁，但很快便和不断增长的工人阶级——即所谓早期工业化的“工厂饲料”（factory fodder）——有了联系。最初的社会主义目标是废除以市场交换为基础的资本主义经济，代之以建立在公有制基础上的社会主义社会。这种社会主义最有影响的代表人物是马克思，他的思想奠定了20世纪共产主义体制的基础。

从19世纪晚期开始，改良主义传统的社会主义出现了，它反映出当时由于工作条件的改善、工资的提高以及工会和社会主义政党的壮大，工人阶级已逐渐融入了资本主义社会体系的新形势。这种社会主义宣称，走“议会道路”就会和平、渐进、合法地过

① 平等派（Levellers）：为17世纪英国资产阶级革命时期一个主张社会改良及建立共和国的派别；掘地派（Diggers）则是在1649—1650年主张土地共有的英国一清教徒激进派别。——译者注

渡到社会主义。改良社会主义有两个渊源，一是伦理社会主义的人文主义传统，以罗伯特·欧文、查尔斯·傅立叶和威廉·莫里斯（William Morris，1854—1896）等思想家为代表；二是主要由爱德华·伯恩施坦提出的**修正主义**的马克思主义。

修正主义（revisionism）：对最初和已确立信仰的修改；修正主义可能暗含着放弃原则或失去信念。

人物

爱德华·伯恩施坦（Eduard Bernstein，1850—1932）

德国社会主义政治家和理论家。伯恩施坦是德国社会民主党的早期成员，后成为修正主义的主要鼓吹者之一，他试图修正正统马克思主义并使之与时俱进。伯恩施坦受到英国费边主义和康德哲学的影响，提出了一套基本上属于经验性的批判理论，强调不存在阶级战争，宣称和平过渡到社会主义是可能的。《进化的社会主义》（*Evolutionary Socialism*，1898）一书对此有相关阐述。他因反对第一次世界大战而脱离社会民主党，后又重新加入。伯恩施坦常被视为现代社会民主主义的奠基人之一。

在 20 世纪的大部分时期，社会主义运动分裂为两个对立阵营。革命的社会主义者以列宁和布尔什维克为代表，自称为共产主义者；而改良社会主义者则在宪法框架内活动，主张社会民主主义。两个阵营的对抗不仅集中在实现社会主义的最恰当手段上，而且对社会主义目标的性质本身也有不同的理解。社会民主主义者背离了公有制和计划经济等原则，主张以福利、再分配和经济管理等政策重塑社会主义。

社会主义的要素

- 共同体：社会主义的核心观念，是认为人类是有着共同人性的社会动物。诚如诗人多恩（John Donne）所言，“没有人是一座孤岛；每个人都是大陆的一片，整体的一部分”。这里指的就是共同体的重要性，同时还彰显出社会互动以及社会团体和集体组织中的成员资格在很大程度上塑造了每个人的个性。
- 博爱：人类具有共同的人性，他们因一种同志友谊或博爱凝聚在一起［博爱

(fraternity) 字面意思是“兄弟情谊”，但可扩展到全人类]。社会主义者由此偏爱合作而非竞争，倾向集体主义而非个人主义。根据这种观点，合作使人们能够利用集体的力量，并强化共同体的联结纽带；而竞争则使每个人处于相互斗争的地位，埋下怨恨、冲突和仇视的种子。

● 社会平等：平等也是社会主义的核心价值。社会主义有时候被描绘成某种平等主义（egalitarianism）——即相信平等具有最高价值。社会主义者尤为强调社会平等的重要性，重视与机会平等相对的结果平等。他们相信，一定的社会平等是社会稳定和团结的基本保障，能够鼓励个人认同其所归属的人群，也会提供实现法律和政治权利的基础。

● 需求：主张平等也反映了社会主义者的如下信念，即物质利益应该以需求而不是简单地以功绩或劳动成果为基础进行分配。马克思的共产主义分配原则就是该原则的经典表述：“各尽所能，按需分配。”它显示出社会主义者相信基本需求（饥渴、住所、健康和个人安全等等）的满足是人类能够有价值地生存和参与社会生活的前提。但是很明显，按需分配需要精神鼓励的推动，而不能靠物质刺激。

● 社会阶级：社会主义通常主张阶级政治。首先，社会主义者倾向于根据收入或财富分配解析社会，把阶级看成一个重要（通常是最重要的）的社会分群标准。其次，社会主义在传统上与被压迫和被剥削的工人阶级（不管定义怎样）的利益相连，认为工人阶级是社会变革（甚至社会革命）的原动力。但阶级的分裂是可以弥合的，因为社会主义的目标就是要彻底消除经济和社会的不平等，或者要在相当程度上降低这种不平等。

● 公有制：人们对于社会主义和公有制的关系一直争议很大。有人把公有制看成社会主义的目的本身，而另外一些人则认为它只是实现普遍平等的手段。社会主义者主张公有制［苏联式的国家集体化，或是选择性的国有化（“混合经济”）］，是想利用物质资源服务于公共利益，他们认为私有制会助长自私、贪婪和社会分裂。当代社会主义已不再局限于所有制政治的狭隘视角了。

马克思主义

马克思主义作为一种理论体系，是自由理性主义（liberal rationalism）的首要替代选择，后者支配着现代西方的文化和精神探究。作为一种政治力量，马克思主义表现为国际共产主义运动，被视为西方资本主义的主要敌人（至少在1917—1991年是这样）。这凸显了在对待马克思主义时的主要难题：作为一种社会哲学的马克思主义，是由马克思恩格斯的经典著作发展而来的。

人物

卡尔·马克思（Karl Marx，1818—1883）

德国哲学家、经济学家和政治思想家，通常被尊为20世纪共产主义之父。马克思曾在大学短期任教，稍后涉足新闻界并逐渐参与到社会主义运动中。他于1843年迁居到巴黎（后又回到德国参加1848年革命——译者注），被驱逐出普鲁士后最终定居伦敦。在此后的岁月里，在好友和终生合作者恩格斯的资助与支持下，马克思成为一名活跃的革命家和作家。1864年，马克思协助成立第一国际，由于巴枯宁领导的无政府主义者和马克思支持者之间的对立不断加剧，该组织于1871年解散。马克思生前有很多光辉著作并未出版，其经典之作是三卷本的《资本论》（1867，1885，1894），最著名的则是《共产党宣言》(1848)。

异化（alienation）：非人化的状态或过程；与其真正本质属性的分离。

马克思的著作涉及面极广并且性质复杂，有人把马克思当作经济决定论者，又有人认为他是人道主义的社会主义者。人们发现了他的早期和晚期著作的差异，往往用“青年马克思”和“成年马克思”指代其中的不同。但有一点很明显，马克思认为他主要关注的是发现社会和历史发展的性质，而不仅仅是对资本主义进行本质上的道德批判，因而创立了科学的社会主义。马克思的思想和理论通过其终生合作者恩格斯、德国社会主义领导人卡尔·考茨基以及俄国理论家普列汉诺夫（Georgi Plekhanov，1856—1918）等人的著作得以传播，在其去世后影响日广。正统马克思主义（orthodox Marxism），一般称为**辩证唯物主义**（该词由普列汉诺夫发明，而不是马克思），后来成为苏联共产主义的基础。

马克思主义的要素

● 历史唯物主义：马克思主义的哲学基石是恩格斯所称的“唯物史观”。它强调经济生活以及人们生产和再生产其生活资料的条件的重要性。马克思认为，本质上由“生产方式”（也就是经济制度）构成的“经济基础”影响或决定意识形态和政治的“上层建筑”。这表明我们可以根据经济和阶级因素解释社会和历史的发展。后来的马克思主义者将历史唯物主义描述成为一种机械的关系，意味着经济规律不以人的意志为转移地推动历史前进。

● 辩证的变化：马克思遵循黑格尔的观点，相信历史变化的动力是辩证的，是一种对立的力量互动达到一个更高发展阶段的过程。这种辩证关系在唯物主义中意味着历史发展是表现为阶级对立的“生产方式”内在矛盾的结果。正统马克思主义（辩证唯物主义）将辩证法描述成决定自然和人类进程的非人格化力量。

● **异化**：异化是马克思早期著作中的一个中心原则。在资本主义条件下，异化过程使劳动力沦为简单商品，工作变成毫无个性的活动。在这种观点看来，工人与他们的劳动产品、生产过程、其他工人伙伴，以及最终与其作为有创造力的社会存在自身异化分离。所以非异化劳动是人类完善和实现自我的根本源泉。

● 阶级斗争：资本主义社会的核心矛盾源于私有财产的存在，它造成了资产阶级（“生产资料”的所有者）和无产阶级（没有自己的财产，靠出卖劳动力谋生，英文为proletariat，字面意思就是“工资奴隶”）的分裂。资产阶级是“统治阶级”，他们不仅通过掌握财富获取经济权力，而且依靠国家的代理人行使政治权力，还因为其思想是当时的“统治思想”而掌握意识形态权力。

● 剩余价值：资产阶级和无产阶级之间有着不可调和的冲突，反映出资本主义制度下无产阶级受到强迫和系统剥削的事实。马克思认为，所有价值都来自在产品生产中耗费的劳动。这意味着在追求利润的驱使下，资本主义企业只付给工人少于其劳动价值的工资，从他们身上榨取“剩余价值”。资本主义有着内在的不稳定性，因为无产阶级不可能永远忍受剥削和压迫。

阶级意识（class consciousness）：马克思主义术语，指对阶级利益的准确意识和追求这种利益的意愿；一个有阶级意识的阶级是自觉的阶级。

● 无产阶级革命：马克思相信资本主义必然灭亡，无产阶级是它的掘墓人。根据他的分析，资本主义将面临一系列日益严重的生产过剩危机，促使无产阶级产生革命的**阶级意识**。马克思宣称无产阶级革命是不可避免的，并预言革命将会通过夺取生产资料控制权的自发起义而产生，但他在晚年也开始思考向社会主义和平过渡的可能性。

- 共产主义：马克思预测无产阶级革命后将会进入一个“过渡社会主义时期”，这个时期需要“无产阶级专政”来镇压被剥夺者（资产阶级）的反革命行动。但当阶级对抗减弱并且完全意义上的共产主义社会开始形成时，无产阶级国家将会完全“消亡”。共产主义社会将会是无阶级社会，在这个社会中，财富由所有人公有，“为需要生产”的制度取代“商品生产”制度，后者能真正满足人类的需要。这样一来，“人类的前历史阶段”将会结束，人类第一次能够决定自己的命运，实现自己的全部潜能（“每个人的自由发展是一切人的自由发展的条件”①）。

正统共产主义

马克思主义在实践中与苏联共产主义的经验，特别是两位开国领导人列宁和斯大林的贡献密不可分。的确，20世纪共产主义最好被理解为一种马克思列宁主义。列宁对马克思主义的主要贡献是他的革命政党（或先锋队政党）理论。这反映了列宁担心革命的无产阶级在资产阶级思想和信仰欺骗下，不能超越“工团意识”——即仅希望改善生产和生活条件，而不是推翻资本主义，从而无法认识到自己的革命潜力。因此，用马克思主义武装起来的革命政党，需要成为“工人阶级的先锋队”；这是一种新型政党，是由具有献身精神的职业革命家构成的组织严密的政党，它有能力进行意识形态的领导。这种新型政党以自由讨论和一致行动相结合的民主集中制原则为组织基础。1917年列宁领导的布尔什维克在俄国掌握政权之后，作为先锋队政党掌握最高权力，宣称为了无产阶级的利益开展活动。

与1917年布尔什维克革命相比，1930年代斯大林的“二次革命”对苏联的影响更为深刻。在改造苏联社会过程中，斯大林创造了一种正统共产主义的模式，1945年后的中国、朝鲜、古巴以及整个东欧学习的都是这种模式。斯大林的转变，主要来自他最为重要的意识形态创新——“一国建成社会主义”的思想，宣称无须国际范围的无产阶级革命，苏联也能“建设社会主义”。所谓的经济斯大林主义开始于1928年实施的第一

---

① 《马克思恩格斯选集》，2版，第1卷，294页，北京，人民出版社，1995。——译者注

个五年计划——迅速彻底地消灭了私有企业，随后又进行了1929年的农业集体化。这样，所有资源都掌握在国家手里，支配中央计划体系的国家计划委员会（Gosplan）也于同期成立。

人物

约瑟夫·斯大林（Joseph Stalin，1879—1953）

苏联在1924—1953年间的政治领导人。斯大林［意思是“铁人”（man of steel）］生于皮鞋匠家庭。他曾因参加革命活动被学校开除，1903年加入布尔什维克，1922年成为苏联共产党的总书记。其意识形态遗产和“一国建成社会主义”的理论密切相连。该理论从抵抗资本主义包围、消灭富农阶级的需要出发，阐明了工业化和农业集体化的合理性。斯大林由此将准马克思主义的阶级斗争观念与俄罗斯的民族主义诉求糅合在了一起。

斯大林时代在政治方面的变化也相当剧烈。在1930年代，斯大林进行了一系列的政治迫害，清除了来自党内、国家官僚机构和军队的所有反对势力和声音。

现代马克思主义

人物

赫伯特·马尔库塞（Herbert Marcuse，1898—1979）

德国政治哲学家和社会理论家，法兰克福学派的共同发起者之一。马尔库塞在希特勒上台后流亡出国，1934年开始定居美国。他吸收了黑格尔和弗洛伊德的诸多思想，发展出了一种新的马克思主义。马尔库塞作为新左派的主要思想家和学生运动的精神领袖，在1960年代获得了显赫的声望。他把发达的工业社会描述为一个无所不包的压制体系，该体系抑制了辩论和讨论，并吸纳了反对的势力。他将希望寄予中学生、少数族群、妇女等边缘化的团体以及第三世界国家，而非无产阶级。马尔库塞最重要的作品包括《理性与革命》①（*Reason and Revolution*，1941）、《爱欲与文明》（*Eros and Civilization*，1958）以及《单向度的人：社会意识形态的研究》②（*One-Dimensional Man*：*Studies in the Ideology of Advanced Industrial Society*，1964）。

西欧形成了更复杂和深奥的马克思主义形态。西方马克思主义往往受到黑格尔的思想以及马克思早期著作所强调的“人是创造者”的影响；换言之，人类被认为是历史的创造者，而不是简单地受非人格化的物质力量控制的傀儡。西方马克思主义者坚持认为，经济、政治、物质生活环境与人类能力之间的相互作用，决定着人们自身的命运，这种观点使他们得以摆脱“经济基础—上层建筑”机械论的束缚。西方马克思主义因此有时又被称为新马克思主义。这表明他们不愿再把阶级斗争当作社会分析的起点和终点。

匈牙利马克思主义者乔治·卢卡奇（Georg Lukács，1885—1971）是最早将马克思主义阐释为人道主义哲学的思想家之一。他强调“物化”过程，在此过程中，资本主义使工人非人性化，使之沦为消极客体或可出售商品。安东尼奥·葛兰西在其《狱中札记》（*Prison Notebook*，写于1929—1935年）中强调，资本主义在很大程度上并不只利用经济统治来维系，它还依靠政治和文化的因素。葛兰西称之为“意识形态霸权”。所谓的“法兰克福学派”形成了另一种明显带有黑格尔色彩的马克思主义，该学派的主要人物有提奥多·阿多诺（Theodor Adorno，1903—1969）、马克斯·霍克海默（Max Horkheimer，1895—1973）与赫伯特·马尔库塞。该学派理论家融合了马克思主义政治经济学、黑格尔哲学以及弗洛伊德心理学，建立了人们所称的“批判理论”，它对1960年代的新左派影响很大。稍晚一代的法兰克福学派成员还有哈贝马斯（Jürgen Habermas）。

---

① 中译本《理性与革命》，重庆，重庆出版社，1993。——译者注

② 中译本《单向度的人：社会意识形态的研究》，重庆，重庆出版社，1997。——译者注

社会民主主义

社会民主主义缺少古典自由主义和原教旨社会主义那样的理论一致性；古典自由主义信奉市场，原教旨社会主义主张公有制，而社会民主主义则主张在市场与国家、个人与共同体之间保持平衡。社会民主主义是两方面妥协的产物：一方面，它同意资本主义是唯一可行的财富创造机制；另一方面它又期望根据道德而非市场的原则来分配财富。对社会主义者而言，皈依市场是一个困难甚至可能很痛苦的过程，这更多地取决于实际环境和选举优势，而不是意识形态信仰。在20世纪早期，我们可以在德国社会民主党的改良主义转向——特别是在爱德华·伯恩施坦等修正主义的马克思主义者影响下的变化中看到这种过程的发展。在1959年的巴登·歌德斯堡（Bad Godesburg）大会上，德国社会民主党正式放弃马克思主义，接受了“尽可能采用竞争，必要时诉诸计划”的原则。那些伦理或“乌托邦”倾向的社会主义政党也发生了类似变化，这类政党从未把马克思主义视为自己的理论基础。如英国工党，最初信奉“渐进主义的必然性”（the inevitability of gradualism），但从1950年代开始，该党以平等而不是国有化为出发点重塑了它的社会主义理论体系（Crosland，1956）。

当代社会民主主义思想的首要特征，是关心社会中的劣势者——弱者和易受侵害者。我们有理由认为，社会民主主义不能仅限于社会主义传统，它也可以吸收如下思想：社会主义对于同情和共同人性的信仰，自由主义的积极自由和机会平等的诉求，或者保守主义的家长式义务和关爱意识。不管来源如何，社会民主主义都是在福利主义、再分配以及社会正义的原则基础上阐明的。第二次世界大战结束之后，凯恩斯主义与社会民主主义为人们广泛接受，它显然想借用国家干预使资本主义人性化。凯恩斯主义的经济政策据信能够保证充分就业，混合经济将有助于政府管制经济活动，由累进税提供资金的全面福利政策会缩小贫富差距。然而，经济增长的衰退以及至少在发达工业社会出现的“满意的多数”（contented majority），也使社会民主主义开始了进一步修正的过程。

人物

约翰·罗尔斯（John Rawls，1921—2002）

美国学者和政治哲学家。其主要作品《正义论》[1]（*A Theory of Justice*，1970）被认为是第二次世界大战以来英语世界最重要的政治哲学著作，对现代自由主义者和社会民主主义者有着同样的影响。罗尔斯认为，社会不平等只有符合最少受惠者的利益才是合理的（在于它能够提供给他们工作的激励），他在此基础上提出"作为公平的正义"（justice as fairness）的理论。这种支持平等的假定源于罗尔斯的如下信念：大多数人被剥夺了掌握其自身才智和能力的知识，他们会选择生活在平等而非不平等的社会。对大多数人而言，对贫穷的担忧超过了对富足的渴望，因此我们可以根据公平来为再分配及福利政策辩护。《政治自由主义》[2]（*Political Liberalism*，1993）一书在一定程度上修改了其早期作品中的普遍主义假定。

社会民主主义的社会主义特征在某种程度上早已受到怀疑。例如，有些社会主义者将"社会民主主义"用作谩骂的语言，意指毫无原则的妥协甚至背叛。另外一些人，如安东尼·克罗斯兰（Anthony Crosland，1918—1977）则认为，社会主义者必须接受变化中的现实，从而也乐于吸收约翰·罗尔斯等自由主义理论家的思想。到1980年代和1990年代，社会民主主义的退却更为明显，此中原因有很多。第一，阶级结构的变化，特别是专业职位和文员职位的增长，意味着服务于传统工人阶级利益的社会民主主义政策无法有效地争取选票。第二，全球化使所有具体的国家经济管理形态（如凯恩斯主义）多余无用。第三，国有企业和经济计划已被证明没有效率（至少在发达国家如此）。第四，苏东剧变不仅使人们不再相信国家集体化，而且损害了所有"自上而下"的社会主义模式在精神和意识形态方面的信誉。在此背景下，政治人物和政治思想家支持意识形态的"第三条道路"变得越来越时髦了。

---

① 中译本《正义论》，北京，中国社会科学出版社，1999。——译者注

② 中译本《政治自由主义》，南京，译林出版社，2000。——译者注

第三条道路[①]

"第三条道路"一词的指向相当模糊含混，其解释也五花八门，原因在于它吸收了多种不同的意识形态传统，包括现代自由主义、"同一民族"的保守主义以及已经现代化了的社会民主主义。不同国家形成的第三条道路方案也不尽一致，美国的新民主党人和克林顿、英国的新工党人和托尼·布莱尔，以及德国、挪威、意大利和新西兰都推动着第三条道路朝不同的方向发展。但我们仍然可以从中总结出第三条道路的某些特有主题。

其一，第三条道路相信社会主义（至少是那种自上而下国家干预的社会主义）已经不复存在——除了 1995 年修改后的英国工党党章第四款所指的"能动的市场经济"，已别无选择。第三条道路由此普遍地接受全球化，并相信资本主义已经演变为一种高度重视信息技术、个人技能以及劳动力与企业灵活性的"知识经济"。

其二，与新自由主义相比，第三条道路认为政府具有极为重要的经济和社会作用。不过这种作用较为集中，它专注于通过强化教育和技能来提高国际竞争力，巩固共同体和市民社会以抑制市场资本主义产生的压力。在这种意义上，第三条道路的立场属于一种自由社群主义；其"新个人主义"要求保持权利与**企业家精神**、社会义务与道德责任之间的平衡。

> **企业家精神**（entrepreneurialism）：与商业风险承担和利润导向的企业活动相联系的价值与实践。

其三，它已与社会主义的平等主义［被视为一种"拉平"（levelling）的原则］决裂，转而主张自由主义的机会平等和贤能统治的理念。典型的第三条道路政治家赞同福利改革，既反对自由主义过于重视"自立"，也不同意社会民主主义推崇的"从摇篮到坟墓"的福利政策，而欢迎一种基本的现代自由主义信念——"帮助人们自助"。第三条道路由此赞同所谓"工作福利制国家"（workfare state），也就是国家对失业者的补助或教育支持须以个人寻找工作并走向自立为条件。与此相对，批评者认为，第三条道路是自相矛盾的，它在认同市场之能动性的同时，还想杜绝其社会分裂倾向；

① 可参阅［英］吉登斯：《第三条道路》，北京，北京大学出版社，2000；［英］吉登斯：《超越左与右》，北京，社会科学文献出版社，2000。——译者注

或者认为它远非以左派为中心的计划，而完全转向了右派一边。例如，人们指责第三条道路接受了新自由主义的框架，特别是支持全球资本主义；或认为它附和了社群主义要求强化家庭地位的立场，赞成严酷的法律和治安政策，从而暗中支持一种缓进的威权主义。

概念

第三条道路（third way）

第三条道路概括了资本主义和社会主义之外的其他选择。它将人们的注意力转移到了另外一种意识形态，该意识形态吸引了来自不同传统——包括法西斯主义、社会民主主义以及近来的后社会主义——的政治思想家。现代形态的第三条道路是旧式社会民主主义及新自由主义的替代选择。前者之所以遭到排斥，是因为它嵌入到了国家主义结构中，这种结构难以适应以知识为基础、以市场为导向的现代经济；而后者遭到拒绝，是因为它造成了混乱，损害了社会道义的基础。第三条道路的关键价值是机会、责任和共同体。虽然第三条道路有时被人说成是“新”的社会民主主义，但支持者认为，第三条道路采用市场和私人部门的解决办法，与社会主义传统不再有任何瓜葛。

3.5 其他意识形态传统

法西斯主义

自由主义、保守主义和社会主义属于 19 世纪的意识形态，法西斯主义则是 20 世纪的新事物。有人则说它是两次世界大战之间的特有现象。法西斯主义的各种信仰可回溯到 19 世纪晚期，但第一次世界大战及其余波——特别是战争与革命高度交融混杂的状态——方使之融合成型。法西斯主义的两个主要表现是 1922—1943 年墨索里尼在意大利的法西斯专政和 1933—1945 年希特勒在德国的纳粹统治。到 20 世纪最后几年，在经济危机和政治不稳定的情况下，新法西斯主义和新纳粹又趁势抬头。

法西斯主义在许多方面都与法国大革命以来支配西方政治思想的理念和价值背道而驰，用意大利法西斯的口号来说，就是“1789 死了”。理性主义、进步、自由和平等的价值被颠覆，代之以斗争、领袖、权力、英雄主义和战争的口号。从这种意义上讲，法西斯主义具有一种“反特征”（anticharacter），它基本上是由所反对的内容界定其性质：它是一种反资本主义、反自由主义、反个人主义以及反共产主义等意识形态的形式。不过，法西斯主义的核心贯穿着有机统一的民族共同体的观念，“从统一整体中获得力量”的信念反映了这一点。因而从本义来讲，个人无足轻重；个体认同必须彻底纳入共同体或社会团体的认同之中。

不过，并非所有法西斯主义者的想法都一样。意大利法西斯主义基本上是一种极端形式的国家主义，它要求绝对地尊重忠诚于“极权”国家。如法西斯主义哲学家金泰尔（Gentile，1875—1944）所言，“万物皆从于国家；无物可反对国家；无物可外在于国家”。而德国的国家社会主义则在很大程度上是以种族主义为基础的。它的两个核心理论是雅利安主义（Aryanism，信奉日耳曼人是“优等民族”并注定统治世界的思想）和一种恶毒的反犹太主义（anti-Semitism），后者把犹太人描绘成本质上邪恶的种族，必须予以灭绝［“最终解决”（Final Solution）的说法表达了这种观点］。

人物

阿道夫·希特勒（Adolf Hitler，1889—1945）

德国纳粹独裁者。希特勒是奥地利一海关职员之子，他在 1919 年参加德国工人党［也就是后来的国家社会主义德国工人党（NSDP），或称纳粹党］，并在 1921 年成为其领导人。1933 年希特勒被任命为德国总理，次年宣布自己为元首（Führer，即 leader），这时他已经建立了一党专政。希特勒的《我的奋斗》（*Mein Kampf*，1925）一书概括了其世界观的主要特点，即他试图将扩张主义的德国民族主义及恶毒的反犹太主义融合到其历史理论当中，认为分别代表善和恶的德国人和犹太人处于无休止的斗争当中。希特勒的政策是第二次世界大战爆发和出现种族大屠杀的决定性因素。

无政府主义

秉持无政府主义理念的政党从未成功地赢得权力（至少在国家层次如此），这在政治意识形态中颇为与众不同。但到20世纪早期，无政府主义运动在西班牙、法国、俄国和墨西哥等国的势力却颇为强大，无政府主义的思想也不断挑战传统上认为法律、政府和国家是有益或不可或缺的观点，从而促进了政治的思考和讨论。无政府主义的核心思想是相信所有形式的政治权威，特别是国家的形态，都是有害且不必要的［无政府（anarchy）字面意思是“无须统治”］。无政府主义偏爱无国家的社会，自由的个人在这种社会中通过自愿的契约和合作管理自身事务。这一观念的发展建立在两种对立的传统之上：自由主义的个人主义和社会主义的社群主义。

自由主义反对国家的理由是基于个人主义以及人们对自由和选择最大化的期望。与自由主义者不同，个人主义的无政府主义者，如威廉·戈德温（William Godwin，1756—1836）相信，自由和理性的人类能和平且自发地处理他们的事务，政府则只是毫无必要的强制。现代个人主义者通常以市场来解释国家权威缺失的情况下如何调节社会的问题，由此推演出了极端的自由市场经济——无政府资本主义（anarchocapitalism）。更受普遍认可的无政府主义传统则吸收了共同体、合作、平等和公有制等社会主义的思想。因此，集体主义的无政府主义者强调人类有能力实现团结一致，这种能力源于人类具有社会性的、合群的以及本质上乐于合作的天性。法国的无政府主义者蒲鲁东（Pierre-Joseph Proudhon）在此基础上提出了所谓的互助论（mutualism），相信自主的农民、工匠和手工业者组成的小共同体，可利用一套公平和平等的交换体系来安排他们的生活，从而避免资本主义的非正义和剥削。其他无政府主义者，如俄国的克鲁泡特金则提出了一种无政府共产主义（anarchocommunism），其中心原则是公有制、分权和自我管理。受无政府主义影响的现代思想家主要有乔姆斯基（Noam Chomsky）和美国自由意志主义者、社会生态学家布克金（Murray Bookchin，1921—2006）。

女性主义

人物

玛丽·沃斯通克拉夫特（Mary Wollstonecraft，1759—1797）

英国社会理论家和女性主义者。沃斯通克拉夫特深受卢梭激进民主的影响，在妇女争取选举权运动出现约 50 年前，第一次系统地提出了女性主义批判理论。她最重要的著作《为女权辩护》（*A Vindication of the Right of Women*，1792）受到洛克自由主义的影响，该书以“人格”（personhood）观念为基础，强调女性应该享有平等权利，特别是受教育的权利。该著作对女性本身进行了更为复杂的分析，与当代女性主义关注的问题有着重大关系。沃斯通克拉夫特嫁给了无政府主义者威廉·戈德温（William Godwin），其女为玛丽·雪莱（Mary Shelley），即《弗兰肯施泰因》（*Frankenstein*）的作者。

女性主义的愿望早在古代中国社会就已有表达，但玛丽·沃斯通克拉夫特所著《为女权辩护》一书的出版，才首度使之有了成熟的政治理论支持。确实，直到 1840 年代和 1850 年代，随着妇女争取选举权运动的兴起，女性主义思想方较广泛地为人所知，此即所谓的“第一波女性主义”。到 20 世纪早期，绝大多数西方国家中的女性获得了选举权，妇女运动此前的主要目标和组织原则不复存在。“第二波女性主义”在 1960 年代兴起，它表达的是日益壮大的妇女解放运动（WLM）更激进甚至更革命性的要求。女性主义的理论学说繁杂不一，不过其共同特点都是期望提高——不管通过什么手段——妇女的社会地位。因此，女性主义的基本主题有两个方面：首先，社会以性别不平等为特征；其次，这种男性权力结构能够也应该被推翻。

我们至少可以发现三种不同的女性主义传统。沃斯通克拉夫特与贝蒂·弗里丹（Betty Friedan）等自由主义的女性主义者，倾向于根据社会中权利和机会的不平等分配来理解女性的从属地位。这一类“平权女性主义”（equal-rights feminism）实际上是改良主义，它更加关注“公共”领域的改革，也就是希望提高女性的法律和政治地位，增加受教育和事业成功的机会，她们对重新安排“私人”或居家生活兴趣不大。相比之下，社会主义的女性主义者则通常强调女性从属地位与资本主义生产方式之间的联系，将注意力引向女性被束缚在家庭和居家生活的经济意义，比如，女性使男性工人摆脱了家庭劳动的压力，她们培养和帮助教育资本主义工人的下一代，而且还是劳动力储备军。

第二波女性主义不同于上述两者，它主要是并非源于传统政治学说的女性主义批判兴起的产物，这就是激进女性主义。激进女性主义者相信，性别的分裂是社会上最根本和政治上最重要的分群。在她们看来，所有社会——不论历史上还是当代——都以家长制为特征，也就是如凯特·米莱特（Kate Millett，1969）所言的“占民众半数的女性受到另一半男性控制”的制度。她们因此主张有必要进行一场性别革命，这场革命将会重构个人、家务和家庭生活。激进女性主义的典型口号由此就是“个人的就是政治的”。只有极端激进女性主义才将男性说成“敌人”，才认为女性有必要脱离男性社会，该立场有时候以“政治女同性恋主义”（political lesbianism）的形态表达出来。

环保主义

环保主义常被看成一种与 20 世纪晚期出现的生态运动或绿色运动有关的新意识形态，但其渊源却可追溯到 19 世纪人们对于工业化的抗拒中。因此，环保主义反映出人们关注经济发展步伐不断加快对自然界造成的破坏（随着核技术、酸雨、臭氧层被破坏以及全球变暖的出现，自然环境到 20 世纪后半叶严重恶化），并对人类生活质量下降以及最终人类能否延续感到忧虑。上述关注点有时候利用传统的意识形态工具来表达。例如，生态社会主义（ecosocialism）以资本主义对利润的贪婪解释环境的破坏；生态保守主义（ecoconservatism）将环境保护与保存传统价值和既有制度的期望联系起来；生态女性主义（ecofeminism）则认为生态危机的根源在于维护男性权力的制度，反映了男性不如女性对自然过程和自然界敏感的事实。

概念

生态学（ecology），生态主义（ecologism）

生态学（源于希腊语 *oikos* 和 *logos*，意思是“家园的研究”）是对有生命的有机体与其环境间关系的研究。它将人们的注意力引向了所有生命赖以生存的关系网络，凸显出了自然界的相互关联性。生态学［该词为海克尔（Ernst Haeckel）首创］可被视为一门科学、一种描述性原理，甚至是一种道德价值。生态主义则是一种以生态假定为基础的政治学说或意识形态，该假定主要是关于人类和自然界之间的根本联系：人类乃自然的组成部分，而非它的“主人”。生态主义有时与环保主义并不相同，前者意味着采取一种生物中心或生态中心视角，后者的终极目标则是为了人类利益来保护自然。

人类中心论（anthropocentrism）：认为人类的需要和利益具有压倒一切的道德和哲学意义；与生态中心论（ecocentrism）相对。

不过，赋予环保主义激进色彩的，是它在所有其他意识形态都采取的**人类中心论**或人类中心（human-centred）立场之外，给人们提供了选择；它不再将自然界单纯地视为可满足人类需要的唾手可得的资源。环保主义（或者其部分支持者更喜欢称的生态主义）强调生态的重要性，提出了生态中心论（ecocentric）的世界观，认为人类只是自然的一部分。该领域内影响最大的理论是洛夫拉克（James Lovelock，1979）提出的盖亚①（Gaia）假设——将地球描绘成一个最为关注自身生存且有生命的有机物。还有一些人对强调生活协调的道教和佛教禅宗等东方宗教颇为欣赏（Capra，1983）。“浅度”环保主义者（或说“浅绿团体”），如某些主张环境保护的压力集团，相信诉诸自身利益或人所共知的常识即可说服人们采取符合生态的政策和生活方式。与此相对，“深度”环保主义者（或称“墨绿团体”）则坚持认为，唯有根本性重组政治议题的优先次序，将生态系统的利益置于任何个体种群之上，方能最终保障地球和人类的生存。“反政党”（antiparty）的绿党即拥有这两类团体的成员，这类政党自 1970 年代以来在德国、奥地利及其他欧洲国家大量涌现。

---

① 希腊神话中的大地女神。——译者注

宗教原教旨主义

宗教与政治在许多方面互有重叠，主要意识形态传统在发展过程中更是如此。新教教义促成了自我奋斗和个人责任的观念，这些观念正是在古典自由主义那里获得了政治表达。不过，宗教原教旨主义则有所不同，因为它认为政治（甚至个人和社会生活的所有方面）居于宗教教义的“天启真理”（revealed truth）之下。照此观点，政治和社会生活应根据那些被视为根本或原初的宗教原则进行组织，这些原则通常从人们对宗教圣典语义真理的信仰中获得支持。由于宗教原教旨主义将这些原则发展成为普遍的世界观，所以从其自身来讲即可被看作意识形态。

> **世俗主义**（secularism）：认为宗教不应侵入世俗（今世）事务的信条，一般表现为希望推行政教分离。

宗教原教旨主义来自何方？如何解释它在 20 世纪末又重新抬头？学者们已提出了两种不同的解释。一种解释认为原教旨主义本质上是一种畸变现象，是社会在适应现代和世俗化文化过程中进行调适的症状；另一种解释则指出原教旨主义有着持久的意义，并且相信它是**世俗主义**无法满足人类对“更高”真理或精神真理的恒久渴望所带来的后果。

宗教原教旨主义已在世界上不同地区以各种形式出现。例如，自 1970 年代以来，“新基督教右派”（New Christian Right）的出现使美国基督教原教旨主义的影响日增，该教派反对堕胎，支持在学校组织祈祷仪式并重返传统的家庭价值。以色列的犹太教原教旨主义，在过去很长时间里就为若干小型宗教政党所奉行，近来为了防止被视为犹太人家园的部分土地割让给巴勒斯坦人，它的势力逐渐壮大。印度教原教旨主义的兴起则是为了抵抗西方世俗主义的扩张，并与锡克教和伊斯兰教的对抗性教义的影响进行斗争。

概念

原教旨主义（fundamentalism）

原教旨主义（源于拉丁语 *fundamentum*，意指“基础”）是认定某种原则为基本“真理”的思考方式，而这些真理无论表现方式或内容如何，都具有不可挑战的和压倒一切的权威。因此，除了支持者往往表现出一种由教义之确定性产生的真挚或热情外，各种原教旨主义的实质内容很少有或没有共同之处。原教旨主义常与宗教和圣典的语义真理（literal truth）相联系，但它也可见之于政治信条。即便是自由主义的怀疑论也可以说包含了原教旨主义的信念——认为所有理论（除了其自身）都应受到怀疑。虽然该词常用作贬义，意味着僵化、教条主义和威权主义，但也可用来表示无私和献身原则。

3.6 意识形态的终结?

在 20 世纪晚期，许多有关意识形态的辩论围绕预测其消亡——或至少是其重要性减弱——展开。这就是人们通常所知的“意识形态终结”（end of ideology）的辩论，它开始于 1950 年代，法西斯的崩溃和西方发达国家共产主义力量的衰落激起了这场辩论。在《意识形态的终结?：五十年代政治观念衰微之考察》①（*The End of Ideology?: On the Exhaustion of Political Ideas in the 1950s*，1960）一书中，美国社会学家丹尼尔·贝尔（Daniel Bell）宣称，政治思想的宝库已经损耗殆尽了。在他看来，道德和意识形态问题已经无足轻重了，因为大多数西方社会中的政党仅仅是靠承诺较高的经济增长和物质富足来展开权力竞争。简言之，经济战胜了政治。然而，贝尔所关心的那个过程，与其说是意识形态的终结，毋宁说是主要政党搁置意识形态争论，而达成了一般意识形态共识更为恰当。1950 年代和 1960 年代占优势的意识形态是一种福利资本主义，它在英国等国家表现为凯恩斯—福利主义共识（Keynesian-welfarist consensus）。

社会反思性（social reflexivity）：享有高度自主性的人们在互惠和互赖的场景之下的互动。

弗朗西斯·福山的《历史的终结》一书是对上述争论的较为晚近的贡献。福山并不是认为意识形态变得不重要，而是说某种意识形态——自由民主——业已战胜敌手，并且这是决定性的最终胜利。该书的写作背景是东欧剧变，福山将此解释为马克

① 中译本《意识形态的终结?：五十年代政治观念衰微之考察》，南京，江苏人民出版社，2001。——译者注

思列宁主义作为具有世界历史意义的意识形态消亡的象征。相形之下，安东尼・吉登斯(Anthony Giddens，1994）则认为，传统的左与右的意识形态区分，在一个以全球化、传统衰落和**社会反思性**扩展为特征的社会中越发变得不适用。后现代主义以另外一种方式解释了上述发展，该理论指出，主要的意识形态——或者说“宏大叙事”（grand narratives）——本质上都是过去现代化时期的产物。而所谓意识形态终结、历史终结以及现代性终结的论断本身也可看成是一种意识形态，它们不仅没有带来意识形态的最终消亡，反而显示出意识形态争论仍然存在且很激烈；意识形态的演化还在继续，或许这是个永无休止的进程。

概念

后现代主义（postmodernism），后现代性（postmodernity）

后现代主义是一个充满争议且让人困惑的术语，它最初用来描述西方艺术、建筑和一般文化发展中的实验主义运动（experimental movements）。作为社会和政治分析的工具，后现代主义强调，建立在工业化和阶级团结基础上的社会已经转向日益分散和多元的信息社会（也就是转向后现代性），在这样的社会中，个人从生产者变为消费者，个人主义代替了阶级、宗教和族群的忠诚。从这个视角来看，传统的政治意识形态，如自由主义，往往被斥为现代化过程中产生的毫无意义的“元叙事”（meta-narratives）。后现代主义者认为，任何事物都没有确定性，绝对和普遍真理的观念不过是傲慢的自吹自擂。从这层意义上理解，后现代主义是“反基础主义”（anti-foundationalism）的实例。后现代主义由此强调话语、辩论和民主的重要性。

总　结

- 意识形态是一个有争议的政治术语。在社会科学的意义上，政治意识形态是一套多少有些内在一致性的思想观念，为有组织的政治行动提供基础。其主要特点包括：阐明现存权力关系，提供一个理想未来的模式，概述政治变迁何以发生并应如何发展。
- 意识形态把政治理论同政治实践联结起来。意识形态在某种层次上构成了一套价值、理论与学说，亦即一种独特的世界观，因而与政治哲学类似。在另一层次上，意识形态也表现为广泛的政治运动，通过政治领袖、党派和团体的活动获得表达。

- 每种意识形态都与一套特有的原则和思想相连。尽管这些思想以独特方式勾连起来而成为一体，但它们也只是在相对意义上具有系统性或连贯性。因此，所有的意识形态都包含一系列对立传统和内在张力。意识形态的内部冲突有时候比不同意识形态之间的冲突更为激烈。
- 意识形态绝非封闭或一成不变的思想体系。它们在某些观点上互有重叠，有时关注点相同并使用一样的语汇，它们也总会随着政治和知识的发展而有所变化；这既是因为它们与其他意识形态互相作用并影响其发展，还在于它们为了适应变动的历史环境而不断随时间改变。
- 特定意识形态的重要性的增减变化，同它与政治、社会和经济环境的相关性以及自身理论创新的能力密不可分。20 世纪的意识形态冲突，迫使自由主义、保守主义和社会主义等主要意识形态重新审视其传统原则，这又促进了女性主义、生态主义和宗教原教旨主义等新意识形态的成长。
- 有关意识形态终结的争论有多种形式。第二次世界大战后的早期，意识形态终结的讨论与当时共产主义的吸引力减弱，以及认定经济问题已代替意识形态问题的观点有关。“历史终结”的论点显示出自由民主已在全球范围内胜利。后现代主义的出现则意味着传统意识形态业已失去意义，因为它们实质上只是早期现代化时期的产物。

问题讨论

- 为什么意识形态概念常给人以负面联想？
- 新右派思想在多大程度上与传统保守主义相冲突？
- “第三条道路”的意识形态立场是否具有意义和一致性？
- 什么样的环境最有利于法西斯主义的发展？
- 无政府主义是否在追求不可能之事？
- 为什么女性主义、生态主义和原教旨主义的重要性日渐彰显？它们有无可能取代传统政治信条？

- 摒弃意识形态是否可能？

扩展阅读

Freedman，M.，*Ideology：A Very Short Introduction*（Oxford：Oxford University Press，2003）. 该书对意识形态性质及其在现代世界的位置作了简要但权威的介绍。

Heywood，A.，*Political Ideologies：An Introduction*，4th edn（Basingstoke and New York：Palgrave Macmillan，2007）. 该书介绍了主要意识形态传统，内容易懂、新颖、全面。

各具体意识形态的优秀导论性作品包括如下学者的论述：Arblaster（1984）（自由主义），O'Sullivan（1976）（保守主义），Wright（1987）（社会主义），Giddens（2001）（第三条道路），Marshall（1991）（无政府主义），Laqueur（1979）（法西斯主义），Bryson（1992）（女性主义），Dobson（1990）（生态主义），Marty 和 Appleby（1993）（宗教原教旨主义）。

第 4 章

民　主

主要问题

本章讨论的主要问题如下：

- 人们如何使用“民主”一词？
- 有关民主本质的争论围绕什么问题展开？
- 人们提出了哪些民主统治模式？
- 每一种模式有何长处和弱点？
- 民主制度在实践中是如何运作的？
- 民主制在现实中保证了人民统治吗？

众多的政治家和政治思想家转投于民主事业麾下，是政治史上最引人注目和重要的事件之一。即便在被视为民主思想摇篮的古希腊，当时人们也往往在消极意义上看待民主。如柏拉图和亚里士多德等思想家认为，民主制不过是以牺牲智慧和财产为代价的平民统治而已。直到 19 世纪，“民主”一词仍带有贬义，意指“暴民统治”的体制。然而到了今天，我们都是民主派了。自由主义者、保守主义者、无政府主义者，甚至法西斯主义者都急切地赞颂民主制的优点，表明自己是民主的信徒。在 20 世纪晚期，主要的意识形态体系摇摇欲坠甚至崩溃瓦解，民主之火烧得更旺了。民主大概是后现代政治蓝图中唯一稳定和持久的原则信念了。

4.1 界定民主

“民主”（democracy）一词可追溯到古希腊时期。与其他以“cracy”结尾的词［如 autocracy（独裁统治）、aristocracy（贵族统治）和 bureaucracy（官僚制）］一样，民主也源于希腊语 *kratos*（意思是权力或统治），因此意思就是“人民统治”（rule by the *demos*，希腊语 *demos* 最初用来指“穷人”和“多数”，但这里指的是人民）。然而，“人民统治”的简单说法并不能给我们带来很多东西。“民主”一词的问题在于它过于受到欢迎，无法成为一个有意义的政治概念。世人几乎齐声称颂民主，差不多只把它作为“叫好之词”（hurrah！ word）来使用，用以暗示支持一定的思想和统治制度而已。用伯纳德·克里克（Bernard Crick，1993）的话来讲，“在公共事务的世界里，民主大概是最为混杂、最让人困惑的词汇”。一个可对任何人有任何含义的术语有陷入毫无意义之境地的危险。人们赋予“民主”一词的诸多含义如下：

- 由穷人和弱势者统治的制度。
- 人民直接且不间断地进行自我统治的政府形态，无须职业政治人物和公职人员。
- 以机会平等和个人功绩，而非等级和特权为基础的社会。
- 以缩小社会不平等为目标的福利和再分配制度。
- 以多数统治原则为决策基础的制度。
- 制约多数权力以保证少数之权利和利益的制度。
- 通过竞取民众选票来确定公职人员的手段。
- 服务于人民利益的政府体制，而不管人民在政治生活中的参与状况如何。

我们考察民主本质的较为有意义的出发点，或许是 1864 年美国内战高潮时亚伯拉罕·林肯发表的葛底斯堡演说。在此演说中，林肯高度赞扬了他所称的“民有、民治、民享政府”（government of the people，by the people，for the people）的优点。他所阐明的一点是，民主将政府和人民联系起来，这种联系经若干方式使得政府为民所有、为民所治、为民所享。① 民主统治的确切本质一直是意识形态和政治研究激烈争论的问题。本章的下一节将会审视各种民主模式，本节先探讨“民主争论”的相关事项，试图回答下面三个主要问题：

- 谁是人民？
- 人民应该如何统治？
- 人民统治的范围应有多大？

谁是人民？

民主的核心特征之一就是政治平等原则，也就是应尽可能广泛和平均地分配政治权力。但这种权力应该在什么组织或团体内分配呢？简言之，谁构成了“人民”？表面看来，答案很简单：“人民”当然指所有的人，也就是国家的所有人口。但在实践当中，政治参与常受限制，有时候这种限制还非常严格。

概念

政治平等（political equality）

宽泛地讲，政治平等意指政治权力和政治影响的平等分配。政治平等因此可视为民主的核心原则，因为它（不管怎样定义）保证了每一个体成员都同等重要，享有同样的发言权。这可以按下面两种方式来理解。在自由民主理论当中，政治平等意味着平等地分配政治权利，包括投票权和参选权等等，常可概括为“一人一票，票票等值”。与此不同的观点，包括社会主义者的主张，则认为控制经济资源和掌控大众传媒工具与政治平等也有联系。从此角度看，政治平等不仅意味着平等的投票权，而且包括相当程度的社会平等。

如上文所述，早期的希腊思想家往往用 *demos* 来指“多数”，即弱势者和通常没有财产的平民。因此这种民主并不含有政治平等，而是一种对穷人的偏见。在希腊城邦

① “民有、民治、民享的政府”为“government of the people，by the people，for the people”之约定俗成的译法，但有人认为这难以准确完整地表达其含义，可参阅［美］萨托利：《民主新论》，38～42 页，北京，东方出版社，1998。——译者注

中，政治参与仅限于人口的一小部分，包括 20 岁以上的男性公民，排除了所有女性、奴隶和外邦人。一直到 20 世纪，大多数西方国家仍严格限制投票权，往往设置财产或性别限制。英国直到 1928 年女性获得完全投票权后才实现普选权；美国则到 1960 年代早期许多南方州的非洲裔美国人第一次投票后才实行普选制；瑞士实现普选是在妇女最终获得公民权的 1971 年。虽然投票年龄的下限从 21 岁到 15 岁（如伊朗的总统选举）不等，但所有民主体制都将儿童排除在政治参与之外，所以重要的选举限制依然存在。某些硬性限制也经常存在，比如剥夺精神病患者和监禁罪犯的选举权。

多数决定原则（majority rule）：多数或者数量上占优势的群体的意志高于少数人的意志的原则，意味着后者应当接受前者的观点。

世界民主（cosmopolitan democracy）：一种在超国家治理层次运作的民主形态，建基于全球或跨国家公民观念之上。

“人民”现在被认可的意思几乎包括全部成年公民，但我们仍可从多个不同角度对其加以解释。例如，人民可被视为由共同或集体利益联结起来的一个有凝聚力的实体，这种意义上的人民是一体且不可分割的。基于这种认识的民主模式（如卢梭的理论，将在下一节讨论），往往关注“公共意志”（general will）或“集体意志”（collective will），而非每一个人的“私人意志”。另外一种理解则认为，由于所有共同体都存在分裂和异见，“人民”在实践中指“多数”；在这种情况下，民主意指严格遵循**多数决定原则**，这可能意味着民主会沦为“多数人的暴政”。最后，民主政治应该在哪些人群中运作？民主的场所或地点应该在哪里？在政治民族主义力量的影响下，“人民”通常在全国的范围内界定，不过在如今，地方民主的观念，以及全球化背景下的**世界民主**都同等受到关注。

人民应该如何统治？

大多数民主观念是以“民治政府”原则为基础的。这实际意味着人民在统治他们自己——他们参与制定安排其生活及决定社会命运的重大决策。但这种参与有多种形式：在直接民主中，人民的参与需要通过公民投票、公众会议甚至交互式电视视频会议等手段，直接连续地进入决策制定过程中。另外一种更为常见的民主参与形式为投票活动，它是通常所说的代议民主的中心特点。公民投票时，他们并不是作出决策安排其生活，而是选择能够为了他们的利益制定决策的人。但赋予投票活动民主特征的是它授予民众

"将坏蛋踢出去"的权力，由此使政治人物能对民众负责——前提是选举具有竞争性。

焦点论述

直接民主（direct democracy）和代议民主（representative democracy）

直接民主（有时候称"参与民主"）的基础是公民不依靠中介（unmediated）直接和持续地参与政府工作，所以它也就消弭了统治者与被统治者、国家与市民社会的区别。直接民主在古希腊以民众会议的形式得以实现，而其最为通用的现代形态为公民投票。直接民主的优点如下：

- 它强化了公民对自己命运的掌握，因为它是唯一纯粹的民主形式。
- 它使全体公民更为开明、政治上更为成熟，因而还有教育意义。
- 它使公众能够表达自己的观点和利益，而无须依靠自利的政客。
- 它保证了统治的合法性，因为人民更有可能接受他们自己所作的决定。

代议民主是一种有限间接的民主形态。说其有限是因为人民对政府的参与是不经常且短暂的，仅限于隔几年举行一次的投票活动；说其间接则在于公众并非亲自行使权力，他们只是选择为其利益服务的人进行统治而已。这种统治之所以为一种民主形态，仅在于代表（representation）能在统治者和被统治者间建立可靠和有效的联系。有时候也用选举授权（electoral mandate）来表达这种观点。代议民主的优点如下：

- 提供了一种切实可行的民主形式（直接民众参与唯有在小的共同体中才能实现）。
- 使普通公民免受决策的负担，从而使政治中的劳动分工成为可能。
- 容许有较好教育背景、专业知识和更多经验者掌控政府。
- 使普通公民远离政治，促使其接受妥协方案，保持国家和社会稳定。

极权民主（totalitarian democracy）：一种假扮民主的绝对专制形态；其基础是领袖声称拥有意识形态的全部解释权。

有的民主模式根据的是"民享政府"原则，不允许任何一种公共参与存在（不管是直接还是间接）。最为怪诞的例子就是墨索里尼和希特勒等法西斯主义专制者治下形成的所谓**极权民主**。这类政权证明其民主的根据，是宣称领袖——并且是领袖自己——能够表达人民的真正利益；因此意味着"真正"的民主可以等同于绝对专制。这种情况下的人民统治不过是群众通过集会、游行和示威等精心组织的活动，向全能领袖的意志表达一种仪式化服从。此类民主有时被称为“公民投票式民主”。虽说已证明极权民主是对传统民主统治观念的歪曲，但它却显示出“民治政府”（或称大众参与）与“民享政府”（为公共利益而统治）之间可能存在张力。例如，代议民主的倡导者之所以希望将民众的政治参与限定在投票活动上，正是因为他们担心一般民众缺乏依其利益而进行英明统治的智慧、教育和经验。

概念

公民投票式民主（plebiscitary democracy）

公民投票式民主是一种无须经过统治者和被统治者间的中介，而通过公民投票来确立的民主统治形态。它允许公众就政治议题直接地表达观点，因而是一种直接或参与式的民主。不过，这一类民主常因给煽动政治（demagoguery，指政治领导人以煽动演讲操纵民众，并迎合其偏见和情绪所进行的统治）提供活动空间而受到批评。在这种民主形态中，民众的拥戴给专制者贴上了一层民粹主义的色彩。不过，用以补充代议民主的公民复决却不同于公民投票式民主。

人民统治的范围应有多大？

我们已解决了谁是人民和他们应如何统治的问题，现在有必要考虑他们的统治范围问题。民主运作的恰当范围是什么？哪些议题应由人民决定，而哪些应留给个体公民自己？这些问题在许多方面又重启了关于公共领域和私人领域之恰当关系的争论（第1章已讨论过）。以自由个人主义为基础的民主模式往往认定民主应限定于政治（狭义政治）生活的范围内。根据这一观点，民主的目的是通过大众参与过程建立一个法律框架，个人可在此框架内安排其事务并追求私人利益。民主只适合解决与共同体有明确关系的事情；而在其他情况下，民主的涉足无异于对自由的侵犯。人们反对直接民主或参与民主显示出了这种对民主的担忧。

激进民主（radical democracy）：一种偏向于权力下放和参与的民主形态，要求最大可能地分散政治权力。

社会主义者和激进民主主义者提出了不同的看法。**激进民主**的支持者并不认为民主是制定某种个人可在其中处理自身事务的框架的手段，而是适用于所有社会领域的共通原则。参与制定影响其生活的任何决策是人们的基本权利，民主不过是制定决策的集体过程而已。在社会主义者那里，这种立场也很明显，他们要求实现财富集体化和工人的自我管理，两者都被认为是经济生活民主化的途径。社会主义者不仅赞同政治民主，还要求实现“社会民主”或“工业民主”。与此相似，女性主义者主张家庭生活的民主化，认为所有人都有权参与家庭和私人领域内的决定。站在这个角度上看，民主乃自由之友，而不是敌人。只有无视上述原则时，压迫和剥削才会盛行。

4.2 民主的模式

民主被当作单一且确定的现象的情况极为常见。人们常常以为，大多数西方社会中的民主（普选权基础上的定期和竞争性的选举制度）是唯一或唯一合理的民主形式。这种民主概念有时又由“自由主义”一词加以限定，称为自由民主。然而，现实中却有若干对立的民主理论或模式，每一种都对人民统治有自己的看法。这里强调的不只是各种民主形式和机制，而且更根本地指出证明民主统治正当的理由有多么不同。当我们发现自由主义内部对民主组织也有不同观点时，就可以明白即便自由民主也只是一个误导性术语。下面是四种不同的民主模式：

- 古典民主；
- 保护型民主；
- 发展型民主；
- 人民民主。

古典民主

古典民主模式以古希腊城邦，特别是当时强盛的雅典城邦所建立的统治体系为基础发展而来。雅典在公元前 5 世纪—前 4 世纪实行的直接民主，常被说成是唯一纯粹或理想的人民参与制度。尽管该模式对卢梭和马克思等后来的思想家影响很大，但雅典式民主所建立的制度也只是一种非常特殊的人民直接统治，在现代世界的适用性颇为有限。

它是一种民众会议统治的政府形态，一切重要决定都由全部公民参加的公民大会作出，每年至少召集40次这样的大会。当城邦需要全职的公职人员时，就以抽签或轮换形式进行遴选，以确保其具有公民代表性，同时任期一般很短，以尽可能地扩大参与范围。由500人组成的议事会是公民大会的行政或管理委员会；另外的50强人委员会则可向议事会提出议案，委员会主席的任期仅有一天，雅典人一生中只有一次任此显职的机会。唯一的例外是考虑到军事训练和经验需要的10位将军，他们不同于公职人员，有资格连选连任。

使雅典式民主如此引人注目的，是其公民政治活动的水平。他们不仅参与公民大会的定期会议，而且相当多的人也随时准备承担公职和决策的责任。当时对此民主形式影响最大的批评者是哲学家柏拉图。他抨击了政治平等原则，理由是民众没有知识和经验依其利益进行英明的统治。柏拉图在《理想国》一书中提出解决方案，即由哲学王——即护卫者（the Guardians）来掌握政府，他们的统治接近于一种开明专制。但在实践层次上，雅典式民主的最大缺陷是它只有将大部分人口排除在政治活动之外方能运转。参与者仅限于雅典出生的20岁以上的男性，而奴隶（人口之多数）、妇女和外邦人没有任何政治权利。事实上，雅典公民之所以能够将生命之大部投身政治，完全是因为奴隶使他们无须从事繁重的劳动，将妇女缚于私人领域也使他们免除了家务责任。有鉴于此，雅典式城邦实际上与民主理想完全背道而驰。不过，以民众直接和持续地参与政治生活为特征的古典模式，在当代世界某些地区仍然存在，主要有美国新英格兰地区的城镇会议以及瑞士小州中的社区议会。该模式也是全民公决广泛使用——特别是与宪法议题有关的投票——的基础，同时还可作为公民专题小组（people's panels）和电子民主等新的民主实验的依据。

保护型民主

民主思想在17世纪和18世纪再度兴起，不过其表现形式却迥异于古希腊时期的古典民主，特别是人们不再像古希腊时期那样认为民主是参与政治生活的机制，而更多地视之为公民保护自己免受政府侵害的工具，所以称之为保护型民主。早期自由主义思想家尤为欢迎这种看法，他们关注的首要问题就是如何形成最广泛的个人自由领域。早期所有的民主观点大概都表达了保护个人免受强势政府侵犯的渴望，如亚里士多德对柏拉图的回应："谁将制约护卫者？"

自然权利（natural rights）：人类基本的、不可让渡（它们不能被取走）的天赋权利。

功利（效用，utility）：使用方面的价值；来自物质消费的满足。

在 17 世纪，约翰·洛克也同样对不受制约的权力表示担心。他认为投票权的基础是**自然权利**——特别是财产权的存在；如果政府借征税获得剥夺财产的权力，那么公民则有权控制制定税收政策的机构——立法机关来保护自己。换句话说，民主意指由人民同意来统治（government by consent）的体制，它通过代议机关即议会来运作。不过，以现代的标准来看，洛克却非民主派，因为他认为，只有有产者才有抵抗政府侵害的自然权利，才应该有投票资格。18 世纪晚期之后的杰里米·边沁和詹姆斯·密尔（James Mill，1773—1836）等功利主义思想家提出了一种更为激进的普选权观点。功利主义的民主理念也同样是以保护和促进个人利益为基础的。边沁相信，由于所有个人都在求乐避苦，那么普选权（当时被认为是男性的选举权）便是实现"最大多数人之最大幸福"的唯一途径。

人物

杰里米·边沁（Jeremy Bentham，1748—1832）

英国哲学家、法律改革家和功利主义创始人。边沁认为人类是追求**功利**最大化或理性自利的动物，他以此为基础提出了一套道德和哲学体系，相信这为法律和政治改革提供了根据。边沁的追随者当时都是哲学上的激进派，他们利用"最大幸福"的原则推动了 19 世纪英国在社会行政、法律、政府以及经济方面的改革。边沁支持自由放任经济，晚年也变成了政治民主的坚定倡导者。他的功利主义信念在《政府片论》[①]（*Fragments on Government*，1776）中已经形成，并在《道德与立法原理》（*Principles of Morals and Legislation*，1789）中有更为充分的发展。

然而，以保护为基础解释民主，对民主统治只是一种有限的支持。简单说来，保护

① 中译本《政府片论》，北京，商务印书馆，1995。——译者注

型民主仅是一种有限的间接民主形式。在实践中，被统治者通过在定期和竞争性选举中投票来行使其**同意**权，以此保证统治者负起责任。因此，从严格的技术角度来理解，政治平等就是平等的投票权。此外，保护型民主首先是一种宪治民主制度，它在一套控制政府权力行使的正式或非正式规则下发挥作用。如果投票权是保护个人自由的手段，那么为了保障自由，还必须建立独立的行政、立法和司法机构，强制实行严格分权，维护基本人权和自由——如言论、迁徙和免受任意拘捕的自由。最终来讲，保护型民主的目标就是使公民最大可能地过自己自主选择的生活，这也和自由放任资本主义以及认为个人应完全为其经济和社会环境负责的信念相一致。所以，古典自由主义者和现代政治中新右派的支持者尤为赞同保护型民主。

同意（consent）：赞成或允许；在政治中通常指对被治理或被统治的同意。

公意（general will）：集体的真实利益，等同于共同的良善（公益）；若每个人皆能无私地行事，则公意就是所有人的意志。

发展型民主

早期民主理论集中在保护个人权利和利益的需要方面，但很快就开始关注另外一个问题：人类个体和共同体的发展。一种非常新颖的民主统治模式——可宽泛地指称为发展型民主制度——由此产生了。其中最为新颖、激进的模式是卢梭提出的。卢梭的思想在许多方面都背离了自由主义的民主观，对马克思主义和无政府主义的传统以及后来的新左派均有影响。在卢梭看来，就民主乃“服从于约束自身的法则”而言，它只是人类实现自由和自主的手段。换句话说，只有公民直接和不断地参与决定共同体的生活，他们才是“自由”的。这种思想已经超越了传统选举民主的观点，为更激进的直接民主观提供了支持。卢梭还对英国的民主实践进行了强烈的批评，他在《社会契约论》中指出：

> 英国人相信他们自己是自由的，这可是大错特错了；他们只有在选举议员时才是自由的；选举过后，人民不过是奴隶，等于零。在短暂的自由时刻里，英国人民享受着随即失去的自由。

卢梭模式的新颖之处在于，他坚持认为自由最终意味着服从**公意**。卢梭相信，公意不同于他或她的“私人”或“自私”的意志，而是每个公民的“真实”意志。公民服从公意，也就是在服从他们自己的“真实”本性；如果他们无私地行事，则公意就是个人的意志活动。在卢梭看来，如此一种激进的发展型民主不仅需要政治平等，而且要求相对高水平的经济平等。虽然卢梭并非公有制的支持者，但他仍然提出，在民主制下，“没有一个公民可以富得足以购买另一个人，也没有一个公民穷得不得不出卖自身”[Rousseau，(1762) 1913：96]。

人物

让-雅克·卢梭（Jean-Jacques Rousseau，1717—1778）

法国道德和政治哲学家，生于日内瓦，可能是对法国大革命最具精神影响的人物。卢梭完全是自学成才，1742年迁至巴黎，与法国启蒙运动的领衔人物，特别是狄德罗（Diderot）过从甚密。他的作品涉及教育、艺术、科学、文学和哲学等领域，反映出他深信“自然人”的良善和“社会人”的堕落。卢梭的政治学说在《爱弥尔》（*Émile*，1762）一书中已有概括，并在《社会契约论》① [*The Social Contract*，(1762) 1913] 中得到发展，他主张一种激进的民主形式，影响了自由主义、社会主义、无政府主义思想，某些人认为他对法西斯主义也有影响。他在自传《忏悔录》（*Confessions*，1770）中相当坦白地审视了自己的生活，显示出他很愿意暴露自己的缺陷和弱点。

卢梭的理论促进了1960年代和1970年代新左派思想家所采用的现代参与式民主思想的形成。该思想高度赞扬“参与式社会”的优点：在这样的社会，每个公民都能够通过参与作出影响其生活的决定而获得自我发展。只有通过提升社会所有主要机构（家庭、工厂、地方社区与政党、利益团体和立法机关等政治机构一样）的开放性、问责（accountability）和权力下放程度，这一目标方可实现。该模式的核心是“基层民主”（草根民主，grass-roots democracy）的观念——即相信政治权力应在尽可能低的层次行使。不过，卢梭自己的理论也因为区分了公民“真实”意志与“感觉”（felt）或主观意志而备受批评。这种区分的危险在于，如果只征询公民的要求而无法确定公意（因为公

① 中译本《社会契约论》，北京，商务印书馆，1997。——译者注

民会受到自私的蒙蔽），那么那些宣称根据社会“真实”利益行事的专制者便有了自上而下规定公意的空间。因此，卢梭有时也被看成是所谓极权民主的设计师（Talmon，1952）。

人们还提出了一种较为温和的发展型民主形式，它能与自由主义的代议制政府模式相容。这种发展型民主的观点来源于约翰·密尔的著作。在密尔看来，民主的核心价值是它能够推动个人能力“最高与和谐”地发展。公民通过参与政治生活，可提高其理解力，强化其判断力，达到个人发展的更高层次。简言之，民主是一种有教育意义的体验。所以，密尔提出应该拓展人民参与的领域，主张选举权应扩大到除文盲之外的所有人，他还建议赋予妇女选举权（这在当时是很激进的）。此外，他还主张建立强大和独立的地方政府机构，因为这将增加人民担任公职的机会。

概念

议会民主（parliamentary democracy）

议会民主是一种民主统治形式，它通过审议性的民选议会机构来运作，在政府和被统治者之间建立了间接的联系。这种意义上的民主基本上意味着责任和代议政府。议会民主由此在大众参与和精英统治之间维持平衡：政府不对公众直接负责，而是对公众选举产生的代表负责。这种制度的吸引力在于，代表们的教育水平较高且有审议和辩论的机会，应该比一般公民能更好地确定他们的最佳利益。古典的议会民主形式与约翰·密尔和埃德蒙·柏克的名字相连，要求议员依据自己选民的利益而独自思考。但现代议会民主则融合了议会民主与授权民主（mandate democracy）的思想。

另一方面，与其他自由主义者一样，密尔也意识到了民主的危险性。的确，密尔与主流的自由主义思想并不合拍——他反对形式政治平等的思想。密尔遵循着柏拉图的观点，不相信一切政治见解都具有平等价值。他由此提出了一种复票制（system of plural voting）：非熟练工人只有一票，熟练工人有两票，拥有学位者和有学识的专业人士有五票或六票。密尔对民主的最大保留源于对“多数暴政”（the tyranny of the majority）的担心——由托克维尔提出的这种说法具有更典型的自由主义色彩。换言之，民主常常包含的威胁就是有人会打着人民的旗号来压制个人自由和少数人的权利。密尔特别关注的一点是，若鼓励人民接受多数人的意志，民主将会损害辩论和批评的风气以及一般的

商议性民主（deliberative democracy）：一种民主形式；强调讨论和辩论的需要，以帮助确定公共利益。

精神生活，从而造成万马齐喑和因循守旧的沉闷局面——非常简单，多数不可能永远正确；明智的决定也不是通过举手的简单形式就能作出。所以，密尔的观点也支持了**商议性民主**或议会民主的思想。

人民民主

“人民民主”一词源出第二次世界大战后在苏联模式基础上形成的正统共产主义体制。但这里所使用的人民民主泛指马克思主义传统所演变的各种民主模式。尽管它们不尽相同，但均与我们更为熟悉的自由民主模式有明显差异。马克思主义者往往对自由民主或议会民主嗤之以鼻，视之为“资产阶级”或“资本主义”的民主形式。但由于民主观念或理想具有明显的平等主义色彩，所以对马克思主义者也有吸引力。民主被用来特指通过财富公有制实现的社会平等目标（在最初意义上是社会民主），与仅布下平等幌子的西方“政治”民主形成鲜明对比。

马克思相信，推翻资本主义将会促使真正的民主茁壮成长。在他看来，完全的共产主义到来之前，必须有一个以“无产阶级革命专政”为特征的过渡时期。结果是，资产阶级民主制为一种非常不同的无产阶级民主制所代替。虽然马克思拒绝详细描述这个过渡社会的组织，但我们仍能从他对 1871 年巴黎公社这次接近直接民主的短命试验的赞赏中看出大致轮廓。马克思预计，随着阶级对立的减弱和完全的共产主义社会的形成，无产阶级国家将会简单地消亡；不仅政府、法律甚至政治将走向末路，而且民主也将不再有存身之地。

比起马克思来，列宁的思想对 20 世纪共产主义国家中民主形式的发展影响更大。在列宁看来，共产党是“工人阶级的先锋队”。用马克思主义武装起来的党能够认识到无产阶级的真正利益，从而能指导无产阶级实现其革命潜力。这一理论成为苏联“列宁主义民主”的基石，也被所有其他正统共产主义政权接受为马克思列宁主义的核心部分。

人物

弗拉基米尔·伊里奇·列宁（Vladimir Ilyich Lenin，1870—1924）

俄国马克思主义理论家和活跃的革命家。作为布尔什维克的领导人，列宁策划了1917年的俄国布尔什维克革命，并成为苏联的第一领导人。列宁对马克思主义的贡献包括：(1) 革命先锋政党的理论，在《怎么办?》[(1902) 1968] 中得到阐发；(2) 对殖民主义作为一种经济现象的分析，见于《帝国主义是资本主义的最高阶段》[(1916) 1970]；(3) 坚信"通往社会主义的暴力革命之路"，在《国家与革命》(1917) 中发展起来。列宁的声望必然地与后来苏维埃历史的发展紧密联系。

4.3 实践中的民主：对立的观点

人们对于究竟哪一种民主形式最为可取仍有争议，但当代许多争论是围绕民主在实践中如何运作以及民主化的内涵展开的。这反映出如下事实：人们普遍（甚至世界范围地）接受了某种通常称作自由民主的民主模式。尽管这种宽泛的民主类型内部存在着不同的指向，但某些中心特点仍很明显：

● 自由民主是一种间接和代议民主形式，人们通过赢得以形式政治平等为基础的定期选举获得公职。

● 自由民主以竞争和选举选择为基础，这种竞争和选择通过政治多元主义、容忍诸多竞争性信仰以及维持相互冲突的社会哲学及对立性政治运动和政党的存在来实现。

● 在自由民主中，国家和市民社会之间有着明确的界分。自主性团体和利益方、市场或经济生活中的资本主义组织的存在维护了这种界分。

尽管自由民主有这些特点，但人们对于它的内涵和意义仍然有很大分歧。例如，它能够保证政治权力真实、健康地分散吗？民主过程能真正促进长远利益，还是会自拆台脚呢？政治平等能够与经济的不平等共存吗？简言之，不同的理论家以不同的方式解释这种民主形态，其中最为重要的有：

- 多元主义；
- 精英主义；
- 统合主义；
- 新右派；
- 马克思主义。

多元主义观点

多元主义思想可以回溯至早期的自由主义政治哲学那里，特别是洛克和孟德斯鸠的思想。但其首次系统地提出却应归于詹姆斯·麦迪逊（James Madison）在《联邦党人文集》① [*The federalist Papers*，(1787—1789) 1961] 中的贡献。在思考如何将美国从各州的松散邦联转变为美利坚联邦时，麦迪逊特别担心的就是“派别问题”(problem of factions)。与大多数自由主义者一样，麦迪逊相信不受制约的民主统治将会走向多数统治，使有人得以在人民的名义下压制个人权利和侵害私有财产。不过，使麦迪逊的著作扬名于世的，是他对社会利益和团体多样性的强调，他坚持认为，若这些团体没有社会发言权，那么就不要奢谈稳定和秩序。因此他提出以分权——两院制和联邦制——为基础的政府分立制度（a system of divided government)，为竞争性的团体和利益提供了各种渠道。这种由多样之少数来统治的制度常被称为“麦迪逊式民主”(Madisonian democracy)。鉴于麦迪逊模式认识到社会存在差异性或多样性，并认为这种多样性是可取的，可以说这是对多元主义原则首次成熟的阐释。

① 中译本《联邦党人文集》，北京，商务印书馆，1997。——译者注

概念

多元主义（pluralism）

“多元主义”一词在广义和狭义两种意义上使用。广义上讲，多元主义是信仰或支持差异性和多样性（存在许多事物）。作为描述性术语，多元主义用来表示政党的竞争（政治多元主义）、多样性的道德价值（道德多元主义）或者多种文化规范（文化多元主义）；作为规范性术语，它表明差异是有益且可取的，因为它通常能够保护个人自由，促进辩论、讨论和理解。狭义上讲，多元主义是一种政治权力的分配理论，认为权力在社会中广泛且平均地分布，而非集中在精英或统治阶级手中。这种多元主义通常被视为“团体政治”理论，个人多通过加入组织化团体来反映其利益，而所有这些团体都有能够接近政策过程的渠道。

当代影响最大的多元主义理论倡导者是罗伯特·达尔。在《谁统治——一个美国城市的民主和权力》（1961）一书中，达尔对美国康涅狄格州纽黑文市的权力分配进行了经验研究。他的结论是，尽管政治特权和经济强势阶层比普通公民行使的权力更大，但没有处于支配地位或固定的精英能够控制政治过程，“瑕瑜互见，纽黑文是民主制度的实例”。达尔也承认现代民主制与古希腊的古典民主差别巨大，他与查尔斯·林德布洛姆一道发明了“多头制”一词，意指不同于所有公民统治的多数统治。这种多元民主制的关键特征是，政党与利益或压力团体在选举期的竞争中能自由地表达看法，这建立了政府和被统治者之间的可靠联系，在两者间创造了沟通的渠道。这或许与人民自治的理想相去甚远，但其支持者认为它保证了足够的责任水平和人民回应性，因而仍可视之为民主。

但多元主义和民主之间的联系可能并不牢靠。例如，麦迪逊式制度的目的之一可能是为了保护财产而限制民主。换言之，这种多样少数的统治制度可能只是防止多数（无产的大众）行使政治权力的工具。另一个深层的问题是所谓“多元主义停滞”（pluralist stagnation）的危险。组织化的团体和经济利益集团过于强大，会导致“输入堵塞”，造成政府“超载”（overload）。在此情形下，多元主义体制可能变得难以控制。最后，达尔在后来的作品——如《经济民主的前言》（*A Preface to Economic Democracy*，1985）中还提出了一个问题，即经济资源占有的不平等往往剥夺了多数人的政治权力，使之集中在少数人之手。这种讨论的思路已和马克思主义对多元民主的批评相似，新多元主义也由此形成。

概念

多元民主（pluralist democracy）

“多元民主”一词有时与自由民主交替使用，指若干政党选举竞争基础上的民主制度。更具体地讲，它指一种民主形式，其中组织化团体和利益有能力表达人民利益并确保政府作出及时回应。这样一种民主可看成议会民主或任何多数主义形式的替代选择。健康的多元民主具有以下条件：

- 竞争性团体之间的政治权力广泛散布，特别是不存在精英团体。
- 存在高度的内部回应性，团体领导对其成员负责。
- 存在一个裂化的（fragmented）中立政府机器，团体有足够的渠道接近政府。

精英主义观点

精英主义是作为民主和社会主义等平等主义思想的批判者身份出现的，它注意到了社会由精英统治的事实，认为这若非社会存在的必然和可欲的特征，便是虽颇为不幸但尚可挽救的现象。古典精英主义者，如维尔弗雷多·帕累托（Vilfredo Pareto，1848—1923）、加埃塔诺·莫斯卡（Gaetano Mosca，1857—1941）以及罗伯特·米歇尔斯（Robert Michels，1876—1936）倾向于前一种观点。对他们来讲，民主不过是愚不可及的幻想，因为政治权力总是由拥有特权的少数人——精英来行使的。例如，莫斯卡在其《统治阶级》[①]（*The Ruling Class*，1896）一书中称，在所有社会中“都有两个阶级——一个是统治阶级，一个是被统治阶级”。在他看来，统治所必需的资源或特质始终是不平等分配的；而且，团结的少数总是能够操纵和控制大众，甚至在议会民主中也是如此。

---

① 中译本《统治阶级》，南京，译林出版社，2002。——译者注

概念

精英（elite），精英主义（elitism）

精英最初的意思是最高、最好和最杰出者——现在的意思依然如此。但在中性或经验意义上使用时，它指集中掌握权力、财富或特权的少数。精英主义则是一种精英或少数统治的信念或实践。规范精英主义表明精英统治是可取的：政治权力应该授予智慧或开明的少数人。古典精英主义（由莫斯卡、帕累托和米歇尔斯等人发展）则具有经验性（虽然常有规范信条侵入），将精英统治看成社会生活中不可避免和无法改变的事实。现代精英主义也形成了一系列的经验分析，但对精英统治的成因具有批判性且不完全肯定。米尔斯（C. Wright Mills，1916—1962）等现代精英主义者常带着既解释又挑战它的心情来探讨精英统治。

帕累托提出统治所需要的素质包括两种心理类型：狐狸型（靠狡诈精明统治，能够操控大众的同意）和狮子型（通常通过压制和暴力来实现支配统治）。而米歇尔斯则提出另外一种思路，认为所有组织——不管显得多么民主——的权力，都倾向于集中在能够组织和作出决定的少数支配人物手中，而非由冷漠的普通民众来掌握。他将此称为"寡头铁律"。稍后的詹姆斯·伯纳姆（James Burnham）在《管理革命》（*The managerial Revolution*，1941）一书提出了他对官僚权力的看法，认为"管理阶级"（managerial class）凭借其技术和科学知识以及管理技能支配着所有的工业社会，无论是资本主义社会还是共产主义社会都概莫能外。

古典精英主义者力求证明民主永远是个神话，现代精英主义理论家则倾向于强调一定政治体系与民主理想的距离。米尔斯对美国权力结构所作的颇有影响的解释就是一例。与多元主义认为权力是广泛和大致民主分布的看法不同，米尔斯在《权力精英》（*The Power Elite*，1956）一书中描绘的美国则是一幅由领导群体的网络来统治的图景，权力精英由大企业（特别是与国防有关的产业）、军队和总统身边的政治小集团三组人马组成。依靠经济权力、官僚控制以及通往政府行政部门最高层的渠道三方面的结合，权力精英能够影响"创造历史"的关键决定——特别是国防和对外政策领域以及战略性的经济政策。权力—精英模式表明美国的自由民主多半只是骗人的假象。选举压力往往被"权力中层"（国会、州政府等等）所吸收，工会、小企业和消费者游说组织等团体仅能在政策过程的边缘施加影响。精英主义者还认为，经验研究之所以支持多元主义者的结论，完全是因为达尔等人忽视了非决策（non-decision-making）作为一种权力表现形式的重要性。

尽管如此，某些精英主义理论家仍然认为一定程度的民主责任是和精英统治相一致的。权力—精英模式把精英描绘为由共同或重叠的利益联结起来的内聚群体，而竞争性精英主义（competitive elitism，有时候称为民主精英主义）则强调精英竞争的意义。换句话说，由来自许多竞争性团体和利益方的领导人物所组成的精英群体是分裂的。这种观点常与约瑟夫·熊彼特在《资本主义、社会主义和民主》中所概括的“现实主义”的民主模式相联系：

> 民主的方法是为作出决定的一种制度安排，在这种制度安排中，个人通过竞取人民手中的选票获得作出决定的权力。(1942：269)

选民可以决定由哪一个精英来统治，却无法改变权力永远由精英掌控并行使的事实。这种竞争性精英主义模式又经安东尼·唐斯（1957）发展为“民主的经济理论”（economic theory of democracy）。选举竞争实际上创造了一个政治市场，政客充当专注于获取政府权力的企业家，而选民则表现得像消费者，投票给最能反映其政策偏好的政党。唐斯认为，开放和竞争的选举制度能够保障民主统治，因为它将政府交给那个在哲学、价值和政策方面最能回应最大多数选民偏好的政党来掌握。如熊彼特所言，“民主乃政客的统治”。

作为一种民主政治模式，竞争性精英主义至少有一个优点，那就是能够密切配合自由民主政治制度的运转。确切而言，这一模式的出现更多的是为了描述民主过程的运作，而不是要规定某些价值和原则（不管是政治平等、民众参与、自由还是其他）。民主仅被看成一种通过竞取民众选票而作出政治决定的手段。该模式的长处在于，它将决策权置于信息最充分、手段最老练和政治信念最强烈的社会成员之手，从而给政治领导人留下了相当大的活动空间。另一方面，虽说权力竞争毋庸置疑地造就了一定程度的责任，但竞争性精英主义最多也只应被看成是一种孱弱的民主形态。不仅一个精英只能由另一个精英来代替，而且赋予公众的角色（隔几年决定一次由哪个精英代表他们进行统治）也可能造成他们的冷漠感、兴趣淡化，甚至对政治的疏远。

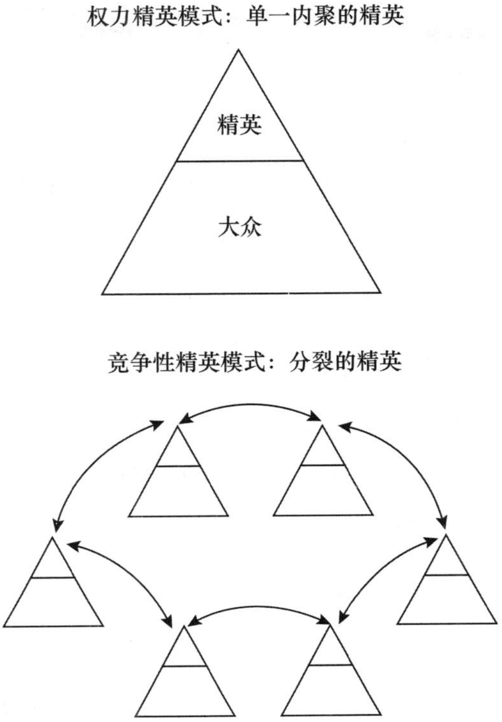

图 4—1　精英模式（模型）

统合主义观点

> **新统合主义**（neocorporatism）：西方多头制中的一种倾向：组织化利益被赋予了进入政策制定过程的制度化特权渠道。

统合主义[①]（corporatism，又译法团主义、合作主义或社会合作主义）发端于法西斯统治时期的意大利，当时该国企图将经理人和工人整合到政府过程中来，以建立所谓的“统合国家”（corporate state）。不过，统合主义理论家已将注意力引向了世界主要工业化国家的类似发展。**新统合主义**，或称自由统合主义，产生了“三边政府”（tripartite government）的幽灵，即通过国家官员、雇主团体和工会可直接打交道的组织来管理政府活动。从更大的范围来讲，这种将经济利益团体整合到政府中的趋势（在 1945 年后的一段时间非常普遍，在瑞典、挪威、荷兰和奥地利等国更为突出）是国家转向经济管理和干预的结果。随着政府寻求管理经济生活并承担越来越多的公共服

① 可参阅张静：《法团主义》，北京，中国社会科学出版社，1998。——译者注

务，它也认识到需要一种制度安排来保证主要经济利益团体的合作和支持。在那些试图将经济政策从国家干预转向自由市场的国家（如1979年后的英国），统合主义的影响力则明显减弱。

顶级社团（peak association）：被政府承认为代表企业和工人之整体或集体利益的团体。

从民主的过程来看，统合主义的意义绝对值得重视。有人——比如英国的基尔特社会主义者（guild socialist）① ——认为统合主义使一种功能代表制（functional representation）成为可能，比起竞争性的选举机制来，个人更多地通过所属团体来表达观点和利益。因此，被称为“统合多元主义”（corporate pluralism）的模式将三边代表制（tripartism）描述成一种通过社会中主要团体和利益竞争来决定政府政策的机制。但多数评论者则认为统合主义对民主构成严重威胁。首先，统合主义只对那些被赋予接近政府的特权的团体有利。所以“圈内”团体拥有政治发言权，而“圈外”团体则被拒之门外。其次，从统合主义受益的可能是国家而非经济利益团体，因为由国家选出并与之打交道的**顶级社团**，也可被用来惩戒社团成员，滤除激进要求。最后，统合主义对选举过程或议会民主构成威胁。政策是通过政府官员和强势经济利益团体的谈判而非代表性议会的审议作出的，利益团体的领导人因此可行使相当大的政治权力，尽管他们根本不对公众负责，其影响也不受公共监督。

新右派的观点

新右派自1970年代出现以来，对民主政治提出了极为特别的批评，主要集中在所谓“民主超载”的危险方面：政治体系在不受限制的团体和选举压力下陷入瘫痪。这一批评强调了统合主义不受欢迎的一面。新右派理论家强烈支持自由市场，他们相信政府甩手不管时经济运行得最佳。从这个角度看，统合主义的危险在于，它向部门团体和经济利益集团授权，这些团体因此能够向政府索求更高工资、公共投资、补助及国家保护等等。统合主义实际上使有地位的利益团体可以支配和命令政府。在新右派看来，由此

① 基尔特（guild）指中世纪的行会或同业公会；基尔特社会主义则既是一种学说，又是一场运动，20世纪前20年起源于英国，实质是非国家主义、自治社会主义，其根源在于脱胎于工会的工业“基尔特”的生产者的民主。——译者注

带来的结果是不可避免地转向国家干预并造成经济停滞（Olson，1982）。

政府“超载”也可看成是选举过程的后果，也就是塞缪尔·布里顿（Samuel Brittan，1977）所指的“民主的经济后果”。这种观点认为，选举政治无异于一种自我拆台的过程，它鼓励政客们为了争夺权力而向选民许下越来越不现实的允诺。选民和政客在这里都应受到指责。选民受到更高公共开支许诺的吸引，因为他们算计着成本（越来越大的赋税负担）会分摊到全部人口；政客则一心想赢得权力，企图通过向选民许下无比慷慨的开支诺言而超过对手。根据布里顿的观点，民主难以控制的经济后果，是由公共债务引起的高通货膨胀以及将拖垮企业并损害经济增长的税负。如马昆德（David Marquand，1988）所述，新右派的观点就是“民主对成人就如巧克力对儿童：永远的诱惑；少量无害；过多则致病”。所以，新右派理论家倾向于从严格的保护性意义上来看待民主，认为其本质上是对专制政府的防范，而非引导社会变革的手段。

马克思主义观点

统治阶级（ruling class）：马克思主义术语，指利用生产资料所有权统治其他阶级和整个社会的阶级。

如上文有关人民民主部分所阐明的那样，马克思主义对民主政治的看法也深植于阶级分析。根据这种分析，政治权力不能从选举权或政党通过游说和竞选活动表达利益的能力方面作狭隘的理解。相反，政党在更深层次上反映了经济权力的分配，特别是生产资料所有权的不平等。因此，马克思主义对自由民主的批判集中于民主和资本主义之间的内在矛盾，亦即自由民主所宣称的政治平等与资本主义经济必然造成的社会不平等之间的矛盾。自由民主因而被看成是“资本主义”或“资产阶级”的民主，为牢固掌握权力的**统治阶级**所操纵和控制。

马克思主义由此对多元主义民主进行了与众不同的批判。只要阶级权力分配不平等，那么权力就不可能在社会中广泛和平均地分布。确实，马克思主义观点和精英主义都认为权力最终集中在少数人手里，主要的不同在于这少数人被理解为“权力精英”还是“统治阶级”。但它们之间还是存在重要的差异。首先，精英主义认为权力可源于许多种资源（教育、社会地位、官僚职位、政治联系以及财富等等），而马克思主义则强调经济因素，尤其是控制所有权和生产工具的决定意义。再者，精英主义者对于精英统治的意义不是很明确，例如，当分裂的精英群体内部存在竞争时，在某种程度上政策会受到民主压力的影响。相较之下，马克思主义者往往认为，统治阶级专注于追求自己的经济利益，只有为了稳定资本主义和永远保持阶级权力不平等的制度时才会向其他阶级让步。

欧洲共产主义（eurocommunism）：一种试图祛除激进色彩的共产主义形态，糅合了马克思主义和自由—民主的原则。

新马克思主义者，如哈贝马斯和奥菲（Claus Offe，1984）注意到了资本主义民主的冲突以及内在的不稳定。这种观点一方面认为，民主的过程驱使政府对民众的要求作出回应，导致公共开支不可阻挡的增加以及国家责任（尤其在经济和社会生活领域）的逐渐扩张。另一方面，高税率制约了企业的发展，持续增长的政府债务造成了长期的高通货膨胀，由此出现的财政危机将会危及资本主义的长远生存。哈贝马斯（1973）认为，资本主义民主若不抗拒民主的压力，那就得冒经济崩溃之险，它会发现维系合法性将日趋困难。

总　结

- 民主过于受欢迎，使之难以成为一个有意义的政治概念，或许已沦落到仅是“叫好之词”的境地。该词含义甚广，从大众统治的制度以及建立在直接和持续的民众参与基础上的政府形式，到多数统治和通过定期人民选举运转的政党竞争制度均能涵盖。
- 对于民主本质的争论往往集中于三个中心问题：第一，谁是人民，或者说政治权力应在多大范围内分配？第二，人民是应该事实上自我统治，还是将政府交由宣称代表人民的政客和政党掌握？第三，哪些事务适合通过民主方法集体决定？
- 有一些对立的民主模式各自给出了对人民统治的理解。这些模式包括：基于人民自治原则的古典民主；源于个人主义的自由主义假定的保护型民主；与拓展人民参与空间相关的发展型民主；对阶级权力分配予以特别关注的人民民主。
- 古典民主以古希腊雅典的政治制度为基础，人们支持这一模式的依据是它自身即可保障民治之政府。保护型民主给予公民最大的自主选择生活的空间。发展型民主的优点在于它在扩大参与的同时能拓展自由并有助于个人的成长。人民民主的目标则是实现经济解放，而不只是扩大政治权利。

- 在实践当中，人们广泛支持某种民主模式，该模式通常被称为自由民主。自由民主的主要特点是，它是以定期选举为基础的间接和代议的民主形式；它通过政党竞争和选举替代来运转；它尊重国家与社会之间的清楚界限，因此容许自主性团体和私有财产的存在。
- 人们对于自由民主制度在实践中如何运作争议很大。多元主义者赞赏它能够保障对人民的回应性和政治责任；精英主义者强调政治权力向少数特权者集中的倾向；统合主义者关注政府对社会团体的吸纳；新右派将注意力集中在“民主超载”所具有的危险性方面；而马克思主义者则指出了民主和资本主义之间的矛盾。

问题讨论

- 为什么民主得到了如此普遍的赞誉？
- 直接民主在某些方面是否与现代环境相适应？
- 民主最主要的优点是什么？
- 民主的缺陷或危险是什么？
- 哪一种民主模式最有吸引力？为什么？
- 现代代议民主制称得上是民主吗？
- 民主在现代社会中的主要威胁是什么？

扩展阅读

Arblaster，A.，*Democracy*，2nd edn（Milton Keynes：Open University Press；Minneapolis：University of Minnesota Press，1994）．该书为简明但富有思想的民主理论入门读物。

Dahl，R.，*Democracy and Its Critics*（New Haven，CT：Yale University Press，

1989)．该书是对有关民主理想和实践的广泛且彻底的讨论。

Gill，G.，*The Dynamics of Democratization：Elite，Civil Society and the Transition Process*（Basingstoke：Palgrave Macmillan，2000)．该书概述了当代世界民主化的规模、范围与特点，内容易懂清晰。

Held，D.，*Models of Democracy*，3rd edn（Oxford：Polity，2006)．作者检视了不同民主模式和民主理论的当前状态，行文缜密，具有启发性。

Macpherson，C. B.，*The Life and Times of Liberal Democracy*（Oxford：Oxford University Press，1977)．作者讨论了自由民主理论中的重要主题，简短易懂，富有洞察力。

第 5 章

国　　家

国家的影响几乎遍及一切人类活动。从教育到经济管理，从社会福利到环境卫生，从内部秩序到外部防卫，国家都发挥着决定和控制作用，在并不决定和控制的地方，则进行管理、监督、授权和禁止活动。甚至那些通常被视为个人或私人空间的生活领域（结婚、离异、堕胎、宗教信仰等），最终也被纳入国家权威的管辖之下。因此，毫不奇怪，政治学常被理解为对国家的研究、对国家之制度性组织的分析以及对国家对社会影响的评价等等。而意识形态争论和政党政治也很自然地倾向于围绕国家的适当功能和作用展开：哪些事情应由国家来做，而哪些又应留给私人个体和社团去处理？国家权力的本质也由此成为政治分析的中心关注点。这一争论（所谓“国家争论”）触及了政治理论中最深层次和最永久性的分歧。

主要问题

本章讨论的主要问题如下：

- 国家为何物？它与政府的区别何在？
- 人们是如何分析和解释国家的？
- 国家是造福还是作恶的力量？
- 国家已被赋予什么样的职责？国家和社会间是如何分摊责任的？
- 国家角色和权力如何受到了全球化的影响？

5.1 国家为何物？

人物

乔治·威廉·弗里德里希·黑格尔

(Georg Wilhelm Friedrich Hegel，1770—1831)

德国哲学家。黑格尔是现代唯心主义的奠基人，他阐述了意识与物质客体实际上是统一的观念。在《精神现象学》(*Phenomenology of Spirit*，1807) 中，他试图创立一套理性体系来代替传统基督教教义，以绝对观念走向自我实现的过程来解释人类历史的整个进程甚至宇宙自身。在他看来，历史本质上就是人类精神走向决定性目标的征程。他的主要著作《法哲学原理》(*Philosophy of Right*，1821) 将国家理解成伦理观念以及人类自由的最高表现形式。黑格尔的著作对马克思、所谓的“青年黑格尔派”以及法兰克福学派等后期马克思主义影响很大，并推动了自由主义和法西斯主义思想的发展。

国家被用来指一系列令人困惑混淆的事物：一套机构、一个领土单位、一种哲学理念或一种强制和压迫的工具等。这种混淆产生的部分原因是人们从三个完全不同的角度来理解国家：唯心主义视角、功能主义视角和组织视角。**唯心主义**取向在黑格尔的著作里有最为鲜明的体现。黑格尔确定了社会存在的三个环节：家庭、市民社会和国家。他认为，在家庭内部存在一种“特殊的利他主义”(particular altruism)，促使人们为了自己的孩子和老人的幸福而将自我利益放置一旁。相较之下，市民社会则被看成是“普遍自我利益”(universal egoism) 的领域，个人将自我利益置于他人利益之上。黑格尔认为国家是建立于彼此同情——“普遍的利他主义”(Universal altruism) 基础上的道德共同体。然而，唯心主义的缺陷是它助长了批判国家的敬畏之情，而且它从道德的角度来定义国家，无法对属于国家的一部分机构和外在于国家的机构作出明确的区别。

功能主义取向集中于国家机构的作用或目的方面。国家的中心功能始终被认为是维持社会秩序，而国家也就被界定为一套保持秩序和社会稳定的机构。比如，现代马克思主义者采用的就是这一取向，他们倾向于认为国家是一种缓和阶级冲突，从而确保资本主义制度长期生存的机制。但是，功能主义国家观点的弱点在于，它往往将保持秩序的任何机构（比如家庭、大众传媒、工会以及教会）都与国家混为一谈。这也正是除了某些特别的声明之外，本书均采用组织取向的国家定义的原因所在。

概念

国家（the state）

国家是在确定的领土边界内建立最高管辖权，并通过一套永久性机构行使权威的政治结合体。这些机构负责共同体生活的集体性组织，由公共开支提供经费，所以可认为是“公共的”。国家包括各种政府机构，但也延伸到法庭、国有企业和社会安全体系等部门；它可以被认为等同于整个“实体政治”（body politic）。对德国社会学家马克斯·韦伯来说，国家可从其对“合法性暴力”工具的垄断来界定。围绕国家的角色、国家权力的性质的争论，可以说是政治思想的核心问题。

组织观点在最广义上将国家界定为政府机器，也就是一套被认可为“公共”的机构，因为它们对社会存在的集体组织负有责任并且得到公共财政的支持。这一定义的优点是它明确区分了国家和市民社会。国家由各种政府机构组成：官僚组织、军队、警察、法院以及社会安全体系等等；可以等同于“实体政治”（body politic）。这使得我们得以从15世纪和16世纪的欧洲追寻到现代国家的起源，当时出现了一种中央集权的统治制度，它成功地使其他所有机构和团体——不管是精神的还是世俗的——都纳入其控制之下。事实上，现代主权国家观念在1648年签订的《威斯特伐利亚条约》（Treaty of Westphalia）中才有系统的阐述。再有，组织取向也使我们能够讨论国家的“前伸”（rolling forward）或“后缩”（rolling back），也就是指国家所承担责任的扩张或收缩以及国家机构的增加或减少。

根据组织取向的视角，我们可以确定国家的五个关键特征：

● 国家是至高无上的。它高于社会上其他所有的社团和团体，行使着绝对和不受限制的权力。霍布斯将国家描绘成“利维坦”——一种常以海怪面貌出现的巨大怪兽——来表述这一思想。

● 与市民社会中的“私人”机构不同，国家机构被认为是“公共的”。公共机构负责作出和执行集体决定，而家庭、私人企业和工会等私人机构是为满足个人利益而存在。

● 国家的活动暗含合法性。国家的决定通常（尽管并不必然）被认为对所有社会成员都有约束力，因为它宣称这些决定是根据公共利益作出的；国家应该反映社会的永久利益。

● 国家是统治的工具。国家的权威以强制力为后盾；国家必须有能力确保法律被遵守，违犯者受到惩处。对“合法性暴力”（legitimate violence，马克斯·韦伯语）的垄断是国家主权的实际体现。

● 国家是一个领土单位。国家的管辖权是从地理方面界定的，涵盖了所有生活在国家边界内的人——不管是公民还是非公民。因此，在国际舞台上，国家被看作（至少在理论上）具有自主性的实体。

立宪政府（constitutional government）：在一套限制政府权力和保护个人自由的法律与制度约束中运作的政府制度。

国家不仅同市民社会分离，而且其内部也存在分化，包括各种分支和部门。因此国家机器包括狭义上的政治行政部门或政府，还有议会、司法部门、官僚机构、军队、警察、地方和区域性机构等都可归入其中。但最重要的是“国家”和“政府”的区别，两词常可替换使用。这一区分不只是源于学术兴趣，它还触及了有限和**立宪政府**的核心理念。简言之，只有防止当下政府侵害国家之绝对和不受限制的权威时，政府的权力方可受到制约。

政府和国家的主要差异如下：

● 国家的范围比政府更为广泛。国家涵盖了所有公共领域内的制度机构以及所有的共同体成员（就其能力而言即公民），而政府只是国家的一部分。

● 国家是一个持续存在甚至是一个永久性的实体，而政府是暂时性的组织：政府往复更替，政府体制也可改革和重组。

● 政府是国家权威借以实施的工具。政府是国家在制定和贯彻国家政策过程中的

“大脑”，使国家能够生生不息。

- 国家行使着非人格的权威。国家机关的人员按照官僚制原则录用和培训，（通常）被期望能够保持政治中立，从而使国家机关能够抵御当下政府的意识形态狂热。
- 国家至少在理论上代表着社会的永久利益，即公共利益或公共意志。而政府代表的则是在某一特定时期偶然掌权的党派的利益。

5.2 对立的国家理论

在就国家意指何物达成一致之后，我们就可以探讨更深层次的问题：国家权力的本质是什么？国家代表着什么样的利益？从这个角度来看，国家是一个有着内在争议的概念。在众多对立的国家理论中，每一种都对于国家的起源、发展及其对社会的影响有着不同的解释。关于国家权力本质的争议确实日渐主导现代政治分析，并深入到学科内部有关意识形态和理论分歧的核心。这些争议关系到如下问题：国家是自主的和独立于社会存在的，还是本质上是社会的产物，反映了更为广泛的权力和资源分配？国家是服务于共同或集体利益，还是偏向某些特权团体或统治阶级？还有一个类似的问题，国家是所负责任应予增加的积极或建设性力量，还是一个应受制约或被全盘粉碎的消极或破坏性实体？我们可以发现四种对立的国家理论：

- 多元主义国家；
- 资本主义国家；
- 利维坦式国家；
- 家长式国家。

多元主义国家

多元主义的国家理论具有非常鲜明的自由主义特征，它源于如下信念：国家在社会中充当裁判或调停者。这种观点也支配着主流的政治分析，导致出现某种轻视国家和国家组织而将焦点集中于政府的倾向（至少在英美思想传统中如此）。确实，这种传统认为法院、文官系统和军队是自身独立的单位，而非广义国家机器的组成部分，所以它将国家斥为抽象的概念也并不奇怪。不过，仅是因为该取向仍建立在一种潜在且常未被承认的国家中立之假定基础上，它才能自我确证。国家之所以可被忽视，也仅是因为它被看成是倾向于当下政府意志的公正之裁判或调停者。

政治义务（political obligation）：公民对国家的义务；是国家拥有统治权力的基石。

自然状态（state of nature）：没有政治权威及对个人的形式（法律）制约的社会；一般用作理论分析的工具。

这种国家理论的起源可追寻至托马斯·霍布斯和约翰·洛克等17世纪社会契约理论家的著作中。这些思想家最为关注的问题，是探讨个人在道义上服从和尊重国家的**政治义务**的基础。他们认为国家是经个体自愿同意或订立社会契约而产生的，这些人认识到只有主权权力的建立方能保护其免受**自然状态**之不安全、混乱和残暴的侵害。若没有国家，个体会彼此伤害、利用和奴役；若建立了国家，秩序和文明的生活即可得到保证，自由也会有所保障。如洛克所言，“没有法律之处则不存在自由”。

焦点论述

社会契约论（social-contract theory）

社会契约是个人之间的自愿同意，借此有组织的社会或国家方才产生。社会契约论曾被霍布斯、洛克和卢梭等思想家当作理论工具来使用，而约翰·罗尔斯等现代理论家又使其获得复兴。社会契约从未被看作历史的真实行动，确切而言，它是用来展示政府的价值与政治义务之基础的手段；社会契约理论家希望个人行动起来就像是他们亲自达成契约一样。社会契约论的典型形式有三个要素：

- 确定一个假设中的无国家社会的图景（自然状态）。不受限制的自由意味着生活是“贫穷、孤独、肮脏、残忍和短命的”（霍布斯语）。
- 个人通过达成契约来逃避自然状态，认识到只有至高无上的主权权力才能保障秩序与稳定。
- 社会契约迫使公民尊重并服从国家，最终对只有政治统治制度才能带来的稳定与安全怀有感激之情。

无政府（anarchy）：字面意思就是“没有统治”；常用作贬义，意指不稳定甚至混乱。

因此，在自由主义理论中，国家被看作社会上互相竞争的团体和个人的中立仲裁者；它是能够保护公民免受其他公民侵害的裁判或调停者。国家的中立性反映在如下事实之中：国家遵照全体公民的利益行事，因而代表公共之良善或公共利益。在霍布斯看来，稳定和秩序欲获得保障，唯有建立专制和不受限制的国家，并且这个国家拥有不可挑战也不容置疑的权力。换句话说，他认为公民面临着专制和**无政府**的非此即彼的选择。而洛克则发展出了维护有限国家的经典自由主义的理论。在他看来，国家的目的是非常明确的，仅限于保护“自然的”或天赋的个人权利，即“生命、自由和财产权”。这便对国家责任（主要是维持内部秩序和保护财产权）和个体公民责任（通常被看作市民社会的领域）进行了明确的区分。再有，鉴于国家可以像它保护自然权利那样能够很容易地威胁自然权利，公民须拥有某种形式的屏障来防止国家的侵害，洛克相信这只有通过立宪和代议制政府的机制方可实现。

这些思想到20世纪又发展成为多元主义的国家理论。作为一种社会理论，多元主义断言自由民主制中的权力是广泛和均等地分布的；作为一种国家理论，多元主义则认为，只要国家处于各种团体和利益以及所有社会阶级影响之下，它就是中立的。国家并不偏向特定的利益或团体，也没有与所在社会相分离的自我利益。如施瓦茨曼特尔（Schwarzmantel，1994：52）所言，国家乃“社会之奴仆而非其主人”。因而国家可被描绘成一个“气垫”，能被动地吸收施加于其上的压力与动力。这一观点有两个关键的基本假定。其一，国家有效地从属于政府。非选举产生国家机构（文官系统、司法系统、警察、军队等等）是严格公正的，受制于其政治的领导者。因此，国家机器符合公益服务和政治问责的原则。其二，民主的程序是有意义且有效的。换句话说，政党竞争和利益团体的活动确保了当下政府能够对公共舆论保持敏感和积极反应。所以最终而言，国家仅是不管多数公众指向哪里都紧随其后的风向标而已。

不过，现代多元主义者常采取一种较具批判性的国家观点，一般称之为新多元主义国家理论。罗伯特·达尔、查尔斯·林德布洛姆和加尔布雷思（J. K. Galbraith）等理论家开始接受如下观点，即现代工业化国家比古典多元主义所涉及的国家更为复杂，同时对民众压力的反应更为迟钝。例如，新多元主义者已认识到，企业拥有与政府相关的“特权位置”使得其他团体无法与之竞争。林德布洛姆在

《政治与市场》[1]（*Politics and Market*，1977）一书中指出，作为社会中的主要投资者和最大的雇佣者，无论在意识形态倾向还是公开的承诺方面，企业必然都会对政府发挥着相当大的支配作用。再有，新多元主义者也同意国家能够且的确能形成自己的局部利益。这样一来，由高级公务员、法官、警察首脑、军队领导人等构成的国家精英可以追求所在国家部门的官僚利益，也可以实现受庇护团体的利益。诚然，若国家被当作自行其是的政治行为者，则它可被视为社会中的一个强大（可能是最强大）的利益集团。这种看法促使艾瑞克·诺德林格（Eric Nordlinger，1981）以“民主国家自主性”为基础，提出了以国家为中心的自由民主模式。

概念

新多元主义（neopluralism）

新多元主义作为一种社会理论化形式，仍挚信于多元主义价值，但承认有必要按照精英主义、马克思主义和新右派的观点对古典多元主义加以修订或使之与时俱进。新多元主义包含诸多观点和立场，但仍可确定某些中心主题。第一，它试图解释工业社会和后资本主义社会的出现等现代化趋向。第二，资本主义被理所当然地认为比社会主义更可取，但自由市场的经济学说却被视为陈旧过时。第三，西方民主制被看成“变形的多头制”（deformed polyarchies），大公司拥有大得不成比例的影响。

资本主义国家

在视国家为中立裁判和调停者的多元主义国家理论之外，马克思主义对于资本主义国家的看法显然给出了一种替代性的解释。马克思主义一般认为不能离开社会的经济结构来理解国家。这种观点通常根据一种古典的阐释来理解，即国家不过是阶级压迫的工具，国家产生于（并在某种意义上反映）阶级制度。不过近年来马克思主义内部仍发生了相当多的争论。

马克思并未形成系统或一致的国家理论。在一般意义上讲，他相信国家是由“经济

[1] 中译本《政治与市场》，上海，上海三联书店，1992。——译者注

资产阶级（bourgeoisie）：马克思主义术语，指资本主义社会的统治阶级，即生产资料的占有者。

基础”决定或限定的“上层建筑”的一部分，而经济基础可看作社会生活的真正根基。我们可以在马克思的著作中发现两种国家理论。第一种体现在他常从《共产党宣言》[（1848）1967] 里引述的一句名言中：“现代的国家政权只不过是管理整个资产者阶级共同事务的委员会罢了。”照此来看，国家明显依靠社会而存在，并完全依靠经济上的统治阶级——在资本主义社会中为**资产阶级**。因此列宁将国家直接说成是“压迫被剥削阶级的工具”。

第二种国家理论更为复杂和隐晦，但仍可见之于马克思对 1848—1851 年法国革命的分析文章，即《路易·波拿巴的雾月十八日》[（1852）1963]。马克思认为国家可能享有某种脱离阶级制度的“相对自主性”，拿破仑式国家能够将其意志加诸社会之上，扮演“可怕的寄生体”的角色。如果说国家确实表达了某种阶级的利益的话，那不是资产阶级，而是法国社会中人数最多的一个阶级——小农。虽然马克思并未对此观点有深入的分析，但以此来看有一点非常清楚，即国家的自主性只是相对的，因为它似乎在各冲突阶级间进行调停，从而维护了阶级制度本身的存在。

这两种理论均与自由主义以及后来的多元主义国家权力模式有明显的差别，尤其是它们强调唯有在阶级权力不平等之背景下方可对国家有所理解。国家产生于并反映资产阶级社会，它可作为统治阶级进行压迫的工具，也能以更隐蔽的形式作为缓和阶级对立的机制而存在。不过，马克思对国家的态度却也非全然消极，他认为在资本主义向社会主义的过渡中，以“无产阶级的革命专政”形式出现的国家可发挥积极作用。资本主义颠覆的过程也是资产阶级国家瓦解以及替代之的无产阶级国家形成的过程。

在描述“无产阶级专政”国家时，马克思应用了上文所述的第一种国家理论，即认为国家是经济上占统治地位的阶级（时为无产阶级）压制和慑服其他阶级的工具。站在这一立场上来看，所有国家都是阶级的专政。“无产阶级专政”可看作保卫革命成果的必要手段，以防止被剥夺的资产阶级来发动反革命。不过，马克思仍未将国家视为必要或恒久的社会形态。他预测，随着阶级对立的消失，国家将会“消亡”，这意味着完全的共产主义社会将会是无阶级社会。由于国家源于阶级制度，一旦阶级制度被废除，那么国家也就完全失去了存在的理由。

马克思这种表述，给现代马克思主义者或西方马克思主义者进一步分析国家权力留下了很大空间。意大利马克思主义者安东尼奥·葛兰西强调，统治阶级很大程度上通过意识形态操纵而非仅靠公开强制来实现对社会的支配。在这种观点看来，资产阶级的统治多通过"霸权"（hegemony）来维系，这种霸权就是精神的引导或文化的控制，国家在此过程中发挥着重要作用。到1960年代前后，米利班德（Ralph Miliband）和普兰查斯（Nicos Poulantzas）分别采取的两种对立观点主导了马克思主义对国家的理论化。两人都曾对其立场进行过修正，争论也经历了若干阶段，但核心仍是工具主义（instrumentalist）和结构主义（structuralist）两种国家观的对立。

在《资本主义社会的国家》①（*The state in Capitalist Society*，1969）一书中，米利班德提出国家乃统治阶级的代理或工具，强调国家精英多来自特权和有产者阶层，与其代表的人口不成比例。因此，国家对资本主义的偏爱是因为两部分人具有一致的社会背景：一边是公务人员和其他公共官员，一边是银行家、企业领袖和产业巨头。换句话说，两个集团往往都是资产阶级的代表。普兰查斯则在《政治权力与社会阶级》②（*Political Power and Social Classes*，1968）一书中排斥了这种社会学取向，而强调经济和社会权力的结构在很大程度上制约着国家的自主性。这种观点认为，国家的行为必然是为了维持其所运转的社会制度。就资本主义国家而言，它的作用是服务于资本主义的长远利益，即便这些行动可能与某些资产阶级自身的利益相抵触。民主权利的扩大和福利改革即是例证，两者都向工人阶级作出让步，无非就是为了将他们与资本主义绑缚在一起。

现代马克思主义内部的发展使得多元主义和马克思主义两种理论出现了相当程度的融合。如同多元主义日渐认识到法团权力的重要性一样，新马克思主义也不得不放弃了国家仅是阶级制度之反映的思想。首先，新马克思主义者承认，在现代背景下（资产阶级和无产阶级基础上）传统的两个阶级模式过于简单化且常无甚帮助。新马克思主义者紧随普兰查斯，一般也承认统治阶级内部存在着重要的分裂，选举式民主的出现也使统治阶级之外的利益和团体获得了授权。此外，他们也越来越把国家看作各种利益、团体和阶级展开斗争的活动场所。杰索布（Bob Jessop，1982）提出的国家"战略关系取

① 中译本《资本主义社会的国家》，北京，商务印书馆，1997。——译者注

② 中译本《政治权力与社会阶级》，北京，中国社会科学出版社，1982。——译者注

向”（strategic relational approach）特别明显地体现了这种观点，他不再认为国家是通过缓和阶级紧张来延续资本主义的手段，而是“政治战略之结晶体”（the crystallization of political strategies），即竞争性的团体和利益用以竞取统治或霸权的各种制度机构的汇集。在这种观点看来，国家不是支配集团或统治阶级使用的“工具”，而是反映任何既定时代之社会内部权力平衡的能动实体，并由此反映霸权不断争夺的结果。

概念

新马克思主义（neo-Marxism）

新马克思主义（有时称为现代马克思主义）试图修正或重塑马克思的经典思想，同时仍信奉某些马克思主义原则或马克思主义方法论的某些方面。新马克思主义通常拒绝同意马克思主义享有真理的垄断地位，因而转向黑格尔哲学、无政府主义、自由主义、女性主义甚至理性选择理论来寻求理论资源。我们仍可以发现新马克思主义的两个中心主题。首先，新马克思主义已尝试提供马克思主义机械论和决定论思想的替代物，拒绝同意经济的首要地位或赋予无产阶级特权角色。其次，他们热衷于解释马克思预言的失败，特别是利用意识形态和国家权力的分析来提供解说。

利维坦式国家

将国家想象为“利维坦”（实际上就是一种倾向扩张和膨胀的自私怪兽）主要与现代政治中的新右派联系在一起。该观点源于古典自由主义，特别是一种激进个人主义信念。新右派或至少新自由主义的一翼都认为国家乃是同时威胁个人自由和经济安全的寄生物，因而强烈反对国家干预经济和社会生活。在这种观点看来，国家并非如多元主义所说的那样是公正的裁判或调停者，而是一个渴望干涉人类生活所有方面的操劳过度的“保姆”。该观点的核心特点是认为国家追求的利益与社会相分离（这使其与马克思主义不同），这些利益要求不停地扩张国家自身的作用或责任。因此，新右派思想家认为，20世纪国家干预倾向所反映的，不是民众要求经济和社会安全的压力，亦非通过缓和阶级紧张来稳定资本主义的需要，而是国家的内在动力。

新右派理论家以需求方和供给方的双重压力来解释国家权力扩张的动力。需求方压力来自社会本身，通常通过选举民主的机制来显示。如在第4章已讨论的那样，新右派认为，选举竞争中政客借许诺增加开支和更为慷慨的政府项目互出高价超过对手，而不去考虑这些政策对经济的长期危害：赋税增加、更高的通货膨胀以及对投资的“排挤”。供给方压力则来自国家内部，这可从国家机器的机构和人员方面来作出解释，其最具影响的论证形式一般称为“政府过度供给命题”（government oversupply thesis）。

过度供给命题通常与公共选择理论家有关，他们在个人均以理性自利方式采取行动的假定之下，对公共决定如何作出进行了探讨。如尼斯坎南（Niskanen，1971）认为，由于立法机构（如美国国会）中的预算控制一般比较薄弱，所以编制预算的任务多半受到政府专业行政部门和高级官僚利益的影响。这意味着政府为国家所支配（国家精英能够决定选举产生的政客的想法），就此而论，公共选择模式与上文所讨论的马克思主义观点具有一致性。但是，这两种观点的分歧之处在于，国家机器究竟服务于谁的利益。马克思主义认为国家反映的是广泛的阶级和社会利益，而新右派则把国家说成是追求自身利益的独立或自主的实体。在后一种观点中，官僚在自我利益驱动下始终会支持“大”政府和国家干预，因为这种自我利益将会导致官僚体制本身的扩张，有助于确保其工作的安全、提高报酬、明确升职的前景并提高公务人员的地位。这种自利性官僚的概念明显与多元主义下的国家机器的观念不一致，后者被赋予了一种公共服务的道德色彩，并坚定地服从政治的控制。

家长式国家

对于家长式国家（patriarchal state）的现代思考必须要结合考虑女性主义的影响。但这并不是说存在一种系统的女性主义国家理论。第3章已着重指出，女性主义涵盖多种传统和观点，从而产生了针对国家的一系列非常不同的态度。再有，女性主义一般并不认为国家权力的本质属于核心政治议题，而偏向关注以家庭和经济体系等制度为中心的更为深层的男性权力结构。有些女性主义者确实对传统的国家定义提出质疑，比如她们认为家庭和居家生活中日常性暴力和胁迫的存在，使国家垄断合法暴力的观点难以成立。不过，女性主义者仍时而明确时而含糊地提出对国家权力具有挑战性的崭新观点，这对丰富国家问题的讨论颇有助益。

> **激进女性主义**（radical feminism）：一种女性主义形态，认为性别分工是最有政治意义的社会分群，相信这种分工源于家庭生活结构。

自由女性主义者相信，性和性别的平等可经渐进改革来实现，她们往往接受实属多元主义的国家观。她们认识到，若女性被剥夺了法律和政治平等（尤其是投票权），则国家即是偏向男性的。然而，这些女性主义者关于国家基本上为中性的信念可见于如下看法：改革过程能够且将会消除上述任何偏向。从这层意义上来讲，自由女性主义者相信所有团体（包括女性）对国家权力都有潜在的平等进入渠道，国家权力可被公正地用来促进平等和公共的良善。因此，自由女性主义者通常从积极的方面来看待国家，将国家干预看作矫正性别不平等和提升女性地位的手段，从要求同工同酬立法、堕胎合法化、提供儿童保育设施以及扩展福利受益范围等运动中可看出这一点。**激进女性主义**者提出了一种更具批判性和消极的国家观，认为国家权力反映的是一种男性占统治地位的深层压迫结构。

概念

家长制（父权制，patriarchy）

patriarchy的字面意思是"由父亲统治"，家庭内由夫—父支配，妻子儿女居于从属地位。但该词更一般地用来指"由男人统治"，这就将注意力引向了女性所受压迫和剥削的全面性。因此，家长制一词意味着，整个社会的男性权力制度反映并源于家庭中父亲的支配地位。家长制在激进的女性主义分析中是个关键概念，它强调性别不平等是系统、制度化和渗透性的。相形之下，社会主义的女性主义者则强调性别不平等与私有财产的联系，认为家长制和资本主义是相辅相成的支配体系。

马克思主义与激进女性主义的观点有诸多相似之处。如两派皆否认国家是一心追求自我利益的自主性实体；相反，他们以整个社会中权力的"深层结构"来理解国家，解释其存在偏向的原因。马克思主义将国家置于经济背景之下，而激进女性主义者则在性别不平等的背景下看待国家，坚持认为国家实质上乃男性权力的机构。女性主义立场中形成了不同的工具主义和结构主义两个分支。

工具主义的观点认为，国家不过是男性用以保障自身利益和支撑男性统治结构的"代理"或"工具"。这种论证方式援引了女性主义的核心理念，即社会分裂为"公共"和"私人"的不同生活领域支撑着男性统治。在传统上，女性被限定在家庭和家务责任的"私人"

领域，成为家庭主妇和母亲，被排除在以政治和经济为中心的“公共”领域之外，从而处于从属地位。很简单，这种观点认为国家是由男性来管理，并且为了男性而运转的。

劳动力储备军（reserve army of labour）：可获取的劳动力供应，这些劳动力在经济萧条时能轻而易举地解雇；这一“大军”不享有安全保障，行使的市场权力也微不足道。

与工具主义观点将焦点集中于国家（尤其是国家精英的人员组成）不同，**结构主义**的观点往往强调国家机构在很大程度上嵌入了广泛的男性统治制度之中。现代的激进女性主义者对于福利国家的出现予以特别注意，认为它是一种新的家长式权力的表现。福利可使私人依赖（操持家务之女性依赖养家糊口之男性）转变为一种公共依赖体系，女性日益为扩张的国家制度所控制，从而巩固男性的统治。比如，女性成为国家服务（如儿童照管机构、育幼教育和社会工作）的主顾或雇员（特别是在所谓的“看护职业”中，如护理、社会工作和教育），日益依附于国家。而且国家的责任还扩张到传统的女性领域——如儿童的抚养和照看中，经常造成新的从属形式。尤其是雇主日渐转向妇女，以寻找弹性、低工资和通常较为顺从的劳动者，它往往还强化了妇女作为**劳动力储备军**的角色。

5.3 国家的角色

对国家权力的不同解释很显然涉及了各自期望的国家角色或责任问题。国家应做些什么？国家应负有哪些功能和责任，而哪些又应该由私人个体来承担？从许多方面看，这些都是选举政治和政党竞争所关注的问题。除了无政府主义者将国家斥为根本之恶和不必要之物外，所有政治思想家在某种意义上都认为国家有存在的价值。不过，对于国家要扮演的确切角色以及国家和社会之间的适当平衡点，思想家们仍有深刻的分歧。已形成的各种有关国家形式的理论如下：

- 最小国家；
- 发展型国家；
- 社会—民主国家；
- 集体化国家；
- 极权国家。

最小国家

人物

罗伯特·诺齐克（Robert Nozick，1938—2002）

美国学者与政治哲学家。诺齐克的主要著作《无政府、国家与乌托邦》[①]（*Anarchy，State and Utopia*，1974）被广泛认为是当代最重要的政治哲学著作之一，深刻影响了新右派的理论和信念。他发展出了一种与洛克相似的自由意志主义，明显受到了斯本内（Spooner，1808—1887）和塔克（Tucker，1854—1939）等19世纪美国个人主义者的影响。他主张只要财富是正义地获取或者正义地从一人手中转移到另一人手中，财产权就应予以严格保护。该立场意味着支持最小政府与最低税收，动摇了福利和再分配观点的基础。诺齐克提出以权利为基础的理论是为了回应约翰·罗尔斯的观点。他在晚年又对其极端的自由意志主义进行了修改。

权利（right）：以特定方式行动或被对待的法律或道德资格；公民权不同于人权。

最小国家（minimal states）是古典自由主义者的理想，目标是保证个人享有尽可能广泛的自由空间。它发端于社会契约论，是一种基本上“消极”的国家观点。根据这一观点，国家的价值在于它有能力限制人类行为，从而防止其侵害他人的**权利**和自由。国家仅是一个保护性机构，其核心功能是提供一个保持和平和社会秩序的框架，使公民能够按照最好的设想安排其生活。如洛克著名的比喻所言，国家如同一个守夜人，唯有有秩序的生活受到威胁时才需要它的服务。不过，“最小”或“守夜人”国家仍有三种核心功能：第一，国家的存在是为维持内部秩序；第二，确保私人公民间的契约或自愿协议得到执行；第三，提供保护防止外来的攻击。最小国家的制度机构因而仅限于警察力量、法院系统以及某种形式的军事力量。经济、社会、文化、伦理以及其他

① 中译本《无政府、国家与乌托邦》，北京，中国社会科学出版社，1992。——译者注

责任属于个人，因此也属于市民社会的一部分。

在现代政治辩论中，新右派又扛起了最小国家的大旗。新右派援引早期的自由主义思想，尤其是自由市场和古典经济理论，呼吁“国家回退到边界内”。罗伯特·诺齐克在其著作中以保卫个人权利特别是财产权为基础，提出了最小国家观，再现了洛克式的自由主义。对自由一市场经济学家哈耶克和弗里德曼来说，国家被看作削弱竞争、效率和生产力的“不死阴魂”（dead hand）。对新右派来讲，国家的经济角色应限于两种功能：维持稳定的交换手段或者说“健康货币”（sound money，低度或零通货膨胀）；通过对垄断权力和价格垄断等的控制来促进竞争。

发展型国家

最小国家的最佳历史典范当属 19 世纪处于工业化早期的英国和美国。不过，一般来讲，一个国家进行工业化越晚，国家的经济角色则越加广泛。如在日本和德国，国家一开始就扮演着较为积极的“发展”角色。发展型国家也就是介入经济生活并以促进工业增长和经济发展为具体目标的国家。但这并不等于要以“社会主义”的计划和控制体系来替代市场，而是尝试在国家和主要经济利益集团之间发展一种合作关系，并常为保守主义和民族主义优先的目标所驱动。

典型的发展型国家是日本。在 1868—1912 年间的明治时期，日本的国家与财阀形成了密切的关系，这些家族经营的巨大企业帝国支配日本经济一直到第二次世界大战时期。1945 年以来，日本国家的发展型角色由通产省（MITI）担任，它与日本银行一道，共同干预私人投资决定并引导日本经济迈向国际竞争。另一个相似的发展干预模式见于法国，左右两翼政府一般都认识到经济计划的重要性，而国家的官僚机构也自认为是国家利益的捍卫者。在奥地利，或者某种程度上还有德国等国，经济的发展是通过建立“伙伴国家”（partnership state）来实现的，即强调在国家和主要利益集团（尤其是大企业和工会）之间维持一种密切的关系。在更为晚近的时期，经济的全球化已经推动了“竞争性国家和地区”的出现，东亚地区中可发现若干实例。这些国家和地区被称为**“虎经济体”**，在跨国竞争日趋激烈的背景之下，为促进国家繁荣而制定整体性发展战略。

社会—民主国家

> **“虎经济体”**（tiger economies）：模仿日本的经济增长迅速和出口导向型的经济体，如韩国、中国台湾和新加坡。
>
> **社会正义**（social justice）：道德上正当的物质报偿分配；社会正义常被认为意味着偏重平等。

发展型国家推行干预主义是为了促进经济的发展，社会—民主国家干预的目的则是推进更为广泛的社会重构，通常与公正、平等和**社会正义**等原则相一致。在奥地利和瑞典等国，国家的干预受到发展和社会民主双重优先的引导。但是，发展主义与社会民主主义无法一直并道而行。像马昆德（1988）所指出的那样，尽管第二次世界大战结束后英国改走社会民主路线，但却无法演变为发展型国家。理解社会—民主国家的关键在于存在一个从“消极”国家观（认为国家不过是必要的恶）到“积极”国家观（认为国家是扩大自由与促进正义的手段）的转向。因而社会—民主国家是现代自由主义者和民主社会主义者的共同理想。

社会—民主国家并不是仅仅规定秩序生活的条件，它还是一个积极的参与者，尤其是帮助矫正市场经济带来的失衡和非正义。因此，它一般较少关心财富的生产，而较为重视财富趋向公平或正义地分配，在实践中又可归结为试图消除贫困和降低社会不平等。因此，社会—民主国家有两个相关的特征，即凯恩斯主义和社会福利政策。凯恩斯主义经济政策的目的是“管理”或“管制”资本主义，目标是促进增长与保持充分就业。虽然这可能带来计划的因素，但经典的凯恩斯主义战略却要求以调整财政政策来实现“需求管理”（demand management），也就是调整公共开支和税收的水平。福利政策的施行导致了所谓福利国家的出现，国家的责任已延伸到提升其公民的社会福祉方面。在此意义上讲，社会—民主国家乃“授权国家”（enabling state），它追求获取个人授权而能有所作为。

集体化国家

发展型国家和社会—民主国家介入经济生活的目的是引导或支持占主体的私有经济，而集体化国家则要将整个经济生活纳入国家的控制范围。此类国家的最佳实例是

集体化（collectivization）：废除私有财产，选择共同或公共所有制。

苏联和整个东欧地区的原共产主义国家，它们寻求彻底消灭私人企业，建立由经济部和计划委员会的组织体系来管理的中央计划经济。由此建立的所谓“命令经济”通过一套“指令”计划体制进行组织，并最终受控于共产党的最高机构。国家**集体化**的立论基础来自社会主义对公有制的基本偏好胜过私有财产。不过，利用国家来达到这种目标，却意味着比起马克思恩格斯经典著作中的阐述来，这里对国家权力持一种较为积极的态度。

马克思恩格斯并未排除国有化，尤其是恩格斯认识到，在“无产阶级专政”期间，国家的控制将会延伸到工厂、银行和交通等部门。但他们设想无产阶级国家完全是暂时的，将随着阶级对立的消除而“消亡”。相较之下，苏联的集体化国家却相当固定，并且越发强大和官僚化。在斯大林时期，社会主义实际上等同于国家主义，社会主义的发展体现在国家机器不断扩大其责任和权力。赫鲁晓夫 1962 年宣布无产阶级专政结束之后，国家甚至在形式上也与“全体苏联人民”的利益相一致了。

概念

国家主义（statism）

国家主义（法语为 *étatisme*）相信国家干预乃解决政治问题与促进经济和社会发展的最为恰当的手段。这一观点为一种深层次和不容置疑的信念所支撑，即认为国家是能够组织集体行动和实现共同目标的机制。国家由此被看成是一种伦理精神（ethical ideal，黑格尔语），或者服务于“公共意志”或公共利益。国家主义最明显地反映在对经济生活的管制与控制方面，其程度可从选择性的国有化和经济管理［有时称为统制（dirigisme）］到统合主义（自由主义和法西斯主义两种形式），甚至到苏联式的国家集体化。

极权国家

最极端和彻底的国家干预见于极权国家。极权主义的实质是建立一种囊括一切的体制，其影响渗入到人类生活的方方面面。国家不仅将经济，而且将教育、文化、宗教以及家庭生活等皆置于其掌控之下。萨达姆·侯赛因统治的伊拉克等现代政权也有类似特征，但此类国家的最佳实例当推希特勒治下的德国和斯大林时期的苏联。这种政权的中心支柱包括全面监控、恐怖警察统治以及渗透性的意识形态操纵和控制体系。如此看来，极权国家实际上消灭了市民社会，并完全取消了“私人”的生活领域。只有法西斯主义者愿意公开地支持这一目标，他们希望消解社会内部的个体认同。人们有时认为，墨索里尼的极权国家观念是由黑格尔关于国家乃“道德共同体”的信念演变而来的，这种共同体体现了其成员的利他主义和相互同情。从此角度来看，人类文明的发展与国家的扩张及其责任的增加显然颇有联系。

5.4　全球化时代的国家

国家与全球化

在全球化世界里，国家的权力与意义将会怎样？围绕此问题的重大辩论因全球化的兴起而展开，目前有三种不同的立场。有些理论家大胆宣称，“后主权治理”出现了（Scholte，2005），该词意指全球化的兴起必然以国家作为有意义行为者的衰落为特征。权力从国家转移到商界，特别是跨国公司手里。所谓全球化热衷分子（hyperglobalist）的看法最极端，认为国家将被“掏空”（hollowed out）到实际上无足轻重的程度。另外一些人则否认全球化已经改变世界政治的核心特征，即认为和早先时代一样，主权国家是其边界内事务的首要决定者，是世界舞台上的主要行为者。按照这种观点，全球化和国家并不是分立的，更不用说是对抗的力量了；相反，全球化在很大程度上是由国家创造并服务于国家的利益的。第三种观点居于两者之间，承认国家的作用及意义还有主权的性质已经因全球化而出现了量变；但强调这只是使得国家发生了转型，而不是简单地减少或增加其权力。

> **超地域性**（supraterritoriality）：国家边界、地理上的距离和地域位置越来越不重要，由此产生地理的重构。

由于国际移民增长和文化的全球性扩张，国家边界越来越具有可渗透性。不过，大多数有关国家性质与权力变化的讨论关注的是经济全球化的冲击。经济全球化的核心特征就是**超地域性**，经济活动越来越在无边界世界（borderless world，Ohmae，1989）内发生。金融市场尤为明显，这一领域已经真正实现全球化了，资本几乎可瞬间全球流动，这意味着没有国家可免受其他地区金融危机的冲击。具有地域性的国家与非地域性跨国公司间的权力平衡也改变了，当国家政策不利于利润最大化和公司利益时，跨国公司可以转移投资和生产。再有，全球化还与区域化密切关联，像欧盟和北美自由贸易协定这样的区域贸易集团日益引人关注。

经济主权（economic sovereignty）：国家在其疆域内对经济生活拥有的绝对权威，包括对财政和货币政策的独立控制，以及对贸易和资本流动的控制。

政治全球化（political globalization）：国际机构和组织越来越重要，对涵盖多个国家的国际问题拥有管辖权。

多层治理（multi-level governance）：包含了次级国家、国家、超国家层次以及政府和非政府部门的复杂政策过程。

如果边界变得具有可渗透性，旧有的地理分界被撼动，那么国家主权（至少传统意义上的）也不能存续。正是在这种意义上，21 世纪的治理具备了真正的后主权特点，特别是我们很难看到**经济主权**与全球化经济如何协调一致。唯有在国家经济体分立的世界里，对经济生活的主权控制才有可能；当这些经济体已经或者正在纳入全球化经济时，经济主权也就变得没有意义了。无边界全球经济的言论可能说得太过了，毕竟越来越多的人承认，只有在国家保证法律与社会秩序的背景下，市场基础上的经济方能成功运转（Fukuyama，2005）。当国家单独行动时，其控制跨国经济的能力会减弱，但利用 G7/G8、世界贸易组织、国际货币基金组织这类国际组织构建的宏观经济管理框架，国家仍然可以保有这种控制能力。

政治全球化进程也影响着国家的权力与意义，但其影响是复杂的，并在某些方面是矛盾的。首先，联合国、欧盟、北约和世界贸易组织这些国际性机构削弱了国家作为自治政治单位运转的能力。例如，欧盟成员资格明显对国家权力构成威胁，因为越来越多的决定是由欧盟而非成员国作出的（例如货币政策、农业渔业政策、防卫和对外事务）。**多层治理**现象由此出现。“纯粹”的国家治理一直就不存在。超国家层级作出决定的范围和重要性无疑增加了，这迫使国家通过区域或全球组织施加影响，或者通过这些组织建立的框架开展活动。例如，世界贸易组织就充当了全球贸易纠纷的法庭和仲裁者，并成为其成员国开展贸易协议谈判的场所。而政治全球化通过主权汇集（pooling）也为国家创造了机会。欧洲最有权力的决策机构——欧盟理事会正是成员国的创造物，它为各国政治人物提供了一个可在超国家层次作出决定的场所。通过“汇集”主权，欧盟成员国可以说获得了更大更有意义的主权形式；而欧盟所汇集的主权，比各个成员国主权的总和还要大。

国家转型

> **福利国家**（welfare state）：以其公民的社会福利为首要责任的国家，包括社会安全、健康、教育还有其他服务（各国有所不同）。
>
> **私有化**（privatization）：国有资产从公共部门向私人部门的转移，反映了国家责任的收缩。

国家是历史的制度，其出现是对 16 世纪一系列特殊环境的回应，当环境变化时，它会继续演化。国家在 19 世纪发展成为民族国家，在 20 世纪，特别是在 1945 年后，国家承担了广泛的经济和社会责任，形成了社会—民主国家，或者说是**福利国家**。1980 年代以来，在不同国家都或多或少地出现了整体性的国家回退（rolling back）过程，政府普遍采用放宽管制、**私有化**以及在公共服务部门引入市场改革等政策。意识形态力量，尤其是新右派的亲市场和反国家倾向加速了上述趋势；但更广阔和不可阻挡的力量支配着该趋势，包括日趋激烈的全球竞争产生的巨大压力，以及需要更有效和回应性的手段来制定公共政策，实施公共服务。对许多人来讲，这显示了从统治（government）到治理（governance）的转向。社会日趋复杂且具有流动性，这需要新的管理方法，较少依靠等级性的国家机构，更多地依靠网状结构和市场，从而模糊了国家和社会的分野。政治中“治理转向”（governance turn）的特点是所谓政府“再造”（reinvention），特别是国家从直接服务提供者走向“授权”和“管制”的角色。

有人认为，上述发展催生了新的国家形态，分别可称为“竞争”国家、“市场”国家和“后现代”国家。巴比特（Philip Bobbitt）甚至提出，从民族国家转变到他所称的市场国家，预示着世界政治的深刻转向。市场国家的核心特征是从国家经济分立基础上的“自上而下”的经济管理，转向接受市场是唯一可靠的经济组织原则。市场国家不是试图“驯服”资本主义，而是要“顺其自然”。此前，人们根据促进增长与繁荣、减少贫困和缩小不平等的效能来评判国家，而市场国家的正当性则是建立在其使公民机会最大化、保证有效和畅通的市场竞争的能力上。上述转向的速度在世界各地并不一样，因为各国接受市场国家模式的热情不同，还要努力使之适应各自的政治文化和经济需要。亚洲的“虎经济体”中形成了一种特别的市场国家形态，有时可称其为**竞争性国家和地区**，其独特之处在于，国家认识到需要加强教育与培训并将其作为首要途径，以保证在新技术依赖或者“无重量”经济（weightless economy）中获得成功。

竞争性国家和地区：在全球化经济中追求保持长期竞争性战略的国家和地区。

军阀统治（warlordism）：主权国家不存在，地方性军事帮派互相争夺权力的一种状态。

国家的性质与意义在世界不同地区也很不一样。在韩国和印度（尽管其贫困和文盲率仍然很高）的案例中，发展中国家已经成功实施了经济现代化战略。而另外一些国家则表现得柔弱无力，有时候被称为“弱国家”、“准国家”、“失败国家”，或者偶尔被说成“无赖国家”（rogue state）。世界大多数最弱国家集中在撒哈拉以南非洲地区，典型的有索马里、塞拉利昂、利比里亚和刚果。这些国家之所谓“弱”，是因为它们未能通过大多数基本的国家权力测试：无法保证国内秩序和人员安全，内部争斗甚至内战成为常态。这种状态主要源于殖民地经历。殖民地统治结束（主要在1945年后）留下了形式上的政治独立，但当地的政治、经济、社会和教育发展水平太低，无法有效履行独立实体的职能。罗伯特·库珀（Robert Cooper，2004）称之为“前现代”国家，因为它们处在后帝国时代的混乱中，现存国家结构难以合法地垄断暴力的使用（如韦伯所言），结果导致**军阀统治**、普遍犯罪和社会混乱。

概念

弱国家（weak state）

对于诸多国家职能缺乏有效行动能力的国家，其行政机构往往效率低下，腐败严重，无法保证社会秩序和个人安全。这类国家往往只有很低的政治合法性，地方和族群认同较强。它们对经济生活的影响甚微，经常依赖外部经济利益。此外，被归于弱国家还有其他一些原因。弱国家也可以从军事角度界定，即没有能力影响邻国，甚至更重要的，无法抗拒外部威胁。有些国家对经济和社会生活的管理作用有限，可被视为经济上的弱国家。（美国在第二种意义上是弱国家，但第一种意义上肯定不是。）

总　结

- 国家是在确定的领土边界内行使最高管辖权的政治结合体。政府仅为国家的一部分，相形之下，国家则包括所有的公共机构，行使非人格的权威——其基本假定是它代表社会永久利益而非任何政客团体的党派偏好。

● 存在若干对立的国家理论。多元主义者认为国家是一个对社会的竞争利益进行裁判的中立机构。马克思主义者认为国家或以压迫从属阶级或以缓和阶级冲突来维系阶级制度。新右派将国家描绘成一心扩张和膨胀的自利之怪兽。激进女性主义者则指出国家内部存在着支持男性权力制度的家长制倾向。

● 对国家持肯定态度者认为，国家或为保护个人免受其他公民侵害的工具，或为集体行动得以组织的机制。批评者则往往认为，国家若非反映支配性社会集团的利益，即是反映与社会相分离和对立的利益。

● 国家担任着差异较大的角色。最小国家仅仅奠定了秩序生活的条件。发展型国家力图促进经济增长与发展。社会—民主国家的目标是矫正市场经济的失衡和非正义。集体化国家对整个经济生活施以控制。极权国家则推行无所不包的泛政治化，实际上消除了市民社会。

● 经济全球化与政治全球化对现代国家产生了深刻的影响，但其削弱国家权力的程度到底多大尚存争议。新生的市场国家较少关注“经济物品”的提供，而更多关心公民拥有机会的最大化。某些弱的后殖民地国家几乎无法履行国家职能，维持秩序的能力也极为低下。

问题讨论

- 自然状态的生活真是“肮脏、残忍和短命”的吗？
- 是政府控制国家，还是国家控制政府？
- 与竞争性社会利益相比，国家是否可被视为中立机构？
- 国家精英的性质和背景是否必然会引发偏见？
- 国家和市民社会之间的恰当关系是什么样的？
- 全球化是否意味着国家已变得毫不重要？
- 民族国家是否已经完全转型为市场国家？

扩展阅读

Hay，C.，M. Lister and D. Marsh，*The State*：*Theories and Issues*（Basingstoke and New York：Palgrave Macmillan，2006）. 该书全面介绍了国家研究的理论视角以及重要议题和争论，行文通俗易懂。

Jessop，B.，*State Theory*：*Putting Capitalist States in Their Place*（Oxford：Polity Press，1990）. 一本要求严格并值得一读的论文集，作者提出了自己的国家理论研究取向。

Pierre，J. and B. Guy Peters，*Governance*，*Politics and the State*（Basingstoke：Palgrave Macmillan，2000）. 该书对治理现象及其对国家角色和性质的影响进行了有益的讨论。

Schwarzmantel，J.，*The State in Contemporary Society*：*An Introduction*（London and New York：Harvester Wheatsheaf，1994）. 一部政治研究的有用的入门读物，清晰易读，集中于对自由民主国家的不同观点。

Sørensen，G.，*The Transformation of the State*：*Beyond the Myth of Retreat*（Basingstoke and New York：Palgrave Macmillan，2004）. 该书对当代国家进行了系统分析，评估了其在全球化时代的性质及变化程度。

第二部分　政治互动

第 6 章

政治文化、认同与合法性

政治多发生于我们的头脑之中，也就是说，我们对社会应如何组织的理念、价值和假定，以及对政府的期求、希望和恐惧塑造了政治本身。最终而言，与社会权力结构的现实及其内部资源和机会的实际分配相比，我们对所处社会的信念更为重要。观念不仅比现实重要，而且实际地讲，观念可能就是现实。这彰显出政治文化所扮演的关键角色。人们的信仰、符号和价值既决定了他们对政治过程的态度，也至关重要地影响着他们对所在政权的看法，尤其是对该政权正当（rightful）或合法（legitimate）与否的认识。因此，合法性（正当性）乃政治稳定的关键，完全是政权存续和成功的根源。

主要问题

本章讨论的主要问题如下：

- 个人和群体如何获得政治态度和价值？
- 民主政权是否有赖于一种与众不同的“公民文化”的存在？
- 现代社会的特点是价值和思想之间的自由竞争，还是存在某种“支配性”文化？
- 政权如何维系其合法性？
- 现代社会是否面临着合法性危机？
- 合法性崩解时将会怎样？革命为什么会发生？

6.1 政治文化

几个世纪以来，政治思想家已承认了态度、价值和信仰的重要性，但这些昔日的思想家并未将其视为“政治文化”的组成部分，比如柏克、马克思与赫尔德，他们对习俗和传统、意识形态以及民族精神的论述就是这样。不过他们都认为，价值和信仰对于一个政权的稳定与生存极其重要。政治科学家对于政治文化思想的兴趣产生于1950年代和1960年代，他们将其作为新的行为分析技术的试验场，以取代较为传统的制度方法。这一方面的经典作品当属阿尔蒙德和维巴（Almond and Verba）合著的《公民文化》①（*The Civic Culture*，1963），该书利用舆论调查来分析美国、英国、联邦德国、意大利和墨西哥五国的政治态度和民主。两次世界大战期间意大利和德国等国代议政府的瓦解，以及1945年后许多新独立发展中国家民主的失败，在一定程度上刺激了该书的出版，人们渴望对这些事件作出解释。1970年代和1980年代，学者们对政治文化的兴趣减弱了，但到了1990年代，随着东欧国家尝试在共产主义的废墟上建立民主，以及人们对美国等成熟民主中社会资本和公民交往的明显颓势日渐担忧，围绕政治文化的相关争论也重新活跃起来。不过，政治文化是否受到精英集团思想和利益影响的问题仍然充满争论。有关大众传媒的对立性观点以及政府如今在多大程度上操纵政治沟通的不同看法进而又与此紧密联系。

概念

政治文化（political culture）

广义的文化是指人们的生活方式。社会学家和人类学家倾向于区分“文化”与“天性”（nature），前者包含经学习而不是生物遗传完成的代际传承。政治学家在更为狭隘的意义上用该词来指代人们的心理倾向，政治文化就是针对政党、政府和宪法等政治客体的“倾向模式”（pattern of orientations），并表现为信仰、符号和价值。政治文化不同于公共舆论，它由长期的价值而非对具体政策、问题或人物的反应塑造而成。

① 中译本《公民文化——五国的政治态度和民主》，杭州，浙江人民出版社，1989。——译者注

公民文化和意识形态霸权

政治文化性质的争论常集中于公民文化观念，后者通常与阿尔蒙德和维巴的论述（1963，1980）相联系。阿尔蒙德和维巴力图找出最能有效支持民主政治的那种政治文化，他们发现了三种一般类型的政治文化：参与型文化（participant culture）、臣民型文化（subject culture）和地域型文化（parochial culture）。

在参与型政治文化中，公民密切关注政治，认为民众参与可取且有效。臣民型政治文化的特点是公民较为消极，并认为他们影响政府的能力非常有限。地域型政治文化的标志则是欠缺公民意识，人们认同的是所在的狭小地域而不是整个民族，没有意愿也没有能力参与政治。阿尔蒙德和维巴同意参与型文化最接近民主理想，但他们认为“公民文化”是三者的混合，因为它将政治过程中的公民参与与极为重要的政府统治融合在了一起。根据此观点，民主的稳定性所建基的政治文化的特点，是混合了公民一方的积极和消极性，平衡了政府一方的责任和绩效。

阿尔蒙德和维巴在其最初研究（1963）中得出结论，英国最接近于公民文化，显示出参与型和臣民型特点。换言之，英国人在认为他们能够影响政府的同时，也愿意服从权威。美国的得分也很高，其相对弱点是，由于参与态度超过了臣民态度，美国人并不特别安分守己。德国和意大利的例子凸显出了建立或重建民主的困难。在法西斯崩溃 15 年之后，两国均未显示出强大的参与型文化的迹象；臣民型文化在联邦德国处于支配地位，而地域态度在意大利仍然根深蒂固。阿尔蒙德和维巴后来的研究（1980）显示了某些变化，特别是英美两国的民族自豪感和自信心减弱，这与德国的公民态度倾向增长形成对照。

政治态度与价值研究的公民文化取向也广受批评。首先，公民文化中有利于民主稳定的心理倾向模式非常值得怀疑，特别是强调公民消极状态以及认定顺从权威有所助益的观点受到了那些主张政治参与乃民主政府基本要素者的批评。阿尔蒙德和维巴提出了一种民主文化的“睡狗”（sleeping dogs）理论，该理论意味着低度参与显示了对政府的普遍满意，而这反过来也正是政客们渴望维持的状态。另一方面，若不到一半的成年人愿意投票——如美国经常发生的情况，这反映的不过是人们对政治的普遍疏离和根深蒂固的不信任。

其次，公民文化观点依据的是未经证明的假定——即政治态度和价值决定行为而不是相反。简言之，一种公民文化可能更多的是民主的结果而非原因。果真如此，则政治文化可能提供了健全民主的指标，但却不能被看作促进稳定民主统治的手段。最后，阿尔蒙德和维巴的方法倾向于将政治文化看作同质性的，完全是民族文化或民族特征的密码符号。这样，公民文化取向就很少注意到政治次级文化，并往往掩盖住社会碎片化和社会冲突的现实。与此不同，激进的政治文化取向则倾向于强调阶级、种族和性别等基础上的社会分工的意义。

马克思主义传统内部形成了一种有关政治文化作用和性质的迥然不同的观点。马克思将资本主义描述成为通过生产工具的占有来进行阶级剥削和压迫的制度，他同时也承认思想、价值和信仰的力量。如马克思恩格斯在《德意志意识形态》中指出的："统治阶级的思想在每一时代都是占统治地位的思想。这就是说，一个阶级是社会上占统治地位的**物质**力量，同时也是社会上占统治地位的**精神**力量。"在马克思看来，思想和文化是"经济基础"——生产方式——所影响或决定的"上层建筑"的一部分。

资产阶级意识形态（bourgeois ideology）：马克思主义术语，意指掩盖资本主义矛盾而服务于资产阶级利益的思想和理论。

上述思想为马克思主义提供了两种文化理论。第一种认为文化本质上是阶级特有的（class-specific）：由于一个阶级的成员拥有同样的经历、地位和利益，他们可能具有大致相似的思想、价值和信仰。用马克思的话讲，"不是人们的意识决定人们的存在，相反，是人们的社会存在决定人们的意识"。因此，无产阶级与资产阶级的文化和思想会有很大差别。第二种文化理论则强调，统治阶级的思想（即马克思所指的"意识形态"）在很大程度上会渗透社会，成为当时的"统治思想"。在该观点中，政治文化甚至公民文化也不过是**资产阶级意识形态**而已。此看法的重要之处在于它将文化、价值和信仰看作一种权力形态。从马克思主义的这种视角来看，意识形态的功能是通过宣传神话、欺骗和谎言［用恩格斯的话是"虚假意识"（false consciousness）］使从属阶级安心于被剥削和被压迫的地位。后期的马克思主义主要从资产阶级"霸权"角度来理解这一过程。

概念

霸权（hegemony）

最简单地说，霸权（来自希腊语 *hegemonia*，意思是领导者）就是一个体系中某种要素居于优势或能支配其他要素的地位（例如一个联盟或邦联中某一国家的支配状态）。在马克思主义理论中，该词一般在较为技术性和特定的意义上使用。在葛兰西的著作中，霸权指统治阶级通过赢得其从属者的同意来行使权力的能力，从而有别于强制手段。作为非强制的阶级统治形式，霸权通常被理解为通过资产阶级价值和信仰在全社会的传播而发挥作用的文化或意识形态过程。它还包含政治和经济的层面：利用增加工资或政治经济的改革可以对从属者的同意与否施以操纵。

现代马克思主义者已认识到，资产阶级的"统治思想"远未垄断资本主义社会的精神和文化生活并消灭一切对立观点。确切而言，他们同意文化、意识形态和政治的竞争确实存在，但强调此类竞争是不平等的。非常简单，维护资本主义的思想和价值对那些怀疑或挑战之的思想和价值具有压倒性优势。这种意识形态霸权之所以可能成功，正是因为它是在言论自由、公开竞争和政治多元主义——哈贝马斯所称的"压制性宽容"(repressive tolerance)——的假象下发挥影响的。

葛兰西是这种观点在 20 世纪最具影响的支持者。他注意到，阶级制度不仅仅得到不平等的经济和政治权力的维护，而且在很大程度上从资产阶级霸权那里获得支持。这种霸权表现为统治阶级利用传媒、教会、青年运动以及工会等市民社会力量来传播资产阶级的价值和信仰，确立其精神和文化的至高地位。此过程之所以如此悄然无声，乃是因为它超出了正式的学习和教育程序而成为当时的普遍常识。葛兰西所作分析的意义在于，为了实现社会主义，必须发动一场"思想战斗"，使无产阶级的原则、价值和理论取代或至少挑战资产阶级思想。

文化乃意识形态权力的马克思主义观点，是以主观或感觉利益（人们认为他们想要的）与客观或真实利益（人们能够作出自主且有所根据的选择时将要的）的划分为根据的。这就将注意力引向了卢克斯所称的一种激进权力观（Stephen Lukes，2004）上来："当 A 以同 B 之利益相违背的方式影响 B 时，A 便对 B 施加了权力。"这种政治文化观也备受批评。有人认为，它是以一种毫无根据的屈尊优越感来显示普通人的价值和信仰是在操纵和灌输下强加的。例如，工人阶级接受资本主义的价值和信仰，仅仅反映了他们对资本主义运转的认知。

人物

安东尼·葛兰西（Antonio Gramsci，1891—1937）

意大利马克思主义者和社会理论家，低级公务员之子。葛兰西于1913年加入社会党（Socialist Party），1921年成为新组建的意大利共产党的总书记。他是民选的国会议员，却在1926年被墨索里尼投入监狱，并一直到死。他的《狱中札记》①（*Prison Notebooks*，1971）作于1929—1935年，强调政治和精神斗争的重要性，以平衡正统马克思主义所重视的“科学”决定论。尽管欧洲共产主义的支持者已宣明了他对欧洲共产主义的影响力，但他终生都是列宁主义者和革命者。

政治文化的支配型意识形态模式（dominant-ideology model）可能高估了现代社会价值和信仰中的异质性程度。虽然“统治的”意识形态可能为支配阶级提供了自我信念和目的感，但如阿伯克龙比、希尔和特纳（Abercrombie，Hill and Turner，1980）所认为的那样，从属阶级是否成功地整合到该价值体系中尚不是很清楚。最后，这种马克思主义观点意欲在不平等的阶级力量与文化意识形态偏见之间建立联系，可能只是描绘了一切社会中都存在的强势集团为自己谋取私利的现象而已，但这是否形成了一套透过大众传媒、学校和教会等机构传播连贯一致信息的支配性价值体系，仍相当值得怀疑。

社会资本的衰落？

概念

社会资本（social capital）②

资本指在物品和服务的生产中使用的资产。“社会资本”的概念在1970年代提出，用来强调支撑财富创造的社会和文化因素，此后该术语就用来指促进公民参与的网络、

① 中译本《狱中札记》，北京，中国社会科学出版社，2000。——译者注

② 可参阅李慧斌主编：《社会资本与社会发展》，北京，社会科学文献出版社，2000。——译者注

规范和信任所代表的社会联系。因而，社会资本是成功社群和善治的前提条件。与经济资产一样，社会资本亦有增减涨落，往往是因教育和强调积极公民所致。现代社会中社会资本的减少在不同的情况下与“养育赤字”（parenting deficit）、个人主义意识增长以及社会和地理流动性有关。批评者辩称社会资本是民主政府的结果而不是其原因，或者认为它忽视了经济福祉在培育公民忠诚中的作用。

例如，罗伯特·普特南（1993）认为，意大利不同地区地方政府素质的差异取决于公民参与传统的存在与否，这反映在投票人数、报纸读者群以及唱诗班和足球俱乐部成员人数方面的差异上。在《独自打保龄：美国社区的衰落与复兴》中，普特南注意到美国的“社会资本”正在衰落，他认为其他工业化国家也有可能步美国之后尘。他强调了“后公民”（post-civic）一代的崛起。这表现在以下事实中：1965 年以来志愿性俱乐部和社团的数量减少了 25%～50%，公共、城镇和学校会议的出席率降低，政党成员数及为之所做的工作大幅减少。普特南的观点受到了社群主义的影响，他从多个方面对社会资本的衰落进行了解释，包括：郊区化及随之而来的工作路程更加遥远；双职工家庭的增长及其对父母育儿数量和质量的影响；电视使闲暇时间的私人化倾向更加明显（令社会认知畸形化和儿童成绩下降）。但从社会—民主的观点来看，公民参与的下降可从消费资本主义的胜利以及物质主义和个人主义价值扩展的角度进行解释。

人物

罗伯特·普特南（Robert D. Putnam，1940—　）

美国政治科学家和社会评论家。普特南的著作再次激起了人们对政治文化的兴趣。他的作品关注“社会资本”——即将“我”发展为“我们”的社会信任与合作水平——的价值。他影响最大的作品《独自打保龄：美国社区的衰落与复兴》（*Bowling Alone*：*The Collapse and Revival of American Community*，2000）以一个身处球队之外自娱自乐的人的形象说明了美国社群活动和政治交往的衰落。在导致衰落的诸多原因中，普特南分析了电视越来越大的影响、家庭结构的改变以及地理流动性的增加。

长期以来，保守派思想家以传统特别是“传统价值”来支持其对社会资本的看法。这些价值和信仰受之于前人，并因此形成一种文化基石。保守主义政治家经常号召人们“巩固”或“捍卫”这些价值，相信它们是社会凝聚和政治稳定的关键。如在1980年代的英国，玛格丽特·撒切尔呼吁恢复她所称的“维多利亚价值”，而约翰·梅杰（John Major）在1990年代所提的“回到基本点”（Back to Basics）的倡议虽生不逢时，但也是出于同样的考虑。在美国，里根接受了“拓荒者精神”（frontier ideology）的理念，缅怀起征服美国西部的历史以及他相信足以视为典范的自立、勤奋和冒险精神。毫不稀奇，这些价值同家庭、教会和民族相联系，也就是与蕴含了连续性与坚忍美德的确立已久的团体相联系。

奥克肖特在《政治中的理性主义》①（*Rationalism in Politics*，1962）中为连续性和传统作了更深入的辩护。他认为传统价值和已确定的习俗因为人所熟悉而具有宽慰、稳定和提供安全感等作用，所以应受到维护和尊重。这表明人类具有一种普遍的天性，偏向传统多于创新，偏向原有多于新奇。奥克肖特指出，身为保守主义者，就是要“喜欢熟悉多过未知，喜欢已经尝试多于未受考验、事实多于神秘、现实多于可能、有限度多于无节制、当前多于遥远、充足多于溢满、方便多于完美、当下的欢笑多于乌托邦式的极乐”（Oakeshott，1962：169）。

捍卫传统价值和已确立的信仰是新保守主义的主题之一。在美国，新保守主义由丹尼尔·贝尔（Daniel Bell，1976）和欧文·克里斯托（Irving Kristol，1983）等社会理论家提出，他们提醒人们要防止市场压力和道德纵溺的蔓延而造成传统价值的毁灭。这种立场的问题在于，它假定存在一种权威的道德体系可奠定秩序和稳定的基础。一个简单的事实是，在现代多元文化和多宗教社会中，是否存在一套可被认为具有权威的价值实在值得怀疑。将某种价值规定为“传统的”、“已确立的”或“多数的”价值，大概只是企图将某种道德体系强加于社会其他部分之上而已。事实上，经验证据似乎支持这样的看法：政治文化日益碎片化，现代社会也以道德和文化的日渐多样化为特征。

① 中译本《政治中的理性主义》，上海，上海译文出版社，2003。——译者注

人物

迈克尔·奥克肖特（Michael Oakeshott，1901—1990）

英国政治哲学家。奥克肖特自 1951 年起任伦敦经济学院政治学教授，一直到 1968 年退休。他的文集《政治中的理性主义及其他论文》(*Rationalism in Politics and Other Essays*，1962) 以及更系统的政治哲学著作《论人类行为》（*On Human Conduct*，1975)，经常被看作保守传统主义的主要作品。他强调公民结社的重要性并坚持政治的有限范围，发展了与自由主义有密切关系的若干思想主题。虽然奥克肖特经常被认为是非意识形态政治的倡导者，但他仍影响了许多新右派的思想家。

社会资本辩论的另外一种观点指出，公民交往或社会联系并未减少，而是交往联系的形式发生了变化。根据英格尔哈特（Inglehart，1977，1990）的观点，这些变化同富足的扩展与“后物质主义”价值的成长（特别是在年轻人当中）有关。1960 年代以来，至少在发达工业化国家，随着新一代人长大并习惯了经济安全和物质富足，有关性、婚姻和个人品行等问题的“传统”观念已被更加“自由”或“放纵”的观念所取代。同时，传统的政治态度和忠诚也已减弱，有时对女性主义、解除核军备、动物权利和环境保护等议题的越来越大的兴趣会取而代之。因此，政党成员人数和选举票数可能减少，但人们对单一议题的抗议政治（single-issue protest politics）和运动团体的兴趣却有了增长。后福特主义理论家认为这些文化变迁难以抗拒，因为它们同文化和政治组织的整体转向有连带关系，由此也导致了顺从的衰微和个人主义的兴起。

概念

后物质主义（postmaterialism）

后物质主义是一种从经济发展水平的角度来解释政治关怀与价值本质的理论。它基本是以马斯洛（Abraham Maslow，1908—1970）的需要层次理论为基础，该理论将尊重和自我实现置于物质或经济需要之上。后物质主义认为物质匮乏的状况会滋生自私和贪婪的价值，意味着政治受经济议题支配。但在普遍富足的条件下，个人会对“后物质”或“生活质量”的议题表现出更大兴趣。这些议题包括女性主义、世界和平、种族和谐以及生态和动物权利等，往往与道德、政治公正和个人满足有关。研究者常用后物质主义来解释阶级解盟和新社会运动的兴起等发展状态。

6.2 认同政治与多元文化主义

认同政治的兴起

现代政治的一个显著特点，就是越来越认识到社会内部文化差异的意义，这常被称为“认同政治”或者“差异政治”。当然，认识到社会内部的差异性毫不新鲜。但社会裂隙（social cleavage）意味着分裂或分割，这促使我们将社会团体或集体组织本身视为实体单位，而“认同”则将个人与社会联结起来，使前者“嵌入”到特定的文化、社会、制度和意识形态背景内。认同指一种各自独特的自我感，但它也承认，社会还有其他关系网形塑了人们对自身的看法，正是这些关系网使其与他人区别开来。认同也可以是多样的（基于性别、族群、宗教和公民身份等等），特别是在西方社会，认同日趋建立在选择能力的基础上，这意味着政治行动主义具有了生活方式选择的性格。不过，认同在任何意义上都包含着差异：差异意识使我们的认同感清晰明确。此类思考催生了所谓的“承认政治”（politics of recognition），其思想基础是相信认同应予以彻底和正式地承认，差异应予以接受和赞赏。就此而言，认同政治的兴起反映了从**普遍主义**到**特殊主义**的转向。

人物

赛义德（Edward Said，1935—2003）

耶路撒冷出生的美国学者和文艺批评家。赛义德是一流的文艺批评家、巴勒斯坦运动的著名鼓吹者，以及后殖民主义理论的奠基人。1970年代以来，他提出了对西方启蒙运动的人文主义批评，揭示了启蒙运动与殖民主义的联系，突显“压迫叙事”，指出了西方剥夺殖民地人民的文化和意识形态偏见。赛义德最有名的是其“东方主义”（orientalism）概念，他认为西方对东方的描绘是“对阿拉伯—伊斯兰人民和文化的精妙和持久的欧洲中心主义偏见”。其主要著作有《东方主义》（*Orientalism*，1978），《文化与帝国主义》（*Culture and Imperialism*，1993）

普遍主义（universalism）：认为所有地方的人均有共同之人类认同核心的一种理论。

特殊主义（particularism）：认为认同根植于特殊而非一般特性的一种理论，强调了地域性、文化和族群等因素的重要性。

欧洲中心主义（eurocentrism）：一种文化上有偏见的取向，认为欧洲（和一般所说的西方）的观念、价值和假定是自然而然的。

1945年后的早期，欧洲帝国解体时出现的后殖民主义理论奠定了认同政治以及常与之联系的多元文化主义思想的基础。后殖民主义理论的意义在于，它试图调整和颠覆帝国统治的文化特性，以建立非西方——有时候是反西方——的政治观念和传统的合法性。例如，出生于马提尼克岛的法国革命理论家弗朗茨·法农（Franz Fanon）特别强调了殖民征服的心理层面。对法农来讲，非殖民化不仅仅是个政治过程，也是个新种族创造的过程。他认为，只有暴力的净化经验达到一定程度，才能造就心理—政治的重生。赛义德通过东方主义（orientalism）观念批判了**欧洲中心主义**（Said，1978）。东方主义阐明，西方对世界其他地区尤其是东方的文化和政治霸权，在很大程度上是通过贬低和轻视非西方人民和文化的一系列精心制作的老套谎言来维系的。这些例子包括“神秘的东方”、“难以理解的中国人”、“贪欲的土耳其人”这样的说法。从1960年代起，主要在美国兴起的黑人意识运动也进一步推动了认同政治的出现。这一阶段主要关注的是建立黑人的自豪感，正如马库斯·加维（Marcus Garvey）这样的思想家和活动家所倡导的那样，重建独特的非洲认同。世界各地文化团体越来越强烈的政治自信也影响到了认同政治，有时候它也表现为族群民族主义。

不过，1950 年代以来国际移民的增长，才是支持认同政治具有全球意义的最强有力因素。越来越多的社会有了与众不同的多元文化特点，日本这样同质性依然很高的国家日渐减少。第二次世界大战结束后，英法德等国的帝国体系解体，再加上政府精心招募国外工人帮助进行战后重建，不少欧洲国家形成了少数族群社区。例如，英国的移民主要来自西印度群岛、东南亚等原先的殖民地；法国的移民主要来自阿尔及利亚、摩洛哥和突尼斯；德国的移民通常被称为“客籍劳工”（gastarbeiter），主要来自土耳其或者南斯拉夫地区。而 1970 年代以来，进入美国的移民主要来自墨西哥和其他拉美国家。有人估计，如果维持目前拉美裔（或西班牙裔）社区的移民和人口增长率，到 2050 年，1/4 的美国人将会是拉美裔。

概念

跨国社区（transnational community）

跨国社区是指文化认同、政治忠诚和心理倾向跨越国家边界的共同体。这种社区挑战了民族主义的学说，后者明确地将政治文化认同与具体的领土或者国家联系起来。因此，跨国社区可被视为“非地域化民族”或者“全球部落”。不过，由于成员会对原先的国家保持忠诚，或仍对其政治和发展感兴趣，并可能会积极参与，所以，并非每个**流散**人群社区都是跨国社区。这种忠诚的强度取决于移民的状况、在新国家居住时间的长短等因素。跨国社区通常具有多重情感，对原先国家的忠诚并不排斥对新居住国家产生情感，因此也不妨碍形成与众不同的公民形态。

流散（diaspora）：源于希伯来语，字面意思是流散、驱散之意；含有被迫离开家园或遭驱散的意思，但也用来指因流散所形成的社区（共同体）。

1980 年代以来，全球跨边界移民越来越多，地球成了有些人所称的“超级流动星球”，原因有二。首先，从阿尔及利亚、卢旺达、乌干达，到孟加拉国和阿富汗，这些国家的战争、族群冲突和政治骚乱制造了越来越多的难民（1993 年达到峰值 1.8 亿人）。其次，经济全球化在诸多方面增加了国家移民。其中一个原因就是，由于本地人越来越不愿意从事低工资、低技能和低地位的工作，世界某些地区出现了“双重”劳动力市场。如海湾地区国家大约 1/3 的总人口和 2/3 的劳动人口均为非本国人（主要是女性），他们多来自南亚和东南亚。上述趋势在许多国家都严重扭曲了国家认同，推动了所谓“跨国社区”的产生。

多元文化主义的模式

越来越多的国家已开始接受一个不可逆转的事实，即其人口逐渐具有了多族群、多宗教或者多元文化的特点，并由此尝试调和文化多样性、认同差异与公民、政治团结之间的紧张关系。然而，政治民族主义的单一文化纽带被严重削弱时，一个社会如何保持政治稳定呢？有人也将这种情况视为 21 世纪的主要政治挑战。平衡多样性与团结凝聚的尝试通常被称为多元文化主义。多元文化主义仅仅强调很多现代社会中广泛存在的文化多样性和与认同相关的差异性，含义宽泛，通常很难精准界定。尽管这些多样性可能与年龄、社会阶级、性别或性有关，但多元文化主义与种族、族群性和语言基础上的文化差别关系更密切。多元文化主义不仅承认文化多样性的事实，而且主张应该尊重并公开肯定这些差异。

概念

多元文化主义（multiculturalism）

多元文化主义同时用作描述性和规范性术语。作为描述性术语，它指文化上的多样性，这种多样性源于社会内部两个或多个团体的存在，而这些团体的信仰和活动造就了不同的集体认同感。多元文化主义也始终意指产生于种族、族群和语言差异的共同体的多样性。作为规范性术语，多元文化主义隐含着对共同体多样性的积极支持，其理论基础或是尊重和认可不同文化团体的正当性，或是道德和文化多样性对更大社会的有益性。就此而言，多元文化主义承认，信仰、价值和生活方式对于个体和团体确立自我理解和自我价值感有着重要意义。多元文化主义的批评者则认为，多元文化社会充满了内在冲突和不稳定，因而他们将规范性多元文化主义视为政治正确（political correctness）的典型例子。

平权法案（扶持行动，Affirmative Action）：反向或"积极"的歧视，对曾经受到损害的群体予以优待。

同化（assimilation）：移民群体因适应东道主社会的价值、忠诚和生活方式，而失去其文化独特性的过程。

作为移民社会，美国长期以来就有多元文化，但上述意义上的多元文化主义目标直到1960年代黑人意识运动兴起及**平权法案**出现后方被接受。澳大利亚在1970年代早期认识到社会日益"亚洲化"，多元文化主义开始得到官方的支持。新西兰则是在认识到毛利（Maori）文化在塑造独特民族认同中具有重要作用之后，才开始推行多元文化主义政策。在加拿大，当局试图以多元文化主义政策实现讲法语的魁北克人和其他多数英语人口的和解，并承认土著因纽特人（Inuit）的权利。英国的多元文化主义则承认众多黑人和亚裔社群的存在，摒弃了此前要求他们**同化**到白人社会的政策。德国推行该政策则与土耳其人团体的活动有关。

所有形态的多元文化主义都有一个核心主题，就是个体认同内嵌于文化中，人们的世界观和道德信仰结构主要来自他们生活和成长的文化。因此，应该保护或者强化独特的文化，尤其是少数族群或者易受伤害团体的文化。少数族群或者多元文化权利的观念由此产生，有时被称为"特殊"的权利。威尔·金里卡（Will Kymlicka）指出了少数族群的三种权利：自治权、多重族群权（polyethnic rights）和特殊代表权。金里卡认为，自治权属于他所称的民族内少数族群，这些人居住地域集中，说同一种语言，"在整个人类活动领域过着有意义的生活"。这包括土著美国人、加拿大的因纽特人、新西兰的毛利人和澳大利亚原住民。在这些情况下，他认为，自治权包含政治权力下放（通常经由联邦制实施），而且还可以扩展到分离权和由此产生的主权独立权。多重族群权针对那些由移民形成的族群或宗教少数群体，帮助他们表达和维系其文化独特性。这些权利可以成为法律豁免权的基础，比如犹太人和穆斯林不受动物屠宰法约束，锡克族男性可以不戴摩托车头盔，穆斯林女性可以不受学校着装要求约束。少数族群或弱势群体在教育和政治与公共生活高级职位中代表性不足，特殊代表权则是要对此予以矫正补偿。这种权利在美国通过平权法案的形式进行保护，意味着要通过反向或者"积极"歧视来矫正过去的歧视和依旧存在的文化附属地位。其根据在于，这种权利不单是为了保证充分和平等的参与，也是为了确保公共政策反映所有群体和人民的利益，而不仅是传统上处于支配地位的群体的利益。

人们对于多元文化社会如何运转尚没有一致的看法，对多元文化主义在积极支持共同体多样性中能走多远也没有形成共识。三种主要的多元文化主义模式如下：

- 自由主义的多元文化主义；
- 多元主义的多元文化主义；
- 世界主义的多元文化主义。

自由主义的多元文化主义根植于对自由和宽容的信奉：选择自己道德信仰、文化活动和生活方式的能力，而不管这些是否为他人所赞同。金里卡（1995）相信，文化是有价值且独特的，它提供了赋予个人意义、倾向、认同和归属感的环境。金里卡据此提出了多元文化公民身份的思想，试图调和自由主义和多元文化主义。不过，自由主义的多元文化主义模式只是有条件地支持共同体多样性，这突出了认同政治所蕴含的危险。我们可以从三个方面说明这一点。

第一，自由主义的多元主义模式的基础是支持宽容，而宽容并不是道德中立的。宽容显示出愿意认可其所不同意的观点或行动。对自由主义者来讲，宽容对个体是有价值的，能够保障其选择自己道德价值和文化活动的权利，同时也可保障对立的观点活动接受检验，从而有助于社会的活力与健康。然而，宽容只针对自身也是宽容的观点、价值和社会活动，即后者与个人自由与自主相容。因此，自由主义的多元文化主义者并不愿意支持女性割礼、强迫（或者包办）婚姻和女性着装要求等做法，不管相关群体多么相信这对维持其文化认同如何关键。

> **公民民族主义**（civic nationalism）：基于共同公民身份的民族主义，根植于对一套统一政治价值，而非共同文化的支持。

第二，自由主义者对“私人”和“公共”生活作出了重要的区分，认为前者是人们应尽可能地表达其语言、宗教和文化特性的自由空间，而强调后者应该至少建立在共同的公民忠诚基础上。这种多元文化主义由此与**公民民族主义**相容。这样，公民身份可包含两种认同：公民忠诚指向国家，文化忠诚则指向具体的群体或传统。在法国，鲜明的共和多元文化主义实践还促成了 2003 年以来禁止在学校缠戴穆斯林头巾，尽管这在私人生活中是完全合法的。

第三，自由主义的多元主义者视自由民主为唯一合法的政治体系，后者的优点在于其本身确保政府建立在同意基础上，并对个人自由宽容提供保障。因此，自由主义的多元主义者会反对在伊斯兰教教法（Shari'a law）基础上建立伊斯兰国家的要求，甚至会同意取缔争取此类政治目标的团体和运动。

价值多元主义（value pluralism）：一种理论，认为不存在单一的、优先性的“良善生活”观念，相反存在众多竞争性的、具有同等合理性的观念。

混杂（杂交，hybridity）：社会与文化的混合状态；该词源自不同基因的动植物间的杂交繁育。

多元主义的多元文化主义为文化多样性理论提供了更为坚实的基础，因为其思想基础就是**价值多元主义**。这种思想特别在以赛亚·伯林（Isaiah Berlin）的作品里有集中展现，他认为人们必然会对生活的最终目标存在分歧。由于价值冲突，人类的困境必然以道德冲突为特点。在这种观点看来，主张个人自由、民主和世俗化的自由主义或西方信仰，并不拥有比竞争性信仰更高的道德权威。和平共存的多元文化主义由此产生，有时候也被视为无差别（indifference）政治。不过，伯林相信，只有在尊重个人自由的社会中，价值多元主义才有容身之处。就此而言，他仍然是个自由主义者，无法说明自由和非自由的文化信仰如何在同一个社会中和谐共存。帕里克赫（Bhikhu Parekh，2006）提出了多元文化主义的另一基础。在他看来，文化多样性本质上是人类本性与文化之间辩证或者互动的反映。尽管人类是自然的产物，有着共同的物种肉体和精神结构，但他们的态度、行为和生活方式也受到所属群体的影响，因此身上也有文化的成分。帕里克赫认为，承认人类本性的复杂性，以及任何文化都只能表现真正人性的部分意义，就为承认政治提供了一种可行的基础。在多元主义的多元文化主义之外，还有一种特殊主义（particularist）的多元文化主义，它较少强调价值与生活方式多样性如何在同一个社会共存，而更重视文化独特性的存续问题。西方价值经常被认为带有明显或潜藏的压迫性，因与帝国主义和种族主义的结合而受到玷染；毫不稀奇，这种对西方价值和生活方式的负面看法会强调文化独特性的价值。

世界主义的多元文化主义赞同文化多样性和认同政治，但视之为更广阔政治情感与政治优先项之重构中的过渡状态。它之所以赞赏多样性，是因为觉得不同文化可相互学习，拥有更多文化机会和生活方式选择的世界能为个人自治提供更好的前景。在这种观点看来，文化是流变的，易受政治社会环境变化的影响；如多元主义者和特殊主义的多元主义者所认为的那样，文化不是固定的，也不是嵌入历史的。这可能造就一种选择组合（pick and mix）的多元文化主义，将社会描绘成熔炉（menlting pot），与分立族群和宗教群体构成的文化马赛克图景相对。从个人角度看，如果不是鼓励，那也应该积极赞同对不同文化选择和生活方式的探索。在某些意义上讲，这种模式显然积极支持多重认同和**混杂**的观念，远离了多元主义甚至自由主义的多元文化主义。研究者之所以支持混杂状态，是因为不管文化渊源为何，人们都居住在同一个星球，有着非常相似的困难和经验。这种多元文化主义根植于世界主义和**全球意识**中。在反全球化运动中，很多人支持的也正是这种多元文化主义。

全球意识（global consciousness）：对全球相互联系的意识，（通常）反映在跨国道德责任与普世主义的伦理标准中。

概念

世界主义（cosmopolitanism）

"cosmopolitanism"的字面意思是信奉"世界国家"，意味着消除民族认同，建立将人类统一在一起的共同政治认同。该词通常用来指更为温和的目标：在相互理解、宽容以及（最重要的）互相依赖基础上，实现民族间的和平与和谐。科布登[1]（Richard Cobden，1804—1865）、布赖特（John Bright，1811—1889）等 19 世纪的"曼彻斯特自由派"（Manchester liberals）支持世界主义，鼓吹自由贸易，认为后者有助于促进国家间的理解和经济互赖，并最终使战争不可能发生。超国家组织也推进了世界主义的理想，其目标在于提升国家间的合作而不是取代民族国家。

多元文化主义的缺陷

对多元文化主义的热情也绝非是遍及全球的。有些人为多元文化社会的出现而欣喜，赞赏多样性并为政治民族主义的终结而欢欣鼓舞；另外一些人则警告，多元文化主义会危及自由，威胁政治稳定，可能导致社会动荡和暴力。第一类批评来自自由个人主义者。尽管有人试图调和自由主义和多元文化主义，但个人主义者仍然提醒人们警惕多元文化主义的核心假定，即个人认同内嵌于群体或社会认同中。因此，（像民族主义甚至种族主义那样）多元文化主义是另一种集体主义。像所有集体主义一样，它使个人的权利与需求附属于社会群体的权利与需求，因而危及自由和个人的自我发展。阿玛蒂亚·森（Amartya Sen，2006）特别对单一主义（solitarist）理论进行了彻底批判，该

[1] 英国政治家、下院议员，极力主张废除《谷物法》，倡导国际自由贸易、和平及国际合作，反对对中国等国的侵略战争，美国内战时坚定地支持北方。——译者注

理论认为人类认同决定于单一社会群体的成员资格，森则相信多元文化主义就是建立在该理论基础之上的。这不仅会造成人性的微型化（miniaturization），而且更有可能导致暴力；因为人们只认同所在的单一群体，而不承认其他群体成员的权利和一致性。在森看来，那些强调文化传统之间水火不容的观念，比如“文明的冲突”（Huntington，1996），也明显具有上述单一主义思想的特点。即便是赞同多元文化主义的自由主义者，也对多元主义特别是特殊主义的多元文化主义提出了批判，认为它们确认了反民主和具有压迫性的政治观念的正当性。

第二类批评通常由保守主义和民族主义思想家提出，他们认为共享的价值和共同的文化是稳定和成功社会的必要前提条件。从这个角度看，多元文化主义具有内在缺陷：多元文化社会必然是分裂且充满冲突的社会，怀疑、仇视甚至暴力被接受为生活的严酷事实。这种观点的基础是认定人类是有限的和依赖性动物，自然地愿意接近和自己相似的人，因而害怕且不信任与自己在某些方面不同的人。因此，多元文化主义的“统一于多样性”（unity in diversity）的图景是虚幻的，简单的社会心理事实即可揭露其真面目。按照这种批评观点，应该严格限制移民，将重点放在对少数族群的同化上来，强化民族认同，而不是特殊主义的认同。这种观点进一步批评多元文化主义经常疏离多数群体，后者的文化因与殖民主义的关系而受到贬斥，所谓“特殊”权利和“积极”歧视使之面临失败。

然而，多元文化社会的记录也表明，族群间的冲突与仇视并不是天然或者必然发生的。确切而言，有证据表明，这种冲突在特定的政治、经济和社会环境中更可能发生。1990年代南斯拉夫的解体即强烈地展示了政治因素具有多么大的能力，足以激起族群仇视。但往前追溯，自第二次世界大战以来，塞尔维亚人、克罗地亚人、斯洛文尼亚人、马其顿人还有其他族群一直相对和平和谐地生活在一起。经济和社会压力，比如失业率上升和收入差距拉大，也会激起族群冲突。源于经济原因的紧张矛盾，由于全球化的影响而更加剧烈。这主要有两种方式。首先，如蔡美儿（Amy Chua，2003）指出，在许多发展中国家，财富日趋集中到那些可以利用全球市场利益的人手中，使得少数族群能够获得与其人口不成比例的巨大财富。这些成为市场支配者的少数族群包括多数东南亚国家的华人和东非的印度人。在这些情况下，经济差距拉大日益激起了仇视和种族偏见。其次，有些发达国家内，经济差距与族群紧张往往重合，少数族群通常在经济体系中处于非常次要和非支配性的地位，只能做那些边缘性的、地位低下的低收入工作。这种情况通常与歧视和其他形式的结构性不利处境有关，导致少数族群的年轻人经常制造骚乱甚至暴乱，例如 1981 年的英国、1992 年的洛杉矶、2004 年澳大利亚的昆士兰，以及 2005 年法国的多数地区。

进步主义理论家提出了最后一种批评，认为多元文化主义不能恰当表达社会中弱势群体或阶层的利益。有人担心，多元文化主义在相当程度上是通过建构文化或者族群自信，而不是争取社会正义来寻求处境改善的。正是在这种意义上，多元文化主义的缺陷使它无法表达阶级不利处境的议题；少数族群面临的真正问题不是他们缺乏文化承认，而是缺少经济权力与社会地位。正如布莱恩·巴利（Brian Barry，2002）所认为的那样，多元主义强调文化的独特性，由此分裂并削弱了那些在减轻贫困和推进社会改革中有共同经济利益的人群。问题的另一面是，由于公民对使其分裂而不是团结的东西更有意识，整个社会的社会责任被削弱了，旨在降低贫困的福利体系所受支持减弱了。最后，多元主义之所以饱受批评，是因为它帮助维系了家长制和传统的信仰并使之合法化，而这些信仰使少数族群自身内部的特定群体处于系统的不利处境。尤其是将女性、同性恋的利益与多种形式的多元文化主义进行调和是相当困难的。

6.3 合法性与政治稳定

有关合法性的议题，即政权或统治体系的正当性问题，与最古老和最基本的政治争论——政治义务（political obligation）的问题——存在联系。为何公民感觉有必要承认政府的权威？他们是否有义务尊重国家并遵守法律？在现代政治的讨论中，合法性一般较少从道德义务方面来理解，而多从政治行为和信仰的角度来解释。换句话说，它不是在抽象意义上分析人们为什么应该服从国家，而是讨论他们为什么事实上有服从某个国家或统治体系的行为。什么条件或程序促使人们视权威为正当，因而支持一个政权的稳定？这反映了合法性探究从哲学到社会学的转向，同时也凸显出合法性概念的争议性。

概念

合法性（legitimacy）

“合法性”（来自拉丁语 *legitimare*，意思是“宣称合法”）一词广义上意指正当性。因此，合法性会赋予一种秩序或命令权威性和约束力的特征，使权力转化为权威。它与“合乎法律”（legality）不同，后者并不必然保证政府受到尊重或其公民承认服从的义务。政治哲学家将合法性当作道德或理性原则，政府能够以此为基础要求公民服从。因而**宣称**具有合法性比服从的**事实**更为重要。政治学家通常从社会学的角度看待合法性，即遵从一个统治体系的意愿，而不管如何达成之。这种观点因循着韦伯的看法，即用合法性来表达对合法性的信奉——也就是相信“有权统治”的信念（a belief in the “right to rule”）。

权力的合法化

将合法性理解为一种社会现象是马克斯·韦伯的经典贡献。① 韦伯所关心的是对特定的“支配体系”进行归类，然后确认每一种情况下建立合法性的基础。他建构出三种理想类型（或概念模式）来进行此项工作，希望有助于阐明政治统治的高度复杂性。这些理想类型也就是三种权威类型②：

- 传统型权威；
- 克里斯玛型权威；
- 合法—合理型权威。

各权威类型都以政治合法性的特定来源为特征，因而人们服从某一政权的原因也不相同。在分析过程中，韦伯试图理解社会自身的变化，将相对简单的传统社会与工业化和高度官僚化社会中分别存在的支配体系比较对照。

---

① 可参阅韦伯作品的中译本：《新教伦理与资本主义精神》，北京，三联书店，1987；《经济与社会》，北京，商务印书馆，1997；《学术与政治》，北京，三联书店，1998。——译者注

② 可参阅［德］马克斯·韦伯：《韦伯作品集Ⅱ》，桂林，广西师范大学出版社，2004。——译者注

人物

马克斯·韦伯（Max Weber，1864—1920）

德国政治经济学家和社会学家。他在 1898 年精神崩溃后退出学校教学工作，但直到去世前都一直在从事写作和研究。他是现代社会学的奠基人之一，主张科学和价值中立的学术研究方法，还强调意识对社会行动的重要性。韦伯的研究兴趣跨越社会分层、法律、权力以及宗教组织。他影响最大的著作包括《新教伦理与资本主义精神》（*The Protestant Ethic and the Spirit of Capitalism*，1902）、《宗教社会学》（*The Sociology of Religion*，1920）和《经济与社会》（*Economy and Society*，1922）。

韦伯的第一种政治合法性类型建基于由来已久的习俗和传统。事实上，**传统型**权威之所以被视为合法，是因为它“一直就存在”——由于前人已接受而被历史神圣化。它总是根据一套具体规则——也就是固定且不容置疑的习俗——来发挥影响，因其反映了事物向来如此的方式而无须证明。传统型权威最明显的例子是部落或小群体中存在的父权制（家长制，家庭中父亲的支配，或“主人”对奴仆的支配）和老人政治（gerontocracy，年长者的统治，一般反映于乡村“长者”的权威）。传统型权威同权力和特权的世袭制度密切相连，例如沙特阿拉伯、科威特、摩洛哥等依然存在的王朝统治便是此种表现。传统型权威在发达工业化社会中的影响已经微不足道，但英国、比利时、荷兰及西班牙等国残存的君主制（尽管均已采用立宪形式）仍然使服从、尊重和义务等价值生生不息，因而影响着这些国家的政治文化。

韦伯提出的第二种合法性类型是**克里斯玛型**权威。这种权威的基础是个体的人格力量，也就是他的超凡魅力（“克里斯玛”意即如此）。这种类型的权威与个人的地位、社会位置或职务无关，而纯粹是领袖作为某种英雄或圣人有能力向追随者进行直接和个人的诉求，以此发挥影响力。戴高乐、肯尼迪和撒切尔等现代政治领导人无疑也利用其人格特质和能力激发忠诚，从而扩大其权威，但这并不等同于克里斯玛型的合法性，因为他们的权威实质上是基于所在职位的正式权力。拿破仑、墨索里尼、希特勒、霍梅尼、卡斯特罗和卡扎菲则是较恰当的例子。

概念

传统（tradition）

传统一词包含从过去流传到现在的所有东西（存在已久的习惯和习俗、制度、社会或政治体系、价值与信仰等等）。严格说来，传统不同于反动（reaction），它代表着与过去的连续性，而不是意图“倒退”和复辟。这种连续性通常被理解为代际的联系，尽管传统与流行的界线常常模糊不清。传统一词也用来比较“传统”社会同“现代”社会的差异，一般认为前者建立在身份地位的基础上，存在有机的等级结构，后者则以契约协定和民主程序为基础。

概念

克里斯玛（超凡魅力，charisma）

“克里斯玛”最初是个神学术语，意思是“天赐之物”（gift of grace），是耶稣对门徒所行使权力以及天主教神学中赋予圣徒的权力的来源。克里斯玛作为一种社会政治现象，是指魅力或个人力量，即通过对其他人的心理控制而确立领导地位的能力。因此，克里斯玛型权威有着近乎神秘的特质，包含激发忠诚、情感依赖甚至徒属献身的能力。虽然这种能力常被认为“天生”，但所有政治领导人莫不借宣传、老练的演说和表演技巧来提高其魅力影响。韦伯还对个人克里斯玛（与个人有关）和职位克里斯玛（与职务有关）进行了区分。

然而，克里斯玛型权威并非纯粹是天生之禀性；个人统治的制度总是得到人格崇拜的背后支持，其真实目的就是“制造”超凡魅力。当合法性主要或完全通过领袖人格的力量建立起来时，通常会产生两种后果。第一，由于克里斯玛型权威的建立并非基于正式的规则和程序，因此它经常不受限制。领袖就是救世主，他永无过失且不容怀疑。第二，权威与具体个人的联系过于紧密，个人统治的制度很难在其创立者殁后继续存在。这种说法当然适用于拿破仑、墨索里尼和希特勒等政权的情况。

韦伯的第三种政治合法性类型为合法—合理型权威，它将权威与一套界定清晰的法律规则联系起来。根据韦伯的观点，合法—合理型权威是大多数现代国家中典型的权威运作形态。总统、总理或政府官员的权力最终决定于正式的宪法规则，这些规则制约或限制着公职人员的行为。与传统型和克里斯玛型权威相比，这种权威的优点在于，由于权威附属于职位而非个人，它被滥用或造成不公正的可能性更小。因此，合法—合理型权威能够维系有限政府，还可通过理性的劳动分工提高效率。同时，韦伯也认识到这种合法性类型的消极面。他担心，高效率的代价将是社会环境日趋非个性化和非人性化，其典型特征就是不断蔓延的官僚组织形态。

虽然韦伯对合法性类型的划分具重要意义，但也存在若干局限。局限之一是，它在集中关注政权或政治体系的合法性时，并未就如下问题给我们多少解释：在何种环境下，不受欢迎的政策或名声扫地的领导人或政府会使政治权威受到挑战？更有意义的是，如比瑟姆（Beetham，1991）所述，像韦伯那样把合法性完全视为一种“对合法性的信仰”（belief in legitimacy）将忽视合法性从何而来的问题。这会使合法性的决定权置于权势者手中，他们将能够通过公共关系活动和类似手段“制造”正当性。

比瑟姆认为，只有满足三个条件，权力方可说合法。首先，权力必须根据既定规则来行使，不管这些规则体现在正式的法典还是非正式惯例中；第二，这些规则必须根据政府与被统治者的共同信念来证明其合理性；第三，合法性必须由被统治者一方表达的同意来展示。这凸显了合法性过程的两大特点：首先是存在选举和政党竞争，人民可以通过该制度行使同意权；其次是具备宪治规则，大致反映人民对应被如何统治的看法。

合法性危机

新马克思主义理论家沿着不同于韦伯式合法性理论的路径探讨合法性。正统马克思主义者倾向于认为合法性乃伪造之物，只是一个资产阶级的神话而已；现代马克思主义者则因循葛兰西的观点，承认资本主义获取政治支持的能力在一定程度上维系了它的存在。因此，哈贝马斯和奥菲（Claus Offe，1984）等新马克思主义者不仅关注阶级制度，而且注意到合法性借以维系的机制（民主程序、政党竞争、福利和社会改革等等）。不过，他们同时还强调，建立在不平等阶级权力基础上的政治制度，在合法化方面具有天生的困难。在《合法性危机》①（*Legitimation Crisis*，1973）一书中，哈贝马斯发现资本主义社会内部存在一系列的“危机趋势”，使之仅通过同意权的行使很难保持政治稳定。他认为，这种紧张关系的核心存在着矛盾和冲突，一方是资本主义积累的逻辑，另一方是民主政治所释放的民众压力。

人物

于尔根·哈贝马斯（Jürgen Habermas，1929— ）

德国哲学家和社会理论家。哈贝马斯成长于纳粹时代，战后受到纽伦堡审判以及人们对集中营认识的政治化影响。在同阿多诺（Adorno，1903—1969）和霍克海默的共同研究中，他成为法兰克福学派批判理论的第二代领军人物。哈贝马斯的著作范围涵盖认识论、资本主义的动力、理性的本质以及社会科学与哲学的关系。他在1970年代进一步远离正统马克思主义，将批判理论发展成为“交往行动理论”（a theory of communicative action）。其主要作品包括《理论与实践》（*Theory and Practice*，1974）、《迈向理性社会》（*Towards a Rational Society*，1970）以及《交往能力理论》（*The Theory of Communicative Competence*，1984，1988）。

从这个观点看来，资本主义经济在追求利润的驱使下无情扩张。但是，为了在这些体系内建立合法性而进行的政治和社会权利扩张，却刺激了对抗性压力的产生，特别是民主过程已导致对社会福利以及更多民众参与和社会平等要求的升级。结果是，国家在社会经济生活中的责任扩张，税收和公共支出无法遏制地增长。毫无疑问，这将会限制利润水平并阻碍企业发展，从而制约资本积累。根据哈贝马斯的观点，资本主义民主永远无法既达到民众对社会安全及福利权的要求，又同时满足基于追求私人利润的市场经济的需要。这些社会要么被迫抗拒民众的压力，要么冒着经济崩溃的风险，而且它将会发现越来越难以——并最终不可能——维系合法性。

① 中译本《合法性危机》，上海，上海人民出版社，2000。——译者注

人们在1970年代发现了一个非常类似的问题，也就是所谓的政府“超载”。安东尼·金（Anthony King，1975）和里查德·罗斯（Richard Rose，1980）等学者认为，政府由于陷入过度需求的泥淖，发现自己越来越难以进行治理。这既是因为政客和政党为了掌权而竞开承诺支票，也是因为压力集团能够不断以并不相容的要求纠缠政府。统合主义的普遍转向也进一步削弱了政府的承载能力，致使政府机构和组织化团体间的依赖日渐严重。新马克思主义者相信1970年代出现的“危机趋势”超出了资本主义民主的控制能力，而超载理论家则往往呼吁大幅改变政治和意识形态的优先选择项，摒弃“大政府”的政策取向。

> **福利国家的财政危机**（fiscal crisis of the welfare state）：当扩张的社会支出遇到经济衰退和税收减少时所发生的国家财政危机。

从许多方面来看，1980年代和1990年代的政治局势都是对上述合法性或超载危机的反映。要求改变政治优先选择项最响亮的呼声来自新右派。塞缪尔·布里顿（1977）等理论家突出强调**福利国家的财政危机**，并论述了“民主的经济矛盾”问题。到1990年代，美国的里根政府和英国的撒切尔政府试图降低人民对政府的期望，尝试将责任从国家转移到个人来达到此目标，如将福利说成是多属于个人的责任事务，政府鼓励个人通过辛勤工作、储蓄、私人养老金和医疗保险等满足自身所需。政府不再将处理失业当作自己的责任；失业有一种“自然比率”——只是贪婪的劳动者因“漫天要价而失去工作”，失业率才会增加。

新右派还想更加激进地挑战并最终取代原先对国家责任不断扩张予以合法化的理论和价值。在这层意义上讲，新右派不啻主张一种“霸权方案”，即企图确立一套亲个人、亲市场的价值和理论。这构成了一种弘扬严格个人主义、贬斥“保姆国家”的公共哲学。该方案的成功之处表现为：英国、法国、西班牙、奥地利和新西兰等国的社会主义政党已主动调整，向大致相似的目标和价值靠拢。由于上述情况的发生，曾经重视社会公正、福利权和公共责任的政治文化已让位于选择、企业、竞争和个人责任变得更为重要的政治文化。

为什么发生革命？

如果说合法性有助于保证政治稳定和政权生存的话，那么合法性一旦消解，结果可能是诉诸镇压，或发生影响深远的政治变革。变革是政治生活最为重要的特征之一。许多涉足政治者定然会同意马克思在《关于费尔巴哈的提纲》中的论断："哲学家们只是用不同的方式**解释**世界，而问题在于**改变**世界。"但政治思想家们对于变革的态度却大相径庭。保守主义者往往流露出"保存的渴望"，并在维持连续性和传统的名义下抗拒变革；而自由主义者和社会主义者则通常欢迎变革，视之为进步的表现。进步理念深刻地体现出一种信念，即相信人类理性和能力能够推动历史前进，并通过智慧和知识的积累创造一个更好的社会。

概念

革命（revolution）

"革命"一词在最初用法中意指"循环的变化"（来自动词 revolve，旋转），就像英国"光荣革命"中恢复"固有"政治秩序一样。但是法国大革命所确定的现代革命概念则是指激烈且影响深远的变革过程，旧制度被破坏和替代。革命就是由未经法律允许之大规模行动所构成的人民暴动。它经常具有暴力特征——尽管并不必然如此，与一小撮人夺权的政变有所不同。革命也不同于反叛和起义，它会带来根本性的变化（政治体系自身的变化），而后两者只是政策变化或统治精英的替换。

不管变革标志着进步还是衰败、成长还是衰落，它都是这两者之一的产物：演进或革命。演进性变革一般被理解为改革，即社会或政治体系内部逐步和渐进的改善过程。因此，改革代表着连续性的变化，是一种制度的重组或重构，而不是废除或取代之。革命则是根本性的变化，它会彻底改变政治秩序，往往会造成与过去突然且常常很猛烈的断裂。人们对于革命的性质以及革命最有可能发生的历史、社会和政治环境仍然众说纷纭。

马克思主义的革命理论

马克思主义者对"革命"一词有非常特定的用法。虽然他们也承认革命是非常重大的政治事件，牵涉到政府更迭或全新政权的建立，但他们将这些变化解释为更深刻的社会变化的反映。根据这种观点，革命在本质上是根本性的社会变革，即一种经济制度或者说“生产方式”瓦解并由另外一种所取代。所以，一个马克思主义者会拒绝 1776 年美国革命带来革命性变化的观点，因为它虽然使美国脱离英国殖民地独立，并促成共和体制的创立，却未触动所有制和社会结构。不过，尽管如此，大多数马克思主义者仍将英国、美国和法国革命解释为“资产阶级”革命，因其标志着封建生产方式向资本主义生产方式的较渐进的转变。根据这种看法，革命不纯粹是突然和剧烈的政治大变动，而是更长期、更深刻的社会转型。例如，俄国革命开始于 1917 年，一直持续到 1991 年苏联解体，但“建设共产主义”的目标仍未完全实现。

在马克思主义理论中，革命源于社会经济层次存在的矛盾。革命在本质上反映了压迫者与被压迫者、剥削者与被剥削者的冲突。因此所有阶级社会都注定要消亡。马克思相信，革命标志着阶级斗争走向公开冲突的转折，一个阶级将会推翻或取代另外一个阶级。正如法国大革命被解释为“资产阶级”革命一样，后来的俄国革命被看作“无产阶级”革命，因为它开启了建立社会主义并最终完全实现共产主义的进程。根据马克思的观点，当阶级制度（即“生产关系”）变得束缚生产技术和创新（即所谓生产力）时，社会革命的时代就开始了。他相信，这将激化阶级对抗，使被剥削阶级（在资本主义社会就是无产阶级）产生“阶级意识”。当无产阶级产生阶级意识时，它将变成革命性力量并在反抗中自发地团结凝聚在一起。

概念

阶级意识（class consciousness）

阶级意识是指一个阶级对其客观处境和利益的主观意识。它凸显了马克思主义对“自在阶级”（class in-itself）和“自为阶级”（class for-itself）的重要区分。后者显示了一个致力于追求共同（与真实）利益的阶级的团结。所以，阶级意识与“虚假意识”相对，后者是一种被欺骗的意识，它掩盖了从属阶级被剥削的事实，使之在政治上处于消极状态。马克思相信，阶级冲突的激化必然导致阶级意识的形成；列宁则认为，无产阶级需要在“先锋”或革命政党的领导和指导下才能获得阶级意识。

在马克思看来，革命性变化是必然过程的一部分，它将驱动历史经过一系列重要发展，最终建立没有内部矛盾的无阶级社会。然而，革命没有按照马克思所预想的那样来临，并未在他所预测的中西欧发达资本主义国家发生。阶级制度没有成为生产力进一步发展的束缚，资本主义反而显示出了对技术创新似乎无休止的追求，不断地提高社会公众的生活水平（尽管有时不稳定）。此外，20 世纪发生马克思主义革命的地方遵循了一种非常不同的模式。

1917 年列宁领导的俄国布尔什维克革命在两个重要的方面发展了马克思主义理论。首先，古典马克思主义者将革命描述成客观条件成熟时必然发生的阶级社会的解体过程，列宁则抓住了革命必须“制造”（be made）这一点。尽管 1917 年 2 月刚发生了资产阶级性质的革命，无产阶级人数很少且政治上也不成熟，但布尔什维克仍在 1917 年 10 月掌权。其次，列宁认识到需要以“先锋政党”（vanguard party）进行政治领导，布尔什维克（后更名为共产党）担任了这一角色。与导致沙皇下台的二月革命不同，在 1917 年十月革命中，权力不在群众手中，而是由一群紧密团结的革命者在人民的名义下掌握。

马克思主义理论中的另外一个重要转变，是农民取代无产阶级成为“革命阶级”。列宁在 1917 年谈及城市无产阶级和农民联盟时曾暗示这一点，毛泽东领导下的中国革命则更加鲜明地建立了这种联盟。中国革命是一场在农村而不是大城市进行的农民革命，拉美、非洲和亚洲其他一些地区后来也采用了这一模式。

非马克思主义的革命理论

现有的非马克思主义革命理论形式各样，这些理论与马克思主义在两个重大方面同后者存有分歧。首先，它们并不将政治事件仅解释为深层经济或社会发展的反映。革命更多地被理解为政治体系而不是社会体系的变化。其次，革命不是被看作必然的进程（即历史逻辑的发展结果），而是特定政治和社会环境的产物。但对于何种环境以及哪些社会政治因素会促成革命的发生，人们仍有相当多的争论。

> **系统论**（systems theory）：一种将政治体系看作自我调节机制的理论，这种机制通过发出权威性的决定或“输出”（政策）来回应输入（需求和支持）。

影响最大的革命理论之一，形成于政治研究的**系统论**取向基础上。该取向意味着当政府的“输出”与“输入”或加于其上的压力达到平衡时，政治体系将趋向长期稳定。革命由此可理解为政治体系的“失衡”状态，其成因是体系本身无法对经济、社会、文化或国际变化作出回应。如查默斯·约翰逊（Chalmers Johnson）在《革命性变迁》（*Revolutionary Change*，1966）一书中指出，当政治体系在竞争性的变革要求压力下崩溃时，革命便在“多重功能失灵”（multiple disfunction）条件下发生。例如，俄国沙皇专制政权的倒台，已证明是它无法回应早期工业化，以及第一次世界大战造成的混乱和士气低下所产生的综合压力的结果。同样可以认为，20 世纪后期苏联和东欧的正统共产主义政权瓦解，也是因无法处理受过良好教育及政治上更成熟的城市化人口增长所产生的紧张关系所致。但是，系统分析往往忽视促使革命猝然发生的很重要的主观或心理因素。

第二种革命理论发展自社会心理学的课题，但可能是托克维尔在尝试解释 1789 年法国大革命的爆发原因时首次使用。这些理念发展成为一种“预期升高的革命”（revolution of rising expectation）模式。托克维尔在《旧制度与大革命》中指出，革命的发生很少是由于陷入绝对贫困和总体剥夺（gross deprivation），此类状况更多地与绝望、听天由命和政治惰性有关。相反，革命往往是在政府实施长期高压统治后放松控制时发生。正如托克维尔所言，“对于一个坏政府来说，最危险的时刻就是它试图改进其方式的时候”。比如，1788 年路易十六召开三级议会促成了革命，1980 年代后期戈尔巴乔夫的改革也使革命席卷东欧。改革不能满足政治变革的要求，相反却能提高人民的期望并催生了革命热情。

泰特·格尔（Ted Gurr）所著的《人们为什么造反》（*Why Men Rebel*，1970）一书对这种革命理论有经典的论述。根据格尔的观点，造反是“相对剥夺”的结果，源自人们期望所获（期望值，value expectation）与实际所得（能力值，value capability）之间的落差。因此，当促成预期升高的经济和社会发展时期骤然逆转时，革命最有可能发生。在《人们何时与为何造反》（*When Men Revolt and Why*，1971）一书中，戴维斯（James Davies）根据 J 形曲线（J-curve）的革命理论作出了解释。字母 J 的形状代表了期望升高而后突然停止的时间段。“相对剥夺”的概念颇有意义，它使我们注意到，人们对其地位的认知比他们的客观环境更为重要。人们如何评价他们相对于过去或他人的状况是关键因素。例如，1980 年代后期东欧普遍的不满和动荡无疑部分是受西方资本主义国家享有的富足和政治自由的刺激所致。

人物

阿列克谢·德·托克维尔（Alexis de Tocqueville，1805—1859）

法国政治家、政治理论家和历史学家。1830 年法国七月革命之后，托克维尔前往美国访问，名义上是去研究监狱制度。这一出行促成了他的长篇巨著《论美国的民主》①（*Democracy in America*，写于 1835—1840 年）问世。1849 年路易·拿破仑的政变结束了托克维尔的政治生涯，使他得以自由支配时间完成《旧制度与大革命》②［*The old Regime and the French Revolution*，(1856) 1947］等历史著作。身为约翰·密尔的朋友和通信者，托克维尔的著作反映了他对政治民主的高度暧昧态度。他的思想同时影响了自由主义者和保守主义者，以及学院派的社会学家。

第三种革命理论集中于国家自身的长处和弱点，而非政治体系内部存在的压力。只要国家拥有维持稳定的强制力量和利用强制力的政治意愿，那么它就能承受任何内部压力，此说法具有一定道理。从这层意义上讲，合法性丧失的结果不是革命就是镇压。无可否认，德国的希特勒政权、伊拉克的萨达姆政权等只要确实采用恐怖和镇压手段粉碎内部反对力量，便能够苟延残喘。此类政权中的政治变革较有可能来自政治或军事精英内部的反叛，而不是人民革命。

在法国革命、俄国革命和中国革命的比较分析中，斯考切波（Theda Skocpol）提出了革命的社会—结构解释，强调一个政权在国际上的软弱和国内的无能将会导致其崩解。例如战争和侵略常常在加速革命形势方面具有决定性作用，1911 年和 1949 年的中国、1905 年和 1917 年的俄国均是如此。在国内政治中，当国家难以指望军队的效忠，或不再具有决心与决断力实行广泛镇压时，它就会变得易受革命的打击。东欧事态发展的一个决定性因素，是苏联和戈尔巴乔夫不愿意对其进行镇压或者对新生革命进行干涉

① 中译本《论美国的民主》（上、下），北京，商务印书馆，1996。——译者注

② 中译本《旧制度与大革命》，北京，商务印书馆，1992。——译者注

压制，而苏联早先曾在民主德国（1949）、匈牙利（1956）和捷克斯洛伐克（1968）使用过这些手段。

总　结

- 政治文化是人们对于政党、政府、宪法等政治客体的心理倾向，表现为他们的政治态度、信仰、符号和价值。政治文化与公共舆论的区别在于它是由长久的价值而非对具体政策、问题或人物作出的反应塑造而成。
- 个人和群体经政治社会化过程习得其政治态度和价值。这可以被认为是一个贯穿人生的灌输过程，或一种主要在儿童时期完成的价值的代际传递过程。主要的社会化媒介包括家庭、教育、宗教、大众传媒和政府。
- 围绕公民文化产生了许多争论。它被用来确认那些有助于维护稳定之民主统治的心理倾向，如政治参与和尊重政府。然而，公民文化可能是民主的结果而非原因。公民文化可能夸大了差异性的价值，而低估了文化的异质化程度。激进者和马克思主义者则宣称，“支配性”文化是为了特权群体的利益而自上而下强加给民众的。
- 人们有时候认为现代社会正在经受着社会资本的衰落，公民交往水平的降低对此有所体现。这种衰落被理解为社会和文化变动的产物，或者是影响逐渐上升的个人主义的结果，或者是逐渐增大的不平等的反映。
- 合法性之所以维持政治稳定，是因为它确立了一个政权统治的合理性，并因此巩固了该政权在人民心目中的权威。合法性的基础可以是传统型、克里斯玛型或合法—合理型权威。合法—合理型权威是现代社会中最普遍的合法性基础，与宪治和选举民主下依规则统治之行为的确立紧密联系。
- 现代社会中的结构不平衡会使之难以维系合法性。合法性危机可能来自两种压力的冲突：一是民主所产生的社会和经济干预主义的压力；二是市场经济对经济激励、企业扩张和价格稳定的需要。
- 革命就是由未经法律允许之大规模行动所构成的人民暴动，其目标是改变政治体系。人们以各种方式来解释革命，分别将其描述成更深刻社会转型的症状、政治体系失衡的标志、升高之预期受挫的结果，或国家效能衰落的产物。

问题讨论

- 公民文化是进行有效民主统治的原因还是结果？
- 当前的公民参与是减少了，还是采用了新的形式？
- 多元文化主义能与任何一种民族主义和谐共处吗？
- 是应该保护社会免受文化多样性侵害，还是应该赞赏多样性？
- 在现代社会中维系合法性需要哪些条件？
- 资本主义制度必然出现合法性危机吗？
- 革命最好被理解为社会现象还是政治现象？

扩展阅读

Almond，G. A. and S. Verba（eds），*The Civic Culture Revisited*（Boston，MA：Little，Brown，1989）．这是作者在1963年经典作品基础上修订的新版本，分析了民主稳定所需要的条件。

Bauman，Z.，*Identity*（Cambridge：Polity，2004）．该书非常深刻地探讨了“流动现代性”条件下的认同观念。

Cohen，A.，*Theories of Revolution：An Introduction*（London：Nelson，1975）．作者分析了对革命理解的各种取向，内容清楚易懂。

Halpern，D.，*Social Capital*（Cambridge：Polity，2005）．该书浅显并权威地介绍了有关社会资本的诸多文献。

Parekh，B.，*Rethinking Multiculturalism：Cultural Diversity and Political Theory*，2nd edn（Basingstoke and New York：Palgrave Macmillan，2006）．作者为文化多

样性的多元主义视角进行了全面辩护，探讨了多元文化社会的实际问题。

Putnam, R., *Bowling Alone: The Collapse and Revival of American Community* (New York: Simon & Schuster, 2000). 该书分析了美国公民参与和社会参与的衰落，影响很大。

第 7 章

代表、选举与投票

主要问题

本章讨论的主要问题如下：

- 什么是代表？一个人如何能够“代表”他人？
- 实践中如何实现代表？
- 选举能做些什么？其功能有哪些？
- 各种选举制度有何不同？各自有哪些优缺点？
- 选举结果意味着什么？
- 人们为什么那样投票？如何解释投票行为？

选举常被看作政治过程的核心。统治我们的政治人物是由我们选出的吗？这些选举又是在何种规则下进行的？政治当中恐怕没有其他如此重大的问题。选举被完全看作实践中的民主，是人民控制其政府，最终“将坏蛋踢出去”的手段。这种看法的核心是代表原则。简单说来，此原则将政治人物描绘成人民的公仆，赋予他们代理或代表其选民行动的责任。当人民直接和连续参与的古典式民主被认为根本不切实际时，代表制或是最能接近实现民治政府的手段。尽管如此，人们对于实践中怎样实现代表，政治人物如何选出以及选举结果的真正意义为何，仍然存在相当大的分歧。

7.1 代　表

有关代表的议题一再引发深刻的政治争论。甚至旧日的专制君主也被指望能听取上层等级（大地主、教士等等）的意见来进行统治。从这层意义上看，17 世纪英国国王与议会之间之所以爆发战争，正是由于国王企图否定主要利益团体的代表权。同样，19 世纪和 20 世纪有关民主扩展的争论也主要是围绕谁应该获得代表权的问题展开。代表权是应局限于那些有能力、受过教育，或有闲暇时间慎断明思政治事务的人（不同情况下指男性、拥有财产者、特定种族或族群团体），还是应普及到所有成年公民？

概念

代表（representation）

在日常用语中，represent 是“描绘”或“使呈现”的意思，比如说一幅画描绘了一处景色或一个人。作为一种政治原则，代表是指个人或团体代理更大群体或为之代言人的一种关系。代表与民主的区别在于，前者承认政府与被统治者间的区别，而后者（至少其古典形式）渴望消除这种区别，建立人民自治（self-government）。尽管这样，如果政府与被统治者之间的代表形式能够表达人民的看法并保障其利益，代议民主也可构成有限的间接民主统治形式。

由于人们普遍接受政治平等原则，至少从普选权和“一人一票”的形式意义上讲，这些问题现在已基本得到解决。例如，英国的一人多选区投票制（plural voting）① 在 1949 年废止，瑞士在 1971 年赋予妇女选举权，而南非也在 1994 年取消了种族投票限制。然而，这种处理代表的方法却失之简单，因为它将代表等同于选举和投票，政治人物仅因其通过选举产生便被视为“代表者”。这还忽视了更为复杂的问题：一个人如何才能说代表了他人？他所代表的是什么？他反映了这些人的最大利益、他们所来自的群

① plural voting 有两种意思，一指英国 1948 年以前的一人多选区投票（权）；一指一人多次投票（权），即复票制。——译者注

体，还是被代表者的观点呢？

代表的理论

有关代表的理论并非只有唯一一种，而是呈现出百家争鸣的局面，不同的学者各以一定的意识形态和政治假定为基础。例如，代议制政府是意味着政府比人民“懂得更多”，政府做什么与如何做在某种程度上“奉命”于人民，还是说由于政府大致反映了人民的面貌或特征而“像乎”人民呢？这些问题不单是学术兴趣。不同的代表模式决定了代表者的不同行为。比如，民选政治人物应受制于选举期间所提出并为选民认可的政策与立场，还是有责任引导民意并因此帮助确定公共利益呢？而且，同一政治体系内部有不止一种代表原则发挥作用的情况并不罕见，或许这表明单一的原则模式本身不足以保障代议制政府的有效运行。

人们已提出了四种主要代表模式：

- 全权受托模式（trustee model）；
- 受命代表模式（delegate model）；
- 授权模式（mandate model）；
- 摹本模式（resemblance model）。

全权受托模式

受托人是指被赋予处理他人财产和事务的正式责任者。1774 年柏克在对布利斯托尔市选民的演讲中，对全权受托式代表制有经典的阐述：

> 你们的确选择了一个人；但这个人一旦选出，他就不是布利斯托尔的一员，而是议会的一分子了……你们的代表者不仅为你们进行勤勉的工作，还要作出判断；如果他为你们的意见而牺牲自己的判断，那不是为你们效力，而是背叛。（Burke，1975：157）

对柏克而言，代表的实质乃通过运用“成熟的判断”和“开明的良知”来服务于其选区居民。简言之，代表是一种道德义务：那些有钱接受教育的智识者应该为较穷困者着想。这种看法有着强烈的精英主义意味，因为它强调，鉴于多数公民并不知道自身的最佳利益，代表者一旦当选就应独立思考并进行自主判断。约翰·密尔提出的自由主义代表理论观点与此类似，其基本假定是：尽管所有个人都有被代表的权利，但并非所有政治意见都具有同等价值。因此密尔建议实行一种“复票制”，拥有学历文凭和学位者可分得 4～5 张选票，熟练工人或管理者为 2～3 张，而普通工人仅 1 票。他还主张，理性的投票者应支持能代表自己利益而明智行事的政治人物，而不是只能反映其看法者。因而，全权受托式代表制将职业政治人物——就其是受过教育的精英分子而言——说成是公民的代表者，原因是并非所有公民都知道他们的最佳利益是什么，知识与判断力的社会分布并不均等。

焦点论述

公民投票（全民公决，referendum）：赞成与反对的观点

公民投票是指选民就特定公共政策议题表达看法而进行的投票。它与选举的区别在于，后者实质上是一种递补公职的途径，并不提供直接或可靠的方法影响政策内容。因此，公民投票是直接民主的手段，一般并不用来代替代议机构的职能，而只是一种补充。公民投票可以是建议性的，也可以是强制性的；它还能提出讨论议题（公民创议），或用以决定政策问题。

公民投票有如下优点：

- 制约民选政府的权力，确保其符合民意。
- 促进政治参与，有助于培养更开明和更有知识的选民。
- 提供给公众就具体议题表达看法的途径，巩固合法性。
- 提供方法以解决重大宪治问题，或以之测定在某些议题（主要政党商定不在选举中提出而交由公民投票解决）上的民意走向。

公民投票的缺点有：

- 将政治决定交给那些拥有极少教育和经验的人作出，极易受媒体等因素的影响。
- 至多只在某一时间点大致反映了民意。
- 使政治人物得以操纵政治议程，而他们又可脱身于作出棘手决定的责任。
- 往往简单化并扭曲政治议题，使之成为只有是/否答案的问题。

利他主义（altruism）：对他人福祉的关切，其基础是开明的自利心或对共同人性的认识。

但柏克式的代表观也引发了严厉的批评。例如，它明显暴露出反民主倾向。如果因为公众的无知、未受良好教育或易被欺骗，政治人物就应自主思考，那么允许民众选举代表肯定从一开始就是个错误。其次，代表性和教育之间的联系值得怀疑。教育确实会有助于理解复杂的政治和经济问题，但它是否能帮助政治人物对他人的利益作出正确道德判断却非常不明确。例如，没有多少证据支持柏克和密尔有关教育能够培养**利他主义**，并赋予人们更广泛社会责任感的观点。最后，托马斯·潘恩等激进民主主义者在传统上就表达了这样的担忧，即如果政治人物得以自主判断，他们将会利用这种自由追求其私利。这样一来，代表将会完全成为民主的替代品。在《常识》这本小册子中，潘恩提出了与此相对立的受命代表制理论，坚称“被选者永远不应形成与其选民相分离的自我利益”。

人物

托马斯·潘恩（Thomas Paine，1737—1809）

出生于英国的作家与革命家。潘恩成长于一个贵格会（Quaker）教徒家庭，1774年前往美洲，在独立战争中投身于反殖民主义斗争。他在1789年返回英国，但被控叛国罪之后逃亡法国，成为共和运动的支持者，在恐怖时期差点命丧断头台。潘恩的激进主义结合了政治自由信念与人民主权的坚定信仰，鼓舞了自由共和主义和社会平等主义的发展。他最主要的著作有《常识》（*Common Sense*，1776）、《人权论》（*The Rights of Man*，1791/1792）以及《理性的年代》（*The Age of Reason*，1794）。

受命代表模式

此模式中的“代表者”（delegate）指被选出并根据明确指示或训令为他人行事者。换言之，人们期望代表者成为传输自己看法的管道，而代表者同时又没有（或者很少有）能力进行自我判断或表达自身偏好。如销售代表和大使，严格说来都没有被授予自行决定权。同样，一个带着有关投票与发言的指示而参加某会议的工会官员，也是上述意义上的“代表者”，而非柏克式的“代表者”。持此种代表模式观点的研究者往往支持一种保证政治人物尽可能贴近被代表者意见的机制，包括潘恩所称的代表者与选民间“频繁交换”，其形式则为定期选举和短暂任期。此外，激进民主主义者也主张利用**公民创议**和**罢免**等手段使政治人物受到更多的公共控制。尽管受命代表制并未达到直接民主的程度，但其支持者仍然通常喜欢利用公民复决投票来补充代议过程。

公民创议（公民立法提案权，initiative）：公众能够借以提出立法建议的一种公民投票类型。

罢免（recall）：选民能够要求其不满意的公职人员作出交代并最终免去其职务的一种程序。

人民主权（popular sovereignty）：一种认定没有任何权威高过人民意志的原则，是古典民主观念的基础。

受命代表制的优点在于，它提供给人民更广泛的参与机会，有助于抑制职业政客的自利倾向。因此，它使代议制政府几尽可能地实现了**人民主权**的理想。不过这种代表制的缺点仍很明显。首先，它在保证代表者与其选民的利益密切结合的同时，往往滋生狭隘意识并容易导致冲突。如果立法机关成员担当的是受命于选民的特使角色，而不是整个国家的代表，将会怎样呢？这也正是柏克所担忧的情况。诚如柏克所言：“议会乃具有单一整体利益的国家的商议性立法机构。”受命代表制的第二个缺陷是，由于职业政治人物并未获得作出自主判断的授权和信任，它限制了领导和治国英才的施展空间。政治人物被迫反映选民的观点，甚至曲意逢迎，从而无法通过韬略与激情来动员人民。

授权模式

全权受托模式与受命代表模式都是在现代政党出现之前提出的，因此将代表者看作实质上独立的行为者。然而，如今的个体候选人很少能凭其个人特质和才能当选；较常见的情况是，他们是因为所在政党的公共形象或政策方案才获得支持，因而被看作政党的士卒。新的代表理论由此产生了，其中影响最大的就是所谓的授权说（doctrine of the mandate）。它所依据的理论是，政党赢得选举便获得人民授权，允许它实施选举期间所阐述的政策或计划。由于代表的中介是政党而非个体政治人物，授权代表模式显然为政党统一和纪律提供了合理化基础。确切而言，政治人物不是通过自主思考或担当传送选民观点的管道来为选民服务，而是依然效忠于所在政党及其政策，以此效命于广大选民。

概念

授权（mandate）

授权是更高机构下达的，要求下属遵从的指示或命令。人民授权的说辞来自选举中获胜的政党，它宣称自己的纲领承诺已得到选民的支持，因而被赋予将这些承诺转化为政府施政计划的权威。因此，授权说可保证政党政府承担责任，因为执政党只能在所获授权的范围内行事。这是一种“政策授权”（policy mandate）。还有较为弹性的说法如“治理授权”（governing mandate），或者对个别领导人而言的“个人授权”（personal mandate），不过政治人物一旦掌权，我们将难以看到此类授权形式如何制约掌权者。

授权说的优点在于，它考虑到了政党标签和政党政策无可怀疑的重要性。再者，它还提供了一种赋予选举结果某种意义，并使政治人物信守诺言的手段。

纲领（manifesto）：政党概述其当选后所要推行政策和计划的文件，通常详细程度不一。

但该理论也激起了猛烈的批评。首先，就其认定投票者根据政策和议题来选择政党而言，它所依据的是一种高度存疑的投票行为模式。投票者并不像该模式所表明的那样，总是理性和信息充分的行为者。他们可能受到诸多“非理性”因素的影响，如领导人的人格、政党的形象以及习惯性的忠诚和社会的熏染。其次，即便是投票者受到政策的影响，他们也可能为特定的**纲领**承诺所吸引，而对其他的东西不感兴趣（甚至还可能反对）。因此，投给某政党一票不能理解为认可其全部政纲，甚至不能认为就是支持该政党的某一选举承诺。再次，该模式将政府政策限定于政党选举期间所采取的立场和方案，没有为环境变化情况留下政策调整空间。如一旦发生国际经济危机，授权说能提供什么指导呢？最后（将在本章下一部分讨论），授权模式仅可应用于多数选举制的情况，但即便是在这种情况下，当获胜政党未赢得50%以上的选票时，该模式的应用仍显得荒诞不经。

摹本模式

最后一种代表理论主要根据的是代表者是否是所宣称代表群体的典型或与之相仿，而不是代表者选出的方式。这种看法体现在“代表横断面”（representative cross-section）概念中，它常为市场调查和民意测验人员所用。根据这一标准，代议制政府构成广大社会的缩影，涵盖了来自社会所有群体和阶层的成员（如社会阶级、性别、宗教、族群、年龄等等），各自的代表者也与该群体的社会规模大致相称。“特征代表制”（characteristic representation），或人们所称的“缩影代表制”（microcosmic representation），传统上受到社会主义者和激进思想家的认可。他们认为，工人、女性和少数族群在关键机构高级职位的“低度代表”（under-representation）导致他们的利益被边缘化或被完全忽视。

摹本模式显示，只有来自特定群体且拥有该群体的体验的人，才能完全认同该群体的利益。这也就是“设身处地地设想”与直接亲身体验他人经历的差异。例如，一个“新男性”或者亲女性主义的男性，或许能够理解女性的利益，支持性别平等原则，但他永远不能像女性一样认真地对待女性问题，因为那不是他的问题。另一方面，代表者应与被代表者相仿的观念无疑也造成了若干困难。

困难之一是，该模式从排他和狭隘的角度描绘代表过程，相信只有女性才可以代表女性，只有黑人才能够代表黑人群体，只有工人阶级的一员才能代表工人阶级，等等。如果所有代表者都只是增进所出身群体的利益，这将造成社会的分裂和冲突，没有人能够捍卫共同的良善并增进更大的公共利益。再者，作为社会缩影的政府在反映社会优点的同时也反映了它的缺点。例如，如果多数人冷漠无情、信息不足且未受良好教育，反映社会现状的政府又有什么优势呢？最后，只有对选举选择和个人自由施加强大的限制，这种缩影的理想方能实现。在代表的名义下，政党可能被迫留出名额给女性和少数群体候选人，将某些选区划给有特殊背景的候选人，或者更不寻常的是以阶级、性别、种族等为基础划分选民，他们只能投票给所属群体的候选人。

7.2 选　举

> **选举**（election）：经规定的人群——选民作出选择，来确定递补职位者的机制。

尽管人们在代表的性质方面仍然争论不休，但对于代表过程与选举和投票有着内在联系这一点却有普遍共识。**选举**本身并非政治代表的充分条件，但却是必要条件，很少有人对此产生怀疑。有些思想家甚至还进一步将选举描述成民主的核心。约瑟夫·熊彼特在《资本主义、社会主义和民主》一书中就提出了这样的看法，他认为民主是一种“制度性安排”，一种通过竞取人民选票而获取公职的手段。如他所言，“民主只不过意味着人民有机会接受或拒绝统治他们的人”。熊彼特认为民主只是一种政治方法，实际上等同于选举。虽然现代民主理论家很少愿意将民主化约为竞争性选举，但多数人仍因循熊彼特的看法，从指导选举的规则和机制方面来理解民主政府，这就将注意力的焦点放到了选举所能采用的各种不同形式上。

人物

约瑟夫·熊彼特（Joseph Schumpeter，1883—1950）

出生于摩拉维亚[①]的美国经济学家和社会学家。熊彼特在第一次世界大战后曾短暂担任奥地利财政部长，1932 年始任哈佛大学经济学教授。他在《经济发展理论》[②]（*Theory of Economic Development*，1912）和《经济周期》（*Business Cycles*，1939）中阐发的经济思想主要围绕资本主义制度的长期动力，特别是“喜欢冒险”的企业家角色问题展开。熊彼特在《资本主义、社会主义和民主》（1942）中，借用经济学、社会学和政治学理论提出了一个著名的论点，他认为西方资本主义在自身成功的推动下，正在向社会主义形态演进。

第一，哪些职位应遵从选举原则？选举被普遍用来递补有决策职责的公职（特别是立法和行政职位），但有些关键政治机构有时却被视为例外。在英国和加拿大以及立宪君主仍然担当国家元首的国家中，立法机构中上议院的议员就不是经选举产生的。

第二，谁有资格投票？选举权的范围有多大？如上文所述，多数国家已取消了财产权、教育、性别和种族等因素基础上的投票限制，但非正式的限制依然存在，如美国的多数州，选举登记实际上完全由选民自主决定，结果是不登记和不去投票的现象相当普

① 捷克东部一地区。——译者注
② 中译本《经济发展理论》，北京，商务印书馆，1990。——译者注

遍。与此不同，澳大利亚、比利时和意大利等国的投票则是强制性的。

第三，如何进行投票？苏联在 1989 年之前，一直实行公开投票，小型组织内部普遍流行举手表决，但是，现代政治选举通常是在秘密投票的基础上进行（有时称为“澳大利亚式选票”，因其于 1856 年在南澳大利亚州最先使用而得名）。秘密投票通常被认为是“公平”选举的保证，它可以防止贿赂和恐吓横行。但公平选举不能完全归结为人们如何投票的问题，它还受到投票者能否获得可靠和同等的信息、他们的可选择范围、竞选活动的环境，以及最终计票的严格性等因素的影响。

第四，选举是否具有竞争性？这往往被认为是最重要的区别，在实行选举的国家中，只有一半给选民提供了候选人和政党方面的真正选择。选举竞争是一个高度复杂并常起争议的问题，它不仅关系到人们的参选权利以及政党提名候选人与合法组织竞选运动的能力，而且关系到影响政党表现的更广泛因素，如筹款来源及其与媒体的联系渠道等。从这种观点看，政党制度的性质与谁能参加竞选投票的规则一样，都对维持真正竞争至关重要。

第五，选举如何进行？如后文所论，现实存在着各种让人混乱的政党制度类型，每一种都有特定的政治意涵。

选举的功能

由于选举和选举制度多种多样、类型不一，我们总是很难就选举的作用或功能作出一般性概括。尽管如此，1980 年代和 1990 年代民主化的推进在一定程度上刺激了苏东剧变，后共产主义国家通常采用了以普选权、秘密投票和竞争性选举为特征的自由民主式选举制度。但人们对这种制度的意义却很难得出定论。正如哈罗普和米勒（Harrop and Miller，1987）所解释的那样，人们对于竞争性选举的功能有两种对立观点。

传统的观点认为，选举是这样一种机制，它要求政治人物能够作出交代并推行在一定程度上反映民意的政策。这里强调的是选举**自下而上**（bottom-up）的联系功能：政治录用、代表、组建政府以及影响政策等等。另一方面，金斯伯格（Ginsberg）等理论家提出了更激进的观点，将选举描述为政府和政治精英借以控制人民，使之更加老实听话并最终便于统治的工具。这种观点强调的是“**自上而下**”（top-down）的功能：确立合法性、塑造民意和巩固精英地位等。但现实中的选举并无单一特征，既不全然是公共责任的机制，也不单是确保政治控制的手段。同所有其他政治沟通渠道一样，选举也是一条“双向道”，提供给政府和人民、精英和大众相互影响的机会。选举的核心功能如下：

● 录用政治人物：在民主国家，选举是政治录用的首要渠道，同时还说明政党提名候选人的程序。因此政治人物往往拥有个人魅力（克里斯玛）、口才和良好外表等与竞选活动相关的才能，而并不必然具有适合履行选区义务、担任委员会委员、管理政府部门等方面的素质。选举通常不用来递补那些需要专门知识和经验的职位，如公务员和法官。

● 组建政府：只有在美国、法国和委内瑞拉等政治行政人员经直接选举产生的国家，政府才直接通过选举组成。在较普遍的议会制国家中，当选举制度易使某一政党占有议会明确多数时，选举对政府组成的影响最大。采用比例代表制可能意味着通过选举后的交易来组建政府，并且无须经过选举就可组建和解散政府。

● 提供代表性：当选举公正且具有竞争性时，它是公众需求借以传送到政府的途径。然而，选民在行使创议权和罢免权之外，并无任何有效手段来保证授权获得实现，只能在下次选举中对代表者予以惩罚。而且，任何地方的民选政府都无法构成广大社会的缩影。

● 影响政策：选举当然可防止政府推行激进和非常不受欢迎的政策，但只有在单一议题主导了竞选活动的例外情况下，才可以说选举对政策具有直接影响。有人认为，选举期间提供的政策选择范围往往非常狭隘，政策意义微不足道。而另一些人则认为，政府政策在任何情况下都更多地受到经济状况等实际要求的影响，而较少受选民考量的影响。

● 教育选民：竞选过程给选民提供了有关政党、候选人、政策、现任政府政绩以及政治体系等的丰富信息。然而，只有所提供的信息及提供方式引起了公众的兴趣，并激发起辩论，而不是造成冷漠与疏离，才能具有教育功能。由于候选人寻求说服而非教育选民，他们便有强烈动机提供不完全的和被歪曲的信息。

● 确立合法性：即便是威权政体也颇费心思地推行选举——尽管是非竞争性选举，原因在于选举有助于为一个统治体系的存在提供正当理由，从而巩固其合法性。这是由于竞选的有关程序在某种程度上赋予选举仪式性地位与意义。更重要的是，选举通过鼓励公民参与政治——即便是以有限制的投票形式进行——能够动员积极性同意（active consent）。

● 巩固精英地位：选举也可以成为精英借以操纵和控制大众的工具。蒲鲁东由此警告人们“普选就是反革命”。选举可使政治不满和反抗向宪治方向疏散，从而使之中性化，政府往复更替但体制却得以保全。选举在这方面之所以特别有效，是因为它同时还令选民获得了他们对政府行使权力的印象。

选举制度：辩论与争议

选举制度是一套规制选举实施的规则。这些规则不仅在世界各地五花八门，而且也是许多国家引发激烈政治辩论的主题。它们的差异表现在诸多方面：

● 投票者可被要求在候选人或政党之间作出选择。

● 投票者可选择某一候选人，或根据对候选人的支持度排序选择多名候选人。

● 选民可划入特定选举单位或选区，或不作如此安排。

● 每一选区当选名额为一席或多席。

● 候选人当选的票数要求多种多样，如达到相对多数、绝对多数，或某一当选“基数”①。

不过，一般来讲，选举制度可根据选票转换成席位的方式大致分为两类。一是多数当选制②，较大政党所获席位的比例一般高于其得票比例。这增加了一个政党获得议会多数并独立执政的机会。如在英国，尽管自 1935 年以来没有一个党得票过半，但一党组建的政府的地位却非常稳固。另一种是比例代表制③，该制度确保了一党所获席位与其得票数相当或基本相当。在纯粹的比例代表制中，获得了 45%选票的政党也将恰好获得 45%的席位。因此，比例代表制使一党获得议会多数而组阁的可能性不大，一般会造成多党制和联合政府。本章后文的“焦点论述”描述了从多数当选制到最纯粹的比

---

① 即获得一票所需票数，也叫当选商数。——译者注

② 简单说来就是在选区内获得多数选票的代表候选人或政党，可以当选或独占该选区议员（或其他国家公职人员）的制度。——译者注

③ 即按各政党所获选票数在总票数中所占比例分配议员席位的制度。——译者注

例代表制的多种选举制度。

概念

比例代表制（proportional representation）

比例代表原则要求政党在议会中的代表与其整体选举实力成正比。它们所占议席的比例等于其得票率。该词一般用来指多种选举机制而不是单一选举方法，这些机制能够确保比例性的结果或至少较高且可靠的比例度。最有名的比例代表制为政党名单制、单记名可转移投票制和附带名额制，尽管比例代表制和多数当选制之间的界限有时并不清晰。比例代表制通常应用于欧陆国家，更多与政党而非个人候选人的比例性相关，一般在多元社会中更为适用。

选举制度在一些国家很少引起人们的争论或兴趣，但在另外一些国家则是在政治意义上颇具紧迫性的议题。例如，法国的选举制度变动相当频繁，以至于任何有关描述都要冒着过时的风险。法国在 1985 年议会选举中废止了第二轮投票，转而采用区域名单制（regional-list system），但 1993 年选举又恢复了原先的制度。在英国，尽管多数当选的“第一名过关制”仍在一般选举中采用，但从 1999 年开始，苏格兰、威尔士和北爱尔兰的放权机构、大伦敦议会和欧洲议会选举中开始引入更具比例代表性的制度。有关选举改革争论中令人困惑的事情是，已有变化并未显示出一贯的模式。1994 年，新西兰采用比例代表制以取代单席次相对多数制；意大利则相反，2005 年废弃了比例代表性较弱的附带名额制，重新采用政党名单制。

选举制度之所以引人关注，部分是因为它对政党的表现，特别是赢得（至少是分享）权力的前景有着至关重要的影响。因此，如果否认政党对选举制度的态度主要决定于其利益，那真是愚不可及。1980 年代和 1990 年代法国总统密特朗数度变更选举制度，主要是想巩固社会主义意识形态在国民大会的影响。与此类似，英国工党 1980 年代以来对选举改革的兴趣时增时减，主要视其能否在“第一名过关制”获胜而定。该党后来转向支持在放权机构中采用比例代表制，并在 1997 年承诺就下议院的选举改革进行公民投票，这在一定程度上就是工党 18 年在野影响的结果。值得注意的是，工党在 1997 年和 2001 年大选中取得压倒性胜利后，却对议会选举改革的兴趣渐减。其他一些较为严肃且更为深刻的考虑也应纳入我们的视野，尽管问题在于根本不存在所谓的“最佳选举制度”。

选举改革的核心争论，是理想的政府性质与支撑“良善”政府的原则的争议。例如，代议制政府是否比有效能的政府更重要？支持妥协与共识是否比偏爱信念与原则的倾向更为可取？这些是规范性问题，我们无法给出客观性的答案。再者，鉴于选举所扮演的复杂角色，可根据多重标准对其进行评判，而这些标准之间相互矛盾也是司空见惯的事。因此，各种选举制度仅应得到有保留的赞同，这反映出某一制度优点与缺点的平衡及其相对于其他制度的长处。这些标准可分为两大类：一类是有关代表性的品质；一类是有关政府的效能。

从代表功能的角度来评估，人们一般认为多数当选制的代表性最弱。就政党代表性与其选举实力并不相当的角度而论，每一种多数当选制都或多或少地扭曲了选民的偏好。多数当选制对于小党和选票分散于全国各地的政党并不“公平”，而对于大党和选票在地理上集中的政党却“过于公平”，它对于民意的扭曲极为明显。例如，在 2001 年的英国大选中，工党以 41％的得票率获得 63％的议会席位，保守党以 31％的选票却仅获 25％的议席，而自由民主党 18％的选票仅换得 8％的议席。这种偏差不可能从代表的角度得到合理的解释，特别是由于不幸的“第三党”经常是中间政党而非极端主义政党，更难根据代表性来解释这种偏差。

两党制和一党政府就是这样利用多数当选制的选举偏差“制造”出来的，没有反映出民众偏好的分配情况。而且，一个政党仅凭 2/5 的选票就能掌权的情况（如工党在 1974 年 10 月的英国大选中，以 39.2％的得票率赢得下议院的多数席位）损害了政治体系的合法性，造成受意识形态驱动的激进政党长期执政，其自身也很少有压力去拓展诉求。英国保守党因此能够在 1980 年代和 1990 年代推动其市场导向的改革方案，但在选举中从未获得超过 43％的选票支持。当多数选民反对执政党时，这个党就很难宣称自己获得人民授权来做任何事。

这样来看，比例代表制的代表性似乎明显更高。但将选举的公平性简单地等同于比例性却是很天真的做法。例如，许多比例代表制的批评者指出它更有可能导致联合政府。尽管也可以认为联合政府与一党政府不同，至少它拥有 50％的选民支持，但其政策通常是在选举后的交易中反复磋商的产物，因而并未获得任何一组选民的认可。另外一个危险是，联合政府中的政党可能无法获得与其选举实力相称的影响力。

典型的例子是较小的中间政党（如德国的自由民主党）能够以威胁支持其他政党来向大党（如德国基督教民主联盟和社会民主党）发号施令。结果是“尾巴摇动了狗身”——主次颠倒。

支持多数当选制者一般从政府功能，特别是此类制度实现稳定和有效统治的能力方面为其辩护。换言之，缺少比例性可能仅是强势政府的代价而已。在该制度下，偏向一党执政意味着选民通常在两党间进行选择，两党均有能力兑现选举诺言，将纲领承诺变为政府施政方案。这个政府由于在议会中得到团结多数的支持，通常能够完成任期。相较之下，联合政府则脆弱且不稳定，不停地忙于调停对立观点，而且总是容易因内部的分裂和对立垮台。典型的例子就是 1945 年后的意大利，截至 2001 年该国已至少出现了 59 届政府。

主张比例代表制的人则认为，拥有一个能够推动政策施行的强势政府绝非毫无保留的优点，这样的政府倾向于限制监督调查和议会问责。相反，他们认为，“强势”政府应从民众支持与公民愿意服从和尊重政府的角度来理解。有广泛基础的联合政府会比一党执政具有更多这样的品质。同样，“稳定”的政府是指政府政策历经数任政府的连贯发展，而不是政府有能力度过一届任期。联合政府（一党或多党虽经政府改组，但仍能在数届政府中连续任职）比一党执政（一旦政权易手，人事和政策优先顺序都将无可避免地全盘改变）更有可能实现稳定。

然而，有关选举改革的争论，却始终冒着高估选举制度重要性的危险。选举制度在实践当中只是塑造政治过程诸多因素中的一个，而且可能不是最重要的一个。甚至一定选举制度的影响力还多受到其他环境的制约，如政治文化、政党制度的性质以及政治活动所发生的经济和社会背景。如对联合政府进行一般概括总是让人高度怀疑的。意大利的联合政府一般比较软弱且短命，但德国的联合政府却往往稳定且有效能。同样，虽然多数当选制随着政府更迭能够导致重要的政策转向，但广泛的政策共识也并不罕见。在 1950 年代和 1960 年代，尽管保守党和工党轮流执政，但英国政府的政策却表现出了惊人的连贯性，根源在于两党都支持凯恩斯主义社会民主。而且，选举制度能够造成什么损害远不是十分明晰。虽然人们经常把意大利闻名于世的政治不稳归咎于现已放弃的政党名单选举制度，但第二次世界大战结束以来，至少该国北部地区的经济持续增长，使意大利的经济发展水平到 1990 年代成为欧盟第三。

焦点论述

单一名额相对多数选举制

选举制度：单一名额相对多数选举制①（single-member plurality system，SMP；又称“第一名过关制”，first past the post）

采用国家：英国（下议院）、美国、加拿大和印度

类型：多数当选制

特征：

1. 全国划分为规模相等的多个单一名额的选区。
2. 选民只能选一个候选人，通常在选票上以横线画之。
3. 候选人仅需获得相对多数选票即可当选（即“第一名当选”规则）。

优点：

1. 该制度明确了代表和所在选区选民的联系，以保证当选者履行对选区的义务。
2. 使选民可以清楚地选择有可能执政的政党。
3. 使政府获得了选民的明确授权——尽管政府的组建常以相对多数选民支持为基础。
4. 可防止极端主义的危害，激进小党更难获得席位和信任。
5. 由于单一政党通常能凭多数控制议会，该制度有利于产生强势和有效率的政府。
6. 由于一党政府很少因不团结和内部纷争而垮台，该制度能够产生稳定的政府。

缺点：

1. 该制度“浪费”了许多（或许大多数）选票，包括那些投给落选者以及投给当选者但超过相对多数当选线的选票。
2. 小党和所获选票在地理分布上分散的党未被充分代表（即“第三党”效应），扭曲了选举的偏好。
3. 由于两强统治（两大党）的倾向，它提供的选择有限。
4. 政府经常只拥有少数支持，却产生相对多数统治的体系，该制度削弱了政府的合法性。

① 即相对多数代表制，或称简单多数当选制、一轮当选制。——译者注

5. 由于政府的变动会导致政策与发展方向的激烈转向，容易造成不稳定。

6. 由于议员多是执政党的支持者，立法机构往往从属于行政机构，从而产生不负责任的政府。

7. 它并不利于那些社会触角广泛的候选人，而只有利于那些能够吸引大群选民的人。

焦点论述

两轮投票制

选举制度：两轮投票制①（second ballot system）

采用国家：传统上是法国（尽管法国的选举制度经常改变）

类型：多数当选制

特征：

1. 同“第一名过关制”一样，当选候选人只有一个，选民也只能选一人。

2. 候选人若想在第一轮投票中获胜，需赢得半数以上的选票。

3. 若第一轮投票中没有候选人过半数，需要在领先的前两名候选人中进行第二轮投票决出胜者。

优点：

1. 这种制度拓宽了选举的选择范围：选民在第一轮投票中根据偏好选择最喜欢的候选人，在第二轮投票中则尽力支持最不坏的候选人。

2. 由于候选人获得过半选票方可当选，该制度鼓励候选人提出尽可能广泛的诉求。

3. 同“第一名过关制”一样，有可能产生强势和稳定的政府。

缺点：

1. 由于该制度并不比“第一名过关制”更具有比例代表性，它亦扭曲了选举的偏好，对“第三党”不大公平。

2. 促使参加决胜选举的候选人追求短期的声望，或与已失败的候选人达成交易，放弃自身的原则。

3. 进行第二轮投票可能会减弱选民的耐心和政治兴趣。

① 即绝对多数当选制或半数当选制。——译者注

焦点论述

选择性投票制和增补性投票制

选举制度： 选择性投票制（alternative vote system，AV）；增补性投票制（supplementary vote，SV）。

采用国家： 澳大利亚（众议院，AV）、英国（伦敦市长，SV）

类型： 多数当选制

特征：

1. 单一名额选区。

2. 这是一种偏好投票，在选择性投票中，选民根据喜好的顺序排列候选人："1"为首要偏好，"2"为第二偏好，以此类推。而增补性投票制中选民只能增补一名候选人。

3. 当选者须赢得总票数的半数以上。

4. 选票根据第一偏好计算。如果没有候选人获得 50%的选票，则剔除最后一名候选人，根据第二偏好（或依序的偏好）重新分配其得票，一直到某位候选人获得半数投票。而增补性投票制中除了前两名候选人，其他人均被剔除。

优点：

1. "浪费"票较"第一名过关制"中的要少。

2. 与两轮投票制不同，选举结果不受候选人交易的影响。

3. 尽管获胜者必须确保获得至少 50%的选票支持，但并不能排除单一政党多数执政的可能。

缺点：

1. 这种制度并不比"第一名过关制"更具比例代表性，仍有利于较大政党。

2. 选举结果可能由较小且可能是极端主义政党的支持者的偏好所决定。

3. 当选候选人拥有的第一偏好选民支持可能较低，其唯一的优点在于他可能是所有候选人中不受欢迎程度最低的一个。

焦点论述

附带名额制

选举制度：附带名额制（additional member system，AMS）

采用国家：德国、意大利、俄罗斯（国家杜马）、新西兰和英国（苏格兰议会和威尔士议会）

类型：比例代表制

特征：

1. 按照单一名额选区的“第一名过关制”选出一定比例的席位（德国为50%，意大利、苏格兰和威尔士较高）。

2. 剩余的席位按照政党名单制选出。

3. 选民投出两票，一票给本选区的候选人，一票给政党。

优点：

1. 该制度的混合特征兼顾了选区代表性和选举公平的需要。政党名单程序则保证了整个议会的比例代表性。

2. 尽管就结果而言该制度具有广泛的比例代表性，但它仍有产生一党执政的可能。

3. 它使得选民可以将某政党候选人作为选区代表，而支持另一政党组成政府。

4. 它考虑到了代表选区选民和担任内阁职务是非常不同的工作，要求非常不同的才干和经验。

缺点：

1. 保留单--名额选区妨碍了高比例代表性的实现。

2. 该制度产生了两类代表者：一类为不稳定和选区义务所累；一类则拥有较高地位并有希望担任内阁职务。

3. 由于选区的规模较大（一般是“第一名过关制”的两倍），选区的代表性受到损害。

4. 该制度下的政党变得更加集权且更为强势，因为它们不仅决定谁能稳上候选人名单，谁必须在选区里奋战，而且决定候选人在名单中的位置先后。

焦点论述

单记可转移投票制

选举制度： 单记可转移投票制（single-transferable-vote system，STV）

采用国家： 爱尔兰和英国（北爱尔兰议会）

类型： 比例代表制

特征：

1. 多名额选区，每个选区可有多达 5 名当选者。

2. 政党所提名候选人数量可同应选名额一样多。

3. 选民按照偏好投票，和选择性投票制一样。

4. 候选人获得一定选票基数即可当选。该基数为选出规定数目候选人的所需最低选票数，根据下面的公式计算：

$$\text{基数}=\frac{\text{总投票数}}{(\text{应选席次}+1)}+1$$

例如，如果某一选区共投 100 000 张选票，选出 4 个席位，则基数就是 100 000/(4+1)+1=20 001。

5. 根据第一偏好核计选票。若应选席次未全部选出，则剔除最后一名候选人，其得票根据第二偏好重新分配，以此类推，直到选出全部席位为止。

优点：

1. 该制度能达到高比例性的结果。

2. 同党候选人进行竞争，意味着选民可根据候选人的历史记录及对于跨政党议题所持立场来进行判断。

3. 同一选区拥有多个席位意味着选民可以就向谁申诉进行选择。

缺点：

1. 所达到比例性的程度各异，多决定于政党制度。

2. 不可能建立强势和稳定的政党政府。

3. 党内竞争会引起分裂，并使得当选者得以逃避选区责任。

焦点论述

政党名单制

选举制度：政党名单制（party-list system）

采用国家：以色列，包括比利时、卢森堡和瑞士在内的多个欧洲国家，欧洲议会

类型：比例代表制

特征：

1. 全国为单一选区，或者在采用区域政党名单制的情况下，全国划分为若干大的多名额选区。

2. 政党将按优先顺序排列的候选人名单提供给选民。

3. 选民投票给政党而不是候选人。

4. 政党按得票率直接分配席位；然后根据政党名单上候选人的顺序，依次分配当选席位。

5. 可设置有关得票率“门槛”（threshold）的规定（如德国为5%），从而将可能带有极端主义色彩的小党排除在当选者之外。

优点：

1. 这是唯一比较纯粹的比例代表制，对所有政党都较为公平。

2. 该制度鼓励选民认同国家或所在地区而不是自己的选区，从而有助于团结统一。

3. 该制度使女性和少数群体候选人更有机会当选，当然，前提是他们能被列入政党名单。

4. 许多小党拥有议席，使人们比较重视协商、谈判和共识。

缺点：

1. 许多小党的存在可能导致政府的弱势和不稳。

2. 代表者和选区的联系被完全切断。

3. 对于不受欢迎但因在政党名单排序靠前获选的候选人，无法褫夺其职。

4. 政党领导人决定政党名单，资历较浅的党员为求能进入名单并排序靠前而倍显忠心，政党因而变得越来越集权。

选举意味着什么？

选举的重要性不容置疑。它至少提供给公众形式上最明确的机会影响政治过程，同时还能直接或间接地帮助决定谁来掌握政府权力。从这种观点看，选举关系到了结果——换言之，谁赢与谁输。这种看法常受到媒体报道的煽动，而媒体借助民意调查，越发地将选举变成了赛马大会。尽管如此，政治人物并不怯于宣称选举具有更广泛和深刻的意义。选举在这种意义上完全被视为看得见的公共利益表现形式；简言之，“公众的意见已有所表达”。政治评论家也表达了他们的意见，如宣称选举反映了“人民思想倾向的转变”。然而问题在于，所有此类宣称和诠释都具有强烈的武断性；任何赋予选举某种意义的尝试都充满了危险。人民或许已有所表达，但要想知道他们到底表达了什么却是十足的难事。

许多此类问题都来自“公共利益”这个艰涩的概念。如果存在“公共”利益的话，它当然反映了**所有**公民的共同或集体利益。这也正是卢梭的“公意”（即公共意志，general will）观念所隐含的意思，他理解的公意乃所有公民的意志，前提是他们每一个人都无私地行事。此观点遇到的难题是明显的，非常简单，个人在实践中不会按照公共或集体意志无私地行事，也不存在不可分割的公共利益。因此，所有关于“公众”或“选民”的概括都必定会受到高度怀疑。那样的选民并不存在，而只有选民的汇集，每个人都有着特殊利益、情感支持和忠诚。选举结果至多反映了多数或可能是相对多数选民的偏好。但即便如此，确定这些选票的意义时也可能遇到无法克服的困难。

概念

公共利益（公益，public interest）

公共利益由共同体的一般或集体利益构成，亦即对社会整体有益之物。我们可以发现两种公共利益观念。第一种明确区分了公共与私人利益、作为集体性实体的公共利益与每个个人的自私或个体利益。在卢梭和许多社会主义者看来，公共利益“高于”个人利益，或在道德上优先于个人利益。第二种只承认私人利益，因而认为公共利益只是私人利益的集合，所有个人都认定这种利益对他们有益。自由个人主义者往往认为公共利益乃荒谬的观念而予以摒弃。

解释选举结果的困难或许在于我们几乎无法知道选民为什么那样投票。如本章下一部分将要阐明的那样，历代政治学家都在努力探索选举行为问题，但却没有形成一种被普遍接受的投票理论。表面看来，投票是个很简单的现象，但它却受到意识与无意识、理性与非理性、自利与无私等因素的复合影响。因此，所有理论都是不完备的，都受到一系列其他因素的限定。这一点在安东尼·唐斯提出的所谓民主的经济理论中可以看到。该理论表明，投票行动反映出投票者自身利益的表达，他们像消费者选择购买物品或服务那样选择政党。在此基础上，选举获胜的政党可以有理由宣称其政策与最大选民群体的利益最为一致。

另一方面，我们也可以认为，选民不是在“购买”政策，他们对政治议题通常了解很少，而主要受到习惯、社会条件、政党形象以及领导人个人品质等诸多非理性因素的影响。而且，政党吸引选民的能力与其提供的“物品”关系不大，而主要与这些物品通过广告、政治活动及宣传等得以“出卖”的方式有关。果真如此，选举结果与其说反映了选民大众的利益，倒不如说反映了竞选政党所能获得的资源和财力更为恰当。

有人可能会进一步提出更为棘手的问题，即没有一种可以信赖的选择机制能够表达投票者的各种不同偏好。美国经济学家肯尼斯·阿罗（Kenneth Arrow）根据他的“不可能定理”（impossibility theorem）① 描述了这一问题。在《社会选择与个人价值》（*Social Choice and Individual Values*，1951）一书中，阿罗注意到了“传递性”（transitivity）的问题，它发生在选民表达对候选人或政策选项的一组偏好而不是仅投单独一票的情况下。只投单一选票的缺陷不仅在于它是一种粗陋的全有或全无只能择一的设计，而且任何一个候选人或选项都不会获得多数支持。如候选人 A 得到 40%的选票，候选人 B 获得 34%的得票率，而候选人 C 拥有 26%的选票。不过，如果考虑到第二偏好，情况就会变得更加令人困惑。

为了便于论证，我们假设候选人 A 的所有支持者的第二偏好都是候选人 C，候选人 B 的支持者的第二偏好都是候选人 A，候选人 C 的支持者的第二偏好都是候选人 B。这

① 举一例说明此定理的含义。假设有张三、李四和王五三人，决定前往三峡、桂林和千岛湖旅游。张三的选择偏好依次是“三峡——桂林——千岛湖”；李四的理想顺序是“桂林——千岛湖——三峡”，王五给出的顺序是“千岛湖——三峡——桂林”。经投票决定：比较三峡和桂林，2/3 优先去三峡；而桂林和千岛湖相比，2/3 主张去桂林，至此打住，似乎应最后去千岛湖；可是继续看三峡和千岛湖的比较，千岛湖竟然也有 2/3 的多数支持。转了一圈又回到了出发点，投票表决原理居然决定不了能反映多数人意愿的出行计划，这反映出了投票所具有的矛盾性，现实当中它的确也存在于某些选举当中。——译者注

就造成了一种所有候选人都称自己获得了多数选民拥戴的情况。对候选人 A 持第一和第二偏好的选民总共有 74%（40%加候选人 B 的 34%），候选人 B 可称自己获得 60%的支持率（34%加候选人 C 的 26%），而候选人 C 则可称自己拥有 66%的选民（26%加候选人 A 的 40%）。这种“循环多数”问题使人们注意到，在个人偏好与集体选择之间确定可靠的联系也许是不可能的。换言之，选举结果本身不会不言自明，声称在其中发现真义的政治人物和政治评论家在一定程度上有些武断行事。尽管如此，这种诠释给政治人物的自由活动空间也并非完全没有限制，因为他们知道自己将会在下次选举中受到评判。如此来看，或许选举最具有意义的功能是确保那些曾经宣称自己是公众之代言人的政治人物最终受到公众的评判，从而限制专制政府的出现。

7.3　投票行为

学术界对投票行为的兴趣伴随着行为主义政治科学的兴起而日渐浓厚。作为最为普遍和最可限定的政治行为形式，投票旋即成为抽样调查和统计分析等新技术的研究焦点。《美国的投票者》（*The American Voter*，Campbell et al.，1960）是美国密歇根大学悉心研究的成果，为该领域内的开创性作品，它刺激了大量类似研究报告的问世，如巴特勒和斯托克斯（Butler and Stokes）合著的《英国的政治变迁》（*Political Change in Britain*，1969）。在行为主义革命的极盛时期，人们认为投票便是打开所有政治体系之谜的钥匙，或许还能由此发现大众政治心理学的规律。尽管这些崇高的目的从未达到，但选举学依然占据了政治分析的中心位置。这是因为，投票是有关个人、社会和政治间互动信息的最丰富的来源之一。通过调查投票行为的谜团，我们得以获得有关政治体系性质的重要知识，从而深入了解社会和政治变迁的过程。

投票行为明显受到短期和长期因素的共同影响。短期的影响因素只针对特定的选举，不能从中推出一般投票模式的相关结论。主要的短期因素是经济状况，它反映出政府的支持度往往与失业率、通货膨胀率以及可支配收入等经济变量存在相关性。对自身物质条件的乐观情绪（即所谓“感觉良好”的因素）在这里显得尤其重要。确实，人们经常称政府企图制造选举前的景气，以期增加其连任的机会。在某些国家，政府可选择时机解散议会重新选举的弹性任期制，明显地增加了政治与商业周期结合在一起的机会。

另一个短期的投票影响因素，便是政党领袖的个人特质和公共形象。这一点相当重要，因为媒体的曝光会使领袖成为政党的形象标牌，这意味着政党会主动淘汰被认为是选举负担的领导人，以力争重振选民支持，如 1990 年英国保守党的玛格丽特·撒切尔，还有 1991 年澳大利亚工党的鲍勃·霍克（Bob Hawke）便遭所在政党淘汰。竞选期的时段，从弹性任期选举的约三周到固定任期选举的四年（如美国的总统选举）不等。一般认为民意调查在此方面发挥着重要作用，它或者推动某一候选人或政党的竞选，或者向选民灌输希望破灭或志得意满的印象。

最后一个短期影响是大众传媒，但如果偏向性或党派性的报道反映出了结构性因素（因而也是持续性的因素，如媒体的所有权），则传媒也具有长期意义。但是，媒体报道的模式可能随着选举的不同而发生变化。例如，托尼·布莱尔领导下的工党一致努力争取默多克（Murdoch）新闻集团的支持，这一点有助于解释该党 1997 年的上台。不过，所有上述考虑因素都只是在心理、社会、经济和意识形态影响投票的背景下才能发挥作用。我们最好比较各种对立的分析模式来对其进行检视，其中最重要的模式有：

- 政党认同模式（party-identification model）；
- 社会学模式（sociological model）；
- 理性选择模式（rational-choice model）；
- 支配型意识形态模式（dominant-ideology model）。

投票理论

政党认同模式

最早的投票行为理论是以人们对政党的心理归附感为基础的政党认同模式。选民被认为是认同某一政党的人，他们长期支持某政党，视之为“他们的”党。因此，投票行为就是党派意识的表现，而不是政策、人格、竞选和媒体报道等因素影响之下算计的产物。该模式非常强调选民早期的政治社会化，认为家庭是塑造政治忠诚感的首要机制。在多数情况下，团体的成员身份以及后来的社会经验又强化了这种忠诚感。

在该模式中，人们对政策和领导人的态度以及团体和个人利益的认知，往往形成于政党认同的基础之上。因此，投票行为与预先存在的忠诚和归附感是一致的。这种党徒结盟（partisan alignment）往往造就稳定性与持续性，特别从习惯性的投票行为模式（经常终生保持）角度来看更是如此。就此而言，根据党派忠诚的水平计算出政党的"正常"选票应该是可能的。偏离这种"正常"水平大概反映出了短期因素的影响。该模式的一个弱点是，越来越多的迹象表明，一些国家开始出现党徒解盟的现象，这显示出政党认同的普遍降低和习惯性投票模式的弱化。在美国，党徒解盟反映为民主党和共和党的登记党员在减少，而无党派人士却在增加（从 1952 年的 6%到 1992 的 12%）。在英国，保守党和工党的忠诚度都在下降，"非常强烈"认同其中一党的人数比率从 1966 年的 43%下降到 2005 年的 15%。

概念

党徒解盟（partisan dealignment）

党徒解盟指人们认同某政党并与之合作的程度降低。随着政党忠诚的减弱，选举行为很可能变得更为多变，不确定性增大，可能导致新党的崛起或老党的衰落。被视为属于政党的"正常"支持减弱，越来越多的选民成为"游动的"的投票者。党徒解盟的主要原因有：教育普及，地理和社会流动增加，以及人们越来越依靠电视作为政治信息的来源。有些人认为党徒解盟反映了人们对传统政治幻想的破灭，以及政党制度无法适应后工业化社会的要求。

社会学模式

社会学模式将投票行为与团体的成员身份联系起来，显示出选民倾向于采取一种反映其所属团体的经济和社会地位的投票模式。该模式没有阐发家庭影响基础上的政党心理归附感，而是强调社会结盟的重要性，反映了社会内部的各种分隔与紧张关系。其中最重要的分隔是阶级、性别、族群、区域和宗教。尽管社会化的影响与该模式并非毫无关系，但就团体利益有助于塑造政党忠诚而言，以社会为基础的解释也考虑到了理性因素的存在，这一点在有关社会阶级方面表现得最为明显。

毫不奇怪，政党制度被认为是阶级制度的反映，中产阶级是右翼政党的选票基础，而工人阶级则是左翼政党的票箱。人们在传统上恰是从这个角度来理解英国的工党与保守党两党制的。因此普尔泽（Peter Pulzer，1967：98）能说出他那句名言："阶级是英国政党政治的基础；其他都是装饰与末节而已。"但有人批评社会学模式过于关注社会团体，而忽视了个人以及个人自我利益的作用。而且，越来越多的经验证据表明，社会学因素和政党支持之间的联系在现代社会中已经减弱了。尤其是已有人开始关注阶级解盟的现象，多数西方社会都可发现相关证据。例如，绝对阶级投票（选民支持其"天然"阶级政党的比例）在英国已从1966年的66%下降到1983年的47%，到1997年，工党所获非体力劳动者的选票第一次超过了体力劳动者的选票。

概念

阶级解盟（class dealignment）

阶级解盟指社会阶级与政党支持联系的减弱。但社会阶级依然是影响选举的重要因素。解盟的影响是削弱了传统上以阶级为基础的政党，特别是工人阶级政党和左翼政党，常常造成政党制度的重新组合。有关阶级解盟的解释通常集中在阶级结构的变化方面，这些变化削弱了阶级忠诚的社会连带性。这些变化有：因生活日益富足而导致工人阶级的资产阶级化，产业重心由制造业转向服务业，以公共部门/私人部门为基础的阶层分群越来越重要。

理性选择模式

投票的理性选择模式，将注意力从社会化和社会团体行为转向了个人。根据这种观点，投票是一种理性行动，个体选民被认为能够在自我利益的基础上决定他们的政党偏好。投票不是习惯性的，也不是较广泛的归附和忠诚的表现，而被认为本质上是工具性的，也就是达到目的的手段。理性选择模式内部也存在差异，有些人，比如基（V. O. Key，1966），将投票看作对执政党及其绩效如何影响公民选择的回顾性评断，而希梅尔维特、汉弗莱斯、耶格（Himmelveit，Humphreys and Jaeger，1985）等人则认为投票者是积极的，因为他们像消费者那样在诸多政策选项中表达自己的选择。

议题投票（issue voting）：投票行为受到政党政策的影响，（通常）基于计算个人自我利益投票。

后一种观点强调了人们所称的**"议题投票"**的重要性，并认为政党可通过修订或重定政策来大大影响其选举绩效。人们普遍认为党徒解盟和阶级解盟的结果之一就是议题投票的普遍化。后现代主义所培养的多元主义和个人主义对此亦有促进作用。理性选择理论的缺陷是，它将个体投票者从所在的社会和文化背景中抽离出来。换言之，在某种程度上，选民评价议题和计算自我利益的能力（工具性投票的实质）决定于更广泛的政党归附和团体忠诚。

支配型意识形态模式

激进的投票理论往往强调，个人选择在很大程度上由意识形态操纵和控制过程形塑而成。这在某些方面与社会学模式相仿，即认为投票反映了一个人在社会等级体系中的位置。这些理论与社会学模式的区别在于它们强调一点，即团体与个人如何理解其社会位置，取决于政府和大众传媒如何通过教育将这种位置呈现在他们面前。

相较于认定大众传媒仅仅强化了已存在的偏好的早期观点，该模式认为，媒体能够通过设定辩论议程并确立偏好与支持来扭曲政治沟通的流动。其后果是，如果投票者的态度与支配型意识形态的宗旨一致，那么政党便难以提出与意识形态不相符的政策。这样，选举过程不仅没有挑战社会现存的权力和资源分配体系，相反还倾向于维护它。支配型意识形态模式的缺点在于，它夸大了社会熏染的过程，而完全忽视了个人算计和自主能力。

总　结

- 代表是个人或团体代理更大群体或为之代言的关系。这种关系可经如下过程形成：受过良好教育的精英运用其智慧给予受命代表指示或训令，赢得人民授权，或者从团体中择出代表者以代表该团体。

- 现代政治中，代表始终与选举相联系。选举或许并非政治代表的充分条件，但一定是必要条件。然而，如果选举要达到选出代表的目的，它必须是竞争、自由和公正的，并在实现广泛成人普选权的基础上进行。

- 选举有多种功能。一方面，它有“自下而上”的功能，如政治录用、代表、组成政府和影响政策；另一方面，激进的理论家则强调它的“自上而下”功能，包括确立合法性、塑造民意以及巩固精英地位。

- 选举制度通常被划分为多数当选制和比例代表制。在多数当选制中，大党赢得的席次比例一般高于其得票率，因此会增加一党执政的机会。在比例代表制中，政党赢得的席次比例和得票率之间存在对等或至少较为对等的关系，因而出现联合政府的可能性较大。

- 人们之所以主张多数当选制，通常是因为它能提供给选民哪一党执政的明确选择，赋予获胜政党政策授权，并有助于促进政府的强势和稳定。相较之下，人们支持比例代表制，则通常是基于它能使政府获得更广泛的选民基础，提升各党之间的共识与合作，并保持内阁与议会间的健康平衡关系。

- 选举的意义同影响投票行为的因素密切相关。在诸多投票理论中，有的强调政党认同和习惯性归附的重要性，有的重视团体成员身份和社会结盟的意义，有的以理性选择和自我利益算计为基础，有的则认为个人选择是由意识形态操纵塑造而成。

问题讨论

- 代表仅仅是民主的替代品吗?
- 何种条件最能促进代议制政府的发展?
- 选举在使政治人物负责方面更重要，还是在确保政权生存方面影响更大?
- 选举公正与强势和稳定政府是否必然不能两全?
- 选举在界定公共利益方面取得了多大的成功?
- 投票行为在何种程度上是以理性和议题为基础的活动?

扩展阅读

Birch, A. H., *The Concepts and Theories of Democracy*, 2dn edn (London: Routledge, 2000). 该书清楚彻底地讨论了代表的概念和代议制政府的条件。

Farrell，D. M.，*Electoral Systems：A Comparative Introduction*（Basingstoke：Palgrave，2001）. 该书简要介绍了当前使用的六种主要选举制度。

Gallagher，M. and P. Mitchell（eds），*The Politics of Electoral Systems*（Oxford：Oxford University Press，2005）. 该书分析了22个国家选举制度的运作，凸显了选举制度与更大政治过程的复杂关系。

Harrop，M. and W. L. Miller，*Elections and Voters：A Comparative Introduction*（Basingstoke：Palgrave Macmillan，1987）. 该书分析了选举的作用以及对投票行为的争论，内容易懂，信息量很大。

Katz，R.，*Democracy and Elections*（Oxford and New York：Oxford University Press，1997）. 该书评论了与民主和选举相联系的问题，很有价值。

LeDuc，L.，R. Niemi and P. Norris（eds），*Comparing Democracies：Elections and Voting in Global Perspective*（London：Sage，1996）. 该书在检视选举民主的性质和健康状况以及选举制度的意义方面颇有见地。

第 8 章

政党与政党制度

主要问题

本章讨论的主要问题如下：

- 什么是政党？政党如何分类？
- 政党有哪些主要功能？
- 政党如何组织？其权力位于何处？
- 政党制度有哪些类型？
- 政党制度怎样影响更宏观的政治过程？
- 政党是否在衰落？这种衰落是否已无可挽回？

政党对现代政治的运作发挥着基石性作用，人们经常以为它的角色和重要性是理所当然的。但他们可能忘了，政党实是相对晚近的产物，不过是在 19 世纪早期作为赢得选举并掌握政府权力的政治机器才开始出现的。但是如今政党已几乎无处不在了。在仅有的那些没有政党的国家中，政党正遭受专政和军事统治的压制。简言之，政党是现代政治的主要组织原则。不论政党是民主的重要工具还是独裁和压迫的根源，它们都是国家与市民社会、政府机构与社会内部团体和利益方之间必不可少的纽带。政党和政党制度也日益遭受抨击，因其无法表达现代社会中新出现的多样性期求，不能解决甚至无法处理许多最为严重的问题而备受指责。

8.1　政党政治

政党在绝大多数国家和多数政治体系中都存在。它可以是威权的，也可以是民主的；可通过选举上台，也可利用革命手段掌权；其意识形态立场可以是左、右或者居中，甚至完全排斥任何政治理念。不过，某类政党可能存在于从巴西到布隆迪、从挪威到新西兰的不同国家。政党的发展和政党制度的形成是政治现代化的标志。在 1950 年代后期，世界上约 80%的国家处在政党的统治之下，但到 1960 年代和 1970 年代初期，由于发展中国家军事统治的蔓延，该比率有所降低。政党被指责会引发政治分歧，无法解决贫困以及族群和部族对立等严重问题。同时，政党也不利于经济和军事精英的活动。1980 年代和 1990 年代民主化的高涨推动了政党的再次蓬勃发展。在亚洲、非洲和拉丁美洲，军事统治的松解或崩溃无一例外地伴随着政党的再度崛起。

概念

政党（political party）

政党是为赢得执政权力（通过选举或其他手段）的人们组织而成的团体。政党常与利益集团或社会运动相混淆。

政党与其他团体区别在如下四个方面：

- 政党的目标是赢得政治职位并掌握执政权（但小党更多利用选举获取宣扬理念的平台，而非赢得权力）。
- 政党是由正式成员组成的组织化团体，从而与较广义和分散化的社会运动相区别。
- 政党所关注的议题通常比较广泛，涉及政府政策的各个主要领域（但小党可能会关注单一议题，类似于利益集团）。
- 政党基于共同政治偏好和一般意识形态认同而团结起来，但各党程度不一。

然而，如果认为政党一直与我们同在，那就大错特错了。政党乃大众政治结构的一部分，是因代议制政府和19世纪选举权的逐步普及而产生的。在此之前，所谓的“派别”或“党”只不过是意气相投之政治人物组成的团体而已，一般以某个重要领导人或家族为核心。如所谓的“宫廷党”，通常就是在专制君主制中因显贵人物争夺权力发展而成。柏克在18世纪后期将政党描述成为“依彼此同意的某种原则集合起来的群体”，此时他想的是辉格党（Whigs）和托利党（Tories）这样不固定的非正式团体，而不是这些团体日后发展而成的纪律日益严格的组织化政治机器。

现代政党首先出现在美国。虽然制定美国宪法的开国元勋对政党颇为憎恶，但联邦党（后称辉格党，1860年更名为共和党）在1800年总统大选中却以群众型政党的姿态出现。许多保守派和自由派的政党一开始只是议会派别，只是后来为了争取不断扩大的选民群体，它们才建立起议会之外的选区支部和地方机构等组织。相较之下，社会主义政党及代表宗教、族群和语言团体的政党都是由活动于政府之外的社会运动或利益集团发展而来，它们由此成为成熟的议会政党，希望能够赢得正式代表席位并影响公共政策。到20世纪初，政党和政党制度实际上已成为社会及其他群体的政治表现形式，推动着整个社会的发展。但由此形成的政党形态却千差万别。

政党类型

有关政党的分类多种多样，其中最重要的有：

- 干部型政党和群众型政党；
- 代表型政党和整合型政党；
- 宪制型政党和革命型政党；
- 左翼政党和右翼政党。

最常见的分类是干部型政党和群众型政党。干部型政党最初意指“显要人物组成的政党”，由很少重视建立群众组织的非正式领导人团体所支配。这类政党无一例外地由选举权受限制时期的议会派别或小团体发展而来。干部型政党的独特点在于，它依靠的是政治上积极、能够为群众提供意识形态指导的精英（通常服从半军事化的纪律）。虽然党员有严格的政治标准，但个人名利和利益考量也经常是后来者入党的强大动机。

概念

派别（派系，faction），派别主义（factionalism）

派别和政党最初可以互换使用。派别现在更常用来指较大组织（通常是政党）内的部分或团体。尽管派别可能较为稳定且持久，并拥有正式的组织和成员，但其目标和组织地位仍与其母体政党相兼容。若非如此，这些团体将会被视为“党中之党”。有时人们将派别同“圈子”（tendencies）加以区分，后者是更松散且非正式的团体，仅有共同的政策和意识形态倾向。派别主义指的是派别的滋生，或残酷的派别对立。“派别”一词常用作贬义；“派别主义”则始终带有贬义，暗指各种削弱对手的明争暗斗。

群众型政党则高度重视扩充党员数量和建立广泛的选民基础。尽管选举权的普及迫使自由主义和保守主义政党寻求群众支持，但最早出现的群众型政党却是欧洲的社会主义政党，如德国社会民主党和英国工党，它们建立起了动员工人阶级支持的专门组织。这种政党的关键特征，是对人员录用和组织的重视甚于意识形态和政治信念。尽管这种政党形态常有民主组织，但除了少数活动家之外，党员通常很少参与，只是一般地赞同党的原则和目标。

多数现代政党可归入奥托·基西海默（Otto Kirchheimer，1966）所称的“兼容型政党”的范畴。这类政党大幅减轻其意识形态的包袱，以期吸引尽可能多的选民。基西海默特别考虑的是德国基督教民主联盟（CDU）这样的案例，但兼容型政党的最佳例证却是美国的民主党和共和党。德国社会民主党和英国工党等现代非意识形态化的社会主义政党也在此列。这些政党与典型的群众型政党不同，它们重视领导与团结，贬低个体党员的作用，努力建立广泛的支持者联盟，而不只是依靠特定的社会阶级和阶层群体。

理性选择（rational choice）：一种政治研究取向，其基本假定是认为个人乃理性自利的行动者。这是一种政治的“经济”理论。

第二种分类是西格蒙德·纽曼（Sigmund Neumann，1956）提出的所谓代表型政党与整合型政党。代表型政党认为其首要功能是获取选票，因而它意图反映而不是塑造民意。代表型政党采取了兼容策略，对它来讲实用主义先于坚持原则，舆情调查高过民众动员。这类政党在现代政治中的盛行大大支持了以政治行为的**理性选择**模式为基础的观点，如熊彼特和唐斯将政治人物描述成权力追求者（power-seeking），这些人愿意采取任何足以促成选举胜利的政策。

相较之下，整合型政党采取了预见性而非应对性的政治策略；这类政党希望动员、教育并激励群众，而不仅是回应他们的要求。尽管纽曼认为典型的动员式政党是意识形态上纪律严明的干部型政党，但群众型政党也可能表现出动员倾向。例如，社会主义政党一直力图“说服”选民相信公有制、充分就业、再分配和社会福利等政策的好处，直到因选举失利而受挫。但非常具有讽刺意味的是，撒切尔领导下的英国保守党也在1980年代采取了这种整合策略。撒切尔抛弃了该党传统上对意识形态和抽象原则的憎恶态度，转而主张“信仰政治”（conviction politics），追求以坚定支持减税、鼓励企业发展、提升个人责任和削弱工会力量为基础的动员策略。

第三种分类区别了宪制型政党和革命型政党。宪制型政党承认其他政党的权利和资格，因而是在规则和制约的框架内运作的。特别是这类政党承认政党与国家、执政党（当下政府）与国家机构（官僚、司法和警察等形式上独立和政治中立的机构）之间的界限。最重要的是，宪制型政党承认并尊重选举竞争的规则，认识到自己能够因获选民支持而上台，也同样会因遭选民唾弃而失势。自由民主制中的所有主流政党都具有这种宪治特征。

革命型政党则是反体制或反宪制的政党，它可能是左翼也可能是右翼。这类政党的目标是掌权，利用直接起义和人民革命或纳粹和法西斯的准合法手段颠覆现有的宪制结构。在某些情况下，革命型政党被归为遭官方正式取缔的“极端主义”或“反民主”政党，第二次世界大战后的德国曾出现这样的例子。这类政党一旦赢得权力，也无出其外地变为“执政党”或政权党（regime parties），镇压反对党并同国家机器建立永久性联系。在一党制中，不管是在法西斯主义、民族主义还是其他任何旗帜下，党与国家的界限都非常模糊，“执政”党实际上已取代了政府，创造了融为一体的“党国”体制。

最后一种政党分类以意识形态取向为基础，具体而言就是左翼/右翼之分。被打上左翼标签的政党（进步主义、社会主义和共产主义政党）的特征是信奉变革，包括推动社会改革或大规模的经济转型，其传统支持者是穷人和弱势群体（在都市区是工人阶级）。而被看作右翼势力的政党（保守主义政党，特别是法西斯党）一般主张维护现有社会秩序，在这种意义上它们是稳定的力量，其支持者通常有企业家阶层和物质上富足的中产阶级。但是，简明的左—右之分说好一点是简单化做法，在最坏的情况下却会导致严重误导。人们经常按照革命/改良、宪制/反体制的分野划分左右，但是所有政党——特别是宪制型政党——内部都存在左右两翼，往往是“广教会派”[①] 式政党。再者，选举竞争也模糊了意识形态认同，各党为了争取选票，多已放弃一度珍视的原则信条。以英国工党为例，它为了争取“英格兰中派”选民的支持，已在意识形态上向中间靠拢，甚至标榜自己是“新”工党。最后，旧的阶级对立已经改变，环保、动物权利和女性主义等政治议题开始出现，这可能使传统的左右之分纯属多余了（Giddens，1994）。

焦点论述

政治光谱（the political spectrum）

左—右的政治光谱分析是描述政治理念与信仰的简易方法，它概括了政治人物、政党和社会运动在意识形态上的立场位置。政治光谱肇始于法国大革命时期，在1989年的三级会议第一次会议上，各阶层即采取了这种左右之分的立场。左和右并没有确切的含义。直线型政治光谱（见图8—1）在狭义上概括了对经济和国家角色的不同态度：左翼观点支持国家干预和集体主义，右翼观点则倾向于市场和个人主义。一般认为这反映出了更深层次的意识形态或价值差异：

左	右
自由	权威
平等	等级
博爱	秩序
权利	义务
进步	传统
改革	反动
国际主义	民族主义

另外一种马蹄形政治光谱（见图8—2）是在第二次世界大战后提出的，用来强调

① 英文为 broad church，指圣公会内的广教会派，或不坚持原则的教派。——译者注

法西斯主义的极权主义和一元化（反多元主义）倾向，它与属于主流信条的宽容和开放相对。汉斯·艾森克（Hans Eysenck，1964）提出了二维政治光谱（见图8—3），试图增添垂直的威权主义—自由主义光谱，以弥补传统的横向左—右光谱之粗陋和不一致的缺陷。这使有关经济组织的立场同有关公民自由的立场相分离。

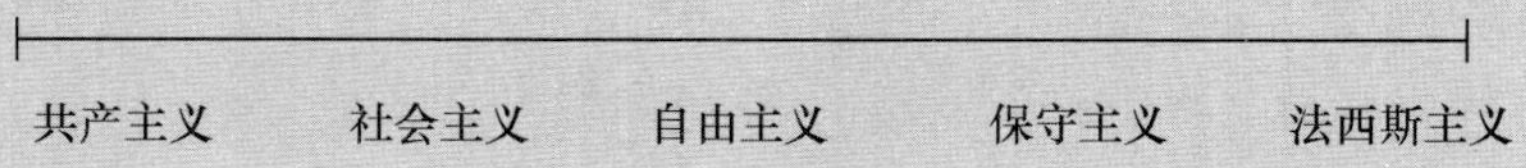

图8—1　直线型政治光谱

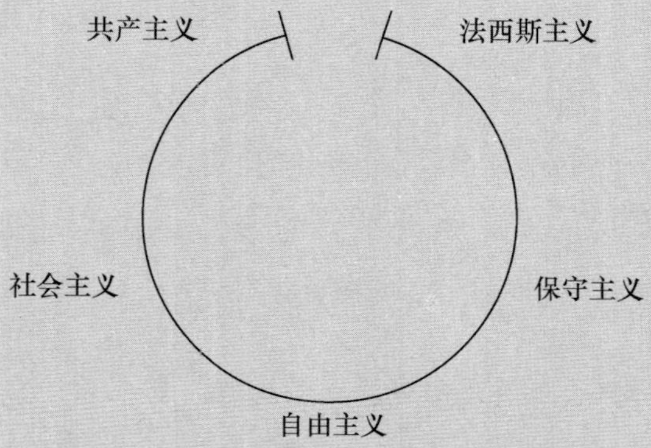

图8—2　马蹄形政治光谱

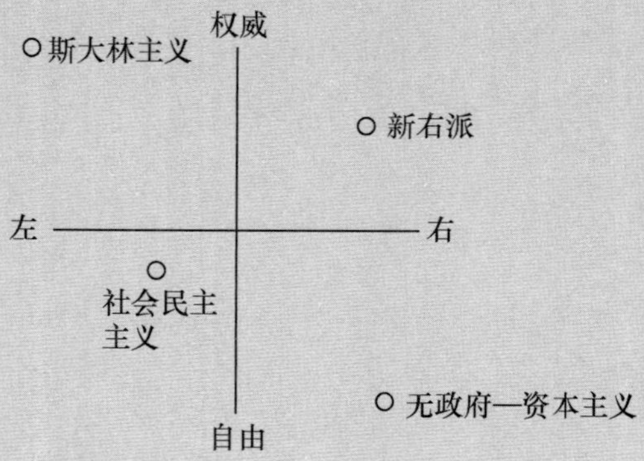

图8—3　二维政治光谱

政党的功能

尽管政党一般从其核心功能方面来界定（递补政职、掌握政府权力），但其对政治体系的影响却更为广泛和复杂。对政党功能进行一般概括毫无疑问是件冒险的事情。活动于选举竞争背景下的宪制型政党往往被说成是民主的堡垒；这类政党的存在也确实常被看作检验民主制度是否健康的试金石。而垄断政治权力的政党更多地被描述为操纵和控制政治的工具。不过，我们依然可指出政党的若干一般功能，其主要功能如下：

- 代表；
- 培养和录用精英；
- 制定目标；
- 利益表达和聚合；
- 社会化和动员；
- 组建政府。

代　表

代表常被视为政党的首要功能。它指政党回应和表达党员与选民意见的能力。用系统论的术语讲，政党是确保政府关心更大社会期求的主要“输入”机制。显然，这项功能在开放和竞争性制度中实现得最好（也许有人认为只有这种制度才具有此功能），该制度能迫使政党对民众的偏好作出回应。安东尼·唐斯（1957）等理性选择理论家对这一过程作出了解释，认为政治市场和经济市场相当，政治人物完全就像追求选票的企业家，这意味着政党的行为与企业非常类似。如此一来，权力便最终掌握在消费者——选民——之手了。但这种“经济学模型”也招致了多方批评，理由是政党不仅回应民意，而且还力图“塑造”或动员民意；将选民比作信息充分、理性和议题导向的消费者也值得商榷；而且，选民作为消费者的选择范围常常是有限的。

培养和录用精英

所有类型的政党都负责向国家输送它们的政治领导人。少有的一个例外是戴高乐将军，他在 1944 年以超党派的“救世主”姿态出现在法国，他创建的“新共和联盟”（UNR）等政党像反对党一样和他势同水火。更常见的情况是政治人物借助党职获取官位，总统竞选人往往就是党的领袖，议会制中议会多数党领袖则顺理成章地荣膺总理一职。内阁和其他部会职位一般由政党资深人物担任，但在美国等总统制国家也有例外，这些国家里无党籍人士也可以入阁。

因此，在大多数情况下，政党提供了训练政治人物的场所，使他们获得一些技能、知识和经验，提供给他们仕途的阶梯，尽管这还取决于该党的时运。同时，政党对政府职位的控制也引起了批评，因为如此一来政治领导人只能从相对较少的人才——即屈指可数的几个大党的资深人物——中产生。但在美国，初选的普遍采用使得这种情况有所减少，也因此降低了政党对选择和提名候选人的控制。

概念

初选（预选选举，primary election）

初选是遴选党内候选人以角逐随后“官方”选举的一种党内选举。在20世纪，初选在美国成为首要的提名机制，也用来遴选参加政党大会的代表以及政党领导人。美国多数州采用“封闭式”初选，参与者被限定在已登记的政党支持者范围内（与党员不完全等同）；“开放式”初选则允许所有选民参与，而不考虑其与政党的联系。初选的意义在于它给基层党员提供了有关党务的更多发言权，且更偏于候选人导向而非政党导向的政治形态。初选的成功使候选人能够掌控政党机器，而不是将问题留给党本身。

制定目标

政党在传统上是社会设定集体目标，并在某些情况下确保这些目标实现的工具。政党之所以扮演这种角色，是因为它们在追求权力的过程中，为了获得选民支持（通过会议、代表大会和竞选宣言等）而拟订了施政纲领。这不仅意味着政党是政策推动的源头，而且还促使政党提出条理清晰的政策选项，供选民在多种切实可行的目标中作出选择。

议会制下的政党显然最负有这种功能，它们一旦当选就可宣称自己获得了选民授权以推行其政策。这种情况也发生在总统制下通常没有政纲的政党身上，如1994年美国国会选举中，共和党提出“美利坚契约”① 的诉求。兼容型政党具有非意识形态化倾向，竞选活动越来越重视个性和形象而忽视政策和议题的现象，这普遍削弱了政党在政

① 1994年美国中期选举时共和党众议院领袖、众议院议长纽特·金里奇采用的战略之一，是提出一项名为“美利坚契约”（Contract with America）的十点立法计划。这项契约由绝大多数共和党众议员候选人在竞选的早期签署支持，选举后变得尤为重要。金里奇承诺新的共和党多数将于100天内在众议院通过该契约主张的立法条款。选举结果是共和党同时占据参众两院多数席位。——译者注

策制定方面的影响力。而且，在文官部门和利益团体的压力以及国内和国际背景下，政党纲领肯定会有所修改。另一方面，除了一党制下的正统共产主义国家外——这些国家中的“执政”党对各个层级的国家机构进行监督，政策执行通常由官僚机构而非政党负责。

利益表达和聚合

在形成集体目标的过程中，政党也会帮助表达和凝聚社会上存在的各种不同利益。政党甚至常常成为企业、劳工、宗教、族群等团体提出或捍卫它们各种利益的工具。如英国工党就是由工会运动创立，目标是实现工人阶级的政治代表权。其他政党则常常为了扩大选民基础而吸收各种利益和团体，19 世纪后期和 20 世纪早期的美国政党就曾争相获取移民群体的支持。

全国性政党总是要表达众多群体的要求，这迫使它们在凝聚这些利益的时候将其整合成协调的整体，保持各种竞争性利益的平衡。宪制型政党在选举竞争的压力下显然要这样做，即便是垄断型政党也要通过其与国家和经济（尤其是中央计划制度下）的紧密联系来表达和聚合利益。但在竞争性政党制度下，也并不是所有的利益都能获得表达，大多数都很容易被忽视或排除在外。

社会化和动员

通过内部辩论和讨论，以及竞选活动和选举竞争，政党成为政治教育和社会化的重要媒介。政党所选择关注的议题帮助设定了政治议程，它们所表达的价值与态度也成为更广泛的政治文化的组成部分。就垄断型政党而言，宣传“官方”意识形态（无论是民族社会主义，或纯粹是克里斯玛型领导人的思想）被有意识地确定为党的中心功能——如果不是最高功能的话。

竞争性制度中的主流政党，在鼓励各团体遵循民主游戏规则并动员人们支持体制本身的过程中所发挥的作用也丝毫不逊色。如 19 世纪后期和 20 世纪初期出现的社会主义政党，就是使工人阶级融入工业社会的重要工具。然而，许多国家出现的党徒解盟以及亲体制政党日渐解魅，也使人们开始怀疑政党进行动员和社会化的能力。政党的问题是它自身反而在某种程度上被执政经历社会化了（有人会认为是受到执政经历的侵蚀），使之在吸引党员支持和情感归附方面显得不那么有效了。

组建政府

人们经常认为，如果没有政党，复杂的现代社会将无法治理。首先，政党能够帮助组建政府，在议会制中甚至可能建立“政党政府”。政党还使政府具有一定程度的稳定性和连贯性，如果政府成员来自同一党更是如此，他们可由此在共同的情感和依附之下团结共进。即便是联合政府，也比各怀主见之独立个人组建的政府更可能培养团结一致的精神。

再者，政党还能促进议会与行政两大政府部门的合作。在议会制中，政府由控制议会多数的一党或多党组成，这有效地保证了两部门之间的合作。即使在总统制中，行政首长也能通过呼吁党的团结而对国会施加影响（如果不是控制的话）。最后，至少在竞争性体系中，政党是政府内外反对和批评声音的极为重要的源头。这还拓展了政治辩论的空间，教育了选民，有助于确保政府政策受到彻底监督，因而也更具有可行性。

政党组织：权力位于何处？

鉴于政党所发挥的关键作用，研究者已将相当多的注意力投注到政党内部权力位于何处的问题上。政党的组织与结构由此提供了社会整体内部权力分配的重要线索。政党能起到民主团体的作用，拓展参与和通向权力的管道吗？还是仅仅巩固了领导人和精英的支配地位呢？

奥斯特罗果尔斯基（Mosei Ostrogorski）是最早尝试考察政党内部民主的学者之一，他在《民主与政党的组织》（*Democracy and the Organization of Political Parties*，1902）一书中指出，个人利益的代表已经输给了政党机器日益增长的影响力和政党高层核心组织的控制。此类观点更引人注意的阐述是罗伯特·米歇尔斯在《政党》（*Political Parties*，1911，1962）一书中所说的“寡头统治铁律”，或者如他所言：“谁要求组织，就是要求寡头统治。”米歇尔斯是一位杰出的精英理论家，他对德国社会民主党的权力结构作出分析后指出，尽管该党具有形式上的民主组织，但权力仍集中在少数领导人之手。

焦点论述

寡头统治铁律（iron law of oligarchy）[①]

寡头统治是少数人的统治或支配。米歇尔斯提出的"寡头统治铁律"表明，政治组织具有寡头支配的必然趋势，并暗示一切组织皆无出其外。政治参与或民主结构并不能抑制寡头倾向，只能掩饰之而已。

米歇尔斯提出了若干论据，以支持其"寡头统治铁律"：

- 精英团体源自专业化的需要，精英成员比一般成员具有更多的专业知识和组织技能。
- 领导者来自内聚性团体，因为他们认识到这会增加其执掌权力的机会。
- 基层组织成员往往冷漠消极，因而通常接受其从属地位，并尊重领导者的看法。

在米歇尔斯看来，"寡头统治铁律"解释了民主社会主义必然失败的原因，甚至打破了政治民主的神话。而批评者则指出，米歇尔斯的结论是以考察某一特定时期的特定政党为基础的，所依靠的心理学理论也值得商榷。事实上，政党精英经常为派别冲突所累，广大党员也并非米歇尔斯所说的那样恭顺和沉默。

> **机器政治**（machine politics）：一种政党"头目"通过庇护与施与恩惠控制群众组织的政治运作形式。
>
> **政党预选会议**（政党预备会议，caucus）：政党成员为提名候选人或在正式程序之前讨论立法提案而召集的会议。

人们已尝试以改革来强化政党的民主和参与性。最清楚的例子发生在 1970 年代和 1980 年代的美国。美国政党在许多方面与欧洲政党不同，它们是一种松散的联合，只是角逐总统选举的需要才将内部不时冲突的利益联结起来，因此具有高度的分权色彩，且通常没有政纲。传统上以州或城市为活动中心的政党头目（party boss，20 世纪早期**机器政治**的遗产）扮演着权力经纪人的角色，在政党提名大会上发挥着决定性的影响。但 1968 年美国民主党全国大会上的抗议和冲突激起了改革运动，这项改革意图削弱政党地方领袖的权力并强化群众党员的作用。

这项改革主要是通过广泛采用初选提名和**政党预选会议**实现的。民主党和共和党先后进行了这种改革，吸引越来越多的议题和激进候选人进入政党政治当中，使麦戈文（George McGovern，1972 年获民主党提名）和里根（1980 年获共和党提名）等意识形

① 可参阅［德］米歇尔斯：《寡头统治铁律》，天津，天津人民出版社，2003。——译者注

态色彩较强者获得了提名。但这种趋势也引起了人们的担心，尤其是民主党害怕更开放和参与性的结构只会让那些根本不可能当选的“圈外人”获得提名。美国两大党对此的反应是巩固委员会机构（尤其是全国、众议院和参议院层级）并使之现代化。尽管这被说成是“政党再造”过程，但有证据表明，在美国，政党希望给个体候选人提供更好的选举支持，毕竟那里还没有出现以政党为中心的欧洲式选举。

选举人团（electoral college）：一种间接选举机制；负责选出政党或公共职位人选的选举人团体。

民主集中制（democratic centralism）：列宁主义的政党组织原则，以保持讨论自由和严格统一行动的平衡为基础。

1980年代初期，英国工党也采取了类似的民主化举措。1979年大选失利后，工党基层选区活跃分子对议会领袖“背叛社会主义”的日益不满终于爆发成公开的冲突。托尼·本（Tony Benn）带领的改革派推动议员的“委任再挑选”（mandatory reselection），以及经过**选举人团**来选举政党领袖和选区领导人，从而成功地加强工党议会外部分的力量。不过，为了应对连续的选举失利，工党转而强化集权化领导，重新采取“由上而下”的权威结构。工党党魁基诺克提出的1987—1989年政策报告可初见端倪；到1993年，党魁史密斯引入“一个党员，一张选票”的选举方法，借以削弱工会的影响；1995年，布莱尔修改党章的第四条款（该条款主张公有制）；随后是1997年工党以“新”工党的姿态重新执政。上述过程中让人感兴趣的是，寡头倾向并不是源自组织化的推动，而是政党团结和重拾选民对其信心的需要。

对于决定党内权力位于何处而言，派别及派别倾向同正式组织一样重要。所有政党，甚至包括那些具有明显寡头特征的党，其内部都存在某种程度的政治和意识形态对立，而组织化和内聚性团体间冲突所显示的对立强度对形塑政党领袖的权威至关重要。在某些情况下，派别可以从政党中分裂出去，如1917年俄国革命之后，欧洲的共产党常脱胎于社会主义政党。派别主义经常与政党对政治理念和意识形态方向的重视程度相关。务实的右翼政党一般只需平衡或调和内部的对立倾向即可，而较为意识形态化的左翼政党则须处理公开分歧和制度化的对立，再加上它们倾向支持党内民主，往往使得社会主义政党比自由或保守主义政党更难领导。

或许更重要的考量是政党在多大程度上稳掌权力。从某种意义上讲，派别主义是只有长期执政的政党才能负担得起的奢侈品。共产党只需通过**民主集中制**所规定的严格纪律就能够控制派别主义，其原因就在于此。这也解释了为何“一党独大型”政党内派别林立，如日本自民党和意大利基督教民主党的情况。英国保守党曾一度最为强调顺从与忠诚，但浓厚的意识形态色彩加上 1979 年以来的长期执政，使它在 1980 年代和 1990 年代日渐派别化了。比起政党领袖支配的正式结构来，自上而下的压力可能会赋予该党更为民主的特质。玛格丽特·撒切尔是这一过程最惹人注意的受害者，尽管她曾连续三届赢得大选，但仍在 1990 年被迫辞去保守党领袖职位。1992—1997 年梅杰任党魁期间显然也出现了同样的现象。

概念

政党民主（party democracy）

政党民主是一种人民统治的形式，政党作为民主机构而成为实现民主的中介机制。有关如何实现政党民主的观点有两种。第一种观点认为，政党之所以为民主机构，正是由于权力广泛且均匀分配。这意味着在选举领导人和挑选候选人过程中应该有广泛参与，政党会议和代表大会应在政策制定中发挥重要作用。第二种观点则认为，民主要求决策权应集中在由选举产生并对公众负责的少数成员手中。根据这种观点，政党内部广泛并均匀的权力分布，将导致基层选区活跃分子专横妄为（这些人并非由选举产生）。

8.2　政党制度

政党之所以重要，不仅是因为它们担负着多种功能（代表、精英录用、利益聚合等等），而且在于政党之间复杂的相互关系对政治体系实际运作方式的形成具有至关重要的作用。此中的关系网络称为政党制度。区分不同政党制度类型的最常见方式是关注竞取权力的政党数目。迪维尔热（Duverger，1954）在此基础上将政党制度分为“一党制”、“两党制”和“多党制”。尽管这种分类法被普遍采用，但政党制度却不能简单归结为“数字游戏”。

与竞取权力的政党数目同样重要的是各党的相对规模，这表现为它们在选举和议会中的实力。如萨托利（Sartori，1976）所指出的那样，关键是确立政党与政府组成之间的“相关性”，特别是其规模能否带来赢得或至少分享政府权力的机会。我们可以根据该取向区分出以执政为目标的“大党”和处于边缘地位的“小党”（尽管任何类型的界定都很难具有数学上的精确性）。

第三个考量是这些党彼此的“相关性”如何。该政党制度的特征是合作与共识，还是冲突与极化？这与该制度的意识形态组合以及各党的传统和历史有着密切的关系。

然而，仅有政党并不一定就有政党制度。只有当政党之间的关系模式具有稳定性和一定程度的规则性时，方可构成某种政党制度。若稳定性和规则性不存在，则某种政党制度可能正在形成过程中，或者正在由一种类型向另外一种类型转变。例如，1991 年苏联共产党统治的结束以及苏联共产党最初被取缔，使竞争性政党制度的形成较为困难，或者说一波三折。俄罗斯的问题在于，党派和政治团体如雨后春笋般地出现，但没有一个能够吸收群众党员或建立全国性组织。至少 43 个党参与角逐 1995 年议会选举，其中最大的俄罗斯共产党才获得 22%的选票。但有人认为，在一个党徒解盟和投票模式不定的年代里，政党制度普遍丧失了“系统化”特性，使我们更难对不同制度予以区分。此外，在那些次级国家机构发挥重要影响的地方，政治体系的不同层级可能有不同的政党制度运作。

现代政治中的主要政党制度有：

- 一党制；
- 两党制；
- 一党独大制；
- 多党制。

一党制

严格地说，由于“制”意味着若干实体之间的互动，一党制的说法是矛盾的。不过，该词有助于我们区分下列两种制度：一是一个政党通过排除所有其他政党（借政治或宪法的手段）而享有垄断权力的政治体系；另一是以多个政党竞逐权力为特征的政治体系。由于垄断型政党实际上是作为永久性政府运作，不存在能迫使其下台的机制（除了政变和革命)，它们总是能建立与国家机器的牢固关系。这样的国家可以归入“一党国家”之列，其机构可视为融为一体的“党国”机器。但是，一党制仍然有两种迥然不同的类型。

第一种见于社会主义政权中，“执政”的共产党几乎领导着社会的所有机构和方面。这种政党坚持严格的意识形态准则，坚持马克思列宁主义的信念，拥有符合民主集中制的高度结构化的内部组织。苏联有 9%左右的人口是苏共党员。在这种政党中，党的核心由专职官员组成，这些人管理着党的机构，负责监督国家机器和社会机构。

先锋队主义（vanguardism）：一种列宁主义信念，认为无产阶级需要党领导或指导来实现其革命使命。

共产党控制国家、经济和社会，并保证下级服从上级的核心机制是“党任命干部”制度（人事制度，*nomenklatura*[①] syetem)。这是一种审查任命制度，实际上国家所有高级职位都由党批准的候选人担任。党掌控权力并监督国家和社会机构依据的是列宁主义理论，该理论认为党是“无产阶级的先锋队”，它负责为劳动群众提供意识形态的领导和引导，以保证他们完成革命使命。但也有人对这种**先锋队主义**提出批评，认为它具有严重的精英主义倾向，并埋下了后来斯大林主义的祸根。托洛茨基从另一个角度予以解释，他认为执政党远远没有支配苏联的发展，其形式上的权力垄断完全掩盖了国家官僚机构迅速增长的影响力。

第二种类型的一党制与发展中国家中的反殖民民族主义和国家巩固有关。如在加纳、坦桑尼亚和津巴布韦，执政党由独立运动发展而来，这些党宣称民族建构和经济发展是压倒一切的任务。在津巴布韦，一党统治完全是 1986 年（独立后的第六年）津巴布韦民族联盟（ZANU）和津巴布韦人民联盟（ZAPU）两个前游击队组织合并而形成的。而在另外一些情况下，此类政党只是国家领导人借以巩固权力的工具，如 1980 年代孟加拉国爱尔沙德（Ershad）将军的人民党，以及 1965—1997 年扎伊尔总统蒙博托（Mobutu）的人民革命运动。

非洲和亚洲地区的一党制，通常是以拥有支配地位的克里斯玛型领袖为中心建立起

---

① *nomenklatura* 是苏联时代的一个俄文专用名词，指的是由党的各级干部管理部门任命的政府及企业负责人。在西方的共产党国家研究中，这个俄文专用名词被转意用来指称拥有特权、享有终身职务的党籍官僚或占据最重要领导职位的上层。这里根据其内涵采用了“党任命干部”的译法。——译者注

来的，其意识形态认同也源于领袖的思想观念。加纳人民大会党主席（CPP）恩克鲁玛（Kwame Nkrumah）在1966年倒台前常被认为属于此类领导人，其他的例子还有坦桑尼亚的尼雷尔（Julius Nyerere）和津巴布韦的穆加贝（Robert Mugabe）。一般来讲，这些政党的组织化程度较低（与共产主义一党国家有着严格纪律的政党非常不同），最多在决策过程中扮演一些次要角色。不过，它们的垄断地位却有助于确立威权主义统治，有造成贪污腐败的危险。

两党制

两党制是一种两强控制的体制，两个处于支配地位的政党拥有大致等同的执政机会。其典型形式具有以下三个标准：

- 尽管可能有多个小党存在，但只有两个党足以凭选举和议会实力获取赢得执政权的机会。
- 较大的政党能够单独执政（一般以议会多数为基础）；其他党处于反对党地位。
- 两大党轮流掌权；双方皆有当选可能，在野的一方则充当“准备中的政府”(government in the wings)。

英国和美国是人们最常提起的两党制国家，当然还有加拿大、澳大利亚和新西兰等国。不过，典型的两党政治的例子却并不多见。例如，英国常被认为是典型的两党制，但它也只是在特定的历史时期才符合以上三个界定标准，即便在战后初期显然属于工党—保守党两党制的一段时间（1945—1970年间政权四度轮替），中间也经历了保守党连续13年执政的阶段（1951—1964年），这期间工党能否当选曾大受怀疑。再有，虽然英国下院一直由大党控制，但1974年以来该国是否存在两党制更让人怀疑。这一点可从工党和保守党两党总支持率的下降窥知（从1950年代初的95%降到1974年后持续多年的75%以下）。

即便在美国，似无争议的两党制（共和党和民主党通常瓜分参众两院的所有议席）也可能受到怀疑。一方面，在总统制下，可能一党掌握白宫（总统），而另一党控制国会山（国会），1984—2000年即是如此，这意味着不太可能明确地作出执政和在野的划分。另一方面，“第三党”候选人的重要性有时也不可低估。佩罗（Ross Perot）在

1992 年的总统大选中获得 16%[①]的选票，不仅凸显了共和党和民主党的衰落，而且可能也是克林顿能够胜出的关键因素。

人们曾认为两党政治是协调回应性与秩序、代议制与有效政府的最稳妥途径。它的主要优势在于，它使政党政府的制度建构成为可能，而这种制度具有稳定性、选择性和问责性的特征。在竞争性的纲领和政府之间，两党制给选民提供了简单明确的选择。选民可支持某一方，知道它若赢得选举，就有能力兑现其竞选时的纲领承诺，而无须与联合伙伴谈判或妥协。有时这也被认为是多数当选制的吸引人之处，它使大党能够赢得高于得票率的席次率。两党制能够在执政党和在野党残酷竞争的基础上造就强势政府和责任政府，也因此备受赞许。在此制度下，虽然执政党能够进行治理，但它永远不可懈怠或自满，因为反对党一直在觊觎上台的机会。此外，由于权力角逐者需要争取中间选民的“游移”票源，两党制也往往会产生温和的氛围。1950 年代和 1960 年代英国盛行的所谓社会民主共识正反映了这一情况。

概念

政党政府（party government）

即一个政党就能组建政府并推行政策方案的制度。竞争性体制下纯粹的政党政府并不存在，因此说某体制的政党政府程度“较高”或“较低”比较切合实际，而不是简单讨论它是否存在。

政党政府的主要特征如下：

- 主要政党有明晰的政策纲领，因而使选民对谁能执政可进行有意义的选择。
- 执政党能够获得人民授权，并具有充分的意识形态内聚力和组织团结来实现其纲领诉求的能力。
- 选民通过授权使政府对其负责，有公信力的反对派可充当平衡力量，两者使政府的责任性得到维系。

然而，1970 年代以来，两党政治和一党执政却未受到如此好评。两党制没有造就温和的氛围，却表现出了间歇性的对手政治倾向（如英国）。这反映在意识形态极化，

① 此处的 16%与本章后文提及的 19%相矛盾，疑此处有误。——译者注

以及强调冲突与争论而不是妥协与共识方面。1980 年代初英国就曾出现了“撒切尔化”的保守党右移和激进化的工党左移的现象，尽管很快形成了新的“后撒切尔”共识，但意识形态两极化倾向在当时确实存在。人们常从政党支持的阶级角度（政党冲突被认为最终是阶级斗争的反映）来认识敌对性的两党制，或者认定它是政党民主化的产物和意识形态坚定的基层激进分子影响的结果。

两党制存在的更深层次问题在于，两个旗鼓相当的政党为了赢得选票，竞相提出超过对方的选举承诺，会造成公共支出的急剧增加并刺激通货膨胀。由于政党是在根本无能力兑现的竞选纲领基础上掌权的，这无异于组建不负责任的政党政府。

两党制的最后一个缺陷，是它显然限制了选举和意识形态方面的选择范围。在党徒解盟和阶级团结的时代，从仅有的两个执政纲领中进行选择或许已经足够，但在个人主义高涨和社会多样化更复杂的时代，这已变得相当不够了。

一党独大制

尽管一党独大制和一党制有时表现出类似特征，但两者不应发生混淆。由于存在几个政党在定期的普遍选举中角逐权力的情况，一党独大制具有竞争性，不过它处在长期掌权的某一政党支配下。这种界定貌似简洁明了，但却产生了一些问题，尤其是一个党执政“多久”才算是“独大型”政党这样的问题。日本通常被看作一党独大制的典型。自民党到 1993 年下台前，曾连续执政 38 年，其间仅 1976 年、1979 年和 1983 年没有获得国会的总体多数议席。自民党长期优势地位的基础是日本的“经济奇迹”。这还反映出自民党强调责任和义务的新儒家信条在依旧传统的日本乡村仍有强大吸引力，而且该党与企业精英的联系也相当稳固。虽然自民党现在仍是日本最大党，但它也越来越需要同其他党合作才能组成政府。

印度国大党自该国 1947 年独立起已连续 30 年稳居台上。从英迪拉·甘地（Indiri Gandhi）实行的紧急状态（1975—1977 年）结束到 1989 年间，国大党也仅有三年时间在野。1993 年南非种族隔离政策废除以来，非洲人国民大会也类似独大型政党，其地位是基于它在反白人统治的长期斗争中发挥的杰出作用。欧洲一党独大型政党的最佳例子是瑞典社会民主工党（SAP），该党在 1951—1993 年间除了两年中断外，一直是执政党（或者单独执政，或者是联合政府中的主要政党）；还有意大利的基督教民主党，它主导了战后前 52 届政府的历次组建，直至 1992—1994 年不断受到腐败的指控，该党才黯然下野。

一党独大制最突出的特点，是政治的焦点从政党间竞争转向了独大政党内部的派别冲突。以意大利基督教民主党为例，它只是意大利社会中特权团体和利益的联合，扮演着各色派别的经纪人角色。其中势力最大的团体是天主教会（通过天主教行动党施加影响）、农业团体和工业利益集团，每一团体都能培养出投票忠诚并影响基督教民主党的议员群体。

在日本的政治运作过程中，派系还是一种整合机制。由于各种次级团体都是围绕党内新秀或强势个人联合而成，所以自民党内部的权力争斗不断。这种派系关系也延伸到了地方，因为派系领袖有能力向其追随者施舍恩惠，而在国会，派系领袖则可以通过分配政府和党内高级职位来维持其派系。尽管在一个小党边缘化的体制内，大党内部的暗斗可视为保障自由辩论和讨论的途径，但是日本的派系政治倾向于围绕个人差异展开，而不是以政策或意识形态的分歧为基础。这方面的例子有 1970 年代和 1980 年代福田派和田中派之间的冲突，两个主要人物离开政坛多年之后仍纠葛不断。

其他竞争性政党制度都有其支持者（至少是辩护者），却很少有人想为一党独大制辩护。除了稳定性和可预测性的趋向之外，一般认为该制度是一种不良和不健康的现象。首先，它往往会侵蚀国家和执政党在宪法上的重要区别。当政府不再更迭，国家官员和制度努力适应独大政党的意识形态和政治立场时，一个危险的政治化过程就不知不觉地发生了。例如，自民党籍的国会议员有 1/4 出身文官，这便可能形成那种仅在一党制下存在的党国网络。

欧洲怀疑主义（euroscepticism）：指对欧洲进一步一体化的反对立场，其基础通常是认为一体化将对国家主权和民族认同造成影响。

其次，长时间执政将造成独大型政党的自满、自大甚至腐败。如意大利和日本的政治生活经常被丑闻案打乱，往往牵涉到财政的贪污问题。事实上，1990 年代日本自民党和意大利基督教民主党的衰败同这类问题有很大关系。当政党不再“担心票箱”时，它们就可能变得没有回应性，意识形态也逐渐僵化。如英国保守党 1979 年后的长期执政似乎使其无法摆脱撒切尔主义的传统，尤其是不能抛弃其**欧洲怀疑主义**，或无法怀疑市场教条。

再次，一党独大体制中的反对党势力弱小且难以发挥有效作用。如果批评和抗议来自那些从来都不被认为是真正权力对手的党派，则它们就很容易被置之不理。最后，“永久性”执政党的存在会侵蚀民主精神，使选民害怕变革，而支持“自然的”执政党。如此一来，一党独大制在心理上便长存不倒。真正的民主政治文化应该有理由要求民众对所有党派持健康的不信任态度，最重要的是有意愿罢黜已经失败的政府。

多党制

多党制的特征是存在两个以上相互竞争的政党，它减少了一党执政的机会，而增加了产生联合政府的可能。但我们也很难根据主要政党的数目来界定多党制，因为这种制度在运作中，有时会特意将小党纳入联合政府中，而专门将大党排除于政府之外。这种情况曾发生在 1950 年代的法国共产党，以及所有时期的意大利共产党身上。如果组成联合政府的可能性是多党制的指数的话，那么这种分类还包含着一些次类型。

概念

联合（联盟，coalition）

联合指原先对立的政治行为者走到一起来，原因或者是认识到共同的威胁，或者是认为单独行动无法达到目标。选举联合（联盟）是政党同意不进行相互竞争而结成同盟，目的是实现最广泛的代表性。立法联合（联盟）是两个或更多政党为支持特定法案或政策而达成一致。联合政府是两个或两个以上政党通过正式协议而组成跨党内阁。其动力一般来自确保控制议会多数的需要。“大联合政府”（grand government）或“国民联合政府”（national government）则会囊括所有主要政党，但一般只是在全国性危机或经济紧急状态下才出现。

例如，在 1990 年代之前，德国似乎是一种“两个半党”体制，基督教民主党和社会民主党的选举实力大致等同于英国的保守党和工党，但两者在附带名额当选制下，都不得不同较小的自由民主党（Free Democrat Party）组成联合政府。意大利的多党制在传统上也容纳了许多相对较小的党派，因而即便是基督教民主党也很少获得 40%以上的选票。萨托利（1976）区别了两种类型的多党制，他称之为温和的（moderate）与极化的（polarized）多元主义制度。在此分类中，温和多元主义存在于比利时、荷兰和挪威等国，这些国家主要政党的意识形态差异不大，并且普遍有组建联合政府和采取中间路线的倾向。而在极化的多元主义中，较为鲜明的意识形态差异使各政党分道扬镳，其中有些政党站在了反体制立场上。法国、意大利和西班牙的共产党在 1990 年代前拥有强大的选举实力，意大利社会运动［Movimento Sociale Italiano，MSI，1995 年又改头换面为后法西斯主义的国家联盟（Alleanza Nazionale)］也颇具影响，这证明了“极化多元主义”的存在。

多党制的优点是，它在政府内部促成了制约和平衡机制，显示出了利于辩论、和解和妥协的倾向。联合政府形成的过程及其维系的动力确保政府具有广泛的回应性，使之必须认真考虑各种竞争性观点和利益。因此，德国自由民主党对保守的基督教民主联盟和社会主义的社会民主党具有缓和与节制的作用。在社会民主党和绿党组成联合政府的州，绿党的出现促使环境保护议题提上政治日程。与此类似，瑞典的多党制使得联合政府更为频繁地出现，由此推动社会民主工党形成广泛的福利共识，推行一种与企业利益并行不悖的温和政策。因此，信仰政治和意识形态的激进主义，如 1980 年代和 1990 年代英国的撒切尔主义，在多党制下是相当不可思议的事情。

对多党制最主要的批评，是组建联合政府具有许多隐患和困难。在没有一个党强大到足以单独执政的情况下，选举后的谈判与交易需要数个星期（如以色列和意大利），有时甚至几个月才能结束。更为严重的是，联合政府分裂且不稳定，容易陷入内部纷争而无暇顾及政府的任务。意大利往往被认为是这种例子的典型，1945 年后每届政府平均在任仅有十个月的时间。不过，若认为联合政府总是不稳，却也不正确，如德国和瑞典的联合政府就较为稳定而且高效。实际上，从某些方面来看，意大利的情况较为特殊，除了多党制的影响外，该国的政治文化与政党制度的意识形态色彩也是重要原因。

最后一个问题是，多党制的自我节制和妥协的趋向或许意味着它受到政治中间路线的主导，以至于无法提供明确的意识形态选择。联合政治自然地倾向于谈判与和解，寻求共同基础，而不是执念于信仰和政治原则。人们会批评这一谈判过程具有内在腐败性，因为它促使政党为获得权力而摒弃政策和原则。它还会造成中间政党和中间利益的过度代表（over-representation），特别是中间派小党是较大的保守主义和社会主义政党唯一可接受的搭档时（如德国的情况）更是如此。准确地讲，有时这被认为是比例代表制的缺陷，它保证政党在议会中的席次与其得票率一致，因此容易产生多党政治和联合政府。

8.3 政党衰落了吗?

对政党的批评当然没有什么新奇，事实上政党在出现之时就往往受到强烈怀疑和不信任。例如，与美国其他开国元勋一样，杰斐逊对政党和派别进行了猛烈批判，认为它们会助长冲突并破坏基本的社会团结。认为存在不可分割的公共或国家利益的观点，在现代被一党制用来为其镇压反对党做辩护的理由，军事统治者也以之解释它对所有政党的压制。约翰·密尔等自由主义者则进一步担心，政党作为集体性组织必然会压制思想自由和个人良心。不过，现代时期人们之所以对政党感到忧虑，是因为有迹象表明，政党作为代表的中介及政府和人民之间的有效联系，已经明显衰落了。

人物

托马斯·杰斐逊（Thomas Jefferson，1743—1826）

美国政治哲学家和国务活动家。杰斐逊是弗吉尼亚州一个富足的种植园主，曾在1779—1781年任弗吉尼亚州州长，1789—1794年间任美国第一届国务卿，并于1801—1809年任美国第三届总统。他是《独立宣言》的主要起草者，还写了大量的演说词和信件。他提出建立一种促进农民利益的民主形式，力图综合自然贵族统治的信念及有限政府和自由放任的诉求。杰斐逊还表现出了对社会改革的同情态度，倾向于扩大公共教育、废除奴隶制并实现更大范围的经济平等。

政党党员人数和党派忠诚度的下降（反映于党徒解盟现象中）显示出了“政党政治的危机”。例如，英国各党党员人数在1950年代初达到顶点，但到现在工党党员大约减少了2/3，保守党也失去了超过半数的党员。党员年龄的大幅上升也同样说明问题，保守党党员的平均年龄在1998年达到了63岁。执政党所获支持度的大幅摆动加剧了这种担心。这方面引人关注的例子有，1993 年法国社会党的议席从 283 个猛降到 70 个，同年加拿大进步保守党的议席仅剩下两席，几乎全军覆没。投票人数的下降也说明了政党动员选民支持能力的衰落。例如，英国 2001 年大选的投票率从上届的 71%（本身就是战后最低的）降到了 59%。

反政党政党（antiparty parties）：指为推翻传统政党政治而建立的政党，它们拒绝议会的妥协，重视社会动员。

除了这些变化外，还有证据显示，以厌恶传统权力中心、反对现有执政党为特征的政治运动和组织开始出现，人们称之为“反政治”（antipolitics）。这在新政治运动的兴起方面反映得尤为明显，其主要吸引力在于它们尚未因掌权而留下污点，比较好的例证有：独立候选人佩罗在 1992 年美国大选中获得了 19%的选票支持，1994 年意大利媒体巨头贝卢斯科尼（Silvio Berlesconi）组建的意大利力量党（Forza Italia）也戏剧性地赢得大选。妇女运动、和平运动以及环保运动等新社会运动的兴起属于同一种现象。甚至当此类运动通过政党组织表达自身观点时（如绿党），也要披上**反政党政党**的面纱。

如何解释政党的衰落呢？政党所遭遇到的问题之一，是它们实际上的（或人们所认知的）寡头特性。政党被看作官僚化政治机器，基层党员要么冷漠消极，要么就是应付一些枯燥的日常任务（如出席会议、参加委员会等）。以单一议题为基础的抗议团体（single -issue protest groups）则与此不同，它们在吸引会员和支持（特别是年轻人的支持）方面更为成功，部分原因在于它们的组织更为松散并以地方为基础，或高度重视参与度和行动路线。政党与政府和职业政治人物的联系也进一步损害了它的公共形象。作为政治的“圈内人”，政党受到权力、野心和腐败（都与高级职位有关）的不良影响。换句话说，政党并不被认为是“人民”的（of the people）；它们更多地执迷于政治的钩心斗角和权力争夺，因而与普通公民的关切渐行渐远了。

另外一种对政党衰落的解释是，由于复杂的现代社会越来越难以治理，政党为了掌权通常宣称自己有能力解决问题并改善社会状况，但一旦上台却无所作为，因此人们对政党希望日渐破灭并持悲观怀疑态度。这表现为任何执政党面临的困难都在不断增大，利益团体的权力扩张以及日益全球化的经济使其焦头烂额。

最后一种解释是，原先促成政党出现的社会认同和传统忠诚本身开始减弱，这也会造成政党的衰落。这当然可从与后福特主义现象有关的阶级政治衰落中看出端倪。此外，随着社会、宗教等旧有联系的减弱，新的期望和感情议题（特别是与后物质主义相关的议题）也提上了政治议程。拥有政治纲领且诉求广泛的政党曾成功地表达了主要阶层选民的政策目标，而性别平等、核动力以及动物权利与污染等议题则需要不同于以往的新政治组织来表达。因此，单一议题团体和社会运动正在取代政党而成为政府与社会之间的重要联系平台。

总　结

● 政党是为赢得执政权力的人们组织起来的团体，通常表现出某种程度的意识形态凝聚力。政党的主要分类有：干部型政党与群众型政党（或后来的兼容型政党），代表型政党与整合型政党，宪制型（或主流）政党与革命型（或反体制）政党，以及左翼政党与右翼政党。

● 政党在政治体系内具有若干功能，包括代表机制、政治精英的培养和录用、社会目标和政府政策的制定、利益表达和聚合、选民的动员和社会化，以及政府过程和制度关系的组织。

● 政党的组织与结构对整个社会内部的权力分配有至关重要的影响。政党民主的实现有两个途径：广泛分散党内权力，或权力集中在少数经选举产生并公开负责的党员之手。寡头倾向可能是政党组织的必然结果，也可能是因为政党团结和选举公信力的需要。

● 政党制度是政党互动和影响政治过程的关系网络。一党制中的“执政”党事实上扮演着永久政府的角色；两党制中政府权力由两大党轮流执掌；一党独大制中，某一个政党长期把持政权；而在多党制中没有政党强大得足以单独执政，一般产生联合政府体制。

● 政党制度以各种方式引导着广泛的政治过程。它影响选民选择的范围和性质，以及政府的凝聚力和稳定。它确立了内阁和议会部门之间的关系结构，决定其偏向冲突还是共识，塑造政治文化的一般品格。

● 党员的减少和政党忠诚度的降低，以及“反政党”团体和运动的兴起显示出了政党政治的危机。这可以从人们的如下感知得到解释：政党受到权力、野心和腐败的玷染，执政党越来越没有能力兑现其承诺而导致普遍的希望幻灭，政党政治难堪其重。政党也被认为无法表达某些与后物质主义有关的，或由后现代主义带来的期望或感受。

问题讨论

- 现代政党是否基本上都是兼容型政党？
- 在当代环境下，政府离开政党还能够运转吗？
- 政党是以何种方式，并在何种程度上促进民主的？
- 为什么政党往往受领袖支配？
- 应以哪些标准判定政党制度？
- 现代政党是如何适应阶级政治衰落及传统忠诚削弱的？

扩展阅读

Castles，F. and R. Wildmann（eds），*The Future of Party Government*，vol. 1 (Berlin：Gruyter，1986). 该书分析了政党政府的条件及与之相关的问题。

Graham，B. D.，*Representation and Party Politics*：*A Comparative Perspective* (Oxford：Blackwell，1993). 作者广泛讨论了政党、代表和民主的关系。

Mair，P.，*The West European Party System*（Oxford：Oxford University Press，1990). 该书全面介绍了西欧的政党和政党制度。

Sartori，G.，*Parties and Party Systems*：*A Framework for Analysis*（Cambridge：Cambridge University Press，1976). 该书分析了政党的作用和政党制度的性质，经典且富有挑战性。

Wolinetz，S. (ed.)，*Political Parties*（Aldershot and Brookfield，VT：Ashgate，1997). 这是一本论述全面的论文集，检视了政党运作和意义的所有方面。

第9章

团体、利益和社会运动

主要问题

本章讨论的主要问题如下：

- 何谓利益团体？它们在形式上有哪些差异？
- 主要的团体政治理论有哪些？
- 团体是促进还是阻碍了民主和政府效能？
- 利益团体怎样施加影响？
- 何种因素决定了利益团体的成败？
- 为什么会出现新社会运动？它们有哪些更广泛的意义？

组织化团体和利益在20世纪的影响越来越大，政治互动的模式因此发生了巨大变化。当1950年代和1960年代人们对“团体政治”的热情达到顶峰时，他们甚至普遍认为商业利益团体、工会和农业院外活动团体等已取代议会和政党成为主要的政治行动者。1960年代以来，致力于消费者权益保护、动物权利、性别平等和环境保护的单一议题抗议团体不断壮大，进一步扩展了利益团体的范围。这些团体常与更大的社会运动（妇女运动、民权运动、绿色运动等等）有关系，其特征是采用了新的行动主义和运动形态，有时被称为“新政治”(new politics)。学者们围绕团体、利益与社会运动的性质和意义（尤其是它们对民主过程的影响）展开了大量辩论。

9.1　团体政治

利益团体和政党一样，是现代社会中政府与被统治者间的主要沟通平台之一。两者的源头在某些方面也十分相似，都是代议制政府之新时代的产物，体现了正在兴起的工业社会中日益复杂的分工和分群状况。不同的是，关心赢得选举的政党力图建立支持者联盟并拓展诉求范围，而利益团体则采取更为鲜明的立场，以符合所代表的人群的期望或价值。

概念

利益团体（利益集团，interest group）

利益团体（或压力团体，pressure group）是以影响政府政策或行动为目标的组织化社团。利益团体与政党的区别在于，它们试图从外部施加影响，而不是想赢得或行使执政权。进一步讲，利益团体的议题关注面一般较为狭窄，因为它们通常关心某项事业或特定团体的利益，很少具有一般与政党相关的更广泛纲领或意识形态特征。利益团体与社会运动的不同之处是它们具有更高层次的正式组织。但是，并不是所有利益团体都有正式意义上的成员，因此有些论者更喜欢以较宽泛的"组织化利益"（organized interests）一词指代之。

社团（association）：在行动自愿基础上组成的团体，反映了对共同利益与共同关怀的认知。

这类团体最初较难确认。有些团体早在代议制政府出现之前就存在，如为反对奴隶贸易而在 1787 年建立的废奴协会。反谷物法联盟（Anti-Corn Law League）是为向政府施压而在 1839 年专门成立的，常被认为是后来英国利益团体的雏形。托克维尔在 1830 年代访问美国后指出，**社团**已成为"强大的行动工具"。意大利爱国者马志尼 1831 年创立的青年意大利协会，成为后来遍布全欧的民族主义组织的效仿对象。与此类似，1866 年成立于法国的妇女权利协会，则推动了世界范围内女性争取普选权运动的发展。到 19 世纪末，在多数工业社会，强大的农业与商业利益团体伴随着日益壮大的工会运动开始产生影响。当前存在的利益团体则大多出现得较为晚近，主要是 1960

年代以来压力政治和抗议政治爆发的结果。这种利益团体可能是一个更广阔进程的组成部分，该过程经历了政党的衰落，而且越来越强调组织化团体和社会运动的动员，以及代表的中介作用。

团体的类型

利益（interest）：个人或团体能从中获益之物；利益（不同于需求和偏好）通常被认为是客观的或“真实的”。

由于团体的性质模糊不清，形态也多种多样，对其加以界定和分类是个充满危险的任务。例如，我们的关注点是团体还是**利益**呢？换句话说，我们是将团体认定为具有一定凝聚力和组织性的社团，还是只拥有共同利益但对此缺乏意识的群体？同样，利益团体是只关注自我的物质利益，还是同时追求更广泛的利益或公共的目标？利益团体与政府的关系也是个难题。利益团体是能从外部影响政府的自主性实体，还是运行于政府内并通过政府进行活动，甚至可能是政府机构自身的一部分？

活跃于该领域的政治学家们没有公认的术语，这也加剧了混乱的程度。比如，美国等地的人们用“利益团体”描述所有组织化团体，但在英国则往往指促进或捍卫其成员利益的那些团体。因此英国人偏向使用“压力团体”（压力集团，pressure group）一词，“利益团体”则一般用来指更广义分类中的次级类型。

尽管如此，我们仍可对团体作出如下分类：

- 社群型团体（communal groups）；
- 机构型团体（institutional groups）；
- 社团型团体（associational groups）。

社群型团体

社群型团体的首要特征是它内嵌于社会结构当中，成员据出身而定，而非经公选而出。家庭、部族、种姓和族群等即属于此类团体。与那些成员可以选择是否加入，拥有正式结构和组织的一般利益团体不同，社群型团体建立在共同传承以及传统的纽带和忠诚基础上。这类团体在发展中国家的政治生活中仍然扮演重要角色。比如在非洲，族群、部族和血缘联系经常是利益表达最重要的基础。社群型团体在发达工业化国家依然存在并发挥影响，例如族群民族主义在意大利和爱尔兰等国再次出现，天主教团体的势力也仍然不小。

机构型团体

机构型团体是那种属于政府机构的一部分，试图在此机构内部并通过这一机构发挥影响的团体。它们与利益团体的区别在于自身没有一点自主性或独立性。官僚机构和军队是最明显的机构型团体的例子，并且通常它们内部都有若干互相竞争的利益。以压制自主性团体或运动的威权或极权国家为例，机构型团体之间的对立可能会成为主要的利益表达形式。例如，苏联高度集权的斯大林主义体制在很大程度上处于根深蒂固的官僚和经济（尤其是重工业）利益的驾驭之下。希特勒治下的德国（1933—1945 年）也与此类似，纳粹头子在无休止的权力追逐中建立了庞大松散的帝国，其整齐划一的一统特征之下掩盖的是官僚之间的明争暗斗。

机构型团体不只在非民主国家才有影响。有人甚至认为民主体制的部会机关中也形成了官僚精英和既得利益者，他们实际上主导了政策过程，对民选官员和政府具有制约作用（有人认为能对其发号施令）。这种团体当然也会与传统利益团体结盟，如人所共知的美国“军工复合体”(military-industrial complex)。

社团型团体

社团型团体是由追求共同但有限目标的人们组成的团体。成员行动自愿，具有共同的利益、期望和态度。因此，最明显的社团型团体就是人们通常了解的利益或压力团体。但这种团体有时易与社群型团体相混淆。比如，当阶级的忠诚度很高并具有社会连带性时，工会等社团型团体的成员身份更多的是社会认同的体现，而不是实现特定目标的行动工具。虽然社团型团体在发展中国家越来越重要，但人们通常认为它们是工业社会的特色。工业化既造成了社会分化（表现为复杂的竞争利益网络），也（至少在资本主义环境中）促使自利和个人化的行为模式取代了原先由习俗和传统塑造的行为模式。当这种团体的主要功能是与政府和其他公共机构打交道时，我们通常便称之为利益团体。

直接行动（direct action）：在宪法和法律框架之外采取的政治行动；直接行动包括从消极反抗到恐怖主义的各种形式。

利益团体的形态和规模多种多样。它们关注的议题和目标非常之多，所用策略从为公共机构提供服务、协助实施政府计划，到组织公民不服从和民众抗议运动等，不一而足。但反宪法和准军事团体不在此列。黑色美洲豹（Black Panthers）和爱尔兰共和军（IRA）等团体不能归入利益团体的范畴，因为它们企图从根本上重构政治体系，而不只是影响它，其行动策略是恐怖主义和**直接行动**，而非压力政治。我们必须尝试辨别不同的团体类型，赋予貌似无形的利益团体世界一定的结构。两种最常见的分类如下：

- 阶层性团体（sectional group）和公益性团体（promotional group）；
- 圈内团体和圈外团体。

阶层性团体（有时称为保护型团体或功能型团体）是为增进或保护成员利益（通常是物质方面）而存在的团体。该类型团体主要有工会、企业社团、商会和专业团体。其“阶层性”体现在它们通常代表某一社会阶层，如工人、雇主、消费者、族群或宗教团体等等。但严格地讲，只有涉足物品和服务生产、分配和交换的团体方可被看作“功能性”团体。在美国，阶层性团体经常被归入“**私人**利益团体”，以强调它主要关心团体成员福祉和状况的改善，而非社会普遍利益。

相较之下，**公益性**团体是为促进共同价值、理想或原则而成立的团体。这样的团体运动为数众多，包括主张和反对堕胎的院外游说团体，赞成公民自由或反对色情暴力电视节目的运动，以及抗议污染和虐待动物，或者捍卫传统或宗教价值的活动等。在美国，人们称此类团体为“**公共**利益团体”，以强调它们是在促进集体性而非选择性利益。当参与到国际政治时，这些团体常被称为非政府组织，或是NGO。它们旨在帮助其他群体而不是内部成员。例如，“保护鲸鱼组织”是希望保护所有鲸鱼，而不只保护某一只鲸鱼。当然，有些组织既有阶层性又有促进实现一般利益的特征。（美国）全国有色人种协进会（NAACP）除致力于保护美国黑人的阶层利益外（反对种族歧视，增加就业机会），还关注社会正义与种族和谐的目标。

另一种分类是根据团体相较于政府的地位及其采用的施压策略而定。**圈内**团体利用日常咨询和在政府机关中的代表，享有特权性且往往能够制度化地进入政府的管道。阶层性团体和圈内团体在许多情况下存在重叠之处。这体现为如若政府忽视企业团体和工会等主要经济利益团体的看法，后者就有能力进行强有力的制裁。有些团体拥有专业知识和信息，能帮助制定切实可行的政策，政府也愿意咨询它们的建议。然而，圈内者的地位并非一直就是一种优势，因为这种地位只会赋予那些和政府目标一致的团体，而且这些团体必须有能力保证其成员遵守已议妥的决定。

圈外团体则不是政府咨询的对象，或者偶有咨询但通常层次不高。在许多情况下，圈外者的地位显示出某种脆弱性，这种团体由于缺少进入政府的正式管道，被迫提出公开诉求，以期间接影响政策过程。颇令人无奈的是，利益团体的公共形象经常与其政治影响力成反比。保护环境和动物权利等领域的激进抗议团体除了处于决策圈之外别无他择。不仅它们的目标同政府施政的优先顺序不合拍，而且正是由于它们和政府没有密切联系而保持清白之身，才会吸引参加者和支持者。从这层意义上讲，团体可选择继续处于圈子之外，保存意识形态的纯净和独立性，也可维护其分权化的权力结构。

团体政治的模式

某些论者相信，团体政治之所以有不同样式和意义，完全是由各个政治体系的独特因素所致。因此，团体的角色反映了特定的政治文化、政党制度以及制度安排组合等因素。这意味着我们不能就团体的政治性质得出一般性结论。另一方面，人们对团体政治的理解也时常受到有关政治过程性质和社会权力分配之假定的影响。影响最大的利益团体政治模式有：

- 多元主义；
- 统合主义；
- 新右派。

多元主义模式

多元主义理论对团体政治的描述最为正面，它强调团体能使个人免于政府侵害并提升民主的回应性。多元主义的核心思想是认定政治权力呈现碎片化且广泛分布的特征。某一决定经复杂的讨价还价和互动过程作出，从而保证众多团体的观点和利益能够纳入其中。本特利（Arthur Bentley）的《政府过程》（*The Process of Government*，1908）一书是多元主义“团体理论”最早和最有影响的尝试之一。本特利强调组织化团体乃政治过程的基石，此观点简明地归结为他的一句名言：“充分叙述了团体，也就叙述了一切。”（p. 208）杜鲁门的《政府过程》（*The Governmental Process*，1951）通常被认为延续了这一传统，虽然其结论主要局限于美国的政治过程。

1950年代和1960年代行为主义的发展，强化了团体是利益表达和聚合之机构的观点。例如，系统分析将利益团体形容为“守门人”，把对政府的诸多需求过滤为可控制管理的要求。与此同时，达尔（1961）和波尔斯比（Nelson Polsby，1963）等人则通过对社区权力的研究，宣称找到了多元主义理论的经验支持，他们认为单一的地方精英不能支配社区的决策过程。

人物

罗伯特·达尔（Robert Dahl，1915—2014）

美国政治学家。达尔1946年起任耶鲁大学政治学教授，之后成为美国最有名的政治分析家之一。

他在1953年（与林德布洛姆一道）提出“多头制”概念，用以区别现代社会与古典民主制。达尔的早期作品受到了实证主义和行为主义理论的影响，并在1950年代和1960年代初期站在了一种传统的多元主义立场之上。但从1960年代后期开始，他与林德布洛姆和加尔布雷斯共同提出了一种激进的自由主义理论——新多元主义，显示出对大资本主义企业的力量越来越担心。他的主要著作有《民主理论的前言》[①]（*A Preface to Democratic Theory*，1956）、《谁统治——一个美国城市的民主和权力》（1961）以及《多元民主的困境》[②]（*Dilemmas of Pluralist Democracy*，1982）。

从多元主义的视角来看，团体政治是民主过程的基本要素。在1960年代，如下观点的确变得相当普遍：多元民主已取代传统的选举民主，因为团体和组织化利益已取代

① 中译本《民主理论的前言》，北京，三联书店，1999。——译者注
② 中译本《多元民主的困境》，北京，求实出版社，1989。——译者注

政党，成为政府与被统治者之间的首要沟通媒介。该理论的核心假定是，所有团体和利益都有组织和接近政府的可能；就领导人能够广泛表达成员的利益或价值而言，这些团体存在内部回应性；团体的政治影响大致与其规模和所获支持的强度成正相关。证实该假定的一种方法是找出如下证据：政治权力碎片化，任何团体或利益在任何时期都不能获得支配地位。如达尔所言，“人民当中的所有积极与合法的团体，在决策过程的某些关键阶段，都能使自己的声音为人所知”（1956：145）。加尔布雷斯在其早期作品中提出了另外一种“抵消权力”（countervailing power）的思想，认为竞争性团体中会自然出现动态平衡，如企业的成功会促使其反对者（如劳工和消费者）组织起来群起对抗之。因此，团体政治的特征是权力大致平衡。

对团体政治高度乐观的态度受到精英主义者和马克思主义者的严厉批评。精英主义者挑战了多元主义的经验观点，认为它只看到了权力能影响决策的一面。与认定权力广泛且均匀分配的看法不同，精英理论家注意到了“权力精英”的存在，他们包括企业巨子、政治领导人和军界高官（Mills，1956）。马克思主义者则在传统上强调政治权力与所有制的紧密联系，认为存在一个资本主义的“统治阶级”。对米利班德（Ralph Miliband，1969）等新马克思主义者而言，这反映在企业和劳工群体之间的“不平等竞争”方面，前者享有经济资源的控制权、公共地位以及进入政府的管道，后者则在这些方面无能为力。全球化的兴起又激起了此类争论，某些人因而辩称，资本流动的增加和国际自由贸易体系已使公司接管了政府（Hertz，2001）。面对这些批评，一种更为审慎或保留的多元主义——新多元主义出现了。林德布洛姆的《政治与市场》或许最为清楚地表达了这一点，该书凸显了西方多头政体中企业团体享有的特权地位，同时承认这种情况使西方社会乃民主社会的说法大打折扣。

统合主义模式

团体政治的统合主义模式与多元主义模式的区别在于，它试图找出发达工业社会中团体与国家间所形成密切联系的意涵。统合主义是一种社会理论，强调某些团体在与国家的关系上享有特权地位，从而能够影响公共政策的制定与实施。有些论者认为统合主义是特定历史和政治环境下某些国家特有的现象，因而将其与奥地利、瑞士及荷兰等国（某种程度上还有德国和日本）联系起来，这些国家的政府习惯于实施某种经济管理。

也有论者认为，统合主义是源于经济和社会发展潜在趋向的普遍现象，他们相信所有发达工业化国家都明显地存在某种形式的统合主义。即便通常被认为是多元民主样板的美国，也授予管制机构某些准立法权（quasi-legislative powers），从而推动了政府和主要利益团体间正式关系的发展。根据此观点，统合主义趋向只是反映了团体和政府之间的共生关系。团体之所以追求“圈内者”的地位，是因为它由此能够进入政策制定过程，从而更好地保护成员利益。另一方面，政府也需要团体，因为它们是知识和信息的双重来源，而且政府想切实推动政策的实施，主要利益团体的配合也必不可少。在日益分化和复杂的工业化社会中，咨询和协商的需求不断增长，结果是有助于满足这些需求的制度机制出现（或许必然如此）。

概念

统合主义（corporatism）

在最广义上讲，统合主义是将组织化利益纳入政府过程的手段。统合主义具有两张面孔。其一，**威权**统合主义是一种与意大利法西斯密切关联的意识形态或经济形态，其特征是对产业界施加政治威胁并破坏工会独立性。其二，**自由**统合主义（社会统合主义或新统合主义）则是指成熟的自由民主制中，组织化利益被准许进入政策制定过程的特权性或制度性渠道的一种趋向。由于团体整合的水平不一，实现此一目标的机制也有很大不同。自由统合主义与威权统合主义不同，它加强了与政府关系密切的团体的地位，而不是相反。

三边主义（tripartitism）：旨在将团体协商制度化的代表政府、企业和工会的三方结构体。

先进资本主义国家出现统合主义趋向（在1960年代和1970年代最为明显）使人们颇为担心利益团体的角色和权力。首先，统合主义大幅压缩了拥有进入政府管道的团体的数量和范围。统合主义总是给那些经济或功能性团体以特权，它造成了一种**三边主义**①，将国家、企业和工会拧在了一处；而将消费者或公益性团体晾在一边，制度化的管道可能仅限于那些作为多个组织和团体代言人的所谓“顶级”社团拥有。奥地利

① 指由三方代表共同协商、谈判或联合行动的三方代表制，或具体指政府、企业和工会三方代表参加的三方经济计划制。——译者注

的商业协会（Chamber of Commerce）和工会联盟（Trade Union Federation），英国的工业联合会（CBI）、工会联盟（TUC）以及美国的劳工联合会—产业联合会（AFL-CIO，简称劳联—产联）均属此类社团。

其次，统合主义不同于多元主义模式，它认为利益团体具有等级秩序，处于无须受成员问责影响的领导人支配之下。的确，人们有时认为团体领导人拥有进入政府的特权管道的代价是自愿引导本团体成员配合政府行动。依此观点，“协商式政府”（government by consultation）不过是骗人的把戏，它掩盖了统合主义乃社会控制机制的真相。再次，人们已对统合主义威胁代议民主表示关注。多元主义认定团体政治补充了代议过程，而统合主义则造就了一个令人恐惧的幽灵，使政治决定很难受到民主的控制，而是通过规避公众监督的交易过程作出。最后，统合主义也涉及政府“超载”问题，政府会为协商团体所左右，无法拒绝它们的要求。新右派对此进行了最系统的批判。

新右派模式

新右派对利益团体的反感排斥，在意识形态上来自属于新自由主义经济学核心的个人主义观念。一切社会团体和集体组织都因此受到怀疑。新右派喜欢受自立和企业家精神驱动的市场经济即鲜明地反映了这种态度。不过，新右派尤为关注统合主义与公共支出增加之间可能存在的联系，以及与此相连的政府过度膨胀问题。新右派的反统合主义立场受到公共选择理论，尤其是奥尔森（Mancur Olson）所著的《集体行动的逻辑：公共物品与团体理论》①（*The logic of Collective Action：Public Goods and the Theory of Groups*，1968）一书的影响。奥尔森认为，人们加入某一利益团体仅仅是为了获取“公共物品”——即在某种程度上不可分割的物品，即使对其无所贡献的个人也无法被排除在享用者之外。

提高工资就属于公共物品，因为非工会会员，或者未选择参与要求提高工资的罢工的工人，也能与工会会员和参与罢工的工人获得同等好处。这给个人提供了“搭便车”的机会，使之无须付出团体成员必须担负的各种成本而可坐享其成。该分析之所以重

---

① 中译本《集体行动的逻辑》，上海，上海三联书店、上海人民出版社，1995。——译者注

要，是因为它表明存在共同利益并不能保证一个促进或保护这种利益的组织会自动形成。因此，多元主义认为所有团体都拥有某种政治发言权的假定是非常值得怀疑的。奥尔森同时还指出，团体政治经常会以牺牲较大团体利益而照顾小团体。成员数量越大就会越发鼓励“搭便车”行为，因为每个人都会以为，没有他们的参与，团体的效能也不会有什么损害。

概念

公共选择（public choice）①

公共选择理论是以新古典经济学的假定为基础的理性选择理论的分支。该理论的核心观点是认为通过考察作为理性自利行动者的个人行为，能使政治问题得到最佳分析。公共选择理论之具有“公共”性，在于它关注公共物品（public goods）的供应问题——也就是物品由政府而不是市场提供，个人不会因对公共物品的供应无所贡献而被拒绝享用（如清洁的空气）。公共选择理论家通常较为重视政府在这一方面的失效和缺陷，关注官僚对政策过程的影响，以及游说和利益团体政治的后果等问题。

奥尔森在后来所著的《国家的兴衰》②（*The Rise and Decline of Nations*，1982）一书中进一步深化了上述分析。他深刻批判了利益团体的活动，认为它们是某些国家经济繁荣或失败的主要决定因素。例如，英国和澳大利亚都被认为深受“制度僵化”（institutional sclerosis）之苦，原因在于出现了某种强大的利益团体网络，它通常受控于狭隘的阶层利益联盟（包括工会企业组织和职业社团）。强大且组织完善的利益团体同经济增长和国家繁荣呈负相关的启示，深刻影响了新右派的政策及其优先顺序。最明显的证明是在1980年代，美国总统里根和英国首相撒切尔采取强烈反统合主义的举措，美国试图削弱管制机构以解除经济控制，英国则先将全国经济发展委员会（NEDC或Neddy）等机构边缘化，后将其彻底取缔，同时坚决打击工会势力。

---

① 可参阅［美］丹尼斯·缪勒：《公共选择理论》，北京，中国社会科学出版社，1999；［美］布坎南：《自由、市场与国家》，上海，上海三联书店，1989；［美］布坎南、塔洛克：《同意的计算》，北京，中国社会科学出版社，2000；［美］布坎南、马斯格雷夫：《公共财政与公共选择》，北京，中国财政经济出版社，2000。——译者注

② 中译本《国家的兴衰》，北京，商务印书馆，1993；《国家兴衰探源》，北京，商务印书馆，1999。——译者注

团体政治的样式

利益团体有多重要?

人们已普遍接受利益团体的活动与经济和社会发展密切关联的说法。农业或传统社会往往处于少数利益团体的支配之下，而发达工业社会的情况则较为复杂和高度分化，因而利益团体在国家与较为碎片化的社会之间具有核心的调停功能，特别是在教育普及促进政治觉醒和组织技能提高的情况下更是如此。以苏联为例，到了 1970 年代，尽管形式上的政治磐石统治仍然维系，但大多数论者已认为那里存在一种所谓“制度性多元主义”(institutional pluralism)。组织化利益的作用和意涵因体系、国家和时间的不同而有所差异。决定团体影响力的主要因素如下：

- 政治文化；
- 制度结构；
- 政党制度性质；
- 公共政策的性质和方式。

> **一元论**（monism）：只承认一种理论或价值的信仰；对单一权力的强制服从是一元论在政治上的反映，因此它带有极权主义色彩。

政治文化因两个原因而至关重要。其一，它决定利益团体是合法还是不合法的行为者，决定其组成和影响是被容许和鼓励还是被禁止和遏制。其二，它影响人们组成或参加利益团体，或涉足团体政治的意愿。极端情况下政权可采行**一元论**，压制所有的自愿结社行动，以保障单一的、不可挑战的国家权力中心。这种情况通常发生在军事政权和一党国家。尽管当代和历史上没有任何国家能够成功地消除所有形式的团体或派别活动，但一元政权却至少能迫使团体活动转到地下，或确保它们通过党国机器来表达意愿，使之与政权的政治和意识形态目标并行不悖。

与此相对，多元主义政体不仅容许团体政治，而且还对其加以鼓励，甚至在某些情况还需要它的存在。团体会被要求参与政策制定，或成为公共或半官方机构的代表。例如，美国团体活动水平普遍较高，原因之一是该国的政治文化承认私人团体有权让自己的声音为人所知。对言论、出版和集会自由的保障在宪法中被奉为圭臬。在日本，公共领域和私人领域的界限模糊不清，造就了一种政府和企业关系密切被视为当然的政治文化的现象，这在其民主政治时期同前民主政治时期情形类似。

相较之下，组织化利益在某些欧洲国家则被置以怀疑眼光。传统上法国的情况即是如此，在雅各宾意识形态影响下，团体被认为损害了人民的公意，挑战了国家的力量和团结。例如，在其影响甚盛的1970年代，只有24%的法国工人加入了工会，到1989年甚至降低到13%。而法国的政治文化还包含着采取直接行动的传统，如在1968年的政治骚乱中，法国农民设置路障甚至拦截卡车，学生和工人运动的参与者则发动了起义。

政府的制度结构确立了进入政策过程的管道，从利益团体活动的角度来看，这种结构的意义显而易见。统一和集权化的政治体系——如英国，倾向于压缩团体政治的范围，使之集中于政府的行政部门。尽管这并未使团体居于边缘地位，但深受重视的却是“圈内者”的身份，它增加了当下政府抗拒团体压力的能力。到了1980年代，英国在撒切尔领导下降低民间政治组织的地位，并使工会淡出政治舞台的措施就是最明显的例证。在法国，利益团体的活动也同样集中于与政府的直接协商方面，1958年强化总统权力并削弱国民议会力量的第五共和国以来更是如此。

另一方面，美国政府则是分裂和分权的。这反映了两院制、权力分立、联邦制和司法审查制度对该国政治体系的影响。该体系提供给利益团体的进入管道相当通畅，这使它自己特别易受团体压力的影响。例如，利益团体非常清楚，即使它们在国会争斗中失败了，仍可在州或地方层级再辟战场。虽然这无疑会刺激团体的成立并扩大有影响的团体的数目，但也可能会自拆台脚，因为团体活动最终会抵消彼此的力量。因而组织化利益只是扮演“否决性团体”（veto groups）的角色而已。

政党和利益团体的关系一直比较复杂。它们在某种意义上显然是敌手。政党通常试图在一般意识形态目标基础上凝聚利益并制定政治方案，而利益团体则关注较为狭隘和具体的议题和目标。不过，利益团体也试图影响政党并通过它来发挥影响，在某些情况下甚至组成政党，企图开拓直接接近权力的路径。许多社会主义政党，如英国工党，实际上就是工会所建，双方的制度和财务联系虽已减弱，但仍延续至今。

利益团体政治的样式也受到政党制度的影响。一党独大制很自然地倾向于限制团体政治的范围，使之集中于执政党。因此，在意大利和日本，主要工业和商业利益团体都试图通过执政的基督教民主党和自民党来向政府施压，而该过程又加深了这些政党内部的派别色彩。而多党制则是利益团体活动的沃土，因为它拓宽了这些团体进入权力过程的路径范围。利益团体的立法影响大概在美国那样的政党制度下最大，那里的政党在组织和纪律方面的力量都非常弱。如在 1970 年代后期，虽然民主党在参众两院均拥有多数席位，但商业利益团体仍能有效阻止卡特总统的能源计划在国会通过。

最后，团体活动水平的波动与公共政策的变化有关，尤其与国家干预经济和社会生活的程度有关。一般来讲，**干预主义**与统合主义相生相伴，尽管其中孰为因孰为果尚存争论。是干预主义政策迫使政府与组织化利益结成紧密关系，以期获得信息、建议与合作，还是团体利用进入政府的渠道，为其成员争取补贴、支持以及其他利益？不管答案是什么，可以确定的是，在推行社会民主政策的西方国家中，使组织化利益（特别是功能性利益）融入公共生活的整合过程进行得最彻底。

干预主义（interventionism）：旨在管制或管理经济生活的政府政策；在更广义上指参与或卷入的政策。

瑞典是这方面最典型的例子。利益团体在该国政治舞台的每一个层次都是不可或缺的组成部分。工会与社会民主工党的联系，即便不是制度性的，也是相当密切的。议会立法过程中与相关利益团体的协商广泛存在，官方也将瑞典工会联盟与雇主联盟等“顶级”社团视为“社会伙伴”（social partners）。奥地利议院系统中也形成了类似的团体代表模式，它们为商业、农业和劳工等主要利益者提供了法定代表权。在德国，德国雇主协会联盟、德国工业联盟以及德国工会联盟等主要经济团体也相当程度地涉足了政策制定过程，人们因此将该体制描绘成为“多头精英主义”（polyarchic elitism）体制。

焦点论述

利益团体：反对和支持的观点

支持利益团体的观点如下：

- 它们表达和提出了政党所忽视的利益和看法，提供了选举间歇期影响政府的途径，从而加强了代表性。
- 它们促进了辩论与讨论，从而培养出了更有见识和知识的选民，提高了公共政策的质量。
- 它们拓展了政治参与的空间，提供了传统政党政治之外的另一个选择，同时还创造了基层行动主义者活动的机会。
- 它们保证国家受到了充满活力和健康的市民社会的制衡，从而制约了政府权力，并在此过程中维护了自由。

- 它们提供了政府和人民之间的交往平台，使输出和输入相一致，从而有助于维系政治稳定。

反对利益团体的观点如下：

- 它们提高了富人、特权者以及那些能够接近财政、教育、组织和其他资源者的发言权，从而加剧了政治不平等。
- 它们引起社会和政治的分裂，因为它们关注特殊的而不是公共的利益，促进少数人利益而忽视社会整体利益。
- 它们行使的是不合法的权力，因为其领导人不同于政治人物，不对公众负责，其影响也避开了代议程序。
- 它们通过根本不受公众监督的谈判和交易施加影响，因而使政策过程封闭化且更加神秘。
- 它们造就了能够妨碍政府行动并使政策无法推行的大批既得利益者，因而使社会无法实现有效治理。

团体如何施加影响?

利益团体有许多手段和政治策略可资使用。的确，几乎无法想象某一团体会囿于一种策略，或只通过一个影响渠道来施加影响。团体使用的方法因若干因素而有所不同，这包括团体关注的议题以及该领域的政策如何形成。以英国为例，由于有关公民自由和政治权利的大多数政策都在内政部作出，诸如自由理事会［Liberty，原全国公民自由理事会（National Council for Civil Liberties)］这样的团体不得不寻求“圈内者”的身份，强调自身的专业知识和政治声誉，以期发挥影响。同样，团体的性质与可利用资源也是决定团体政治策略的主要因素。这些资源包括：

- 公众对团体及其目标的支持；
- 团体的成员数量或积极分子的基础；
- 团体的财务实力和组织能力；
- 团体以某种方式干扰政府实施制裁的能力；

● 团体与政党或政府机构的个人或制度性联系。

与工会或消费者团体相比，企业团体更可能雇用专业游说者或发起费用不菲的公关活动，原因很简单，因为它们有这样的财力。利益团体所采用的方法取决于施加影响的渠道。可利用的主要渠道有：

● 官僚机构；

● 议会；

● 法院；

● 政党；

● 大众传媒。

在所有国家中，利益团体的活动都倾向于集中在政策规划过程中的主要机构——官僚机构上。这一渠道仅向主要经济性和功能性利益团体开放，如大企业、雇主协会、工会、农业和主要职业团体。以奥地利、荷兰和斯堪的纳维亚国家为例，团体机构的建立专门是为促进团体协商，往往给予"顶级"的雇主和雇工社团一定的正式代表权。更普遍的情况是，协商过程是非正式但却制度化的，通过会议和定期接触进行，但很少公开且不受公共监督。

这里最重要的关系通常是高级官僚和主要商业或产业利益团体之间的关系。商业团体在这方面的优势包括：它们在经济中扮演生产者、投资者和雇主等多重重要角色，商业领袖与部长和高官有着类似的社会背景和政治前途，公众普遍认为商业利益与国家利益存在一致性（"对通用汽车有益者，亦对美国有益"）。官僚退休后被私人企业高薪聘请的"旋转门"（revolving door）效应常常会巩固这种关系。在日本，这种情况司空见惯，人们称之为amakudari，意即"官员空降"。有两个因素强化了大企业对部长和官僚人员的控制：一是企业能更容易地在全球经济中重新配置其生产和投资；二是"新"公共管理的出现使政府日益依赖私人部门投资公用事业，有时候还需要私人部门提供公共服务（Monbiot，2001）。

通过议会施加影响经常被称为院外游说活动，这是另一重要的利益团体活动形式。它的重要性表现在专业游说人员数量的增长上，1990 年华盛顿特区登记注册者超过 11 000 人。议会或立法机构在这一方面的重要性取决于两个因素：其一，它在政治体系中扮演的角色及其影响政策的程度；其二，政党制度的力量与纪律。围绕美国国会的利益团体的活动密集度居世界之冠。这反映出国会因其宪法独立性和强大的委员会制度而拥有强大力量，并且分权性的政党制度能使个人代表者很容易地为团体和运动所吸收。院外游说者多进行财务捐助，通过政治行动委员会①影响竞选。但1990年代以来，由于竞选财务法律越发严格，政治行动委员会捐助中的“软钱”取代了“硬钱”②。

议员（特别是在立法委员会任职的主要人物）和受影响团体及利益之间的制度化联系也会形成政策网络。在美国，它们成了主导多数国内决策的所谓“铁三角”中的两角（行政部门为第三角）。在英国和加拿大等国，围绕议会的游说活动不像美国那样广泛和重要，这些国家政党纪律较为严格，议会也通常受制于行政部门。但英国在1980年代也形成了美国式的院外游说产业，花费在专业游说活动上（通常是向议员游说）的资金增长了三倍。此中的部分原因是英国统合主义消解的影响。不过，人们（尤其是议员）对公共生活总体水准下降越来越关注，这促使负责公共生活水准的诺兰委员会（Nolan Committee）在1995年建立。

概念

游说（lobby）

“lobby”一词源于公众向议员请愿或政治人物碰头讨论政治事务的议会场所。在现代语境中，lobby既是动词（游说）又是名词（游说团体或院外活动团体）。游说指以争辩或劝说的方式向决策者直接表达意见。从广义上讲，游说团体等同于利益团体，两者都以影响公共政策为目标，如农业游说团体、环保游说团体和道路游说团体的情况即是如此。从狭义上讲，按照美国的经验，游说者（lobbyist）乃“职业说客”，即受雇表达利益团体观点的人。职业游说因近乎“购买”政治影响而受到批评。

---

① 政治行动委员会（PACs）和政党没有直接关系，而是隶属于公司、工会或其他组织。它们向候选人捐款并从事其他与竞选有关的活动，以便推动具体的立法议程。活动资金由会员、雇员或股东自愿捐助。近年来，政治行动委员会的数目和影响显著增加：1976年美国有608个政治行动委员会，2006年有4 600个。参见 http://chinese.usembassy-china.org.cn/glossary.html。——译者注

② “硬钱”（hard money）/“软钱”（soft money）这两个名词用来区分受与不受联邦竞选财务法律约束的竞选资金。“硬钱”是指由个体或团体直接向竞选联邦职务的候选人提供捐助。此项捐助受法律约束。“软钱”是指不受法律规定约束的捐助，只可用于公民活动如动员选民登记、政党建设活动、行政管理费用以及支持州和地方候选人。根据法律，“软钱”捐助不可以用来直接支持竞选联邦职务的候选人。美国最高法院于2003年肯定了2002年通过的对“软钱”捐助的国会限制。参见《麦凯恩-法因戈尔德法案》，见 http://chinese.usembassy-china.org.cn/glossary.html#Hard money。——译者注

在那些法院不能挑战立法部门并很少制约行政部门活动的体系中，专注于司法机关的利益团体活动效果甚微。英国和新西兰等国的情况即是如此，尽管 1980 年代和 1990 年代出现了司法能动主义（judicial activism）的普遍倾向，尤其是鼓励公民自由和环保团体通过法院抗争，但情况改观不大。而在澳大利亚和美国等成文宪法赋予法官正式司法审查权的国家，利益团体极为重视法院。美国最典型的例子是 1954 年最高法院对“布朗诉地方教育委员会”案（*Brown v. Board of Education*）具有里程碑意义的判决，该判决拒绝承认种族隔离法的合宪性。全国有色人种协进会（NAACP）在美国法律界游说多年，试图改变人们对种族与隔离问题的态度，并对此案提供了援助。1980 年代和 1990 年代的反堕胎游说也同样指向了最高法院，尤其是在试图推翻 1974 年确认堕胎合宪的“罗伊诉韦德”案（*Roe v. Wade*）判决中，游说活动作出了很大努力。

利益团体有时也通过政党施加压力。在某些情况下，政党和某些团体因历史、意识形态甚至制度的联系而关系密切，我们最好将它们完全看作同一社会运动的两翼。英国工党和澳大利亚工党最初的发展就是如此，它们迄今依然是更广泛工人运动的一部分（但联系程度较弱了）。瑞典和挪威的中央党（Centre parties）等农民政党现在仍然是农民运动的组成部分，甚至中欧的天主教民主党可看作天主教运动的一部分。但在其他一些情况下，政党和政治性团体间的关系则更为务实和工具化。

团体影响政党的首要手段是提供竞选经费，它们想获得的好处很明显：“负担费用者取得控制权。”纵观全世界，保守或右翼政党和候选人基本上都得到了商业界的资金支持，而社会主义或左翼党派人士的传统支持主要来自工会。例如，2000 年乔治·W. 布什的总统竞选是美国历史上花费最多的一次，经费基本上是由大公司和产业利益团体捐助的。但团体也会因某些原因而避免与政党走得太近。一者，如果“它们的”党在野，则当下政府对它们的利益恐怕不会有多少照顾；二者，公开的政党忠诚会限制它们吸引其他政党支持者的能力。因此，像英国的避难所（Shelter）和儿童贫困行动组织（Child Poverty Action Group）这样的团体都极力维护自己的超党派地位。此外，有的政党还试图与利益团体脱离关系。英国工党在 1990 年代就是为了改变自己只是工会运动傀儡的形象，而努力降低党内各级附属工会的影响力。而随着该目标的实现，工党展开了“魅力攻势”以吸引商业支持者，该政策的成功也有助于巩固工党向意识形态中间立场的转向。

那些试图通过大众传媒和民意造势运动间接影响政府的团体则采用了各种非常不同

的方法，从请愿、抗议、示威，到公民不服从和策略性地使用暴力等不一而足。利益团体采用这些策略主要基于下列某一原因：该团体处于“圈外者”地位，无法获得直接接近决策者的渠道，或者是由于该团体成员的行动主义（activist）色彩或意识形态目标的某些特征。这种政治形式的传统实践者是工会，它利用其“产业力量”组织罢工、纠察队行动和游行。

概念

公民不服从（civil disobedience）

公民不服从是由“更高”的宗教、道德和政治原则所合理化的违法行为。公民不服从是蓄意的公开行动，目标是违犯法律从而“表明某种看法”，而不是为了躲避法律惩罚而为之。它的道德力量主要是愿意接受对违法行为的惩罚。这既强调了该行动的道德感和原则性，同时也显示出了隐藏其后的深刻情感和信仰。公民不服从的道德特征一般体现在它坚决避免暴力方面，甘地（1869—1948）主张的不合作主义（satyagraha，字面意思是“坚持真理”）和非暴力反抗反映了这一点。其他公民不服从的倡导者还有梭罗（D. H. Thoreau. 1817—1862）和马丁·路德·金（Martin Luther King，1929—1968）。

1960 年代以来涌现的公益性和事业性团体（cause group）则已目睹了和平运动者、环保游说人士、保护动物权利团体以及反对开建道路者（anti-road protesters）等所推动的新的行动主义政治的出现。这些团体的共同目标是吸引媒体注意并激发公众意识和同情。例如，绿色和平组织和地球之友（Friends of the Earth）在反对核试验、空气和水污染、砍伐森林和使用不可再生资源方面采取了富有想象力的抗议形式。此类活动相较于新社会运动的性质和意涵将在本章下一部分讨论。

最后，20 世纪末以来，利益团体的活动已越来越适应全球化潮流和超国家机构力量增强的情况。最能适应并利用这些潮流的团体，当属慈善和环保组织（如绿色和平组织和地球之友），它们已经建立了跨国组织结构，成员也已国际化。如绿色和平组织自 1971 年成立以来，已在 30 多个国家设立办事处，每年的捐款收入达到了 5 000 万美元。1992 年，在巴西召开的联合国环境与发展大会（就是人们熟知的地球峰会）上，多个此类组织以非政府组织（NGO）的身份取得正式的代表资格。资金较充裕的非政府组织，现已在华盛顿特区和布鲁塞尔建有常设办事处，分别监督联合国和欧盟的工作，并定期开展游说活动。

欧盟成员国中的阶层性利益团体也已适应了如下时新的情况：在某些政策领域，特别是在农业、贸易协定、竞争政策以及社会和工人权利方面，关键的决定越来越多地由欧盟而不是国家机构作出。在欧盟一级活动的团体中，资金最充裕、组织最完善的无疑是商业利益团体，它们通过各种途径施加影响。大企业、国家贸易机构和“顶级”社团进行直接游说活动，新出现的欧盟“顶级”社团的活动，如欧洲工业家圆桌会议（European Round Table of Industrialists）和欧洲工业联盟暨雇主联合会（UNICE）等影响日益扩大。但英国的工会运动，特别是工会联盟（TUC）在某种程度上已能够通过欧盟机构进行增进社会和工人权利的活动，从而弥补其在国家层次上的边缘化地位。

9.2　社会运动

1960 年代以来出现的所谓“新”社会运动重新激起了人们对社会运动的兴趣，这些新社会运动有妇女运动、环保或绿色运动以及和平运动等等。但社会运动却可追溯到 19 世纪早期。最早的包括要求改善成长中的工人阶级工作状况的劳工运动，争取从多民族欧洲帝国独立的各种民族运动，以及要求赋予天主教教徒法律和政治权利以争取解放的天主教运动（特别是在中欧）。到 20 世纪，法西斯和右翼威权团体多被视为一种运动组织，而不是传统的政党。

概念

社会运动（social movement）

社会运动是一种特定形式的集体行为，动机主要来自成员的态度和期求，通常有松散的组织框架。社会运动要求某种程度的介入和政治行动主义，而不要求正式的成员资格；关键点在于，运动是“运动的”（movements **move**）。运动与自发性群众行动（如暴动或起义）不同，它包含某种程度的有目的、有计划的行动，追求被认可的社会目标。毫不稀奇，社会运动可能包括利益团体，甚至演化出政党来，如工会和社会主义政党即可被视为广义劳工运动的一部分。

新社会运动

20 世纪末出现的社会运动究竟“新”在何处？首先，较为传统的社会运动是由受压迫者和弱势群体发起的，当代社会运动则吸引了更多的年轻人、受过良好教育者和相对富足者。其次，与上述差异相联系，新社会运动通常具有后物质主义趋向，更加关注生活质量问题，而不甚关心社会进步问题。例如，虽然妇女运动关注的是同工同酬和机会平等等物质问题，但这却是从与性别平等和反对父权制相关的一套更普遍价值中衍生而出的。再次，传统的运动共同点甚少，也罕能协同作战，新社会运动则赞成同样的意识形态（虽然并不总是有明晰的界定）。

广义而言，新社会运动的意识形态立场偏向新左派，它对盛行的社会目标和政治风格提出挑战，支持个人实现和自我表达等自由式的抱负。因此，妇女运动、环保运动、保护动物权利运动、和平运动、反开建道路运动、反资本主义运动或反全球化运动等的参与者多有交叉，而且相互同情。

概念

新左派（new left）

新左派包括激烈批判发达工业社会以图重振社会主义思想的思想家和知识运动（极盛于 1960 年代和 1970 年代）。新左派拒绝接受两种“旧”的左派思想：苏联式国家社会主义和放弃激进立场的西方社会民主主义。新左派受到青年马克思的著作、无政府主义以及现象学和存在主义的激进理论的影响。新左派的理论通常零散不一，不过仍有共同点，就是将传统社会斥为压迫性（oppressive）社会，主张个人自主和自我实现的“解放”，他们不再对工人阶级的革命力量角色抱有幻想，偏向于分权和参与性民主。

传统社会运动与新社会运动的最后一种差异，是后者的组织结构往往强调分权和决策参与，同时还形成了新形式的政治行动主义，因而它践行的是所谓的“新政治”，背弃了既有的政党、利益团体和代议过程，而走向了更具创新性和戏剧性的抗议政治（protest politics）。发生在 1999 年的所谓“西雅图之战”是其中最引人注目的事例，针对世界贸易组织的民众示威变成了警察和抗议团体之间的暴力冲突，2000 年在布拉格和 2001 年在日内瓦也曾爆发类似的反资本主义和反全球化抗议运动。这些示威涉及环保、发展、族群民族主义、无政府主义和革命社会主义等诉求各异的团体，互联网和移动电话是主要的沟通手段。乔姆斯基和克莱因（2000）等人的作品即阐明了新出现的反全球化运动的理念。

人物

内奥米·克莱因（Naomi Klein，1970—　）

加拿大记者、作家和反公司（anticorporate）活动家。她在《拒绝广告标识：向品牌恶霸开火》（*No Logo：Taking Aim at the Brand Bullies*，2000）一书中，广泛批评滥用品牌和虐待劳工的现象，讨论了抗拒全球化和公司统治的新运动形态。该书被认为是“成为运动之一部分的著作”，但它在促使人们反思消费者资本主义性质和品牌文化专制等方面具有更广泛的意义。克莱因是一个现身频繁且颇有影响的媒体评论家。她居于多伦多，但走遍了北美、亚洲、拉美和欧洲，追踪方兴未艾的反公司行动主义斗争，支持反对全球化负面影响的运动。她的作品还有《破窗》（*Fences and Windows*，2002）。

大众社会（mass society）：以原子论（atomism）及文化和政治的无根性为特征的社会；此概念凸显了现代社会的悲观趋势。

后工业社会（postindustrial society）：不再依靠制造业而更加依赖知识和沟通的社会，即“信息社会”。

新一代社会运动坚持新的行动主义路线，已极大地改变了人们对运动本身性质和意义的看法。两次世界大战之间的极权主义经历，使弗洛姆（Erich Fromm，1900—1980）和阿伦特等**大众社会**理论家从完全负面的角度来看待社会运动。从大众社会的观点来看，社会运动反映了一种“飘离自由”（flight from freedom，Fromm，1941）的状况，异化的个人欲借狂热追求某一事业并服从某一领袖（通常是法西斯领导人）来获得安全和认同。相较之下，新社会运动一般被解释为理性和工具性的行为者，而其所使用的非正式和非传统手段仅反映了它们所能获得的资源（McCarthy and Zald，1973）。新社会运动的出现，被广泛认为是**后工业社会**中权力日渐分散和碎片化的征兆。因此，基于阶级的旧政治已为拉克劳和莫斐（Laclau and Mouffe，1985）所称的“民主多元主义”（democratic pluralism）基础上的新政治所取代。新社会运动不仅产生了新的对立性权力中心，而且通过遏制官僚化并建立更加自发、更有影响力和分权化的组织形式而有效地促成了权力的分散化。

尽管如此，社会运动的冲击比政党或利益团体更难估量，因为社会运动的目标更加广泛，它们也在某种程度上通过更难琢磨的文化策略来发挥影响。我们在妇女运动和环保运动那里可以明显地看到，岁月带来的文化价值和道德态度变异导致了深刻的政治变迁。例如，1960 年代出现的妇女解放运动，就是当时弗里丹、格里尔（Germaine Greer，生于 1939 年）和米莱特（Kate Millett，生于 1934 年）在著作中所阐述的“第二波女性主义”思想的鼓动下形成大量团体和组织。妇女运动在某些领域取得了很大成就，如同工同酬和堕胎合法化等，但它最有意义的成就或许是使人们越来越普遍地意识到了性别问题，由此减弱了人们对父权制的支持。这种文化变迁在多个层次上深刻地影响着公共政策，但这种影响难以量化。

人物

贝蒂·弗里丹（Betty Friedan，1921—2006）

美国女性主义和政治活动家，有时被视为妇女解放运动之母。人们常常认为“第二波女性主义”就是受弗里丹所著《女性的奥秘》① （*Feminine Mystique*，1963）一书的刺激而兴起的。她在 1966 年协助创立全国妇女组织（National Organization of Women，NOW）并担任其首届主席。在《第二阶段》（*The Second Stage*，1983）一书中，弗里丹注意到这样的危险：追求“人格”会促使妇女否认孩子、家和家庭的重要性。其近作有《岁月之泉》（*The Fountain of Age*，1993）。

环保运动也带来了类似的政治—文化转向。政府不仅要面对绿色和平组织、地球之友和全球自然基金这样的组织所发起的活动，还受到更大担忧的影响，而这种担忧已远远超出了上述组织正式成员所表达的内容。自 1970 年代以来，绿党即对环境问题非常

① 中译本《女性的奥秘》，成都，四川人民出版社，1988。——译者注

关心。这种政党自称为“反体制”（anti-system）政党，通常主张一种“新政治”的理念，它高度重视分权和群众行动主义（popular activism）。环保运动的冲击也波及了传统政党（或者称“灰色”政党），许多此类政党都努力树立绿色政党的形象，以回应民众对环境保护的敏感要求。相较之下，“反资本主义”运动，或者更准确地讲，因抗拒全球化及与之相连的消费主义价值和自由贸易行为而走到一起的团体联盟并不十分成功。虽然组织国际高峰会议越来越困难，但很少有迹象表明各国执政党或主流政党正在改变它们对自由贸易和解除经济管制政策的支持。

总　结

● 利益或压力团体是以影响政府政策或行动为目标的有组织的社团。阶层性团体是为了促进或保护其成员利益，而公益性团体则关注共同的价值、理想或原则。圈内团体享有进入政策制定过程的特权管道，圈外团体则缺乏进入政府的资源，因而被迫诉求公开。

● 人们以不同的方式理解团体政治。多元主义强调权力的分散性以及团体保证民主问责制的能力，统合主义彰显了某些团体在与政府关系上享有的特权地位，新右派则关注团体造成政府过度膨胀和缺乏经济效率的威胁。

● 组织化团体能够强化代表性、提升辩论和讨论、拓展政治参与并制约政府权力，从而使政治体系从中受益。但它们也存在威胁性影响，使政治不平等根深蒂固，造成社会和政治的分裂，行使着不合法和不负责任的权力，使政治过程更加封闭和神秘。

● 利益团体通过各种渠道施加影响，包括官僚机构、议会、法院、大众传媒、政党和国际组织。利益团体在某一体系内影响力的大小与两个因素有关：一是该体系对一般团体活动的容纳度；二是它在决策权力分配方面提供给团体进入渠道的数量。

● 利益团体可以利用多种手段和政治策略。它们的资源包括：公众对团体及其目标的支持，其成员或活动基础的多寡、大小，其财务实力和组织能力，它对政府实施制裁的能力，以及它与政党或政府机构的个人或制度联系。

● 社会运动是具有高度忠诚和政治行动主义的集合体，它并不必然建立在正式组织基础上。新社会运动的特殊之处在于，它有能力吸引年轻人、受过良好教育者和相对富足者，它一般具有后物质主义趋向，支持新形态的政治行动主义，有时又称为“新政治”。

问题讨论

- 为什么有时很难区分利益团体和政党?
- 组织化团体是否是现代社会中利益表达的主要工具?
- 统合主义对团体有益，还是对政府更有益?
- 利益团体有助于促进民主还是削弱民主?
- 为什么有些利益团体比其他团体更有力量?
- 新社会运动对公共政策有多大影响?

扩展阅读

Cigler，C. and B. Loomis（eds），*Interest Group Politics*（Washington，DC：Congressional Quarterly Press，1998). 该书检视了美国团体政治的各个方面。

Jordan，G.，*Interest Group Politics：Enhancing Participation*?（Basingstoke and New York：Palgrave Macmillan，2006). 该书评估了利益集团如何形成与维持，并考察了其对政治参与和民主的意义。

Smith，M.，*Pressure Groups*（Manchester：Baseline Books，1995). 该书介绍了英国压力团体的角色及运作方式。

Tarrow，S.，*Power in Movement：Social Movements and Contentious Politics*（Cambridge and New York：Cambridge University Press，1998). 该书介绍了社会运动的性质与意义，很有用处。

Wilson，G.，*Interest Groups*（Oxford：Blackwell，1990). 该书清晰扼要地探讨了自由民主制中团体的角色。

第三部分　政府机构

第 10 章

宪法、法律与司法机构

在 1950 年代和 1960 年代，宪法和宪法问题的研究明显变得不再时髦。政治分析家们将注意力转向了被认为更深刻的政治现实，如政治文化以及经济和社会权力的分配。对宪法感兴趣就是延续一种过时的、条文主义的和（坦白地说）恼人的政治研究取向，就是专注于政治体系如何自我描绘，而不关心它实际如何运转。自 1970 年代以来，宪法问题重新走到了政治舞台的中央。发达国家与发展中国家颁行了新的宪法，政治冲突也越来越多地表现为要求宪法改革的呼声。这转而又对法律角色和法官地位产生重大影响。尽管法院和司法机关与政治在理论上严格分离，但在实践中，世界上多数国家的法院和司法机关都演变成了重要的政治机构，越来越有能力影响公共政策。

主要问题

本章讨论的主要问题如下：

- 什么是宪法？它有哪些形式？
- 宪法的目的是什么？
- 宪法在多大程度上影响着政治实践？
- 法律与政治的关系如何？
- 法院有什么政治意义？
- 法官能否置身于政治之外？他们是否应该如此？

10.1 宪 法

传统上宪法备受重视的原因有二：其一，它说明了政府自身的情况，简要介绍了主要机构及其角色；其二，它被看作自由民主的支柱，甚至是其最主要的特征。遗憾的是，这两种看法皆不正确。宪法的目标是规定进行治理和政治活动的框架，但在这方面无一完全成功。所有宪法都存在不准确、曲解和缺漏的情况。同样，尽管立宪主义（constitutionalism）理念与自由的价值和期望密切关联，但却没有什么办法能防止某部宪法陷入不民主或威权主义的泥潭。在某些发展中国家，宪法甚至具有严重的反自由特征。那么，为何费神于宪法呢？为何在考察政府系统前要讨论宪法呢？原因在于，宪法的目的是给政治体系规定一套“超规则”（mete-rules），实际上就是规制政府本身的规则。正如政府确立整个社会的秩序规则一样，宪法的目的是使政府行为具备稳定性、可预测性和秩序性。

概念

宪法（constitution）

广义的宪法是一套成文或不成文的规则，它试图规定各政府机构的义务、权力和职能，规制它们之间的关系，并界定国家和个人之间的关系。宪法内成文规则（法律）与不成文规则（习俗和惯例）的比重因体系的不同而有所差异。“宪法”一词还在更为狭义上用来指单一的权威文件（“成文”宪法），该文件旨在将主要宪法性条款编辑成典；它构成了一国的最高法。由于单一文件并不能涵盖所有宪法性条款，因此在这层意义上，宪法和宪法性法律（constitutional law）的范围并不等同。①

政府行为受规范准则指导的思想古已有之。这些规范在传统上吸收了更高道德力

① 这反映了汉语“宪法”一词的局限性，它给人的感觉就是一份宪法文件，不能完全涵盖 constitution 的所有意思。有人将其译为“政制”，既可为成文规则，也可为不成文规则，如 republican constitution 译为“共和政制”要比“共和制宪法”更为准确，athenian constitution 译为“雅典政制（体制）”要比“雅典宪法”更为合适。此处为了使上下文一致，并符合现在宪法成文化的趋势，仍译为“宪法”。——译者注

量的观念，世俗事务应该遵循这些通常具有宗教性的观念。埃及的法老承认玛亚特神（Ma'at）的权威，中国皇帝受制于天，犹太国王遵守摩西律法（Mosaic Law），而伊斯兰世界的哈里发则遵从伊斯兰教教法（Shari'a law）。"更高"原则反映在普通法律中的情况也不鲜见，我们可以从雅典宪法对"*nomos*"（需特殊程序方可修改的法律）和"*psephismata*"（由公民大会决定通过的法令）的区分中看到这一点。然而，这些古代规范不同于现代意义的宪法，它们一般并未规定有关各个机构的职权与责任的具体条款，也很少建立权威机制来执行各条款和惩处违犯根本法的行为。

因此，我们最好将宪法视为相对晚近的发展产物，虽然英国宪法的演进可以追溯到1689年的《权利法案》和1701年的《王位继承法》，甚至是1215年的《大宪章》，但将宪法看作18世纪晚期的产物将会更有助益。"宪法时代"肇始于最早的成文宪法——1787年的美国宪法和1789年的《法国人权及公民权宣言》——颁布之时。美国和法国的例子不仅在形式和内容上为后来的宪法制定者提供了可参考的范本，而且有助于我们了解宪法为什么产生及怎样产生。

一部宪法的颁行标志着政治连续性的大断裂，它通常是战争、革命与民族独立等剧变的产物。颁行宪法首先是旧秩序废弃、崩解或失败后建立新政治秩序的手段。依此视之，人们自1970年代以来再次对宪法产生兴趣（葡萄牙、西班牙、加拿大、瑞典及荷兰通过了新宪法，英国、印度和澳大利亚等国的宪法改革议题越加凸显，这都引起世人关注），显示出现存政治体系日渐丧失魅力，甚至使人幻想破灭。一般来讲，只有当变革要求是为了重订而不仅是调整政治游戏规则时，政治冲突才可以说具有宪治意涵。因此，宪法的变动就是权力与政治权威的重新分配与整合。

宪法的分类

宪法可从许多不同方面进行分类，包括：

- 宪法的形式及宪法规则的**地位**，可据此分为成文宪法和不成文宪法、法典（codified）宪法和非法典（uncodified）宪法。
- 宪法**修改**的难易度，可据此分为刚性宪法和弹性宪法。

● 宪法实践中被**遵守**的程度，可分为有效（effective）宪法、名义宪法和幌子（facade）宪法。

● 宪法**内容**及其确立的制度结构（不管是君主制或共和制、联邦制或单一制，还是总统制或议会制）。

成文宪法与不成文宪法的区分在传统上相当受重视。成文宪法蕴含在法律当中，而不成文宪法则蕴含在习惯与传统中。前者属于“被创造”的人为产物，后者则是随历史自然演进的有机实体。但这种分类体系现多已废弃。首先，现今绝大多数国家都拥有规定主要宪法条款的基本成文文件，只有三个自由民主国家（以色列、新西兰和英国）和少数非民主国家（如不丹、沙特阿拉伯和阿曼）仍维持不成文宪法。其次，这种分类总是引起误导。没有一部宪法是纯粹成文的，其规则并非全都是正式的并在法律上可强制实施的。例如，很少有宪法指明（甚至提及）政党和利益集团的角色。同样，不成文宪法也不是纯粹的，其条款不全是惯例、习惯或传统，并非没有任何法条的内容。

每一部宪法都是成文与不成文规则的混合，尽管不同宪法中两者所占比重差别很大。在法德等国，宪法文件是国家法典，它非常详细地规定了各政治机构的权力和责任，显然重视成文规则。但世界上第一部成文宪法——美国宪法，却是只有7 000 字的文献，主要限于阐明宽泛的原则，只规定了一个松散的政府框架。那些无疑具有宪治意义的美国制度，如国会委员会、初选和官僚制，完全是随时间自然演变出现的。其他一些宪法（虽非纯粹不成文宪法）则非常重视惯例。例如，英国各部大臣行使王室特权（Royal Prerogative，在严格法律意义上指君主权力）的能力，以及他们对议会的个人和集体责任，完全依惯例而定。

世界范围的趋势是倾向于采用成文和正式规则。不仅拥有不成文宪法国家的数目在减少，而且就是这些国家也越来越依赖法律规则。出于对犹太律法书[①]（Tarah）的尊重，以色列人在 1948 年建立了没有权威性宪法文献的独立国家，但还没过两年以色列议会就投票采用了这样的宪法文献。在英国，“阁员质询程序”（Questions on Procedure for Ministers）文件的公布，使原先以含混不清之惯例为依据的做法有了详

① 指《旧约》前五卷。——译者注

细的正式实体规定。许多论者认为，新西兰在 1986 年通过《宪法法案》（Constitution Act）和 1990 年颁行《权利法案》（Bill of Rights）后，不应再归入采用不成文宪法的国家之列。

概念

惯例（convention）

在日常用语中，convention 指正式的政治会议，或经辩论或协商而达成的协议。宪法惯例则指不是基于法律而是基于习惯和判例（precedent）的行为规则。这些非法律规则获得了宪法上的适恰感（“正确”之物），或实际环境（“可行”之物）的支持。这种惯例在所有宪制体制中都存在，通常在那些正式规则不清晰或不完备的地方为政治事务提供指导。惯例在不成文宪法中尤为重要，因为它们界定了主要机构的制度程序、权力和责任，弥补了法典文件空缺的不足。它们往往会改变法律严格规定的权力结果。

比成文/不成文之分更为有益（也更准确）的是法典宪法与非法典宪法的区分。法典宪法指主要宪法性条款集于单一法律文件的宪法，即人们熟知的“成文宪法”或“宪法”。如上文所述，大多数宪法可作如此分类，尽管这些宪法条款规定的详细程度不一，其他不成文条款的范围也都各异。但不管怎样，宪法法典化的意义确实很大。

首先，法典宪法文件构成了“高级”法——事实上也是一国的最高法，因此文件本身具有权威性。宪法对包括普通法制定者在内的所有政治机构具有约束力。因此，法典宪法的存在确立了法律的等级体系。单一制国家存在双层法律体系，宪法高于全国立法机构的制定法。联邦制国家中还有第三层法律体系，就是“较低”的州法或省法。其次，法典化文件中至少某些条款是牢不可破的，很难修改或废除，所以其地位得到保障。因此，制宪及而后的修宪程序在某些方面要比制定普通法更复杂和困难。最后，由于宪法根据其“高级”法确定了政府机构的责任、权力和职能，法典化的逻辑要求必须可经法院审理（justiciable），这意味着所有政治机构都必须服膺于法院（尤其是最高法院或宪法法院）的权威。这大大提高了法官（至少是高级法官）的地位，这些人实际上变成了宪法的最终裁决者，并由此获得了司法审查权。

焦点论述

法典宪法：优点与缺点

法典（或成文）宪法的优点如下：

- 主要原则和宪法关键条款固定化，保护之免受当下政府的干涉。
- 立法机关的权力受到制约，削弱了其主权力量。
- 非政治法官能够监督宪法，保证宪法条款得到其他公共机构的维护。
- 个人自由有更加安全的保障，威权主义倾向得到控制。
- 法典文件凸显了政治体系的核心价值和整体目标，具有教育价值。

法典宪法的缺陷如下：

- 法典宪法更为刚性，比非法典宪法更少回应性和适应性。
- 定期选举比宪法性文件更能有效地制约政府权力。
- 在拥有法典宪法的体系中，宪法的至上性存在于非民选的法官中，而非对公众负责的政治人物身上。
- 蕴含在习惯和惯例中的宪法性条款会得到更广泛尊重，因为它们获得了历史的认可，而不是一时的“创造之物”。
- 宪法性文件必然有倾向性，偏爱一套特定的价值或原则，这意味着它在解决冲突的同时还会制造更多的冲突。

普通法（习惯法，判例法，common law）：基于习惯和判例的法律，被认为适用于所有人。

民选专政（elective dictatorship）：一种宪法上的失衡，保持行政权所受的唯一制约是需要赢得下次大选。

非法典宪法数目极少，特征也与法典宪法非常不同。英国宪法严格来理解应是一部非法典宪法，但也有成文宪法的成分，其法源来自多个方面。其中最主要的有议会的制定法、**普通法**、惯例，以及厘清和解释宪法中各种不成文要素的权威著作。没有法典化文件的最重要意涵，是立法机构享有最高（主权）或不可挑战的权威，它有权制定和废除任何法律，任何机构都无权推翻或拒绝适用它制定的法律。由于其立法至上性，英国和以色列的议会有能力成为宪法最终的裁决者，宪法的含义决定于议会。

上述情况特别在英国激起了严重争议和广泛批评。对于黑尔什姆勋爵（Lord

Hailsham，1976）所称的**民选专政**——只要控制下院多数席位就可为所欲为，议会主权难脱干系。权力由此集中于行政部门，对个人权利和自由构成威胁，有些人据此认为英国根本没有宪法。倘若政府一旦上台就能为所欲为，它们无疑会任意扩大自身权力，不受任何宪法规则的制约。用格里菲斯的话讲，英国的宪法就是“实际发生之事”（Griffith，1991）。1980年代和1990年代，上述担心在英国引发了不断高涨的激进宪法改革运动，再加上英国工党长期在野（1979—1997年），最终使该党转向了改革目标。自1997年起，布莱尔政府重新规划了英国宪法蓝图的某些重要方面：在苏格兰、威尔士和北爱尔兰实行放权，更广泛地使用公民投票和比例代表选举制，通过颁行《人权法令》（Human Rights Act，1998）将《欧洲人权公约》（European Convention of Human Rights）纳入英国法律体系当中，废除上院的贵族世袭制，同时还通过了信息自由法。尽管这些举措仍达不到法典化的要求，但已有人认为这使议会主权转向了人民主权（Hazell，1999）。

另外一种分类是区别刚性宪法和弹性宪法。修改宪法需要哪些程序？宪法适应环境变化的难易度如何？表面看来，法典宪法的条款由于以某种方式固定于“高级”法中，很可能相对缺乏弹性。同样，非法典宪法似乎较具弹性和适应性，因为具有宪法意义的法律可以经普通立法程序修改，而惯例生来就是以行为和习惯法为基础的。然而，成文宪法与刚性、不成文宪法与弹性的关系却并非如此简单。

宪法的弹性可能各不相同，但令人惊讶的是，宪法的弹性与其制定和修改的程序与规则之正式性并不呈现正相关关系。美国宪法虽历经修改，但自1787年一直发挥效用至今，而同一时期的法国宪法则更换了不下17部。同样，修改程序都或多或少有些复杂和困难。例如，丹麦、爱尔兰和西班牙等国通过公民投票来取得公民对宪法修改的同意，或批准议会已认可的宪法修正案。其他一些国家的宪法修改则需获得议会特别多数通过，如德国基本法规定，宪法修正案须同时经联邦议会和联邦参议院2/3多数通过。在美国，宪法修正案除须经参众两院各2/3多数通过外，还要获得3/4的州之同意。这一要求使美国迄今只通过了26个宪法修正案，其中10个（即所谓的权利法案）是在宪法推行的最初两年通过的。

然而，上述情况显示的表面刚性却具有误导性。美国宪法和其他法典性文件的语词变化甚少，但其意思却可通过司法解释和再解释过程常加以变动而与时俱进。本章最后部分将考察司法机关在这方面的作用。正如成文条款会容许弹性处理一样，不成文条款有时也可能具有刚性。英国有关大臣责任的惯例已证明非常具有适应性，甚至可因当下政府的方便而改变，但其他惯例却在政治文化和公民预期中根深蒂固，欲行放弃或修改几乎难以想象。限制君主的政治作用并防止君主挑战议会权威的惯例当然应在此列。

第三种分类体系考虑到了宪法的规则和原则与政府实践［“运转的”宪法，（the “working” constitution）］之间的关系。早在 1867 年，白芝浩[①]就在其《英国宪法》（*The English Constitution*，1867）一书中就区分了宪法的“尊严”部分（dignified part，君主和上院）和“效率”部分（efficient part，内阁和下院），前者旨在促进人民效忠但行使的有效权力很小。一部有效的（effective）宪法须满足两个标准：第一，政府的日常事务至少在主要方面符合宪法条款的规定；第二，宪法有能力（不管以什么手段）限制政府行为。

因此，有效的宪法不仅需要宪法规则，而且这些规则还要能够制约政府并建立立宪主义。但我们在下文将会看到，所有宪法都会程度不一地受到侵犯；因此真正的问题在于违宪行为的严重程度和频度。有些宪法可归入名义宪法，其文本与原则虽准确地规定了政府行为，但却无法限制它。另有一些国家则拥有虚假或幌子宪法，与政治现实完全脱节，顶多是个宣传品而已。这种情况在独裁或威权国家特别常见，在这些国家中，有关个人权利和自由的承诺只停留在宪法文件的书面规定上。

宪法还可根据其内容，具体而言就是其基础制度结构进行分类，由此又可以产生多种划分。例如，宪法传统上可分为君主制宪法和共和制宪法两类，前者赋予王朝统治者至高无上的宪法权力，后者的政治权威则来自人民。然而，立宪君主制的出现使权力实际上已经转移到代议机构中，这意味着在尼泊尔和沙特阿拉伯等残存的绝对君主国家以外，上述区分已没有什么意义了。应用较为普遍的分类为**单一制**宪法和**联邦制**宪法，前者的主权集中于单一的全国性实体中，后者的主权分属两级政府所有。

---

① 白芝浩（Walter Bagehot，1826—1877），英国经济学家、新闻工作者和评论家，曾主编《经济学家杂志》（1860—1877 年），著有《英国宪法》和《物理学与政治》等。——译者注

另外，还有一种方法是将**议会制**宪法和**总统制**宪法区别开来。这里的关键是行政机关和议会的关系。在议会制中，行政机关由议会产生并向议会负责，而总统制中的两个机关在权力分立的基础上各自独立运转。最后，**多元主义**宪法与**垄断主义**宪法也形成对照。前者以自由民主为特征，一般通过保障参与权利和政党竞争来确保政治权力的分散化；后者更多见于威权国家，执政党或最高领袖无可置疑的权威得到宪法的正式确认。

宪法的目的

不仅绝大多数国家具备宪法，而且多数机构和组织化团体也有某种具有宪法效果的规则存在。联合国和欧盟等国际组织，以及地区和省级政府、政党、利益团体、企业、教会、俱乐部等都拥有此类规则。这些宪法性规则的普遍存在使人们注意到宪法在组织的运转中以某种方式扮演着至关重要的角色。为什么国家和其他组织化机构若没有宪法及宪法性规则就很难或者不可能运转呢？回答此问题的困难之处在于宪法没有单一或简单的目的。相反，宪法具有多种功能，并用以适应多个方面的要求。其中最重要者如下：

- 授予国家权力；
- 确立统一的价值和目标；
- 维持政府稳定；
- 保护自由；
- 使政权合法化。

授予国家权力

人们对宪法的一般印象是它限制政府权力，但其更基本的功能却是标明国家的存在，并就国家的独立权威领域提出要求宣示。新国家的创建（无论是通过推翻殖民统治，还是较大国家分裂，抑或是较小国家合并而成）无一不伴随着宪法的制定。我们甚至可以认为这些国家只有拥有了宪法方能确定存在，若非如此，它们就缺少对特定领土的正式管辖权，或能有效行使这种管辖权的统治机器。

因此，印度可以说形成于1947年获许独立到1950年通过联邦宪法之间，在此期间，英国任命的总督仍然行使监督权。同样，1776年的美国《独立宣言》开启了美利坚合众国获得国家地位的进程，该进程一直到1789年美国宪法获得批准方告完结。获得授权对次级国家实体与超国家机构而言也同样重要。例如在联邦制下，各省或州皆有自己的宪法，目的是保障它们相对于中央政府的权威领域。欧洲联盟的"宪法"，是由《罗马条约》、《单一欧洲文件》以及《欧洲联盟条约》（或称《马斯特里赫特条约》）等条约和协定构成，它们授予了欧盟机构以多种方式干预成员国事务的权力。

确立统一的价值和目标

除了规定政府框架外，宪法还总是包含一套较广泛的政治价值、理想和目标。这也是宪法不可能中立的原因，它总是多少有些明确地与意识形态优先性问题纠缠在一起。因此，制宪者试图赋予其政权一套统一价值、一种意识形态目的感，以及可用于政治管理的语汇。在许多情况下，这些目标会在宪法文件的序言中有明确表述，而宪法序言常有阐明国家理想的作用。这些理想从支持民主、自由或福利国家，到信奉社会主义、联邦主义或伊斯兰教义等各不相同。如1977年苏联宪法宣布该国是一个"发达的社会主义社会"，而德国基本法则表达了"服务于世界和平"的决心。

但在另外一些情况下，这些价值和意识形态的优先性则较为隐晦。例如比尔德①（1913）认为，美国宪法条款基本上是经济利益影响的产物——特别是希望用宪法保护财产免受力量渐大的无产大众的侵害。同样，也可以认为，虽然美国宪法第14条和第15条修正案承认了种族分裂的严重性，但宪法仍有效地掩饰了因社会阶级或性别造成的分裂。在英国宪法中，议会主权说被诠释为阻止甚至诬蔑议会外政治行动的工具。

---

① 比尔德（Charles Beard，1874—1948），美国历史学家，美国史学"经济学派"的奠基人，著述等身，主要有《美国宪法的经济解释》、《1932—1940年美国外交政策》及与其妻M. R. Beard合著的《美国文明的兴起》等。——译者注

维持政府稳定

在给政府各机构分配责任、权力和职能中，宪法充当着“组织章程”、“规定准则”和“制度蓝图”的角色。准确地讲，宪法确认并调整各政治机构间的关系，提供一种裁定和解决冲突的机制。例如，印度宪法用多达 400 条的细则详细规定了制度性的权力与关系。不管其明确性和有效性差异多大，所有宪法都履行着为政府运转带来一定稳定性、秩序和可预测性的极其重要的功能。根据这种看法，立宪政府的对立面就是任意胡行、反复无常或独断专横的政府。这也正是宪法为什么要与政府组织相辅相成的原因所在。只有所有相关者都了解“游戏规则”，并由此知道谁应该做什么事时，复杂的社会互动模式方能维持下去。

保护自由

概念

自由（freedom）

“自由”（freedom 或 liberty）一词在最广义上是指人们按照自己的意愿思考或行动的能力。人们常常对“消极”和“积极”自由作出区别，前者指免于某事的自由（free from），后者指可做某事的自由（free to）（Berlin，1958）。消极自由意指不被干涉，减少对个人的外在约束。个人由此可按照其希望“自由地”（at liberty）行动。积极自由涉及实现某些可确认的目标或利益，一般是个人发展、自我实现或自我克制。不过，“消极”与“积极”之分却具有误导性，因为每一种自由都可从这两方面加以描述。例如，免于无知的自由，就是获得教育的自由。

有限政府（limited government）：受到约束的政府，这种约束通常为法律、宪法或制度性的制衡。

在自由民主制中，人们常理所当然地认为，宪法的核心目的是制约政府以保护个人自由。宪法常常被视为建立和维系**有限政府**之手段的原因也在于此。确实，宪法规定了国家和个人的关系，标明了政府权威和个人自由的各自领域——主要是界定公民权利和自由（常以公民基本权利法案来确定之）。在许多情况下，宪治的影响确保了“古典”或传统的公民自由——如言论自由、宗教信仰自由、集会自由与活动自由——

被认定为“根本”的自由，受到宪法的保障。这些所谓的**消极权利**防止了国家侵犯个人，划定了政府不得涉足的领域，因此具有自由品格。

消极权利（negative rights）：标明了不受限制之行为领域的权利，它制约着政府责任。

积极权利（positive rights）：要求政府提供资源和政策支持的权利，它增加了政府责任。

此外，越来越多的国家已开始保证民众一系列经济、社会和文化权利，包括保健权、受教育权，甚至工作权。但这些**积极权利**也引起了争议，因为它们牵涉到政府的扩张而不是收缩，还因为它们的实现取决于相关国家可获得的经济和社会资源。当没有实际办法保障这些权利和自由的实现时，它们还能被视为“根本的”吗？印度宪法采用限制条款承认了这种可能，以工作权为例，就是“在经济能力和发展的限度内”才能保障。

概念

权利法案（人权法案，bill of rights）

权利法案是一种宪法性文件，它明确规定了个人权利和自由，由此确定了公民自由的法律范围。权利法案有“根深蒂固型”（entrenched）和“法定型”（statutory）两种。根深蒂固型权利法案蕴含在“高级”法中，它为司法审查提供宪法依据。法定型权利法案或权利法令（statue of rights）可以经与其他制定法同样的程序修改或废止。支持权利法案者认为，权利法案是给予公民法律或宪法保护以免受国家侵害的唯一有效手段，对于提升“人权文化”具有教育价值。反对者则指出，权利法案扩大了法官的职权，而对政治人物造成了损害，它不具弹性且人为色彩严重，同时还助长了好讼的文化。

使政权合法化

宪法的最后一项功能是帮助确立合法性。这解释了宪法何以获得广泛使用——甚至那些宪法仅为名义或纯粹幌子的国家亦然——的原因。合法化过程有两个层面。首先，宪法的存在几乎是一个国家具备国际社会成员资格，受他国承认的先决条件。更重要的是，一个国家可以利用宪法促进国内人民尊重和服从国家，从而建立起内部合法性。这或许是因为宪法能使统治精英所信奉的价值符号化并扩散传播，使政府体系披上合法性（legality）[①] 外衣。为了使宪法在这方面更有效力，不断有努力试图提升宪法本身——或者历史意义的文件，或者是国家目标和认同的符号——的举措获得尊重。

宪法在发挥作用吗?

宪法的价值常被认为理所当然。据此假定，宪法的存在具有保障政治稳定、确保有限政府与保障权利和自由等好处。这种宪法信仰以美国为甚，用哈茨的话讲，（美国人具有）近乎“对宪法的狂热崇拜”（Louis Hartz，1955）。当然这种信念也曾经受严峻考验，特别是在“水门事件”中，尼克松总统被指控帮助掩盖白宫高级官员于 1972 年选举时的非法活动。不过，1974 年尼克松的辞职，使其继任者福特得以宣布“我们的宪法在发挥作用”。福特重申了古典的宪治观点，“我们拥有法治而非人治政府”。然而，仅有宪法存在并不能保证政府合宪。事实上，少有证据表明宪法是对抗专制的主要保障，更非“通向理想国的门票”。

宪法在特定环境方可“运转”。换言之，只有在一系列文化、政治、经济与社会条件的支持下，宪法才能服务于各种现实目的。宪法尤需与政治文化相一致并获其支持；成功的宪法既是政治文化的创造者，又是政治文化的产物。殖民统治者离开发展中国家时留下的那么多自由民主式宪法，却无一生根发芽，其原因即在于此。在那些集体主义价值和传统根深蒂固的社会，保障个人权利和政治竞争的宪法规则可能毫无意义，尤其当这些社会竭力追求经济和社会发展时更是如此。

在美国，由于种族主义扩散和制度化，1960 年之前，内战后通过的保障黑人公民权和投票权的宪法修正案在南方各州也没有得到切实遵守。另一方面，1947 年的日本宪法虽然是美国占领当局强加于日本的，但该法重视个人权利，不再像日本传统上那么强调义务，已被证明取得了相当的成功，为日本战后重建和政治发展提供了稳定的架构。不过，和战后德国的情况一样，日本宪法还得益于“经济奇迹”的有效支持。

---

① “legality”的意思是合乎法律意义上的合法性，这显示了将 legitimacy 译为“合法性”的限制，不少人因此将 legitimacy 译为“正当性”。——译者注

宪法能够运转的第二个关键因素，是宪法是否得到统治者的尊重，是否符合支配集团的利益和价值。以德国的魏玛宪法为例，尽管它包含了诸多令人印象深刻的权利自由，但到了 1930 年代希特勒建立纳粹专政时，该宪法随即就被轻而易举地抛置一边。这不仅因为魏玛政权的竞争性民主同纳粹的野心以及工商业和军队的保守精英相冲突，还因为它很少获得面临经济危机和不习惯代议制政府的民众的支持。在 1975—1977 年英迪拉·甘地领导下的印度，以及 1977—1981 年齐亚·哈克（Zia ul-Haq）将军治下的巴基斯坦，主要宪法条款均因宣布国家进入紧急状态而遭废止。在这些例子中，军事领导人的支持被证明比宪法自身的精妙要关键得多。人们常说英国的非法典宪法创造了异乎寻常的权力滥用空间，因为它高度依赖当下政府的自我约束。这在 1980 年代和 1990 年代保守党执政时尤为明显，这期间保守党利用议会主权的内在弹性，改变了文官部门、地方政府和工会等机构的宪法角色，有研究者认为该党的政策严重损害了公民自由。

概念

议会主权（parliamentary sovereignty）

议会主权指议会或立法机关的绝对或不受限制的权威，反映在其有能力按照自己的意愿制定、修改或废止任何法律方面。议会主权一般被认为是英国政制（宪法）的核心原则，议会主权形成的原因有：没有法典化宪法、制定法高于其他所有形式的法、没有抗衡的立法机构，以及议会无法约束其后继者的惯例。支持者推许议会主权原则，因为它将宪法上的至上地位赋予了代议机构，而不是人为规则或非民选法官。批评者则指出，该原则含有威权色彩，一旦议会受行政部门主导，将会导致“民选”专政。

最后一个因素是宪法的适应力及其在变化的政治环境中仍保持实际影响的能力。任何宪法都不能完全反映政治现实，也很少有宪法专门反映现实。一般来讲，成功的宪法应具有足够的弹性，能将各种变化纳入其宽泛且有长久价值的框架中。但严格来讲，那些具有无限弹性的宪法根本就不是宪法。美国宪法在这方面特别有意思。它的“创造能力”在于它专注宽泛的原则，并由此提供了矫正自身缺陷的空间。美国政府因此能够发展演化以回应新的挑战和需求。例如，正式的修宪程序能使美国制度得以民主化，20 世纪的司法解释使总统权力增长、权力从州转移到联邦政府以及在某些方面扩大公民个人权利成为可能。

然而，这些变化可以说发生在宪法之内，因为分权、联邦制和个人自由等核心原则虽然出现了新的形式，但依然受到尊重。布莱尔政府自 1997 年后在英国非法典宪法内的改革也是如此。相比之下，法国第四共和国宪法则已证明无法有效运转，因为重心转向国民议会往往导致脆弱和不稳定政府不断出现。由于宪法无法解决这一困局，结果是开创第五共和国的新宪法在 1958 年出台，根据戴高乐将军规划的蓝图扩大了总统权力。

10.2 法　律

法律、道德与政治

> **法律**（law）：一套适用于整个政治共同体的公开的、可强制执行的规则；法律通常被认为具有约束力。

法律与道德的关系是政治理论中最棘手的问题之一。表面看来，法律和道德是迥然不同的事物。法律是一种由强制执行手段支持的特殊社会控制形式；它界定了“**可为**”和“**不可为**”的范围。而道德则关注伦理问题，以及“对”与“错”的差别；它规定哪些事情“**应为**”，哪些事情“**不应为**”。此外，法律具有客观性，因为它是社会事实（social fact）；而道德则通常被看作主观实体，是见仁见智和个人判断的问题。虽然如此，但追溯到柏拉图和亚里士多德的自然法理论，仍认为法律源于或应源于某种道德体系。在现代社会的初始阶段，这些理论常以天赋“自然权利”观念为基础。随着 20 世纪的推进，这种认定法律与道德相结合的论断再次盛行，通常与公民自由或人权观念相关联。

不过，19 世纪兴起的“实证法学”（science of positive law）提出了有关法律和道德关系的另一非常不同的观点。目的很简单，就是要把对法律的理解从道德、宗教和神秘主义的假定中解放出来。奥斯汀（John Austin，1790—1859）提出的“法律实证主义”（legal positivism）理论，不是从遵从更高道德或宗教原则的角度来界定法律，而是根据它确立和实施的情况加以界定，即法之为法在于它被遵守。哈特（H. L. A.

Hart）在所著的《法律的概念》（*The Concept of Law*，1961）中修订了这一取向，他认为法律源于“第一性”和“第二性”规则的结合，而每一规则均有特定功能。第一性规则规制社会行为，可视为法律体系的“内容”，刑法即为此类；第二性规则是赋予政府机关权力的规则，确定第一性规则如何制定、实施和裁决，并由此决定第一性规则的效力。

概念

人权（human rights）

人权是人之作为人而有资格享有的权利；它是天赋人权（natural rights）的现代世俗版本。人权具有“普遍性”：它属于人类而不专属于某个国家、种族、宗教、性别或其他团体的成员。人权还具有“根本性”：它是不可剥夺的；它不同于公民权，并不赖于特定社会赋予公民的自由或身份。人权说的支持者将其描绘成为传统意识形态分野之上的普适性道德原则。反对者则辩称，认为个人拥有与其所属传统、文化和社会相分离的权利实属无稽之谈。

鉴于法律在规制社会行为中扮演的重要角色，无人能怀疑它的巨大政治意义。即便如此，有关法律与政治之实际关系及可欲（desirable）关系的问题——对法律性质、功能及其适当范围的思考，仍激起了激烈的争论。我们对法律的理解多源于自由理论，该理论吸收了社会契约论的思想，将法律描绘成为文明和秩序生活的基本保障。在没有国家和法律体系的状态——也就是“自然状态”下，每一个人都可任意毁谤或威胁其他任何一个人。因此，法律的作用是保护每个社会成员不受其他成员的侵犯，从而确保其权利和自由不受侵害。

由于这种保护扩展到了全社会及其每一个成员，自由派人士坚持认为，法律应具有中立性。因此，法律位于政治“之上”，两者应保持严格分离，以防止法律偏袒国家、富人、男人和白人，而不利于相对应的个体、穷人、女人和黑人等。这也是自由主义者高度重视普遍法律权威的原因所在，这种普遍权威体现在法治原则中。这种法律观点对司法机关具有重要影响，它相信后者的任务就是解释法律，并在产生纠纷的各方之间进行裁决。特别是法官必须保持独立，他们位居政府机器“之上”或“之外”，不受政治的影响。

概念

法治（rule of law）

从法律确立所有行为都遵守之框架的意义上讲，法治就是法律应该“统治”的原则，它平等地适用于所有社会成员，不论其为私人还是政府官员。因此，法治是自由民主的核心原则，体现了宪治和有限政府的思想。在欧洲大陆，法治蕴含在“法治国”（*Rechtsstaat*）这一德文概念中，意思是以法律为基础的国家。在美国，法治与宪法作为“高级”法的地位及“正当程序说”（due process）紧密联系。在英国，它被认为源于普通法，提供了法典宪法之外的替代选择［Dicey，（1885）1939］。

然而，若法律的中心目的是保护自由，这同时还意味着法律应当限制于适当领域之内。换句话说，只有当其扩大自由而非减少自由时，法律才应获得认可。约翰·密尔是站在自由主义立场上对此原则作出最清晰阐述的思想家之一，他在《论自由》（1859）一书中主张，“个人对其自身、其身体和心智都拥有最高权力”。只有法律旨在“防止侵害他人”时，密尔才愿意接受其合法性。道德哲学家将此理解为“伤害原则”（harm principle）。据此原则判断，目标是防止自我伤害（如禁止毒品或强制使用汽车安全带）的家长式法律，或者旨在提升道德水准（如反自杀和卖淫）的法律，都是毫无根据的。

保守主义理论家提出了另一种法律观点。此观点更多地吸收了下述思想：法律与秩序相关联，“法律与秩序”可融合为一个概念。这一立场又有两个源头。第一个源头是极度悲观的，甚至是霍布斯式的人性观。霍布斯在《利维坦》（1651）中将人类的第一癖好描绘成“对权力不断的、无休止的欲求，至死方休”。按照这种理解，社会失序的根源可认为在于个人——这种观点有时候还与基督教的“原罪”说存在联系。因此，秩序只有依靠严格的法律、坚定的执法和严厉的惩罚才能得到维护。在霍布斯看来，法律是防止社会堕入混乱和野蛮状态的唯一手段。

保守主义重视法律的第二个源头，则来自社会稳定有赖于共同价值与文化的信念。德夫林（Patrick Devlin）在其《道德的强制》（*The Enforcement of Morals*，1968）一书中对这一立场有经典的论述，他认为社会有权通过法律工具推行“公共道德”（public morality）。该立场显然超越了密尔的**自由至上主义**，意味着社会有权保护自身不受同性恋

自由至上主义（libertarianism）：认为个人自由领域应该最大化的信念，往往试图使公共权威的应用范围最小化。

和吸毒等“非共识”行为的侵害。在1980年代和1990年代，新右派采取了非常类似的立场，他们颂扬“传统道德”和“家庭价值”的德行，主张这些道德和价值应借法律权威予以维护。

人物

托马斯·霍布斯（Thomas Hobbes，1588—1679）

英国政治哲学家。霍布斯是一个小牧师之子，父亲在他成长期间弃家而去。他后来成为流亡的威尔士王子斯图尔特（Charles Stewart）的家庭教师，并受到卡文迪什（Cavendish）家族的资助。霍布斯在英国革命突然引发的不稳定和内乱中著述，提出了自亚里士多德以来第一个有关自然和人类行为的全面理论。其经典之作《利维坦》讨论了政治义务的基础，无疑反映了内战的影响。该书为专制政府作了辩护，但其社会契约论的理性论辩，也让**君权神授说**的鼓吹者颇为失望。

10.3 司法机构

君权神授说（divine right）：一种世俗统治者由上帝选择，从而拥有不可挑战之权威的学说；是为君主专制主义作辩护。

战争罪（war crimes）：违反国际公约有关战争行为规定的行动，这些行动通常包括参与了侵略战争，或者存在针对平民或战俘的残暴行为。

司法机构是获得授权解决法律纠纷的政府部门。因此，从法官解释和“建构”法律的角度看，其核心职能就是裁决法律的含义。法官的这一角色在不同国家和制度中的意义有所不同，但在采用法典宪法的国家里尤为重要，法官可以解释宪法本身，从而能够对主要政府机构之间或国家和个人之间的纠纷进行仲裁。

国际法的日趋重要提高了司法机构的地位。海牙国际法院（原名“世界法院”）作为联合国的司法部门，提供了解决国际争端的场所——尽管由于国际法尊重主权原则，进行裁决还需要所有当事方的同意。国际刑事法院（ICC）在当代再次采用了1945—1946年纽伦堡审判中确立的**战争罪**或反人类罪概念，已起诉和逮捕了一些大规模犯罪的人，其中有 2001 年逮捕的前南斯拉夫总统米洛舍维奇（Milosevic）。此外，还有具有地方管辖权的国际法院，如分别设在卢森堡和（法国）斯特拉斯堡的欧洲法院（European Court of Justice）和欧洲人权法院（European Court of Human Rights）。

司法机构的主要特征之一——自由民主制下司法机构的最主要特征，是法官的严格独立和非政治性。诚然，法官有能力位于政治"之上"通常被视为法律与政治分离的关键保证，但这样的司法形象总是容易引起误导，我们最好把司法机构看成政治机构，而不只是法律机构。作为法律过程中的核心人物，法官在某些政治活动（如解决冲突和维护国家权威）中扮演着至关重要的角色。法官的判决无可置疑地会产生政治影响，从这种意义上讲，他们显然具有政治性，但在有关司法机构政治意义上的辩论却围绕着两个争议性更大的问题展开。其一，法官是否由于其行动受到政治考虑和压力的影响而具有政治性？其二，法官是否因其染指政治人物的固有职责而创制政策？

法官是否具有政治性?

某些政治体系并不以司法中立或公正自居。如在正统共产主义国家，"社会主义法制"要求法官根据马克思列宁主义解释法律，服从共产党的意识形态权威。法官因此纯粹成了政权自身实现政治和意识形态目标的小官吏。纳粹时期的德国法庭也同样变成了实施意识形态压制和政治迫害的工具。而在另外一些国家，法官被期待严格遵守政治中立原则。在宪治国家，法律的权威与其非政治性相联系，这又是以法律应由独立和公正的法官来解释的假定为基础的。

概念

中立（neutrality）

中立意指没有任何的党派倾向或支持；它意味着拒绝支持任何一方。在国际关系中，中立是一个国家宣布其不卷入冲突或战争的法律状态，并表明自己没有支持或援助任何一方的意向。作为一种个人行为原则，它适用于法官、公务员、军人和其他公职官员；严格说来，中立意味着没有政治支持或意识形态倾向。中立的行为者就是政治"阉人"。不过，在实践中，对公正无私的要求并不如此严格，只要不干涉职业或公共责任或与之冲突，政治同情也是容许的。

司法独立（judicial Independence）：司法机关应同其他政府部门严格分离的宪治原则，是权力分立的应用。

法官在两种意义上具有政治性：他们会受到内在与外在倾向的支配。外在倾向来自那些能对司法施加影响的政治机构，如议会和政府；内在倾向则来自法官自身的偏见和同情心（特别是那些侵入司法决定过程的偏见）。一般认为，尊重**司法独立**原则就能控制外在倾向。在多数自由民主国家，法官任期保障（他们不能被免职）与限制对法官和法院判决的批评保护了司法独立。但在实践中，政治机构介入法官的录用和晋升过程也会损害司法独立。

美国法官只要“行为良好”就能终身留任。但最高法院的法官是由美国总统提名并经参议院同意后任命的。自 1930 年代罗斯福总统与最高法院发生冲突以来①，该程序已成了公开的政治任命模式。总统根据法官候选人的政党归属和意识形态立场进行选任，参议院也可以基于同样理由予以否决，如 1980 年代就曾否决了对博克（Robert Bork）的提名。沃伦②任首席大法官时期的自由主义倾向，以及伯格③和随后伦奎斯特（Rehnquist，1986—2005）任首席大法官时期的保守主义倾向，主要都是外部压力造成的。英国法官也由在任政府任命，高级法官由首相征询大法官意见后任命。尽管有惯例要求这些任命应公正无私，但政治上的考虑仍经常介入，如 1980 年被任命为主事官（Master of the Rolls）的唐纳森勋爵（Lord Donaldson）曾为保守党的市政委员，他是主张用法律限制工会活动的著名支持者。

法国宪法法院获得授权以审查法律是否合宪，因而能同时约束议会与行政机构，但也难免受到特别强大的政治力量的影响。其成员主要是经验丰富的政治人物，而不是职业法官。总统、国民议会和参议院议长各选任 1/3 的宪法法院成员，政党归属常常是重要的考量因素。日本最高法院成员实际上是由内阁任命，其中的高级法官由天皇根据内阁提名任命。但是，自民党在战后长期执政，在法院内塞满了自己的支持者，保证了法

① 从 19 世纪末到 1920 年代晚期和 1930 年代初，美国最高法院中政治保守派居多数，他们以据称是从英国普通法中引申出来的宪法第五条和第十四条修正案的正当法律程序所规定的“契约自由”为借口，实行放任主义原则，否定了许多早期的社会和经济计划立法，由此造成了法院同行政和立法权力之间的政治冲突。冲突在 1930 年代因法院多数派否定罗斯福新政改革立法而达到白热化。——译者注

② 沃伦（Earl Warren，1891—1971），美国最高法院首席法官（1953—1969 年），民权捍卫者，曾任为调查肯尼迪总统被暗杀事件而设立的委员会的主席（1963 年）。——译者注

③ 伯格（Warren Ealr Burger），1907 年生，美国最高法院首席法官（1969—1986 年），对堕胎解释持严格保守态度，赞成死刑，主张限制合法堕胎和刑事被告的权利。——译者注

院受控于议会。其中一个后果是，尽管在农村地区到处都是偏向于自民党的**不正当选区划分**①，但最高法院从未宣布选举无效，甚至在 1983 年因选举的席次分配不合比例而被宣布违宪时依然如此（Eccleston，1989）。

不正当选区划分（格里蝾螈，gerrymandering）：操纵选区划分，以便为政党或候选人谋取政治利益。

问题不只在于司法独立，某些倾向会随着司法机关的价值与文化潜行而入，这同外部压力进入一样容易。从这个视角看，关键因素与其说是法官如何被录用，倒不如说是谁被录用。长期以来，社会主义者批评司法机构只是表达了支配性的社会价值，因而仅是为了维护现存的政治和社会秩序。法官的社会独占性，以及通常赋予司法机构的特有地位和尊严巩固了这种趋向。格里菲斯（1991）认为，英国高等法院中的保守主义趋向之所以特别明显，是因为高级法官高度同质化，绝大多数是白人男性，出身中上层阶级，受过贵族学校和“牛津剑桥”的教育。也有类似的观点指出，法官对妇女、少数族群和任何在司法系统中缺少代表的群体都怀有偏见。

尽管 1950 年代以来美国最高法院已有了一名象征性的黑人法官，现在还有两名女法官，但仍是出身中上层阶级的白种盎格鲁—撒克逊裔的新教徒占支配地位。另一方面，澳大利亚等国则尝试着提高司法机构的社会代表性以对抗此种倾向。如 1980 年代以来，澳大利亚的法官除了从律师阶层选任外，还从学者中挑选。尽管这样，法官能具有社会代表性的程度仍相当有限。要想使司法机关成为更大社会的缩影，就有必要在法官任命中忽略经验和专业能力的标准。

法官是否创制政策？

法官仅是法律适用者的形象一直以来就是一种虚构。法官不能适用所谓“法律的字面意义”，因为任何法律、法律术语或原则都不具有单一的不证自明的意思。在实践中，法官不得不在几种可能的意思和阐释中作出选择，通过这一“建构”过程将某种意思加之于法律之上。从这种意义上讲，一切法律都是法官所造之法。然而，法官在此方面的

① 划分选区可以加强或者减弱一组选民的势力或者一个政党的力量，这种划分方式被称为格里蝾螈（gerrymander）。这个词是由格里“Gerry”和蝾螈“salamander”两个词结合而成的。埃尔布里奇·格里（Elbridge Gerry）在 1812 年任马萨诸塞州的州长，他主持重新划分了该州的参议员选区，新选区的形状据说很像蝾螈（形状像蜥蜴）。——译者注

自由裁量权，以及他们所赋予意义之法律的重要性，显然差异相当大。这里有两个因素极其重要。第一，法律的具体规定是否清晰和详细。一般来讲，表述宽泛的法律或宪法原则容许的司法解释空间较大。第二，是否存在法典宪法或成文宪法。成文的宪法文件赋予司法机构的司法审查权能够大大提升它的地位。

概念

司法审查（judicial review）

司法审查权是司法部门“审查”并可能宣布法律、法令及其他政府部门（主要是立法和行政部门）行动无效的权力。在其古典意义上，司法审查原则源于法典宪法的存在，它容许法官废止那些不符合宪法的“违宪”行为。在采用非法典宪法的体制中，司法审查较为温和，限于依据普通法审查行政行为，以越权（ultra vires）原则判定行政部门是否超越权限。许多人认为司法审查保障了“法治政府”的存在，是具有里程碑意义的宪治制度；同时，不管怎样，司法审查还确立了司法的至上性，从而超越了权力分立。

虽然有人认为司法审查早在1610年的“博纳姆博士”案（*Dr. Bonham's Case*）中就在英格兰法律中产生，但我们最好还是将其理解为世界上第一部成文宪法颁布后形成于美国的机制。美国宪法并没有提到司法审查，但它却包含了使之必然产生的逻辑。由于宪法规定了政府机构行为的法律准则，显然需要特定机构对此进行监督或监察，而司法机构（更具体一点是最高法院）是唯一为此目的而设立的机构。首席大法官约翰·马歇尔（John Marshall）在裁决“马伯里诉麦迪逊”案（*Marbury v. Madison*，1803）时第一次运用了司法审查权。在该案中，最高法院宣布1789年的司法法案（Judiciary Act）与宪法这一“至高无上的法律”相抵触，正如达尔所言，这使得最高法院成为“政治机构”，也就是说，“就有争议的国家政策问题作出决定的机构”（Robert Dahl，1956）。

最高法院作为决策者的意义在整个美国历史上都很明显。例如，在19世纪晚期和20世纪早期，最高法院支持自由放任原则，用“正当程序说”（due process）打击福利制度和社会立法，尤其是阻挠1930年代初罗斯福新政的多数方案。直到1937年所谓的“法院革命”后，随着布莱克（Hugo Black）和道格拉斯（William O' Douglas）等支持新政法官的任命，转向经济和社会干预的政策才获得司法支持。1950年代和1960年代，在沃伦任首席大法官期间，最高法院作出了具有里程碑意义的自由主义判例，如“布朗诉教育委员会”案（1954），宣布学校的种族隔离违宪，还有“贝克诉卡尔”案（*Baker v. Carr*，1962），要求美国的议员选区具有同等规模。

司法能动主义（judicial activism）：指法官愿意仲裁政治纠纷，同只愿意解释法律的意思相对。

在许多情况下，最高法院都走在国会和总统之前，为后来的立法铺路，1960 年代中期的民权改革即是如此。同样，最高法院还在“罗伊诉韦德”案（1973）中认定堕胎合宪，而当时民选机关拒绝受理这个争议很大的问题。虽然这一时期的**司法能动主义**随后沉寂，反映了尼克松、里根和老布什所任命法官的保守主义倾向，但最高法院仍继续发挥其影响力，如允许逐步重新采用死刑，越来越限制堕胎权。最高法院最具政治意义的判决可能是在 2000 年 12 月，当时最高法院推翻了佛罗里达高等法院的裁定，就总统选举争端作出了有利于乔治·W. 布什的判决。有人认为，如此一来最高法院实际上替美国人民作了决断。

然而，如果认为美国式的违宪审查保证了司法的至高无上性，也是不正确的。首先，只有法官不折不扣地独立于其他政府机构，司法审查才会有效。如上文已指出的，这种情况在实践当中很少出现。例如，在就 2000 年总统选举争端进行判决时，美国最高法院显然沿党派界限发生了分裂，其中由共和党任命的法官居多数（最终判决有利于共和党候选人）。其次，尽管法官能解释法律甚至宪法，但他们不能决定或影响法律本身的词句。因此，最高法院的判决可为宪法修正案所取代，如美国宪法修正案第 16 条就推翻了早先最高法院宣布联邦所得税违宪的判决。同时，法官或法院的最大弱点是他们没有执行工具，须依赖于其他政府部门。如在 1958 年，艾森豪威尔总统不得不派军队到阿肯色州的小石城，强迫当地学校遵守最高法院 1954 年解除种族隔离的判决，而之前当地对该判决一直未加理睬。

如果法官是决策者，那么他们必须因此成为更大政府机器的一部分，进而处于政治文化和公共舆论所确立的制约机制内。1970 年代英迪拉·甘地和印度法院的冲突，显示了司法机构履行其宪法护卫者职责的困难。虽然印度拥有成文宪法，但美式司法审查和英式议会主权之间的不和谐从未彻底消除。批评甘地夫人独断领导风格的声浪不断高涨，1975 年 6 月，印度高等法院宣布她在选举中犯有舞弊罪，五年之内不得担任政职。尽管印度最高法院在上诉前暂缓执行后一项判决，但甘地夫人几天后就宣布国家进入紧急状态，批准逮捕了数百名政治反对人士，实行严格的新闻审查。1977 年 3 月紧急状态取消后，司法机构虽然恢复权威，但却保持了更大的自我约束，不愿再去公开挑战时任政府。

在没有法典宪法的情况下，认定法官为政策创制者的观点更缺乏说服力。在采用非成文宪法的地方，法官缺乏可以衡量政治行为和政府决定之合宪性的法律标准。英国议会因此拥有最高权力，司法机关则处于从属地位。英国在 1688 年“光荣革命”之前，一旦议会行为违反普通法原则，法官可随时宣布其无效。但这场革命确立了制定法（statue law，议会制定的法律）的至上性，法官此后再没有挑战这一原则。

虽然如此，司法审查权仍可在较狭隘的意义上适用于源自授权性立法的行政权。在这种情况下，可用越权原则来宣布部长们的行动不合法。确实，在 1980 年代和 1990 年代，英国的司法能动主义倾向更是明显高涨，显示出法官的政治作用越来越大。如在 1984 年，上院支持上诉法院判决，该判决判定大伦敦议会补贴伦敦交通部门的制度（车费公平方案）不合法。1992—1996 年间，英国内政大臣霍华德（Michael Howard）败于法官手中不下十次。司法能动主义的壮大既反映了英国司法机构内部“人权文化”的发展，也显示出人们越来越担心英国因缺乏有效宪法制衡而致使行政权滥用。2000 年生效的《人权法案》（Human Rights Act，1988）无疑只会加强司法能动主义趋向，保证那些曾交由欧洲人权法院受理的案件现在能够由英国法院更为容易和快捷地审理。

总　结

● 宪法是一套试图确立各政府机构的责任、权力及职能，并界定国家和个人关系的规则。宪法可根据其规则的地位、修改的难易度、实践中被遵守的程度、规则的内容及其所确立的制度结构等进行分类。

● 宪法并不只服务于单一或简单的目的。其功能包括：通过界定独立权威领域授予国家权力；为社会确立一套价值、理想和目标；使政府运转保持稳定、秩序和可预测性；保护个人免受国家侵害；使政权在他国和本国人民的眼里合法化。

● 宪法内容和政治实践之间的关系并不完美。宪法只有在一定条件下方能“运转”，特别是宪法与政治文化相符并获其支持，宪法受到统治者尊重并与支配集团的利益和价值一致，以及在变化的政治环境里保持适应性和影响力。

• 人们对法律与政治之间实际关系及可欲关系的问题存在严重争议。关心公民自由和人权的自由主义理论倾向于强调法律活动范围的有限性，法律应只是保证秩序生活的工具。而保守主义的观点则强调法律和社会稳定的关联，认为法律应在实现公共道德方面发挥重要作用。

• 法律若要与政治分离，须使司法机构具有独立性和公正性。但是，政治机构介入法官的录用和晋升过程却对司法独立构成威胁。广大社会缺少法官代表也损害了司法的公正性。例如，在西方多头制中，绝大多数法官是白人男性，享有物质特权且相对年长。

• 当法官赋予法律特定意义时，他们就身不由己地进入了政策过程。法官的影响力取决于如下因素：法律规定的清晰度和详细度，司法解释可获得的空间，是否存在赋予法官司法审查权的法典或成文宪法。

问题讨论

- 宪法作为政治实践的指导有多大用处？
- 哪些因素决定了统治者对宪法保持尊重？
- 法典宪法和权利法案只会导致司法专制吗？
- 基于哪些理由（如果有的话）可以说违犯法律是正当的？
- 法律与政治分离是否可取？若如此，为什么？
- 维护司法独立的现实情况如何？
- 法官的社会构成不反映广大社会的构成有什么影响？

扩展阅读

Alexander，L.（ed.），*Constitutionalism：Philosophical Foundations*（Cambridge and New York：Cambridge University Press，1988)．作者对支撑宪制的理论和思想进行了富有启发的反思。

Bogdanor，V.（ed.），*Constitutions in Democratic Politics*（Aldershot：Gower，1988)．这是一本优秀文集，考察了宪制的本质与宪制改革的议题。

Davis，R.，*Electing Justice：Fixing the Supreme Court Nomination Process*（Oxford and New York：Oxford University Press，2005)．该书饶有趣味地讨论了利益集团、新闻界和公众在最高法院法官提名中的作用。

Griffiths，J. A. G.，*The Politics of the Judiciary*（London：Fontana，1997)．作者从一种英国立场批判地分析了法官的政治角色。

Lane，J.-E.，*Constitutions and Political Theory*（Manchester：Manchester University Press，1996)．该书条理缜密地讨论了与宪法和宪治有关的主要争论。

第 11 章

议会机构

议会（assemblies，有时亦称 parliaments 或 legislatures）在政府体系中占有极重要位置，传统上被视作政府的公共（甚至是民主的）面孔，享有特殊的尊严和地位。例如在成文宪法体制中，议会通常被赋予崇高地位，位列行政和司法之前。议会之所以受到尊重，是因为议员乃宣称代表人民的政治人物，而非训练有素的专业政府官员。而且，议会还是国家辩论的殿堂，当下政府政策和主要议题可在此公共论坛公开讨论与分析。在多数情况下，议会还被赋予正式立法权，有能力决定（或至少影响）公共政策。然而，亦有流传甚广的说法称，议会权力在 20 世纪已渐趋式微，议会衰落了。尽管某些议会仍在政策制定过程中扮演重要角色，但多数已沦为“清谈馆”，只是例行公事地批准实际上其他机构已作出的决定而已。

主要问题

本章讨论的主要问题如下：

- 议会是什么？
- 议会制政府与总统制政府有何区别？
- 议会有哪些主要功能？
- 议会是怎样组织的？其内部结构有何差异？
- 决定议会权力的首要因素是什么？
- 议会为何衰落了？这种衰落影响大吗？

11.1 议会的角色

在实践中，用以描述功能非常类似的政治机构的名称让人眼花缭乱，如国会（congress，美国）、国民议会（national assembly，法国）、众议院（house of representatives，日本）、巴力门（parliament，新加坡），还有代表院（congress of deputies，西班牙）等等，都是指同一类机构。比较政治学者通常将这些机构归为议会（assembly）、立法机关（legislature）或巴力门（parliament）。[①] 在最简单的意义上，议会是指一群人的集合或会聚。作为一个政治术语，议会与代表和民治政府相联系，在法国的传统中无疑就是指人民的代理者。基于这种原因，议会有时专指两院制中经民选产生的下院（如巴基斯坦和法国），或一院制中的单一议院（如埃及和土耳其）。不过在本书中，"议会"一词同时指两院，并与"立法机关"或"巴力门"互用。

将这些机构视为立法机关，是根据其制定法律的主要功能加以分类的。政府可据此观点分为三个部门：

- 制定法律的立法部门；
- 执行法律的行政部门；
- 解释法律、裁定法律内涵的司法部门。

将政府划分为立法、行政和司法是受到分权学说的影响，这种分类自孟德斯鸠时代以来一直是分析政府的传统基础。但此观点具有严重的误导性。形式上划为立法部门的机构很少能够垄断立法权。例如，行政机构也可颁布法令或命令，从而拥有某些立法权力，而且一般还能影响（如果不是决定的话）正式立法过程。再者，制定法律只是立法机构的一项功能，而且不一定是最重要的功能。

"巴力门"（来自法语 *parler*，意思是发言）一词避免了"议会"一词的限制和"立法机关"一词所带来的混淆，有时候为人们所偏爱。不过，它仍然表明这种机构有着非

① "assembly"、"legislature" 和 "parliament" 三个词一般都可译为议会或国会，这里只是进一步分析说明三者的差异性。——译者注

常特定的性质，意味着其主要特点就是咨询性（consultative）和商议性（deliberative）。先不论其立法权和代表性怎样，巴力门首先是辩论的场所，亦即政策和政治议题可公开讨论和审查的论坛。

人物

查尔斯-路易·德·斯贡达·孟德斯鸠

（Charles-Louis de Secondat Montesquieu，1689—1775）

法国政治哲学家。孟德斯鸠出身贵族家庭，先是一名辩护律师，出版《波斯人信札》（*Persian Letters*，1721）后蜚声文坛。1726 年定居巴黎后，他游历整个欧洲，研究政治和社会制度。其杰作《论法的精神》属于政治和法律问题的比较研究，篇幅宏大，散漫芜杂。孟德斯鸠支持一种以洛克著作为基础的“议会自由主义”（parliamentary liberalism），但他也在某种程度上误读了英国政治经验。他强调需要以分割政府权力——特别是权力分立机制——来反抗专制。

议会制与总统制

议会和政府的关系，也就是立法与行政的关系，是所有政治体系的关键特点之一。在个别情况下，立法权和行政权都赋予了议会，没有分立的行政机关，由此形成“议会政府”。这种体系曾在罗伯斯庇尔和雅各宾派当权的法国大革命期间短暂出现，他们受到了卢梭激进民主理论的影响。在另外一些情况下，尤其是在正统共产主义政权中，立法与行政机构都服从于执政党不可挑战的权威。但在更通常的情况下，议会—行政关系会遵循议会制或总统制政体的制度安排。

多数自由民主国家采用了某种形式的议会制政府，它们经常是以英国议会模式为基础的威斯敏斯特式（Westminster-style）制度。威斯敏斯特议会常被称为“议会之母”，其渊源可追溯到 13 世纪，当时骑士和自由民被纳入王廷控制范围。到 14 世纪，分立的平民院和贵族院出现，前者代表中小贵族和自由民，后者代表大贵族和教士。直到

1688年“光荣革命”之后，议会才凌驾于国王之上；而随着19世纪民主选举权的逐渐实现，议会要求政府对其负责的地位才得到承认。

概念

议会制政府（parliamentary government）

议会制政府是政府主导议会并通过议会进行治理的制度，它由此“熔合”了立法和行政部门。尽管议会和行政（一般被视为政府）形式上完全分开，但它们联结在一起的方式却背离了分权学说，这使议会制与总统制有明显分别。

议会制的主要特征有：

- 政府的组成决定于议会选举结果，根据政党所获议会席位而定；没有单独选举产生的行政部门。
- 政府人员来自议会，通常是议会多数党或多数党联盟的领导人。
- 政府对议会负责，靠议会的信任掌权，会因失去其（一般是下院）信任而垮台。
- 在多数情况下，政府能解散议会，这意味着选举期通常在最大规定期限内具有弹性。
- 由于政府首脑（通常是总理）为议会成员，因此还有一位独立的国家元首，即立宪君主或不属于行政部门的总统。

责任政府（responsible government）：对民选议会负责并通过议会向人民负责的政府。

德国、瑞典、印度、日本、新西兰和澳大利亚也形成类似的议会制度。该制度的核心特征是立法权和行政权相融合，政府由议会产生并向其负责。议会制的优点是可产生有效率的**责任政府**。政府之所以有效率，在于它得到议会信任的支持，因而在多数情况下能保证立法方案获得通过。简言之，即政府能完成任务。在该体制下，政府只要获得议会信任就能执政，责任政府因此能够维系。从理论上讲，议会拥有最终权力，有能力撤换政府，从而处于优势地位。

但不幸的是，议会制往往不能达到如此高的期望。当然，也有瑞典这样的例子，在协商和伙伴关系的强有力规范的支持下，议会拥有强大的政策影响力，同时又不会影响政府工作的运转。然而，议会制政府经常面临着行政支配的问题。英国的情况即是如此，在政党纪律严明和非比例代表选举制（简单多数当选制）条件下，政府能利用其在下院的团结和可靠多数控制议会。黑尔什姆勋爵（1976）由此将英国政府戏称为“民选专政”。因此，具有讽刺意味的是，议会制使议会本身变成了微不足道的“清谈馆”，议员沦为为院外活动效劳的政客。

议会制还容易造成弱势政府和政治不稳定。这种情况往往发生在政党制度破碎（fractured）和采用高比例性选举制度的政治体系内。例如，在 1945—1958 年的法国第四共和国时期，短短 13 年多就出现了 25 任政府。在此期间，没有一任政府掌握国民议会的稳定多数，左派的共产党和右派的戴高乐主义者无情地反对体制本身。战后的意大利也饱受类似问题的折磨。1945—2001 年间，极化的多党制造成了意大利不下 59 任政府的更迭。不过，这种表面的**停滞主义**也会引起误会。如在意大利，政府的更迭一般只会造成内阁人事的改组，而不会引发政治动乱，偶尔才会导致重新大选。

停滞主义（immobilism）：由于缺乏强有力的行政部门而出现的政治瘫痪，为议会和（可能还包括）社会的内部多重分裂所致。

制衡（check and balance）：由制度性分裂（fragmentation）所形成的政府体系的内部张力。

概念

权力分立（分权，separation of powers）

分权学说提出，政府的三种功能（立法、执行、判决）应分别赋予三个分立的政府机关（立法、行政和司法）。其目的在于分割政府权力以便保护自由并控制专制。它在形式上要求机构独立，各部门不能有人员上的重合。但它还意味着相互依赖，以分享权力的形式保证制约与平衡。美国的权力分立最为严格，该原则奠定了宪法的基础，同时也在所有自由民主国家都以某种形式获得尊重，特别表现为司法独立原则。

议会制的首要替代选择是总统制政府（见图 11—1）。总统制建立在严格的权力分立（见图 11—2）基础上，这保证了议会和行政机构形式上彼此独立，并分别经由选举产生。美国是总统制的典型，开国元勋们极欲防止出现强大的行政部门，担心总统会披上英国君主的外衣而专权。结果产生的制度包含了一种**制衡**的体系。国会、总统和最高法院三者不允许有人事的重合，并有能力制约彼此的权力，因此是各自独立的机构。这样，国会有能力制定法律，总统可以否决之，而反过来国会又能以两院 2/3 多数推翻总统的否决。同样，尽管总统有权任命高级行政官员和法官，但须提请上院——参议院批准方可通过。

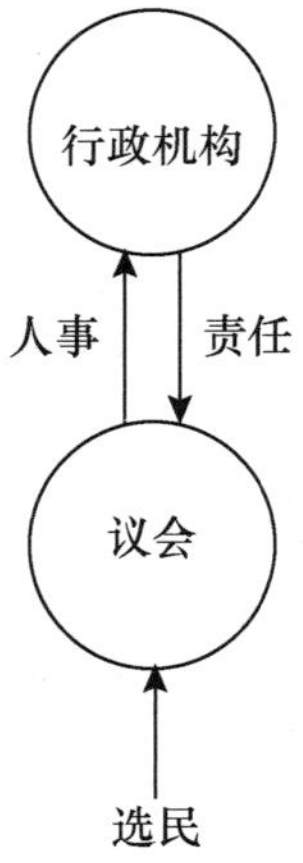

图 11—1 议会制政府

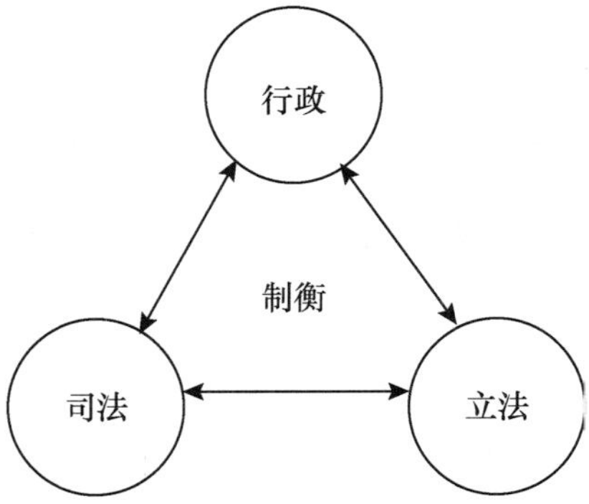

图 11—2 权力分立

在美国之外，采用美式总统制的国家主要限于拉丁美洲。但法国在第五共和国时期建立了一种“混合”或半总统制（semi-presidential system）。该制度中存在“双重行政”（dual executives），单独选举产生的总统与总理及内阁协同工作，后者由国民议会产生并对其负责。这种制度在实践中的运转有赖于两方面的微妙平衡：一是总统的个人权威和声望；二是国民议会的政治生态。芬兰也采用了类似的半总统制，总统主要负责外交事务，而将内部事务的重担交给内阁。

总统制最主要的优点在于立法权与行政权分离，这就制造了有助于保护个人权利和自由的内在张力。诚如霍布斯所言，“自由乃切成碎片的权力”。以美国为例，赋予国会的权力防止了行政支配的危险。如国会有权宣战和增税，参议院有权批准条约和总统的任命，参众两院可以联合起来控告和弹劾总统。

共治（cohabitation）：半总统制下的一种（偶然）安排，总统与反对党或反对党联盟控制的政府和议会共事。

然而，这些权力分割也存在弊端。特别是总统制“诱发”了立法和行政部门之间斗争，会导致无效率和烦琐。例如，美国制度的批评者指出，由于允许总统提议而国会决定，该制度便成了导致制度僵局或“政府拥塞”（government gridlock）的因素。当白宫（总统）和国会山（国会）分别由两党控制时，这种情况更有可能发生，但也有可能像 1977—1981 年卡特任职期间那样，两部门由同一党主控时仍陷入僵局。法国也有类似的问题，即左右**共治**，总统不得不同敌对的总理和国民议会共事。

议会的功能

将议会简单归为立法机构、辩论场所或代表机构容易模糊其真正意义。虽然议会的角色因国家和制度的不同而有变化，但在所有情况下它都履行着一套综合功能。最重要的是，议会提供了政府与人民的联系渠道，这种渠道支持政府，有助于维护政权，同时又能迫使政府对公众要求和担忧作出回应。议会的主要功能有：

- 立法；
- 代表；
- 审查与监督；
- 政治录用；
- 合法性。

立　法

议会的关键功能常被认为是立法，它通常被归入立法机构显然也暗示了这一点。议会一般被赋予立法权，以期如此制定的法律具有权威性和约束力。这主要又基于两个原因：其一，议会是法律提案能公开讨论和辩论的场所；其二，议会的构成表明法律由人民（在前民主时期则是社会的主要利益集团）自己制定。然而，议会掌握正式立法权的观念常常造成严重误导。如前文所述，议会很少能垄断立法权。宪法性法律的制定一般来讲非议会所能胜任。例如，在爱尔兰，宪法修改须经公民投票，而在比利时则需要召开特别宪法会议。行政官员，如法国总统经常通过颁布法令来制定法律，或如美国总统，能够否决已通过的法律。欧洲议会根本就不是立法机构，欧盟法律主要是由部长理事会制定。即便在议会被赋予法律主权的英国，各大臣也能通过法定工具创制法律，而他们很少会受到议会的有效审查。

更重要的是，议会很少行使**积极**立法权，立法提案主要是由行政部门提出，而后者拥有制定政策所必需的组织协调、专家建议和信息。例如，英国议员仍然拥有以“无公职议员法案”（private member's bill）的形式提出立法提案的残存资格，但只有政府愿意拨冗讨论这些提案时，这些提案才能获得辩论的机会。美国国会是发达国家中最强势和最独立的议会，但现今其审议的立法案中仍有近80%是总统提出的。议会的**消极**立法权——即其否决或修改法案的能力——也受到限制。在荷兰议会下院，有半数的立法措施因议会协商而遭大幅修改。但是在英国，政府在下院受挫的情况很少出现，甚至可以说极为罕见。绝大多数情况下，立法案是"经"（through）议会通过，而不是"由"（by）议会通过。

代　表

议会在联系政府和人民方面扮演着重要角色。在18世纪，反抗英国统治的13个美洲殖民地就提出了"无代表，不纳税"的口号。随着选举权的扩大，成人普选权最终实现，议会变为人民的论坛，成为代表人民自身的机构。有鉴于此，议会在政治体系内的权力大小通常被看作民主政体的重要指标。但是，这种代表功能在实践中如何实现尚不是十分清楚。

代表是一个有着多种对立意涵的复杂原则。例如，建基于英国传统的威斯敏斯特式议会制往往将代表者描述成受托人，其首要职责是代表选民发挥其判断力和智慧。然而，这种将代表者理解为独立行为者的伯克式观念，却与当今大多数议会中的严格党纪存在激烈冲突。另一种代表理论——授权说，则将政党而非议会视为代表的核心机制。

在另外一些国家，选区代表（constituency representation）的观点占了上风。这特别适用于美国国会的情况。美国的政党制度相对较弱，众议员任期非常短——只有两年，参众两院议员最关心的是如何给所在选区带来好处。因此，国会内"拨款"①（pork barrel）政治盛行，议员们为促成某些法案通过而互投赞成票，以图为特定选区谋取好处。然而，正是国会在实现代表功能方面的有效性使之不适合担当决策者；国会阻挠总统方案的能力更胜自己提出连贯性替代方案一筹。

在苏联和其他正统共产主义国家，由于没有选举替代和政党竞争，代表性常取决于议会与广大社会的"相似"度。苏联最高苏维埃因此比西方发达国家的议会更接近社会的缩影（根据性别、民族、职业等确定代表）。最后，议会经常是利益代表的机制。当议会拥有明显的政策影响力，政党制度非常宽松，足以为利益集团提供进入孔道时更是如此。美国又是最典型的例子，1999—2000年，超过12亿美元的资金资助了国会选举，其中大部分来自商界。

① 美国口语，指联邦或州为用以笼络地方民心的提案或工程项目等所提供的政治拨款。——译者注

审查与监督

在议会的立法和代表角色弱化的同时，人们越发重视议会约束或制约行政权力的能力。议会日渐成为审查机构，其主要作用是促成责任政府。多数国家的议会已建立了旨在促进这种作用的制度性机制。如在议会制国家，内阁成员会接受定期的口头或书面质询，英国下院规定了质询时间就是典型的例子，首相每周接受一次诘问，其他高级大臣每月接受一次类似的问询。德国和芬兰的质询过程则是先进行口头质询，然后以投票方式决定答复是否获得议会信任。由于这种质询和辩论容易变成泛泛之论，所以多数议会审查工作由专为此目的设立的委员会负责。美国国会中强大的常设委员会成为其他许多国家议会仿效的对象。

概念

责任（responsibility）

责任可从两个相对的方面来理解。其一，它指以明智、理性或道德正确的方式行事，而且经常面临着要求按照其他方式行动的压力。因此，当政府抗拒选举压力，推行旨在满足长远公共利益而甘冒不受欢迎之风险时，它就可宣称自己是责任政府。其二，责任意指可受问责（accountability）或作出交代（answerability），这意味着有更高的权威存在，个人或组织从属于它并受它控制。如果政府行为可受议会的审查和批评，议会有能力推翻政府，则在这层意义上的政府就是责任政府。这种意义上的责任还有着重要的道德层面——它意味着政府愿意接受责难和适当惩罚。

然而，议会在要求行政机关负责方面并不总是有效的，政党纪律也制约着议会的审查功能。如在威斯敏斯特式制度中，议会的首要功能可认为是维护和支持政府，因为多数议员属于执政党成员，审查的工作因而落到反对党身上，但只要执政党控制议会多数，就没有什么力量能撼动它。

另一个关键因素是议会从行政部门获取信息的能力。信息就是权力，没有充分和准确的信息，就不可能进行有意义的审查。如美国、法国、荷兰、加拿大和澳大利亚等国已通过了正式的信息自由法，以确立公众获取政府信息和记录的权利。

最后，监督行政部门的职能要求议员拥有完备的资源，能获得研究服务和专家建议。这里的对比相当强烈，美国国会议员经费充裕，个人班底庞大；而英国的议员则薪水微薄，资源不足，有时工作还过于繁重。

录用与训练

议会常是政治录用的极重要渠道，这里提供了主要决策者得以脱颖而出的人才储备。这种情况不大适用于威权国家，那里橡皮图章式的议会很少吸引值得认真对付的政治人物；也不大适用于总统制国家，因为权力分立阻碍了现职议员担任行政职务。不过，尽管近来的趋向显示美国总统多出身州长，但肯尼迪和尼克松却是从国会议员起家的。但在议会制中，供职于议会却是通向内阁和首相职位的必由之路，这些人而后可以同时占有议席和行政职位。在许多发达和发展中国家，议会负责录用和训练下一代政治领导人，使之获取政治辩论和政策分析的经验。

辞令（rhetoric）：使用语言说服和影响的艺术；辞令可能意味着冠冕堂皇但实质上空洞无物的言语。

另外，议会在这方面也有不足之处。议员当然可以获取工于**辞令**——或可贬称为高谈阔论——的政治经验，但他们很少有机会获得管理政府部门以及监督政策制定过程所需要的官僚与组织技能。再者，政治人物为适应议会政治所接受的准则和价值，使之远离了选民和基层党工的需要，人们有时据此认为议会“腐化”了政治人物。例如，议会中的社会主义者比起他们对社会主义原则的感觉来，可能会更加热衷于议会政治的理念（Miliband，1972）。

合法性

议会的最后一项功能是鼓励公众视制度规则为“正当”，从而提高政权的合法性。这也是多数威权甚至极权国家容忍议会存在的原因，当然，这些国家中的议会没有立法独立性或决策权。议会动员人民同意的能力之大小主要取决于它们是否能发挥民众会议的作用，以公众的名义并根据公众利益批准法律和政策。除了宣传价值外，议会还能履行更有公信力的教育功能。议会辩论有助于公民了解政府事务和当日的主要议题。1982年英国人对阿根廷入侵福克兰群岛①的反应，显然受到了下院很少召开的星期六会议的

① 即马尔维纳斯群岛（Islas Malvinas），原属阿根廷，1933年被英国占领，目前阿、英对其归属仍有争议。——译者注

影响；而 1988 年美国公众获知伊朗—尼加拉瓜反政府武装事件①的信息主要来源于参议院情报委员会举行的听证会。

但是，议会的宣传/教育角色已越来越多地为大众传媒所取代。收音机——特别是电视和网络媒体的兴起，使政府获得了直接接近数以百万计的投票者的便利途径，而不再像过去那样依靠议会辩论和讨论的报告。结果是，议会所享有的地位越来越少地依靠宪法规定，而日益取决于它所受到的媒体关注程度。这有助于解释为什么议会越来越担心其议程受到媒体报道的影响。长期以来，电视播放美国国会委员会的听证会提高了委员会的公共影响。在英国，电视摄像机直到 1989 年才被准许带入下院，而这还是苏联议会首次准许此类行为之后不久的事。

11.2　议会的结构

各国议会的差异表现在多个方面。如议员可以由选举、任命甚至世袭，或这些方法的任意结合产生。而选举则以人口为基础（选区大小相等），或以地区或州为单位进行。选举权可以受到限制，也可以是普选制，选举制度也会有所不同。议会的规模差异也相当大。然而，议会的主要结构差异在于它是两院制还是一院制，以及委员会制度的性质和角色。

一院制还是两院制？

虽然南斯拉夫曾实验过五院制议会，1984—1994 年的南非议会也曾有三个院，但绝大多数国家的议会都只有一院或两院。一院制在非洲多数国家、某些共产主义国家以及仍保留早先一院制传统的后共产主义国家中较为普遍。一院制在战后确实是个明显的

---

①　1985 年美国国家安全委员会安排向伊朗出售武器，希望以此交换被扣押的美国人质，同时将出售武器所得款项中的 4 800 万美元转移给尼加拉瓜反政府武装。实际上，武器销售违反了里根宣布的拒绝与恐怖分子讨价还价、不在伊朗与伊拉克的战争中援助伊朗的政策。而所得款项的转移违反了伯兰德修正案，该修正案规定禁止美国向尼加拉瓜反政府武装提供军事援助。最终，国会通过了竞选捐款规则等一系列措施。国家安全顾问约翰·庞德和助手奥利弗·诺斯被起诉，但是罪名随后又被推翻。——译者注

趋势。如1948年以色列建立了一院制议会，新西兰、丹麦、瑞典也分别在1950年、1954年和1970年先后废除了议会第二院。这些发展支持了一院制要比两院制更精简高效的看法，特别就回应小型且相对有凝聚力的社会的需要而言更是如此。西哀士（Abbé Siéyès）在1789年有一则著名的评论称："如果第二院与第一院意见一致，它是多余的；如果不一致，则是有害的。"虽然如此，世界上仍有约半数国家采用了两院制议会。

鉴于两院制强化了议会内部以及行政和议会之间的制衡，它通常被视为宪治的中心原则。这也是1787年起草美国宪法的开国元勋们辩论的问题所在。早期的第二院（如英国的贵族院）发展成为强势经济和社会利益集团在政府中获得代表的机制，麦迪逊等制宪代表则将美国参议院看作分散立法权力的工具，以及防止行政权支配的护卫者。

人物

詹姆斯·麦迪逊（James Madison，1751—1836）

美国国务活动家和政治哲学家。麦迪逊作为弗吉尼亚州的代表参加了1787年制宪会议，他强烈支持美国民族主义，是主张批准宪法的热情倡导者。他后来担任杰斐逊政府的国务卿（1801—1809年）和第四任美国总统（1809—1817年）。麦迪逊通常被认为是多元主义和分权政府的主要支持者，他极力主张采用联邦制、两院制并实行分权。但进入政府后，他希望巩固联邦政府的权力。他最有名的政治作品是与亚历山大·汉密尔顿和约翰·杰伊合作的《联邦党人文集》。

两院制在代表方面的优势对联邦制国家尤显重要，在这些国家里，主权分享往往使中央和边缘（地方）有发生不可调和的冲突的危险。因此，世界上16个联邦制国家都实行两院制，其中14个国家的第二院代表组成联邦的各省或州。这些省或州在第二院中可以享有同等代表权，如澳大利亚、瑞士和美国，或根据人口规模分配代表席位，如奥地利和德国。某些非联邦制国家也采用第二院解决地区差异问题。如法国参议院的多数议席，荷兰第二院的所有议席等，均经地方政府间接选出。

> **议案**（法案，bill）：以草案形式提出的立法案；如获通过就成为法律（act）。

多数第二院在宪法和政治上均从属于第一院，后者一般被视为人民权威之所在。议会制国家尤为如此，政府一般对下院（第一院）负责，主要或完全自下院产生。挪威、荷兰与斐济的所有**议案**，印度、加拿大和英国的财政议案必须经第一院批准。第二院可能还没有否决权。所以日本的第一院（众议院）能以 2/3 的多数推翻第二院（参议院）的决议。英国的上院仅有延迟非财政立法至多一年的权力（同时它还拥有否决法官解职案和推迟议会选举的权力）。

毫不奇怪，那些权力较为不平衡的两院制反映了上院代表基础的有限性。例如，德国、奥地利和印度的上院（第二院）是通过间接选举产生的，比利时、马来西亚和爱尔兰的上院代表之产生则结合了任命和选举两种方式。加拿大参议院和英国上院议员完全是任命的；准确地讲，在 1999 年之前，英国上院议员多为世袭贵族。在比较健全的两院制中，两院的权力大致相等。如意大利众议院和参议院，都是由成年公民普选产生，具有同等的立法权，且代表两院的选举团选举总统，总理和内阁会议对整个议会集体负责。美国国会可能是唯一由上院主导的议会。虽然所有赋税法案都须经众议院批准，但参议院能独立行使批准权（ratification）和同意权（confirmation）。

立法机关分裂的最大弊端是两院可能产生冲突。当两院拥有大致同等的权力时，需要有一种机制解决差异问题并防止出现制度性的僵局。最常见的机制是美国国会采用的特设联席委员会，它由参众两院资深议员组成，受权达成妥协性的一致意见。在德国，联邦众议院（下院，Bundestag）在多数情况下主导立法，但在有关宪法问题及关系到各州事务的问题上，联邦参议院（上院，Bundesrat）也享有相当大的否决权。一旦争议发生，即交由联邦众议院和联邦参议院联席协调委员会处理，成员由两院按同等比例产生。还有批评认为，两院制往往会巩固保守的政治倾向。第二院使激进或争议性的措施更难通过，从而能够捍卫宪制结构，就此而言，保守政治倾向值得称道。然而，当第二院阻挠或拖延民选第一院所批准的法案时，它只会帮助政治和社会精英免受社会压力。具有讽刺意味的是，截然相反的情况也会发生。比如美国参议院曾采取了和众议院同样的自由（或者更自由的）立场；在 1980 年代，英国上院比下院更有效地制约了撒切尔政府的保守政策。

焦点论述

两院制：优点与缺点

两院制的主要优点如下：

- 第二院能制约第一院的权力，并能防止多数统治。
- 两院制议会能更有效地制约行政权，因为有两个议院去揭露政府的失败之处。
- 两院制议会扩大了代表基础，两个议院能表达多种不同利益的呼声，对各种不同选民团体作出回应。
- 第二院的存在能保证立法受到更彻底的审查，因为它能减轻第一院的立法负担并矫正其错误，弥补疏失。
- 第二院能扮演宪法护卫者的角色，延迟争议性法案通过，以争取更多时间对其进行讨论和公共辩论。

两院制的缺点有：

- 一院制议会更有效率，因为第二院的存在会使立法过程变得毫无必要的复杂和困难。
- 第二院经常会成为民主统治的限制，当成员为非选举产生或间接选举产生时尤甚。
- 两院制议会是造成立法机构中制度性冲突及政府僵局的一种因素。
- 两院制议会可能将最终立法决定权置于联席委员会手中，压缩进入决策的渠道。
- 第二院会坚持现存的宪法安排，有时还会维护社会精英的利益，从而将保守的政治倾向带入议会。

委员会制度

几乎所有议会都有某种类型的委员会制度。议会及其他一些组织中采用委员会制度的趋向，甚至常被看作现代政治的一个特点。委员会制度越来越多地被描述为议会的权力议堂和立法过程的真正中心；议会各院是为讨论而设置，而委员会则是为了工作而设置。诚如威尔逊［Woodrow Wilson，（1885）1961］所言：“国会政府乃委员会政府。会期中的国会是向公众展示的国会，而委员会议室中的国会才是运转中的国会。”因此，人们经常根据委员会的特点来对议会加以分类也就不足为奇了。概言之，强势议会拥有强势委员会，而弱势议会则有弱势委员会。

麦卡锡主义（McCarthyism）：使用政治迫害和肆无忌惮的调查，美国参议员约瑟夫·麦卡锡在 1950 年代以此进行反共产党活动。

议会委员会通常有下述三种功能中之一种。第一，委员会可细致地考虑立法措施和财政提案，这不仅有助于减轻议院的立法负担，而且能进行更彻底准确的审查。这一任务通常由常设委员会承担，它的组成可较为广泛和灵活，如英国和法国，也可具有长期性和高度专业性，如德国和美国。第二，委员会可为审查政府行政和监督行政权行使而设置。此类委员会须为常设和专业性机构，因为它们必须拥有与行政部门相匹敌的精细知识和专业技能才能有效工作。如美国的国会常设委员会负有立法和审查职责，英国议会和法国国民议会则建立了单独选任或监督性的委员会。第三，特别委员会可调查公众关注的事情。某些最重要的调查委员会的例子出现在美国，著名的有艾文水门案调查委员会（Irvin Committee on Watergate）和非美调查委员会（House Un-American Activities committee），后者在 1950 年代成为**麦卡锡主义**肆虐的工具。

如果说强势的委员会意味着强势的议会，那么哪些因素使之强大呢？人们普遍认为美国国会拥有世界上最有权力的委员会，许多国家的议会都试图采用这种模式。委员会的权力当然来自其专门职责、固定成员，以及资金和咨询渠道方面的充分支持，这些因素使委员会在专业能力方面可与官僚机构匹敌。而且，它们在立法过程中的角色也极其重要。在英国、法国和日本，到达委员会里的议案已经通过了议院辩论并得到原则认可，而美国国会委员会却是在议院辩论之前对议案先行审查。这意味着许多议案完全重拟，而其他议案则永远不会出台。

不过最重要的一点，是美国国会具有相对软弱的政党制度，这使得委员会在很大程度上独立于总统。在澳大利亚、新西兰和英国等政党纪律严格的国家，委员会成员对于执政党相当忠诚，因此委员会难以发挥有效功能。但德国在这方面是个例外。虽然德国的政党制度颇为严格，但也拥有强大的立法委员会，这主要是因为联合政府为维系两党或多党的支持，需要对议会进行安抚。

为了加强议会对抗行政机构的能力，英国在 1979 年建立一种部门选择委员会制度（system of departmental select committees）。该制度有意仿效美国，试图容许委员会检查政府文件及诘问大臣和高级文官，以推动政府信息和决策公开。人们希望这些委员会能成为影响政府政策的有效监督者。然而，由于某些原因该试验希望落空。首先，委员会淡化党派色彩的期望落空了，因为政府仍可确保政党纪律影响委员会的工作。其次，选择委员会资源不足，权力有限。尽管它可要求提供“人员、文件和工作记录”，但却无法强制某些大臣或文官出席，也不能保证质询得到充分答复。再次，委员会成员没有其他职业之路可供选择；议员们仍希望能跻身政府获得成功，他们对政党压力的敏感度高于对议会压力的敏感度。

焦点论述

委员会：优点与缺点

委员会是一种成员来自较大的组织，负有具体责任的工作小组。特别委员会是为特定目的而设立，任务结束时即可解散。常设委员会拥有长期职责和制度化的角色。委员会组织作为商议和协商性论坛及决策机构，在政府的立法和行政部门中越来越重要。

委员会的优点有：

- 使多种观点、意见和利益都有代表。
- 提供机会进行更充分、长期和详细的辩论。
- 限制反对意见的范围，以便更有效率和迅速地作出决定。
- 使任务分工成为可能，促进专门技能和专业知识的积累。

委员会受到批评的理由包括：

- 它们很容易被其设立者和参与成员操纵。
- 它们使主席得以在协商的幌子下主导商议事项，导致集权。
- 它们缩小了纳入决策考量的观点和利益的范围。
- 它们使成员同原属的较大组织分离，造成虚假的代表性。

11.3 议会的绩效

议会是否创制政策？

评估议会绩效的困难在于它履行的职能相当广泛。评判议会是应该根据它通过法律的品质、动员同意的效能、代表民意的程度，还是其他标准呢？人们在政治上的最主要关切同议会的政策影响力——即它决定或至少影响政府实际作为的力量——相联系。议会是拥有影响公共政策内容的实际权力，还是将注意力从政府的真打实干转移走的“清谈馆”呢？这里的关键问题是议会—行政关系，以及两大主要部门之间的权力分配。议会可据此分为下面三大类：

- 决策型议会：享有相当的自主性并能积极影响政策。
- 政策影响型议会：可改变政策，但只能对行政部门的动议作出被动反应。
- 行政支配型议会：影响相当有限，或只是形式上批准行政部门决定的橡皮图章。

决策型议会很少见。议会要达到三项标准才能影响政策过程。其一，它必须拥有相当大的宪法权威和尊严；其二，它必须享有真正外在于行政部门的政治独立性；其三，它的组织凝聚力要相当强，足以采取一致行动。就英国议会而言，这些条件或许只有在所谓“黄金时代”才具备，也就是 1832 年《大改革法》（Great Reform Act）到 1867 年《二次改革法》（Second Reform Act）之间的时期。在此期间，议会的权威因选举权的扩大而提高，且并未受到有效政党纪律的限制，它能促成政府更迭，迫使首相去职，拒绝政府的法案，并能提出重要的措施。

现代时期最贴近决策型议会的例子是美国国会（有人会认为它是唯一的例子），其独一无二之处大概在于它享有多种非比寻常的优势。权力分立赋予了国会宪法上的独立性和相当广泛的自主权；政党凝聚力相对较弱，总统无法以一般性手段控制立法；强大的议会委员会制度保证了国会的组织效能；最后，国会拥有独立运转所需的人事和信息资源，无须行政部门的协助。

尽管有这些优势，美国国会在 20 世纪仍丧失了某些影响力。自罗斯福新政时期以来，美国公众和国会本身越来越依赖白宫（总统）的政治领导，国会工作的主要任务因而就成了审查总统的立法议案。这业已削弱了国会作为政策创制者的角色，造成了一种“总统提议，国会料理”的局面。事实上，早在 1960 年代，人们就对国会屈于从属地位日益感到忧虑，担心出现所谓的“帝王总统”。但“水门事件”之后的一段时期，雄风重振的国会对总统权力采取了一种咄咄逼人的态度，进行了委员会和资深制度①的一系

① 即资深惯例（seniority rule），指美国国会中凡在某委员会任委员时间最长的多数党议员可为该委员会当然主席的规定，亦可指资深者有权选择委员会任务的惯例。——译者注

列改革。最引人注目的是1994年选举之后国会抓取公共政策控制权的例子，当时共和党人控制的国会在议长金里奇的领导下，高喊“美利坚契约”的口号，通过了激进的税收和支出削减计划。不过，在2002—2006年共和党控制白宫和国会两院时，国会对总统权力的掣肘很少，尤其是在外交议题上。

苏联解体后，叶利钦总统及其行政团队试图推行自由化改革，议会却基本不支持。叶利钦被迫解除了几位行政团队成员的职务，放慢了改革步伐，甚至取消了某些关键的经济改革。不过，这段真正的议会制政府时期，在强硬派反对叶利钦解散议会的决定时结束了。1993年10月叶利钦派军队占领议会（白宫），强制推行总统制统治。在1993年叶利钦强加的新宪法中，由国家杜马（State Duma，下院）和联邦委员会（Federation Council，上院）组成的联邦议会取代了原先的议会。虽然该议会扮演着重要的立法角色，但其代表性和审议功能仍然较弱。

一般来讲，议会制下的议会影响政策而非制定政策。意大利议会和法国第四共和国的国民议会属于例外，这往往是脆弱的联合政府和破碎的政党制度所致。更常见的情况则是议会—行政关系决定于政党的分野。这种情况在一个政党受益于多数当选制和弱比例代表制而控制议会时最为明显，英国、新西兰和澳大利亚传统上就是如此。在这种情况下，议会制的核心动力是朝野的对抗，通常称之为“对手政治”。就负责制定并随后执行立法方案而言，政府处于支配地位，而议会基本上只扮演被动反应角色。

焦点论述

对手政治（adversary politics）：支持和反对的观点

对手政治是以主要政党之间的对抗关系为特征的政治形态，这种对抗将政治生活推入了不断的选举争斗中。议会辩论由此变成了所谓“舆论法庭”前面的“不绝于耳的争吵”。

人们支持对手政治的理由包括：

- 给选民提供明确的选择，推动了选举替代和民主责任。
- 确保反对声音和监督的存在，使政府权力受到制约。

其危险如下：

- 妨碍冷静理性的辩论，排除了妥协的可能。
- 助长政治的极化，一旦政府更迭就会引发政治不稳定。

议会在此情形下影响政策的空间大小主要取决于两个因素：执政党在议会中的力量及该党维护内部团结的能力。布莱尔政府之所以能够控制英国下院，就是因为工党在 1997 年和 2001 年大选中获得了压倒性胜利，并在其重新上台之前就成功地消除了曾经严重的内部意识形态分歧。但议会制中的政府必须时刻敏感注意本党普通议员的士气。例如，撒切尔夫人在 1990 年付出惨痛代价后方对此有所认识，当时她被突然免去保守党领袖，首相一职也随即不保，尽管该党仍牢牢控制着下院。具有强大政策影响力的议会还有德国联邦议院和瑞典议会。但在这两个例子中，议会的影响力较少来自对手政治，而更多源于其政治文化和长期的联合政府经验所培养出的根深蒂固的协商与妥协习惯。

已习惯于一党长期控制的议会制，往往拥有弱势或行政支配的议会。法国第五共和国刻意削弱了议会权力，以避免那些动摇第四共和国的经常性冲突和议员蓄意阻挠议事的行为，一个理性的议会制政体由此形成了。法国总统基本上通过政党控制就可主导政府，亦可利用总统权力解散国民议会，以获得新的多数，戴高乐在 1962 年和 1968 年，密特朗在 1981 年和 1988 年均行使过这种权力。戴高乐还削弱了国民议会的政治控制权，建立了宪法委员会以保证议会通过的法律符合宪法，从而限制了议会的立法权。不过，1981 年戴高乐派统治的终结却使议会意外获得了扩大影响的机会，尤其是当社会党失去议会控制权，密特朗不得不与希拉克领导的戴高乐派政府共治时，议会的影响更大。1997 年也出现了同样的情况，当时希拉克总统要面对的是诺斯潘领导的社会党政府。

日本国会是另外一个传统上就是从属型议会的例子。直到 1980 年代，国会需做的事情不外乎批准内阁的决议，1955 年后自民党连续执政造成了这种结果。与之竞争的政党是永远的局外者，而自民党内部的派系分歧也通常在国会之外解决。但自 1970 年代以来，自民党在国会的多数优势逐渐减弱，因而对国会反对党的敌视减弱，态度更加和解。例如，随着自民党开始放松对议会程序的控制，常设委员会成员规模扩大了，将少数派政党纳入其内。1993 年自民党大选失利之后，完整的议会审议和监督制度终于在日本形成。

发展中国家议会的边缘地位较为明显。某些国家的执政党通过牢固控制和非竞争性选举，保证了议会只对政府方案作出形式上的批准。当这种控制放松时，后果对政权常常是毁灭性的。例如，1989 年团结工会在波兰议会的压倒性胜利，直接导致了 1945 年后一直掌权的波兰工人党下台。在非洲和亚洲的发展中国家，议会扮演着整合而非影响政策的角色。其核心功能是巩固合法性，并由此促进民族建构过程。军事统治的建立往往伴随着议会的暂时取消或彻底废除，这对议会来说确实是讥讽式的恭维。1970 年代的智利、巴基斯坦和菲律宾，1980 年代的土耳其和尼日利亚都有此类情况发生。

为何议会在衰落?

有关“议会衰落”的争论没有什么新鲜之处。从 19 世纪开始，就有人对以牺牲议会为代价来加强行政机构（特别是官僚机构）地位的做法表示忧虑。自洛克和孟德斯鸠时代以来，议会一直被看作实现责任和代议制政府的首要机制，这又使上述忧虑越发加重。但是，好政府需要强议会的说法却值得怀疑。议会权力无疑会变得“过当”，当它造成停滞主义和政策僵局时更是如此。如美国国会模式的批评者就同其赞许者一样多。20 世纪仍有一种公认的看法，认为议会的权力和地位正在变化，而且往往变得更糟。这是在说普遍的“议会衰落”，还是在说议会目的和功能的转向，则是另外一个问题。造成这些变化的主要因素如下：

- 纪律严格之政党的出现；
- “大”政府的发展；
- 议会的组织缺陷；
- 利益团体和媒体力量的增长。

纪律严格的政党

19 世纪之后群众型政党的出现在诸多方面削弱了议会。首先，松散派别变为纪律严格的政党团体，损害了议员作为受托人依据自己的判断和良知来代表选民的能力。因此，是政党而不是议会成为主要的代表中介，它们透过授权说的理论发挥影响。政党忠诚还削弱了议会作为辩论殿堂的功能。不管议会演说如何清楚有力、慷慨激昂或令人叹服，都对政党主导的议会影响甚微或毫无影响，辩论成了无果之花。正如科布登对英国下院的评论那样，“我在议会听过许多让人潸然泪下的演说，但无一曾变成一张选票”。

更重要的是推动行政主导的政党团结趋向。特别在议会制中，对议会多数派而言，效忠政党意味着忠于当下政府，因为毕竟政府是由所属党派的领导人物组成的。因此，许多议会远远谈不上制约甚至干扰行政部门，反而成为后者的自愿共谋者和坚定捍卫者。

“大”政府

政府职责的增加——尤其在社会福利和经济管理领域，通常与从议会到行政的权力再分配相联系。此中原因有三。第一，政府职责增加导致了官僚机构规模扩大和地位提高，而官僚机构不仅要负责执行政府政策，还要监督范围极其广泛的公共服务。第二，它还更加强调政策的提出和形成过程。虽然议员个人能提出特定领域的政策，但制定广泛且统一的政府方案的任务却非其能力所及。因此，在 20 世纪，大多数议会承认其核心角色是审查与批评政府行为，而不是制定政策，从而适应丧失积极立法权之后的状况。第三，“大”政府意味着政府政策越来越复杂且精细。这转而又十分强调专业技能，而“职业”官僚在这方面的素质显然要比“业余”政治家高得多。

议会缺乏领导

由于议会履行着代议论坛和辩论殿堂的功能，它深受若干组织缺陷之苦，特别是它一般由几百名成员组成，这些人在投票与辩论方面具有形式上平等的权利。尽管在其他方面具有优势，但议会的平等主义和无组织性，却削弱了它提供领导和采取一致行动的能力。在一个公众依赖政府解决社会问题和实现持续繁荣，国家除了参与国际事务和全球政治别无选择的时代，这个问题已变得更加尖锐。由政党组织的议会当然更能采用明确和协调的国内外政策，但在这一背景之下，领导往往是政党的事，议会只是形式上的管道而已。一般来讲，政治行政部门组织协调性更高，且由一人（通常是总统或总理）领导，因此能够适应领导的需要，而议会无法做到这一点。

利益团体和媒体力量

权力和公众注意力从议会转移到了行政部门，不仅如此，就是政府之外的利益团体也使议会风光不再。利益团体从两个方面对议会构成威胁。第一，团体为公众提供了替代性的代表机制。利益团体就是专门为此目的而建立的，它们在了解民众疾苦和表达特殊群体的关切与期求方面往往比议会更加有效——如今单一议题团体参与并推动的某些公共辩论原先只发生在议会殿堂。第二，当议会逐渐被排除于政策制定过程之外时，作为“受影响群体”的代表与专家建议及信息来源的组织化利益越来越突出。大众传媒，特别是电视和新的网络传播形式，也使议会显得多余无用，因为报纸和新传媒已取而代之，成为主要的政治辩论场所，政治领导人也越来越希望利用媒体而不是间接通过议会和民众打交道。

议会能否崛起？

许多人认为上述分析描绘了一幅过于阴暗的图景。从某种程度上讲，“议会的衰落”是一种过于概括的说法，因为它可能掩盖了或许更重要的事实：议会在政治过程中的角色已发生了根本性变化。它作为立法和政策形成机构的衰落乃不争事实，但许多人也会同意布朗德尔（Blondel，1973）的看法，即议会反而成了更加重要的“沟通机制”。越来越多的议会愿意向电视镜头公开议事过程，这无疑有助于提升其公众形象，巩固其作为辩论舞台和监督机构的地位。换句话说，大众传媒既能使之降格，亦能使之升级。议会工作也同样存在专业化趋势。许多国家仿效美国国会采用和强化了专门委员会的设置，改善了议员个人可利用的班底和资源情况。

从更广阔的视角来看，也有迹象表明，在英国和其他一些国家，由于政党之严明纪律不再，议会的重要性和独立性正在增强。不仅见识更广的选民对议员个人期待更多，而且教育水平更高和资源更多的议员也不愿再对政党言听计从，亦不甘于为游说活动效劳。政治体系的合法性和稳定性同可感知到的议会效能紧密联系，这种普遍认识确保议会权力一旦遭到削弱，则抗议之声将会此起彼伏。最终，议会—行政之间的可欲平衡可归结为对以下两者的规范判断：一方面是代表性和责任的需要；另一方面是领导和强政府的需要。

总　结

- 议会、立法机关或巴力门三者通常可以换用。“议会”一词表示该机构是人民的代理，由宣称代表人民的“业余”政治人物而非训练有素或专业的政府官员构成。立法机构容易引起误解，因为议会从未垄断立法权。巴力门则将注意力引向了议会在辩论和审议方面的意义。

- 议会制指政府主导议会并通过议会进行治理的制度，行政部门由议会产生并对议会负责。总统制则是以议会与行政间的权力分立为基础，两部门彼此独立又相互依赖。

- 议会提供了政府和人民之间的联系平台，也就是支持政府和维护政权的一种沟通渠道，它迫使政府回应人民的需求。议会的主要功能是立法、充当代表机构、监督和审查行政部门、录用和训练政治人物，以及协助维系政治体系的合法性。

- 议会一般由一院或两院构成。两院制的吸引力在于它能强化制衡机制并扩大代表性，在联邦制中尤为适用。其不足之处是该制度有造成停滞主义和政府僵局的趋向。委员会制度在立法过程中日益重要；强势的议会通常有强大的委员会，弱势的议会则只有弱小的委员会。

- 议会很少制定政策，更常见的情况是影响政策或受行政支配。议会权力的大小决定于诸多因素，包括议会在宪法上的职责范围、独立于行政的程度、政党制度的性质，以及议会的组织协调性。

- 议会衰落引起了民众的忧虑，因为这与责任和代议政府的健全紧密相连。议会衰落的原因有：纪律严明之政党的出现，“大”政府的发展，行政部门形成政策和提供领导方面能力的增大，以及利益团体和大众传媒力量的增长。

问题讨论

- 议会制政府形式的普遍采用是否反映了该制度的成功和效率？
- 为什么人们认为权力分立是非常重要的自由民主原则？
- 哪些条件最有益于推动责任政府的建立？
- 两院制是否总是优于一院制？
- 在复杂的现代社会，议会是否注定败于行政部门？
- 议会的衰落是否必然削弱其代表性和责任？

扩展阅读

Davidson，R. and W. Oleszek，*Congress and Its Members*（Washington，DC：Congressional Quarterly，1999）. 该书讨论了美国国会的角色以及国会权力的变化。

Lijphart，A.（ed.），*Parliamentary Versus Presidential Government*（Oxford：Oxford University Press，1992）. 这是一本涉及面广泛的文集，反思了议会制和总统制的利弊。

Olson，D.，*Legislative Institutions：A Comparative View*（Armonk，NY：M. E. Sharpe，1994）. 这是一部有关议会的比较性导论，优秀易懂。

Russell，M.，*Reforming the House of Lords：Lessons from Overseas*（Oxford and New York：Oxford University Press，2000）. 该书通俗地介绍了第二院的情况，并特别关注英国的议会改革进程。

Strøm，K.，W. Müller and T. Bergman（eds），*Delegation and Accountability in Parliamentary Democracies*（Oxford：Oxford University Press，2006）. 该书全面描述了西欧议会民主制下的民主代表制度。

第 12 章

政治行政机构

行政机构是政府最基本的核心。离开了宪法、议会、司法部门甚至政党，政治体系依然能够运转，但若没有行政机构制定政府政策并保障其执行，它就无法生存。许多政治体系所试图制约和限制的，也正是行政机构的这种潜在能力，其方式是迫使行政机构在宪治框架内活动，或使之向民选议会或选民负责。政治行政机构，尤其是行政首长，无疑是公众最熟悉的政治面孔，原因在于行政乃政治领导的源头。国家在国内和国际领域中责任的增加，媒体倾向于从个人特质方面描述政治，这些都极大地放大了行政的上述角色。不过，聚于行政机构的希望与期待到头来还可能是它倒台的原因。许多政治体系的领导人发现，"履行诺言"变得越来越困难了。该问题与政治——尤其是政治人物的"解魅"(disenchantment) 有关。

主要问题

本章讨论的主要问题如下：

- 什么是政治行政机构？它由哪几部分构成？
- 政治行政机构有哪些主要功能？
- 总统制的行政机构与议会制的行政机构有何区别？
- 行政机构的权力位于何处？
- 如何理解和解释政治领导？
- 现代政治中是否存在领导危机？

12.1 行政机构的角色

行政机构的组成

从严格的字面意义上讲，行政机构是负责政策执行或贯彻的政府部门，但在实践中，其职责往往要更广泛和复杂。这种复杂性还延伸到了行政机构的组成方面，机构成员可从两方面加以划分。第一，“政治”行政机构和“官僚”行政机构。这种划分凸显了政治人物和文官的差别，以及更广义上的政治与行政的分野。第二，行政机构内部也可存在多个地位和责任层级。议会往往至少尊重成员的形式平等，而行政机构则是典型的金字塔结构，根据明晰的领导结构进行组织。

概念

行政机构（executive）

在最广义上讲，行政机构是负责执行立法机构所制定之法律与政策的政府部门。行政机构的范围涵盖了政府首脑以及警察和军队等强制机构的成员，还包括各部部长和文官。现在该词更多在狭义上指对政府政策的方向和协调负有整体责任的决策小群体。这一高级官员的核心经常被称为政治行政机构［大致相当于“当下政府”（government of the day），或行政当局（the administration）］，而与行政官员（official executive）或官僚相对。有时候用行政“核心”来指代政府权力顶层的行为者和机构。

政治和官僚职位的划分在议会制行政机构中最为明确，两者在录用、职责、地位和政治取向方面均有差异。在议会制下，政治行政机构由民选的政治人物构成，部长来自议会并对议会负责，他们的工作是根据所属政党的政治和意识形态优先次序制定政策，并监督政策执行。官僚行政机构由国家委任的职业文官组成，他们的工作是提供建议和执行政策，服从政治中立的要求，并忠于所在部会的首长。

但在澳大利亚、加拿大、印度和英国等国的议会制下，由于高级文官经常实质性地参与决策，并且他们的任用通常具有临时政治顾问的性质，这使得政治/官僚的划分模糊化了。在总统制行政机构中，两者的重合度甚至更高。例如在美国，总统是行政机构中唯一民选的政治人物，内阁成员实际上都是委任官员，所有高级文官和许多中层文官都有党派色彩且有任期限制。

与政治/官僚的划分相比，行政机构内部的等级分工比较容易确认。首先，行政机构往往以一个人的领导为中心。诚如孟德斯鸠所言，“需要迅速行动的政府部门，由一人管理胜过多人管理”。行政机构有两个分离的领导职位，尽管它们可以由一人担任。其一为国家元首，是一个拥有形式权威，基本上只具有象征意义的职务；其二为政府首脑，或称行政首长，负责决策并承担政治责任。美国、俄罗斯和法国的总统身兼两职，而议会制国家中的两个职位却是分开的。总理担任行政首长，国家元首一职则通常由没有党派色彩的名义领袖担任。

在行政首长下面，有多名部长或大臣负责制定或贯彻具体领域的政策。这些部门首长常有等级之分，取决于所负责之政策领域的重要性（经济和外交部部长一般地位最高），或是否有资格参加**内阁**或高级委员会。如下文将要进一步讨论的，内阁的职责范围，从以集体领导形式共享决策权力，到提供建议和更广泛地协调行政政策执行，林林总总，十分繁杂。更低的层级是庞大的官僚和行政人员队伍，他们至少在理论上较少关注政策制定，而更关心政策实施。最后是强制执行机构，如警察和武装力量，以及诸多准政府机构，也就是人民熟知的准自治非政府机构。就其协助实施政府政策而论，这些准政府机构是行政机构的一部分，但其工作人员至少形式上独立于政府。

> **内阁**（cabinet）：由行政首长主持的部长/大臣定期正式开会的群体机构；内阁可以制定政策，也可以是顾问性的小团体。

政治行政机构的职能

最简单地讲，政治行政机构的任务是进行领导。行政机构在这种意义上是国家机器的“制高点”（commanding heights），还是国家本身的核心。这一角色延伸到了许多领域，意味着政治行政机构的成员要担负多种职能，有时要同时履行若干职能。其中最重要的职能包括：

- 礼仪性职责；

- 决策控制；
- 民众政治领导；
- 官僚管理；
- 危机反应。

礼仪领导

国家元首、行政首长——在更小的范围内还有高级部长或大臣——“代表”国家。他们赋予国家个人化的权威形态，代表更广大社会，或者不准确地讲，还象征着社会的团结。这种角色主要是形式和礼仪上的，包括国家活动、外访、国际会议，以及批准条约和立法等内容。不属行政机构的总统或立宪君主有时候担负这些基本礼仪性的职责，其他行政官员可以专注于政府日常事务。该角色因两个原因而具有广泛意义。其一，它创造了团结统一和政治忠诚的聚焦点，有助于建立合法性；其二，它使行政机构的高层官员可自称为“国家领导人”，这对维系公众支持与选举公信力极为重要。

焦点论述

国家元首（heads of state）

国家元首是国家权力与权威的人格象征。作为国家的首席代表，国家元首在该国土地上享有最高地位。但是，他实质上往往只是具有象征或形式意义的人物，真正的权力掌握在政府首脑手里（与国家元首可为同一人，也可以不是）。国家元首行使着广泛的仪式性权力和职责，如授勋、同意立法或条约、接待来访的他国元首。任命政府首脑的权力（在议会制下比较重要）使国家元首拥有某些残存的政治影响力。国家元首通常为总统或君主。

决策领导

政治行政机构的关键职能是指导与控制政策过程。简言之，人们期待政府的领导。在 20 世纪，为了适应政府责任的不断增加，该角色已有了相当大的扩张。人们尤其指望政治行政机构制定协调的经济和社会计划，满足更复杂和政治上更成熟之社会的需要，并在相互依存度越来越高的世界里控制各种外部关系。这种现状发展的一个重要后果，就是行政机构的立法权增大，侵占了传统上属于议会的职权。

政治行政机构不仅经常提出立法议案，通过劝说或指示推动立法过程，而且在许多情况下，它还利用法令、命令和其他手段行使着广泛的立法权。但如果说政治行政机构总是支配政策过程，却也是一种误解。如许多政策是由政党和利益团体提出的。而且，凭其专业技能和专门知识，官僚或文官也会在政策制定中发挥至关重要的作用，甚至会留出一些空间给政治行政机构去确定政府政策的总体方向。

民众领导

与政治体系的其他任何部门相比，政治行政机构的声望对整个政权的声誉和稳定更为重要。在政策层次上，正是行政机构动员支持的能力，保证了普通大众的服从与合作。道理很简单，没有公众或社会主要团体的支持，政策执行会变得很困难，甚至不可能。更重要的是，政治行政机构的声望与整个政权的合法性紧密联系。某个政府或行政当局不受拥戴本身并不会削弱人们对政治体系的支持，但是在缺乏撤换或替换政府的机制的情况下，政府声望下跌将会影响政治体系的合法性。这可以在一定程度上解释普遍采用定期和竞争性选举的原因。当然，这并不是说不受欢迎和残酷无情的政府总是会彻底瓦解。这些政权仍会生存下去，但只有诉诸威权主义才能延续，而这意味着人民的服从是压制和意识形态操纵的结果。

官僚领导

监督政策执行的任务，表明政治行政机构担负着主要的官僚和行政责任。从这个角度看，行政首长、部长和大臣们构成负责管理政府机器的“高层管理人员”。这项工作主要根据部门界限进行组织，高级部长负责特定的政策领域和参与执行该领域政策的官僚人员。在更高层次上还需要有政策协调，通常是由某种内阁制度来完成这种协调。

有人对这种官僚领导的效能表示怀疑。首先，由于政治行政机构是由政治人物组成，经常缺少有效控制不断扩张的官僚机器所必需的专业人才、管理经验和行政知识。其次，某些政府部门会形成自身利益，与强大的受庇护团体结成联盟时更是如此。再次，官僚机构作为一个整体也会形成与政治行政机构相分离的利益，促使它去抗拒名义政治首脑的控制。第 13 章有关官僚权力部分将更详细地讨论这些问题。

危机领导

政治行政机构相对于议会的一大优势，是它有能力采取迅速和果断的行动。当国内或国际政治爆发危机时，无一例外的是行政机构凭借其等级结构和赋予个人领导的活动空间及时作出反应。因此，议会在战争期间会授予政治行政机构近于专制的权力，而当面临自然灾难、恐怖威胁、劳工骚动和内乱时，行政机构也会夺取“紧急权力”。但是很明显，宣布“紧急状态”和强制实现高压行政统治的权力很容易滥用。在宪治的幌子下，政府利用这些权力削弱或拔除政治反对派力量的例子实在是屡见不鲜。

12.2 行政机构中的权力：谁来领导？

如前文所述，政治行政机构的角色与责任，已因民主政治的出现、政府干预的增加以及政治和经济全球化而大大扩张。在 20 世纪，政治行政机构获得了更广泛的决策和立法职权，控制了四处扩展的官僚机器，并日益成为民众政治和媒体关注的焦点。这些发展又反过来对政治行政机构的内部组织及其权力分配产生了深刻的影响。人们普遍认为，上述过程的主要受益者是行政首长。现在，政府首脑一般拥有制度责任、政治地位，以及使之与内阁同僚明显区别开来的公共形象。然而，日趋集权化和个人权力增长，却与领导失败以及行政首长越来越无法兑现其选举承诺的情况形成尖锐冲突。行政权力的复杂动态可通过考察总统、总理（首相）和内阁的角色而进行更细致的检视。

上述三者均有三个权力维度须谨记在心：

- 权力的形式（formal）维度：行政官员的宪法角色与责任，他们活动的制度框架。
- 权力的非形式（informal）维度：人格特质、政治技巧和经验的作用，政党和大众传媒等因素的影响。
- 权力的外部（external）维度：政府活动的政治、经济和外交背景，行政部门承担的更广泛压力。

总　统

概念

总统制政府（presidential government）

总统制（见图 12—1）以政府立法和行政机构之间在宪法和政治上的分权为特征。因此，行政权由经独立选举产生的总统掌握，他不需直接对议会负责，亦不会被其推翻。

总统制的主要特点如下：

- 行政和立法机构分别经选举产生，均被赋予一定范围的独立宪法权力。
- 立法和行政机构在人事上正式分离（半总统制除外）。
- 总统不能"解散"立法机构，亦不会被其解职（除非被**弹劾**）。选举任期固定。
- 行政职责由总统集中掌握，内阁和部长仅仅是向总统负责的顾问人员。
- 总统集国家元首和政府首脑两角色于一身。

弹劾（impeachment）：公职人员犯有个人错误或职务过失时予以免职的一种正式程序。

总统是正式的国家元首，而某些国家是由君主或皇帝兼领这一头衔。宪法总统（constitutional president）和行政总统（executive president）之间存在重大区别。如印度、以色列和德国等国的宪法总统（或者说非行政总统）就属于议会制的一个特征，其责任主要限于仪式性职能。在这样的环境下，总统仅仅是名义上的，行政权由总理（首相）和/或内阁行使。本节内容关注的是行政总统，他同时拥有国家元首的形式职责和行政首长的政治权力。这种总统构成了与议会制（见图 11—1）相对的所谓总统制（见图 12—1）的基础。

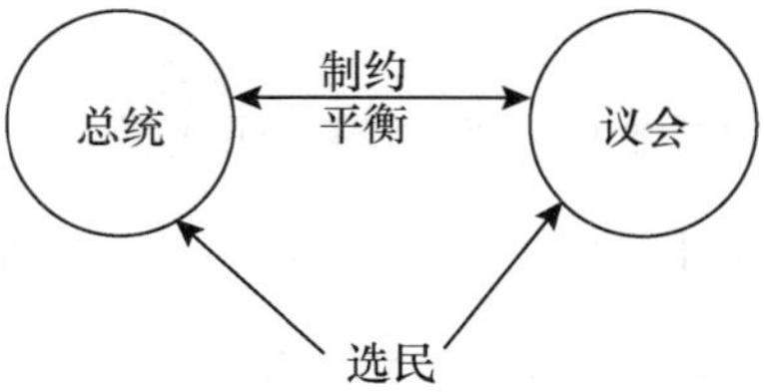

图 12—1　总统制政府（有限总统制）

半总统制（semi-presidential system）：一种政府制度，经独立选举产生的总统负责领导从议会产生并对议会负责的政府。

总统制行政机构的权力可能是无限的，也可能是有限的。有限的总统制行政机构在宪法、政治民主、政党竞争以及某种形式的分权的制约下活动。最重要的一点是，对民众负责之议会的权力平衡着总统的权力。有限总统制最著名的例子是美国的体制，法国和芬兰等国的**半总统制**也属此类。而在无限的总统制中，总统被赋予近乎不受制约的权力，这意味着这种政权实际上就是专政统治，它们通常存在于强烈依靠军队支持的一党国家，如卡扎非时代的利比亚和萨达姆时代的伊拉克。

美式总统制政府的仿效者遍布全世界，主要是在拉丁美洲以及较为晚近的后共产主义国家，如波兰、匈牙利、捷克和俄罗斯，尽管在俄罗斯之外的大多数后共产主义国家里，总统都是在一个实际为议会制的框架内活动。美国宪法的设计者将行政权赋予总统，他们意识到自己实际上创造了一个“民选王权”（elective kingship）。为了避免他们认为已在英国王权之下出现的权力滥用，制宪者们建立了一套立法、行政和司法部门之间的复杂分权体制。纽斯塔特（Neustadt，1964）更准确地称之为“分享权力的独立机构”。因此，虽然总统被称为国家元首、行政首长、三军统帅兼首席外交官，被授予广泛的任命权和法案否决权，但国会也被赋予了强大的牵制权力，特别是有权宣战并推翻总统的否决，参议院被授权核准任命与批准条约。甚至一直到 20 世纪早期，总统一般仍然只是个次级机构，必要的政策领导权还掌握在国会手中。

两方面的重大发展改变了美国总统的地位。其一，国家经济发展要求政府放弃传统的自由放任政策，更多地干预经济和社会生活。其二，美国不得不放弃其孤立主义政策，接受并承担起一种世界角色，在二战后的两极（现在或许是多极）世界体系中担负起超级大国的地位。自罗斯福总统在 1930 年代推行新政以来，美国总统就扮演起主要立法者的角色，并自 1945 年起成为“自由世界”的领袖。约翰逊和尼克松未经国会正式宣布便轻松地使越南战争升级，斯格尔辛格（Arthur Schlesinger，1974）甚至惊呼，一个打破宪法约束、威胁控制其他两个部门的“帝王总统”出现了。

尽管如此，总统权力仍是相当脆弱并无实质基础的。纽斯塔特在其经典著作《总统的权力》[*Presidential Power*，（1964）1980] 中提出的观点依然成立：美国总统的主要权力乃“说服的权力”，亦即讨价还价、鼓励以及劝诱但非命令的能力。美国总统遂行意志的能力决定于四种重要关系，具体而言是同如下四者的关系：

- 国会；
- 联邦官僚机构；
- 最高法院；
- 大众传媒。

总统与国会的关系无疑最为重要。例如，某位总统成功与否经常是根据其与国会斗争的“成功率”——即议案通过国会审议的比例——来判定的。但在越战和“水门事件”之后，总统不得不面对更加倨傲自信的国会——它意图收回某些其所丧权力。稍早的例子是 1974 年通过的《战争权力法》（War Powers Act），其规定总统向海外派兵必须获得国会支持。更重要的是，美国相对松散的政党制度使总统不具备议会制行政部门可诉诸政党团结而控制立法的主要工具。这意味着即使参众两院皆受所属政党控制，总统仍可能遭到国会的抵制，卡特总统在 1970 年代就面临着这样的处境。

当反对党控制国会时，总统会更显弱势。1994 年共和党赢得国会选举后，克林顿总统就面临着这种局面。而在 2001 年初，一名共和党参议员变节导致民主党人控制了参议院，小布什总统对国会的影响也大受限制。总统面临的困难在于，参众两院议员最关心“父老乡亲”，而不顾政党从属关系。议员们在利益驱使下关注国内事务，甚至促使论者指出了“两种总统权力”的存在。一是“内政”总统权力，其特征是经常遭遇政策失败和僵局，为多数总统所弃守；二是“外交”总统权力，历任总统都对此投注精力，希望证明其领导能力。甚至当选时曾承诺要锁定经济的克林顿总统，也无可避免地［如罗斯（Rose，1987）所言］“迈向了国际舞台”。2001 年 9 月 11 日对纽约和华盛顿的恐怖袭击又强化了上述倾向。

从理论上讲，联邦官僚机构是为服务于总统而存在的，但在实践中却有令人尴尬的制约作用。尽管总统直接或间接地任命了约 3 000 名中高层政府官员，但比起全美超过二百万的职业官僚来，这实在是微不足道。而且，人们也普遍认为，这些官僚所服从的利益经常与政府政策的优先性相矛盾。曾在威尔逊总统任内担任海军部长的罗斯福，形容总统对海军部的影响就像敲打一个羽毛垫子，“你敲呀敲，可它还是老样子”。杜鲁门在对其继任者艾森豪威尔将军的一段著名评论中也指出了类似的问题：

他会在这里说："做这个！做那个！"但什么都不会发生。可怜的艾克[1]——他一点都不像陆军。

类似的困难在总统与最高法院的关系中也存在。1950年代以来，最高法院在美国政治生活中扮演着重要角色，迫使总统修改政治议程（在一定程度上通过影响议程实现）。虽然总统任命最高法院法官，但这些任命可能被参议院驳回（如尼克松曾遇到两次，里根一次），而且一旦被任命，由于实行任期终身制，这些法官也不受总统控制。1930年代许多新政计划遭到最高法院阻挠，直到罗斯福总统通过1937年"法院革命"改变了最高法院内部的意识形态平衡后，局势才得到扭转。艾森豪威尔任命沃伦为首席大法官，但后来才发现他的司法能动主义倾向和对宪法解释的自由派立场于自己是不利的。

最后一项重要关系是总统和大众传媒的互动。传媒对总统极其重要，因为总统需要"越过国会"直接向美国公众提出吁请。像曾做过演员和记者的里根总统，在"驾驭"媒体报道并确保正面评论上颇为成功。尽管如此，因之而生者也会因之而亡。大众传媒常被形容为美国的第四政府部门，非常珍视其政治独立和追求真实的声誉。《华盛顿邮报》揭露了"水门事件"，最终导致1974年尼克松辞职；媒体对"白水事件"的无情报道，则在1990年代初期使克林顿政府遭受严重打击。

当俄罗斯议会渐渐落入强硬派的控制，并意图抵制叶利钦的一揽子"休克疗法"改革时，总统制潜在的制度冲突在后共产主义的俄罗斯变成了现实。由于在粉碎议会1993年10月的反抗中获得军队支持，叶利钦的总统大权最终得以保全，并强制实行总统统治。但叶利钦还需要平衡俄罗斯政权内部不安定且相互冲突的压力，这抵消了无限总统制行政机构出现的可能。叶利钦在激进改革派、保守强硬派和顽固民族主义者之间进退维谷，只能竭力维持选举公信力和政府的运转。2000年以来，普京总统再次坚持了俄罗斯强大的行政领导传统。普京利用发动车臣战争和反地区分裂主义所赢得的声望，形成了以他所称的"法律专政"（dictatorship of law）为基础的霸权性总统权力。

采用半总统制的国家，如法国、奥地利、芬兰和葡萄牙，有着与上述国家不同的总统制政府。这是一种混合制度：其总统和总统制下的情况一样，经由单独选举产生，被

---

① 艾森豪威尔的昵称。——译者注

赋予广泛的行政权力；也类似于议会制，通常由总理和内阁组成政府，由议会产生并对议会负责。例如在芬兰和奥地利，这种制度主要通过行政权的分工来维持运转，总统专注于对外事务和更广泛的宪制问题，而总理和内阁则负责国内政策。

法国第五共和国确立的制度（1962 年总统单独选举产生后确立）要更为复杂。一方面，除了履行美国总统所担负的国家元首、行政首长和职位任命者的职责外，法国总统还拥有七年的固定任期，拥有解散国民议会的权力，这使得立法机构被迫对总统俯首就范。另一方面，由于需要维持议会和公众对政府的支持，法国总统还受到严重的限制。1958—1969 年的戴高乐总统、1969—1974 年的蓬皮杜总统和 1974—1981 年的德斯坦总统的强势力量，都主要源自戴高乐派对国民议会的控制。而他们要求举行大选的权力，也并不必然保证所属政党就一定能控制国民议会，例如属社会党的密特朗总统就曾在 1986 年和 1993 年两次遇到这种情况，当时他不得不先后与戴高乐派政府左右共治。与此类似，虽然戴高乐拥有民选最高领导人的正式权力，但仍因 1968 年 5 月的学生骚乱和财政危机而在 1969 年去职。希拉克总统所受的压力——尤其是诺斯潘领导的社会党政府时期（1997—2002 年）——也暴露出了总统权力的脆弱性。

总理（首相）

现代世界中大多数政治行政机构可划为议会制行政机构。议会制中行政权的结构和形式与总统制有很大不同，它有三个基本特征。第一，由于行政权源于议会，并与政党政治关系密切，所以需要一个独立的国家元首——立宪君主或无行政权的总统，来履行礼仪性职责，并作为爱国忠诚的投注焦点。第二，政治行政机构由议会产生，意味着总统制中立法和行政人事上的分离在议会制中不存在。第三，行政机构直接对议会负责，或至少对议会下院负责，它只要赢得议会信任就可继续掌权。

因此，议会制中行政权的外部动力与总统制的截然不同。简言之，总统制行政机构倾向于依赖个人授权和独立的宪法权力，而议会制行政机构则需要主导议会并通过议会进行治理。这无疑也影响到权力的内部动力，尤其是在议会制行政机构中造成了要求集体决策和团结协作的更大压力，这类体制中内阁往往拥有较高的地位正反映了这一点。但许多论者认为，总理权力的增长实际上已使总理变成了准总统。

焦点论述

有关君主制的争论

君主制是一种一人支配的统治制度（字面意思就是“一人统治”）。但在一般用法中，君主制指国家元首经世袭或王朝继承产生的制度。专制君主制中的君主宣称拥有（虽然很少行使）全部政治权力（如沙特阿拉伯、尼泊尔和摩洛哥）。在立宪君主制中，君主实质上履行着政治上不算重要的仪式功能（如西班牙、荷兰和英国）。

立宪君主制的优点如下：

- 没有党派色彩的国家元首能够“超然”于政党政治之外。
- 君主体现了传统的权威，成为爱国忠诚和民族团结的象征。
- 君主给民选政府提供了可资利用的经验与智慧（特别是在有关宪治事宜方面）的宝库。

君主制的缺点包括：

- 违反了民主原则，因为政治权威不是来自人民同意，而且不必对人民负责。
- 君主象征（还可能支持）保守的价值，如等级、服从，以及对继承而来的财富和社会地位的尊重。
- 君主制将国家限制在过时的状态和过去的象征上，阻碍了进步。

总理就是政府首脑，权力来自其对议会多数党或多数党联盟的领导。与行政总统相比，总理一职所拥有正式权力的范围通常不是很大，其中最重要的是控制任命权——即对部长的任免升迁。不过在荷兰和澳大利亚，即便这些权力也是由议会或多数党行使的。由于总理的职责在宪法上仅有宽泛的规定，因此该职位的权力取决于在位者所选择的作为大小，或更准确地说，在位者能够有什么作为，一般就能达到什么目的，这样说并不夸张。

在实践中，总理的权力问题可以归结为两组关系。第一组是总理与内阁、部长个人和政府部门的关系；第二组是总理与其所属政党，以及通过政党与议会和公众的关系。来自内阁的支持对“同列之首 ”① 的总理/首相来说特别重要，英国、印度和澳大利亚

① 直译是“同列之首”的意思，这里应引申为“阁员之首”、“首席部长”，表明其最初只是部长中之排名第一者，而不像汉语“总理”所暗含的高地位，汉语里的“首相”虽只用于君主国家，却表达得更为贴切。——译者注

的情况就是这样。这种地位迫使总理/首相在集体性的内阁制政府下活动，他们的权力也因此就是通过任命权、内阁管理和政府机构控制而确保阁员服从之程度的反映。相比之下，德国总理个人获得基本法第 65 条授权，能够决定政府政策的总路线。但同一条款也规定各部部长在有关本部门事务上享有自主权，这就又限制了总理的权力。

总理的权力和影响无疑在于其作为政党领袖的地位。事实上，现代的总理职位主要是纪律严明之政党出现的产物。总理一职不仅根据政党领袖的地位而来，而且它也给总理担任者提供控制议会的工具，并由此奠定了塑造国家领导人形象的基础。因此，政党团结的程度、总理所属政党在议会的实力（单独执政或成为联合政府之一员），以及议会或至少第一院所拥有的权威，是总理权力的重要决定因素。例如，日本自民党内部派系林立，使战后多数时期总理的任期短暂（1974—1982 年有五任首相更换），内阁也频繁改组。与此类似，意大利分裂的政党制度，往往迫使总理在脆弱的联合政府内扮演着掮客的角色。德国总理则因各州的独立性、第二院的权力、宪法法院的权威以及中央银行的自主性而受到限制。

焦点论述

总理制政府（prime-ministerial government）：优点与缺点

总理制政府有两个关键特征。第一，总理一职是政府立法与行政机构的中心纽带，总理由议会产生并对议会负责，充当行政首长和官僚首脑。第二，总理制政府反映出行政权集中在总理手中，以及内阁和各部长之间的有效协调。它在这方面与总统制类似。

总理制政府因下述原因而受到批评：

- 削弱了原先内阁和政府部门对总理的限制，因而增强了集权程度。
- 排除批评和不同观点，压缩了政策辩论的空间。

它也因下列原因而受到支持：

- 反映了总理在大选中所获得的个人授权。
- 限制了部门主义所表现出的离心力倾向以及集体决策中的推诿扯皮现象，使政府政策有了明确的方向。

虽然如此，人们仍有一种共识：尽管宪法规定和政治地位不同，近年来总理的权力仍有增长。这种情况部分是由于广播媒体特别关注个人的倾向，这意味着总理成了所在党的“品牌形象”。参加国际峰会和对外访问的增加，也给总理提供了培养政治家形象的机会和展示国家领导人风范的空间。有些人因此在某些情况下断言，总理实际上已从内阁的桎梏中解放出来，形成了某种总理制政府。例如，印度在英迪拉·甘地及其子拉吉夫领导下形成了风格独断的总理制，并在1975—1979年的“紧急状态”期间达到巅峰。这可能是因为国大党在议会拥有稳固多数，严格控制中央政府机器，以及甘地家族长期支配着印度的重要社会阶层的缘故。

英国经常有总理制政府的提法。英国首相权力非同一般，这来自多个方面：

- 任命权的层次与范围。
- 对内阁系统的控制，特别是设立和任命内阁委员会的能力。
- 作为文官首脑的地位，及由此对官僚机器的控制。
- 直接接近媒体的渠道，可使首相向选民发出个人化的诉求。

撒切尔主义（Thatcherism）：指玛格利特·撒切尔首相所采取的自由市场/强国家的意识形态立场；是英国版的新右派计划方案。

总统制（presidentialism）：与政党或其他政府机构相分离的，以行政总统方式进行的个人化领导。

首相位于政府行政与政治部门的顶点，这意味着内阁已变为美国式的咨询机构，不再行使决策职责。在撒切尔夫人有效改造了首相职位的性质和权威后，总理/首相制政府的提法显然已变成现实。布莱尔自1997年担任首相以来，也在许多方面巩固了这一制度的基础。撒切尔夫人担任首相职务的与众不同之处在于，她自认为是“有信仰的首相”，她的职责是进行意识形态领导和政策协调，这种意识形态以**撒切尔主义**的理念为方向。同样，布莱尔也坚决地将他对工党的领导同“现代化”方案结合起来，该方案以贴上“第三条道路”意识形态优先性标签的“新”工党取代了旧式的社会主义工党。在福雷（Foley，2000）看来，这种发展完全揭示出了“真正的英国总统”已经在很大程度上成为现实。议会制行政机构的**总统制**特征表现在如下方面：

- 空间领导（spatial leadership）：总理/首相以“局外人”自居，或形成自己的意识形态立场，以此远离所属政党和政府。
- 民众主义的活动触角：总理/首相宣称表达了民众最深层的希望与担忧，试图以此与民众建立直接联系。

- 个人化的竞选运动：新媒体执迷于领导人的个人风格，并往往将其描绘成所属党或政府的“品牌形象”。
- 个人授权：总理/首相倾向于要求拥有选举权威，并自视为所属政党或政府的意识形态良心。
- 专门顾问：总理/首相往往在执政上依靠亲自挑选的政治顾问，而不是内阁、部长大臣或高级文官。

那些统领议会团结多数的总理所能行使的权力，会令许多国家的总统羡慕不已，但他们也受到了相当大的限制。例如，总理并不能完全自由地任免官员。为了维持政党团结，需要保证党内各派别和意识形态在内阁中都有代表，在加拿大等国还存在地区和语言代表的压力，这都对总理权力构成了强大制约。最终，总理的权力只局限在内阁、所属政党和更广阔政治环境所许可的范围内。我们可以在印度看到这种情况。在 1970 年代实行紧急状态的过分行动之后，德塞（Desai）、辛格（Singh）和拉奥（Rao）等总理领导联合政府或少数政府时，都主动削减了总理幕僚的人数，愿意尊重各政府部门的自主性，也减少了对各邦事务的干预。

英国的情况也很有意思，撒切尔夫人之所以能行使巨大权力，主要不是她不服输的性格和意识形态上的坚定所致，而是由于她所面临的非比寻常的有利环境。主要的有利因素有：在野的工党实力弱小而且分裂，1982 年福兰克群岛战争胜利，1980 年代中期世界经济复苏，以及部分由于上述原因，保守党在撒切尔夫人领导下能够连续三次赢得大选。在她 1990 年 11 月去职之后，首相权力的脆弱性也暴露了出来。

梅杰在首相任期内处于相对弱势地位（特别是在 1992—1997 年间），原因主要不是他个人不称职，而是因为政府当时不得不面对的巨大困难。这些困难包括：英国从 1990 年代初期的衰退中复苏缓慢，1992 年后保守党在议会的多数地位滑落，党内在对欧政策上分裂加剧，以及政府不得不面对选民支持度增加且领导更有作为的反对党——工党。相较之下，布莱尔不仅得益于工党在议会的优势多数和保守党在选举方面的衰落，而且在野 18 年之后，工党对强有力领导和团结的要求能作出更好的回应。

内　阁

几乎所有政治行政机构都有某种形式的内阁。法国的内阁称为部长会议，苏联的内阁则为政治局。内阁是代表政府各部门的高级部长/大臣组成的委员会。该术语不能和顾问团[①]混淆，后者在法国和欧盟一般是指支持部长个人的小型政策咨询团体。内阁的普遍存在，反映了政治行政机构内部对集体性程序的需求。首先，内阁能使政府以集体面貌展现在议会和公众面前。若没有内阁，政府似乎只是供个人利用的私人工具。其次，内阁是一种旨在保证政府政策有效协调的行政机制。简言之，没有内阁，政府将会由彼此对立的官僚帝国组成，每一方都醉心于自我扩张，正像希特勒统治时期的纳粹德国所发生的情况一样。

概念

内阁制政府（cabinet government）

内阁制政府有两个核心特点。其一，内阁是政府立法机构和行政机构的主要纽带；阁员由议会产生并对议会负责，同时担任各政府部门的政治首脑。其二，内阁是高级行政机构，阁员共享决策职责，总理/首相只是在名义上列居首位。该制度通常以集体责任为基础——所有内阁部长/大臣都被要求"口径一致"，支持官方的政府政策。

内阁制政府的优点：

- 鼓励在内阁民主会议中进行充分和坦诚的辩论，使提案得到有效的审议。
- 由于内阁集体作出决定，并共同支持该决定，所以内阁制保证了政府的团结。

但内阁制政府也因以下缺点而受到批评：

- 它成了维护总理权力的掩饰，因为它迫使有异议的阁员必须公开支持政府政策。
- 由于决策是阁员和部门利益竞争妥协的产物，内阁制意味着政府政策会变得不协调和不一致。

内阁的准确角色和政治意义因制度和国家的不同而存在差别。在美国等总统制国家，内阁为服务总统而存在，充当政策顾问而非决策者的角色。在 20 世纪后半叶，美国行政机构的扩张大都发生在非内阁的层次，表现为总统办公厅（Executive Office of

① cabinet 指内阁，有时候也指顾问团。——译者注

the President）的成立。相比之下，在尊重内阁制政府[1]原则的国家，如英国、多数英联邦国家，还有包括意大利、瑞典和挪威在内的某些欧洲国家，内阁至少在理论上是行政机构的顶点。

不过，要在实际中发现通过内阁或类似机构活动的集体性行政机构的例子还存在困难。苏联在理论上存在某种形式的集体领导，这反映了马克思列宁主义的信仰——苏联社会的领导力量是共产党而非某个领袖。但事实上，自斯大林开始的共产党总书记控制了政治局和相应国家机构——部长会议常务委员会，除了赫鲁晓夫（1964 年党内政变的牺牲者）和戈尔巴乔夫外，历任总书记都能保持权位一直到去世。德国乃至其他所有欧陆国家一般都有部门分工的传统，这阻碍了部长们自视为“团队成员”，从而打击了任何朝着内阁制政府发展的倾向。即便在通常认为是内阁制政府原型的英国，也很难将内阁视为决策机构，更不用说民主论坛了。

概念

核心行政（core executive）

核心行政指在政府政策的整体方向与协调方面扮演关键角色的人员与机构网络。它由总理、高级政策顾问、主要阁员、内阁委员会，以及战略地位重要的政府部门的人员组成。核心行政模式与内阁制政府和总理制政府相比有若干优点。第一，它不再限于“总理 vs 内阁”的简单化争论，而认为这些机构是在制度化背景下活动的。第二，它认识到各行为者在很大程度上是通过建立支持联盟和结盟才产生政策影响力的。第三，它考虑到了经济和外交等更广泛因素的作用，因为这些因素影响到了核心行政行为者可获得的资源。第四，该模式还考虑到了由于个人关系和资源分配随时间变化而导致的行政权所在位置的波动。

不仅首相权力的扩张破坏了英国政府的集体性，而且政府政策范围和复杂性的增大也使多数决定实际上是在其他地方作出，送达内阁时的政策基本都已定型。这凸显了政府各部门在政策制定方面的重要性，也显示了内阁委员会甚至小组委员会的影响力。在

---

① 本书中内阁制政府与通常所说的内阁制政府（也就是议会制政府）存在差异，这里强调的是内阁作为一个整体的决策角色，与上文所讲的总理/首相制政府相对。——译者注

英国等国家，整个内阁只是内阁体系的中枢，该体系内所属专家组成的委员会要比内阁自身更能细致深入地检视政策提案。这套体系从两个方面削弱了内阁的地位：首先，首相通过设立委员会并挑选组成人员强化了控制手段；其次，全体内阁成员往往缺少时间和经验去挑战委员会的各项提案。有些论者从“核心行政”思想的角度解释了由此产生的复杂关系（Rhodes and Dunleavy，1995）。

另一方面，若认为内阁只是一个“尊严”机构而将其弃置一旁，也是错误的。例如，许多首相/总理已为忽视现代政府中的集体要素而付出高昂代价。德国总理一般认为要比英国首相强势，因为只有议会的“建设性不信任”（constructive no confidence）投票方可令其去职。这意味着联邦议院须批准对另一政府的任命才能推翻现任政府，而不像英国那样只要议会撤回对现任政府的支持即可倒阁。但即便如此，当自由民主党于1982 年从社会民主党领导的联合内阁中退出，加入科尔（Helmut Kohl）领导的基督教民主党阵营时，施密特（Schmidt）总理便不得不辞职而去。联合政府当然增加了内阁管理的难度——就像意大利总理经常面对的情况一样，但一党内阁也会给行政首长造成一些难题。

1990 年撒切尔夫人的辞职，在很大程度上是由于内阁对她的支持降低所致。更确切地讲，按照撒切尔夫人本人对 1990 年 11 月事件的说法，当她在第一轮投票中未能再次当选保守党的领袖时，大臣们便撤回了对她的支持，所以她是被内阁政变赶下台的（Thatcher，1993）。澳大利亚总理霍克（Bob Hawke）1991 年的去职再次警示，若无内阁支持，议会制下的领导人便不能长期掌权。在反击副手基廷（Paul Keating）企图夺取领袖地位的过程中，1991 年 12 月霍克试图借解除联邦财长克林（John Kerin）的职务以重建权威，但在基廷的第二次挑战下颓然倒台。

12.3 领导的政治

政治领导的主题在某些方面似乎已经过时了。领导者和追随者的社会分工源于讲究服从与尊敬的前民主文化，这种文化认为领导者最有权威，而大众需要被领导、动员或指导。民主政治并未消除对领导的需要，但无疑也对领导者设置了很高的限制，主要是要求领导者对公众负责，并建立一套可令其去职的制度机制。而领导的政治在其他一些方面却越来越重要，这一趋势推动建立了独立的政治心理学分支学科，它主要关注政治领袖心理结构和动机的研究（Kressel，1993）。

概念

领导（leadership）

领导可以理解为行为的模式，或者个人的素质。作为行为模式的领导，是指个人或团体影响更大实体去组织或引导自身力量实现可欲目标。作为个人素质，领导是指一种使领导人能够对其他人施加影响的性格特点；因而领导实际上等同于克里斯玛（超凡魅力）。

领导所具有的优点包括：

- 动员和激励那些原本惰怠和没有方向的成员。
- 促进团结，鼓励团体成员朝同一方向努力。
- 确立等级性的责任与角色来强化组织。

领导的缺点表现为：

- 造成权力集中，导致腐败与专制；因此民主要求领导必须有问责的制约。
- 造成恭顺服从，妨碍人民对自己的生活负责。
- 强调自上而下而不是自下而上的思想，压缩了辩论和讨论的空间。

领导问题日益受关注的原因有多种。例如，民主本身实际上就迫使政治领导人“自我表现”，以期获得选民支持，从而在某种程度上提高个人的重要性。现代的大众传播手段（特别是电视）无疑又强化了这一趋向，它往往重视个人而非政策，这为领导人提供了操纵自身公共形象的强有力武器。再者，随着社会变得更加复杂和分化，人们越来越指望领导的个人眼光能给他们所生活的世界带来协调与方向。

领导理论

政治领导的问题争议颇多。领导在多大程度上与自由和民主相容？领导是具有鼓舞和激励性，还是慑服和压制性？强势领导是受到赞赏还是为人所惧？这些分歧的核心是有关政治领导性质的不同看法。领导现象由哪些因素构成？领导来自何处？有下列四种不同的领导理论：

- 作为**个人**才能的领导；
- 作为**社会学**现象的领导；
- 作为**组织**必需的领导；
- 作为**政治**技巧的领导。

人物

弗里德里希·尼采（Friedrich Nietzsche，1844—1900）

德国哲学家。尼采25岁时就成为巴塞尔大学的希腊语教授。他曾为了研究语文学（philology）而放弃神学，并逐渐对叔本华①的思想和瓦格纳（Wagner，1813—1883）的音乐感兴趣。1889年后因健康状况恶化及精神失常，尼采受到妹妹伊丽莎白的监护，她在编辑尼采作品的同时也曲解了原意。尼采复杂而模糊的作品强调了意志——尤其是“权力意志”的重要性，在现代存在主义之前就强调人们创造了他们的自我世界并形成了自我价值。尼采最著名的作品包括《查拉斯图拉如是说》②（*Thus Spake Zarathustra*，1883/1884）和《论道德的谱系》③（*On the Genealogy of Morals*，1887）。

传统的观点认为领导是罕有的天生才能。如亚里士多德所言，“人一生下来便注定有统治者和被统治者之分”。据此观点，领导完全是一种个人素质，体现在传统上被视为“命运支配者”的个性中。这种理论的最极端形式可见于法西斯主义的“领袖原则”，该原则以最高领袖（且总是男性）的思想为基础，领袖自己就能领导民众完成他们的使命。该思想部分来自尼采的“超人”观念，认为“超人”超出了传统道德的“群居本能”（herd instinct），因而达到了自我控制。此类领导理论中比较温和的是“克里斯玛”

① 叔本华（Arthur Schopenhauer，1788—1860），德国哲学家，唯意志论的创始人，认为意志是人的生命的基础，也是整个世界的内在本性，著有《意志和表象的世界》、《论自然界的意志》等。——译者注

② 中译本《查拉斯图拉如是说》，贵阳，贵州人民出版社，2004。——译者注

③ 中译本《论道德的谱系》，北京，三联书店，1992。——译者注

的思想，克里斯玛通常被理解为人格的力量。尽管罗斯福的“炉边谈话”和多数现代领袖都擅长通过运用电视传播技巧——更为温和，效果也丝毫不差——显示出克里斯玛型的素质，但典型的克里斯玛型领导通常被认为是强有力的人物（如希特勒、卡斯特罗、纳赛尔和撒切尔）。然而遗憾的是，像纳尔逊·曼德拉这样展露出真正道德权威的领袖，则是少之又少。

现代政治心理学从人的个性角度对领导现象展开分析。最早的尝试之一，是弗洛伊德和布利特（Wliiam C. Bullitt）1920 年代后期合作对威尔逊总统进行的颇具争议的心理学研究（Freud and Bullitt，1967）。拉斯维尔在其开创性著作《精神病理学与政治》（*Psychopathology and Politics*，1930）一书中指出，领导人主要受个人近乎病态的冲突所驱使，随后这些冲突根据为公共利益而采取的行动而合理化。巴伯针对政治领导所提出的一种现代分析也引起了广泛讨论（James Barber，1988）。他将重点放在所谓的“总统性格”上，根据两个关键变量将总统分为四类，这两个变量是：（1）就投入工作的精力而言，总统是主动的还是被动的；（2）就其对政治职位的感受而言，总统是积极的还是消极的。这四种类别包括：

- 主动—积极型；
- 主动—消极型；
- 被动—积极型；
- 被动—消极型。

主动—积极型总统包括肯尼迪、老布什和克林顿；主动—消极型总统有哈定[①]和里根。尼克松属被动—积极型，而柯立芝和艾森豪威尔则属被动—消极型。不过，因 2001 年 9 月 11 日美国所受恐怖袭击，乔治·W. 布什从被动—消极型变为更有冲劲和更主动的人物，这暴露了巴伯分析的局限性。

另外一种领导观则将领导看作社会学而非心理学的现象。换句话说，在这种观点看来，领导人是一定社会历史力量“创造”的。与其说领导人将自己的意志加诸世界，倒不如说他们是历史力量发挥影响的中介。马克思主义者就采取了这种解释方法，他们相

① 哈定（Warren Gamaliel Harding，1865—1923）美国第 19 任总统（1921—1923 年），共和党人，任内使国会通过建立联邦政府预算制度等法案，主持召开华盛顿限制海军军备会议（1921—1922 年），其政府腐败无能，声名狼藉。——译者注

波拿巴主义（Bonapartism）：一种融合了个人领导与保守民族主义的统治形态；对马克思主义者来讲，它体现了国家的相对自主性。

信历史发展主要决定于经济因素，这种影响主要反映在阶级斗争的进程中。因此，领导的个人性格就不如他们代表的更广泛阶级利益重要。马克思仍然承认**波拿巴主义**是个例外。这种现象出现于1851年法国的路易·波拿巴政变时期，在资产阶级失去了权力，而无产阶级尚没有力量夺权的条件下，产生了这样一种个人专政。但即使在这个例子中，马克思仍坚持认为，波拿巴式专政反映了法国人数最多的小农阶级的利益。与此类似，托洛茨基在分析苏联的斯大林主义时强调，斯大林的权力在很大程度上源于国家官僚机构的支配地位（Trotsky，1937）。社会学因素也为另外一种非常不同的思想提供了基础，即认为政治领导主要是集体行为的产物。勒庞（Gustav Le Bon）在其开创性著作《乌合之众》[*The Crowd*，(1895) 1960] 中分析了民众心理的动力，认为领导人受到群众集体行为的推动，而不是相反。

第三种领导理论主要从技术角度将领导看成理性或官僚的机制。根据这种观点，领导实质上是一种组织上的必然，源自任何复杂组织都具有的团结、统一和方向的需求。因此领导与官僚制是相辅相成的。现代大型组织都需要专业化和劳动分工，这又反过来产生了职位和责任的层级化。这种官僚领导符合韦伯所称的合法—合理型权威，该权威本质上是非人格化的，以正式的（通常是成文的）规则为基础。立宪政府的兴起无疑确保了权力赋予政治职位而非职位的个人拥有者，使得政治领导具有强烈的官僚色彩。但这又和民主压力相冲突，因为民主压力迫使政治领导人培养其超凡魅力并重视个人素质，以赢得和保有权力。

最后一种领导理论，将领导完全看作人为之物，是可以学习和练习的政治技巧。这种意义上的政治领导类似于操纵的艺术，可能是大众传播年代里民主政治的必然特征。为支持专制型领导人而建立的人格崇拜是这一方面最为生动的体现（如卡扎菲和萨达姆）。确实，许多典型的克里斯玛型领袖实际上也是被制造出来的。例如，斯大林靠营造对列宁的崇拜来支持自己的声望，广立列宁雕像，用他的名字为街道和城镇重新命名，将他受过防腐处理的遗体放在红场的陵墓里。在将自己和列宁的遗产联系在一起之后，斯大林自1930年代开始便将这种崇拜转移到了自己身上。

概念

人格崇拜（cults of personality）

人格崇拜（或领导崇拜）是政治领袖将自己描绘成为英雄或神一般人物的宣传手段。这种崇拜将领袖视为一切政治智慧的源泉与民族利益的可靠判定者，它意味着对领袖任何形式的批评或反对都是背叛或愚蠢的行为。人格崇拜通常出现在极权主义体制中，这种体制利用了可能的现代大众传播手段和国家压制来培养仪式化的偶像崇拜。至于日常宣传在何种层次上会变成完全成熟的“崇拜”，这一点在实践中尚不是很清楚。

与之相似，希特勒在纽伦堡集会上的表现也是史培尔（Albert Speer）精心安排的结果。他的每一个言语和动作都经过了细心的编排演练；整个事件的设计都是为了营造一种紧张情绪，到希特勒现身之时能骤然宣泄。现代民主政治人物在表现自我和个人看法方面的要求丝毫不减，尽管与群众集会及公开示威相比，适合电视时代的技巧要来得温和与细致。但领导仍然是人为之物，只是重点转向了电视技巧，利用声音的感染力，以及依靠媒体顾问或“抬轿人”。

领导的风格

领导风格指领导人意图实现其目标的策略和行为模式。道理很简单，领导人并不都是一个样，其领导风格也会非常不同。决定采用某种领导策略和方式的因素当然很多，其中最明显的包括：领导人的个性和目标，他所活动的制度框架，赢得和保有权力的政治机制，可用的大众传播手段，以及更广泛的政治文化的性质。我们可总结出三种不同的领导风格：

- 放任型领导（*laissez-faire* leadership）；
- 交易型领导（transactional leadership）；
- 改造型领导（transformational leadership）。

放任型领导的主要特点是领导人不愿意干预其个人责任之外的事务。这种领导人对内阁和部门管理采取“放手”的态度。里根就是这种领导人，他对政府的日常事务没有太大兴趣。乔治·W. 布什的情况也类似，他非常倾向于将职责委托给主要顾问人员，但 2001 年发动的反恐战争迫使他采用了更为直接的领导方式。放任型领导与意识形态领导并非全不相容，但它无疑要求意识形态目标只标出广阔的战略视野。这种领导方法的优点在于，由于给予部属较大责任，它有助于培养和谐一致与团队精神，使领导人从管理的重担中解脱出来，专注于政治和选举事务。另一方面，由于部长等高级官员拥有过大空间追求自我利益和自主行动，它也会使政府政策缺乏协调性。例如，伊朗—尼加拉瓜反政府武装事件表明，里根总统对他应该负责的中央情报局和白宫官员的活动知之甚少。

相较之下，交易型领导更多具有“抓权”倾向。他们对决策和政府管理的态度非常积极，但主要为实用的目标和考量所驱动，其中比较突出的目标包括维持政党团结和政府凝聚力，增强公众支持和选举公信力。这种领导人充当着经纪人角色，关注协商和解，保持对立个人、派别和利益的平衡，从而维护政府同僚的面子。美国的约翰逊和老布什、英国的威尔逊（Harold Wilson）和梅杰均可以看作交易型领导人。这首先是一种管理型，甚至是技术官僚治国型的领导方式，其优点是强烈的务实性，留有策略的弹性空间。主要缺陷是这类领导人会被认为是机会主义的谋略家，缺乏坚定原则或深刻信念。在 1992 年美国总统大选中，老布什承认他不了解自己所称的“梦想的事物”为何，对选情造成冲击，这也显示了交易型领导人的缺陷。

在改造型领导中，领导人与其说是协调者或管理者，不如说是鼓动者或梦想家。这类领导人不仅受到意识形态信仰的激励，而且也有将之付诸实践的个人决断力与政治意愿。他们不寻求妥协与共识，而是试图在政府内部、所属政党与公众那里动员支持力量，以实现个人梦想。加德纳（Howard Gardner，1996）指出，“领导人乃创作故事的人”。这类领袖的力量取决于领导人具体展现这个故事的程度以及在多大范围内引起更多公众的共鸣。

例如，戴高乐将军改变了法国政治领导的性质，确立了第五共和国的总统制，又将自己塑造成了“父亲般的人物”和“民族领袖”。英国的撒切尔夫人也有类似的领导风格，她上台伊始就公开宣布自己的目标是建立“有信仰的政府”。“戴高乐主义”和“撒切尔主义”等术语的不断使用，证明了这些领导人的意识形态梦想具有长久的影响力。布莱尔也属于此类领导人，他首先将工党改造为“新”工党，随后确保他的政府遵循“第三条道路”，而不再是旧式社会主义的发展模式，最后则确立了世界政治家的声誉。改造型领导人与民粹主义（民众主义）常常关系密切，这反映出此类领导人希望展现他们代表“人民”之关切和利益的形象。改造型领导提供了推动激进的社会、经济和政治改革计划的基础，尽管有这些优点，它仍助长了威权主义倾向并可能导致意识形态僵化。因此，撒切尔夫人本身可能就是撒切尔主义的受害者，她的领导风格专横，在不受选民欢迎时仍不肯改变政策，于是终于在 1990 年付出了代价。

概念

民粹主义（民众主义，populism）

民粹主义（源自拉丁语 *populus*，意思是“人民”）一般被同时用来描述一种独立的政治运动和某种政治思想传统。民粹主义运动或政党的特征，是主张在面对“腐败”的经济和社会精英时支持普通民众。作为一种政治传统，民粹主义反映了如下信念：人民的本能和希望为政治行动提供了主要的合法指导。民粹主义政治人物因此直接诉诸人民，宣称要直接表达他们最深层的希望和恐惧，而不信任一切中间组织。尽管民粹主义可以同任何事业运动或意识形态产生联系，但它常被认为隐含着威权性，“民粹主义”民主乃“多元主义”民主之敌。

姑且不论领导人采取什么领导风格，我们仍有理由相信，现代政治领导人比他们的前任面临着更大的挑战。这一点很重要，因为对领导人的态度以及所感知的领导效能，极大地影响着人们对政治过程的一般看法。领导人面对的第一个困难，就是现代社会可能更复杂并受到全球化的影响，政治人物发现他们几乎不可能完成某些事情。领导人因而注定会使人民失望，注定无法达到人民的期望。第二个困难是，领导人因旧意识形态和道德的确定性崩解而处于不利地位，这就更难创造出能激起普遍共鸣的动人故事。

第三个困难是，现代社会变得越来越多元化和分化。政治领导人因此发现，在共同文化和一套共享价值基础上建立政治诉求也越来越困难。最后一点，政治世界与非政治世界之间已产生了文化的鸿沟。政治领导人越来越多地由职业政治人物担任，其生活方式、敏感性甚至语言都同一般人的关切相去甚远。现代领导人非但没有激励并表达民众的希求，相反往往被认为是自私自利而且与人民脱节的。果真如此，人民会变得与传统政治更加疏离，可能还会到其他地方寻找政治领导的源头。

总　结

● 政治行政机构负责政策的贯彻执行。政治行政机构由核心的资深人物组成，大致相当于当下政府或行政当局。官僚行政机构由公务员或文官组成。政治/官僚的二分常因政策制定过程的复杂性而模糊化。

● 政治行政机构是国家机构的“顶级指挥所”，扮演多种领导角色，包括：代表国家出席礼仪场合，提供有关战略优先性的决策领导，动员民众支持政府，监督官僚机器，以及在国内或国际发生危机时采取主动行动。

● 总统制行政机构的权力集中在总统手里，总统同时具有国家元首和政府首脑的角色，但所面对的议会享有宪法和政治上的独立性。议会制中的总理/首相在两种重要关系制约下发挥作用：其一是总理/首相与内阁、部长/大臣和各部门的关系；其二是其与所属政党及权力来源之议会的关系。

● 媒体和选举政治往往集中关注个人特质和形象，国际事务和峰会提供了展示政治家风范的机会，日益复杂庞大的行政机构内部也需要政治和意识形态领导，这都增大了行政首长的权力。但是，政府和政党团结的重要性，维持议会支持的需要，以及控制四处扩张的官僚机器的困难也都制约了行政首长的权力。

● 人们通过不同方式理解政治领导。它被解释为：(1) 基于个人素质（如克里斯玛）的个人才能；(2) 一种社会学现象，领导人体现了特定的社会历史力量；(3) 一种组织上的必需，源自团结、统一和方向的需求；(4) 那些意图操纵同僚与大众的领导人能够习得的政治技巧。

● 各类领导人为实现其目标采用了非常不同的策略。放任型领导试图扩大下属职责，从而培养和谐一致与团队精神；交易型领导人充当经纪人，保持对立派别和利益的平衡；改造型领导则利用激励和提出个人梦想的能力来动员民众支持。

问题讨论

- 国家元首在什么环境下能发挥重要的政治作用?
- 劝说权是否是行政首长拥有的唯一权力?
- 总统和总理/首相，哪个权力更大?
- 集体性内阁制政府的原则是否值得维持?
- 强势领导应受人景仰还是令人恐惧?
- 人格崇拜是所有政治体系的特征，还是只存在于专制体系中?
- 我们是否得到了令人满意的领导人?

扩展阅读

Gardner，H.，*Leading Minds*（London：HarperCollins，1996）. 该书引人入胜地探讨了领导的本质与领导人的技能和策略。

Poguntke，T. and P. Webb.，*The Presidentialization of Politics*：*A Comparative Study of Modern Democracies*（Oxford：Oxford University Press）. 该书是检视“总统制治理逻辑”的主要著作，考察了国家间的差异。

Rhodes，R. and P. Dunleavy（eds），*Prime Minister*，*Cabinet and Core Executives*（Basingstoke：Palgrave Macmillan，1995）. 这本论文集分析了英国行政权力的定位。

Rose，R.，*The Postmodern Presidency*：*The White House Meets the World*，2nd edn（New York：Chartham House，1991）. 该书富有启发地检视了“没有胜者”（no win）的总统权力理论。

Wright，V.，B. Guy Peters，and R. Rhodes（eds），*Administering the Summit*：*Administration of the Core Executive in Developing Countries*（Basingstoke：Palgrave Macmillan，2000）. 这是一本有用的比较性导论，介绍了总理/首相的角色与核心行政的结构。

第 13 章

官僚机构

主要问题

本章讨论的主要问题如下：

- 什么是官僚制/官僚机构？
- 有哪些主要的官僚制理论？
- 官僚机构有哪些功能？
- 官僚机构是如何组织的？应如何组织？
- 为什么官僚人员如此有权力？官僚权力为何会扩张？
- 如何有效控制官僚机构？

对许多人来说，“官僚”（bureaucracy）[①]一词意味着无效率、漫无目标和费时耗力的繁文缛节。在政治领域，官僚机构指国家的行政机制，由负责执行政府事务的广大文官和公职人员组成。其他一些人支持马克斯·韦伯的观点，认为官僚制不仅存在于政府内，而且也是现代社会所有领域内存在的特别组织形式。但毋庸置疑的是，由于政府已经扩大，其职责范围也已扩张，官僚机构开始在政治生活中发挥日渐重要的作用。文官不能再被简单划为行政人员或政策执行者而不加重视；相反，他们是政策过程中的要角，有时候甚至管理着他们的国家。潜藏在代表和民主责任表象之后的，可能是“官吏统治”（rule by the offi-

---

① “bureaucracy”有着诸多不同的含义，它可以指一种由训练有素的专业人员根据固定规则不间断推行的行政管理体制，亦可指一种由职业行政官员而不是民选代表担任主要行政职务的政府管理体制（官僚制、官僚机构）；它可以指职业行政官员这个特殊的社会集团（官僚，官僚集团），亦可暗含贬义地指称某种带有特定缺陷的畸形管理，如文牍主义、不负责任、拖沓延误等等（官僚主义）。汉语中一个词无法概括这么多意义，所以本书将根据具体语境将其译为“官僚”、“官僚机构”或“官僚制”。——译者注

cials）的事实。因此，官僚力量的组织与控制是现代政治中最具紧迫性的问题之一，也是任何政治体系都无法轻易解决的问题。

13.1 官僚制理论

概念

官僚（官僚制，bureaucracy）

“官僚”（官僚制，字面意思是官吏的统治）在日常用语中是一个贬义词，意指没有目标的行政例行公事和繁文缛节。该词在社会科学中的意思较为具体和中性，指非民选官吏、政府行政机构和理性的组织行为模式。尽管人们对于官僚（官僚制）的存在场所和特点存在分歧，但却普遍同意抽象组织和规则统治的专业化行政是官僚机构的特征。在比较政府研究领域，“官僚”（官僚制）一词的含义相对清晰，它在这里指国家的行政机构，官僚人员就是非民选的国家官吏或文官。

有关官僚制的问题激起了人们强烈的政治热情。进入现代以后，官僚制给人的印象总是负面的。自由主义者批评官僚制缺乏公开性和责任，社会主义者尤其是马克思主义者斥之为阶级控制的工具，而新右派则认为官僚制服务于自身利益，且有着内在的无效性。这些对立观点背后正是对官僚制性质的深刻分歧。非常简单，“官僚”（官僚制）一词的不同用法如此之多，以至于试图提出一个整体性概念是不可能的。奥尔布罗（Albrow，1970：84－105）发现了至少七种现代官僚制概念：

- 作为理性组织的官僚制；
- 代表组织无效率的官僚制；
- 作为官吏统治的官僚制；
- 作为公共行政的官僚制；
- 作为官吏行政的官僚制；
- 作为组织的官僚制；
- 作为现代社会特征的官僚制。

这些对立的概念和用法，在某种程度上反映了各学科对官僚制的不同看法。例如，研究政府的学者从字面意义上将官僚制理解为“文案人员的统治”（rule by the bureau），也就是委任官吏的统治。因此，约翰·密尔在《代议制政府》中认为官僚制不同于代议制政府，后者是民选和负责之政治人物的统治。在社会学领域，官僚制一般被理解为特殊的组织形态，是一种行政体系而不是政府体系。这种意义上的官僚制不仅存在于民主和威权国家，而且在企业、工会和政党等内部都存在。另一方面，经济学家有时认为官僚制是特指的“公共”组织，其特征是通过税收体制获取资金，不受制于利润驱动，也无须回应市场压力。为了厘清这些不同的用法，我们将考察三种对立性的理论：

- 作为理性—行政机制的官僚制；
- 代表保守权力集团的官僚制；
- 作为政府过度供给源头的官僚制。

理性—行政模式

韦伯的著作一直主导着有关官僚制的学术研究。在韦伯看来，官僚制与传统或克里斯玛型权威相对，是以理性规则体系为基础的“理想类型”统治。他指出了官僚组织特征的一套规则，其中最重要的有：

- 权限固定且正式，由法律或规则予以规定。
- 存在秩序严格的等级体系，保证指挥链里的下级受到上级的明确监督。
- 业务管理以成文文件和档案制度为基础。
- 官吏的权威是非人格的，完全来自他们所在职位而不是个人身份。
- 官僚规则相当严格，足以使个人自由裁量权最小化。
- 官僚体系内的任命和升迁依据培训、专业知识和行政能力等职业标准。

从韦伯的观点来看，官僚制的核心特点是理性，因为官僚化反映了一种可靠、可预测和有效率（这点最重要）的社会组织手段的扩展。对韦伯来讲，官僚制完全是现代社会的典型组织形式，其扩张是不可避免的。这不仅是因为官僚制具有其他组织形式所没有的技术优越性，而且它还是经济、政治和文化发展的重要结果。官僚化的发展与资本主义经济的出现，特别是要求经济效率的巨大压力以及大规模企业单位的出现紧密联系。现代国家的发展及其责任向社会和经济领域的延伸也推动了强大的政府官僚机构的成长。

趋同论（convergence thesis）：一种认为社会经济因素将会促使资本主义和社会主义国家越来越相似的理论。

管理主义（managerialism）：一种认为阶级分工已为管理地位和官僚权力基础上的分工所取代的理论；这是一种技术专家统治论。

根据韦伯的观点，民主化的压力进一步刺激了官僚制的成长，而削弱了传统、特权和义务等观念，代之以公开竞争和贤能统治的理念。他相信，随着官僚行政形态的采用，“理性化”过程将会使所有工业社会，无论其名义上是资本主义还是共产主义，变得越来越同一。此后詹姆斯·伯纳姆（James Burnham）在《管理革命》（*The Managerial Revolution*，1941）一书中又发展了这种被称为**趋同论**的提法。这一论述**管理主义**的开创性著作指出，不管意识形态有多大差异，所有工业社会都是由经理、技术专家和国家官吏阶层进行统治的，这些人的权力归因于其技术和行政能力。

韦伯也意识到官僚制集优缺点于一身。首先，组织效率是以牺牲民主参与为代价的。官僚化会强化等级趋向——尽管它以功绩原则为基础，意味着命令是由高级官吏自上而下地发出，而不是由民众自下而上地传达。这将毁灭无产阶级专政的社会主义理想，韦伯预测这种专政将会演变成为“官吏的专政”（准确地讲，确是如此）。韦伯在这方面得出了与其朋友米歇尔斯类似的结论，米歇尔斯据其对政党的研究提出了“寡头统治铁律”。

不过，与米歇尔斯相比，韦伯对自由民主的前景较为乐观。虽然他认识到官僚倾向于寻求官僚组织的长期化并逾越其行政职权，但他相信，这种倾向至少可以通过选举竞争和制度性分权等自由主义手段而被抑制。韦伯所强调的另一潜在危险是，由于社会环境变得越来越非人格化和机械化，官僚的统治会导致“精神被束之高阁”（pigeon-holing of the spirit）。理性和官僚制将因此成为限制人类激情和个人自由的“铁笼”。

权力集团模式

将官僚组织视为权力集团的观点，主要来自社会主义（特别是马克思主义）的分析。马克思没有像韦伯那样提出系统的官僚制理论，但在其著作中仍能发现一些理论要点。马克思并未将官僚制看作复杂工业社会出现的结果，而将其与资本主义的具体要求联系起来。所以他不是很关心作为广泛社会现象的官僚制，而更为关注国家官僚机构所扮演的阶级角色，特别是他认为官僚制是一种维护资产阶级利益和资本主义制度的结构。

米利班德等新马克思主义者拓展了上述认定阶级倾向贯穿于国家官僚机构的分析。他们特别注意到，高级文官有能力充当保守的否决性团体，削弱甚至阻碍社会主义政府采取激进行动。正如米利班德所指出的那样，上层文官“是保守的，因为他们在各自的领域内，有意或无意地成了现存经济和社会精英的盟友”（Ralph Miliband，1969：123）。此中原因有多重。最明显的一点是，尽管对高层文官有政治中立的形式要求，但这些人拥有与工业巨头和企业经理人一样的教育和社会背景，因此也具有和后者一样的观念、偏见及一般看法。用以保证文官意识形态“正统性”的录用和升迁程序，也会限制年轻文官心怀激进或社会主义信念的可能性。

米利班德相信，高级文官趋向保守的最重要因素，是这些人不断地靠近统合资本主义世界。这是国家日渐干预经济生活、确保企业团体和文官不断发展关系的结果，而文官也总是根据私人资本主义的长期利益来界定“国家利益”。政府和企业间的人事流动反过来又强化了上述关系，国家官僚人员一般从私人部门录用，而文官在退休时又可获得待遇丰厚的再就业机会。

马克思恩格斯认为，官僚机构与国家一道，将会随着无阶级的共产主义社会形成而“消亡”，这个假设有效地解决上述官僚化问题。这使得马克思主义容易受到韦伯和米歇尔斯等社会科学家的批评，他们认为官僚制是一种普遍的社会现象，社会主义者所强调的公有制和计划经济只会巩固这种现象。

对后资本主义官僚制影响最大的马克思主义分析是托洛茨基的理论。在《被背叛了的革命》（1937）中，托洛茨基强调了“官僚堕落”的问题。根据他的观点，俄国的落后加上无产阶级在政治上的不成熟，制造了国家官僚扩张和阻碍社会主义进一步推进的条件。斯大林主义纯粹是处于支配地位的官僚利益在政治上的反映，完全脱离了群众。托洛茨基认为官僚是可以通过革命清除的社会阶层，而南斯拉夫的异议者吉拉斯（Milovan Djilas，曾为铁托元帅的老战友）则将官僚描绘成一个“新阶级”。在吉拉斯看来，在正统共产主义政权中，官僚的权力来自其对生产资料的控制（Djilas，1957）。

人物

列夫·托洛茨基（Leon Trotsky，1879—1940）

俄国马克思主义政治思想家和革命家。托洛茨基是列宁政党理论的早期批评者，1905 年圣彼得堡苏维埃革命的领导人，1917 年加入布尔什维克，先后任苏俄外交人民委员和战争人民委员。1924 年列宁去世，托洛茨基处境孤立，在党内斗争中落败，1929 年被驱逐出苏联，1940 年在墨西哥遭暗杀身亡。托洛茨基对马克思主义的理论贡献包括他的“不断革命论”、对国际主义的一贯支持，还有他对斯大林主义中“官僚堕落”的分析。他的主要著作有：《结果与前景》（*Results and Prospects*，1906），《俄国革命史》（*History of the Russian Revolution*，1931），《被背叛了的革命》（*The Revolution Betrayed*，1937）

官僚过度供给模式

理性选择和公共选择理论的出现，推翻了那种认为只有左派才会批评官僚制的观点。它们对新右派影响相当大，尤其是促进形成了新右派有关国家性质和“大”政府兴起的观点。这种官僚制模式的核心是关注官僚人员自身的利益和动机。理性选择理论的基本假定与新古典经济学一样，亦即个人乃追求自利的动物或效用最大化者。公共选择理论将这种经济决策模型应用到对公共部门的分析上，这在美国尤为盛行，弗吉尼亚的政治分析学派经常采用这一理论。

尼斯坎南（William Niskanen）在《官僚制与代议制政府》（*Bureaucracy and Representative Government*，1971）中指出，不管其公仆形象怎样，官僚首先受到职业自利的驱使，因而意图扩张所在机构并增加预算。这是因为官僚机构扩张能够保障工作安全，增加晋升机会，提高薪金，使上层官吏拥有更大权力、优遇和特权。因此，官僚机构有着强大的内在驱动力，这造成政府自身的扩张和公共责任的增加。在新右派看来，委任官吏能够就政策选择向民选官吏发号施令，这有助于解释意识形态信仰非常不同之政府所领导的国家扩张是如何发生的。与此类似，官僚人员天生一副社会民主派的形象，对意图缩小国家责任范围的新右派而言也有重要的意涵。新右派相信，道理很简单，除非官僚权力受到制约或规避，否则任何追求自由市场政策的努力都注定会失败。

新右派的批评还聚焦于国家官僚机构的非市场特性，他们对私人部门和公共部门作了惟妙惟肖的比较。根据这种观点，企业、公司等私人部门同时受到内在与外在因素的影响。对企业的主要内在影响是利润最大化的要求，它推动企业不断降低成本以获得更好的效益。外在因素是企业运行在竞争的市场环境中，这迫使它们通过产品改进和价格调整来对消费者的压力作出反应。

相较之下，官僚机构并不受制于利润驱动。如果成本高于收入，则永远是纳税人“埋单”。同样，国家官僚机构居于垄断地位，因此无须被迫回应市场压力。结果是官僚机构（所有公共部门机构）浪费成性、毫无效率，而且它们提供的服务总是品质低劣，不能满足消费者的需要或期望。新右派这种“私人即好，公共即坏”的哲学要求国家官僚机构缩减规模，若无法做到，则应引进私人部门的管理技术。

公共选择理论的批评者通常认为新右派的理论存在缺陷，因为它将个人抽离出了其所在的社会环境。因此这种批评认为，人类总是理性自利的假定使保守的价值偏见融入了该理论当中。而另一些人则利用公共选择方法得出了截然不同的结论。如邓利维（Dunleavy，1991）认为，如果官僚个人是理性的行为者，那么他们更有可能喜欢工作表现策略，而不是像传统理性选择理论所称的那样采取预算最大化策略。

预算最大化优先的倾向当然与国家扩张相伴相生，缺乏市场约束时更是如此。然而，官僚却很难采取集体行动来达到这个目标。比起狭隘的财政利益来，高级官吏往往对与工作相关的利益更感兴趣。邓利维指出，拥有合意工作与轻松舒适的办公环境可能是官僚人员最优先的考虑。这是由于高级文官特别关注工作任务的重要性与带来的利益，同时还因为在公共部门工作能给他们创造相对适度的机会去提高薪水、工作安全度和晋升的期望。很明显，关心工作表现的高层官吏的活动方式，会与新右派魔鬼信仰中的谋求扩张者截然不同。

13.2　官僚机构的角色

官僚机构的职能

表面看来，官僚机构履行的职能很单一，但却非常关键。它们最基本的事务是执行或贯彻立法机构制定的法律和政治行政部门决定的政策。确实，其他政府职能（如代表、决策和利益表达）由各种不同的机构负责，而政策执行却独属文官的职责——尽管他们在政务首长领导下工作。再者，将官僚机构视为理性和客观机构的韦伯式官僚制模式，似乎要将行政世界与政治世界分离开。根据这种观点，官僚只是大机器中的小齿轮，是在固定等级内根据明确规定之规则活动的可靠和有效率的行政人员。但现实却非常之不同。尽管官僚形式上居于从属地位并要保持中立，但却能对政策过程施加相当大的影响力。他们在任何政治体系内都履行着多项重要职能。其中最重要的职能有：

- 行政管理；
- 提供政策建议；
- 表达和聚合利益；
- 维护政治稳定。

行政管理

官僚机构的核心职能是执行或贯彻法律与政策，因而负责管理政府事务。这也是官僚机构有时候被称为“行政”，而政治行政部门被称为“政府”的原因。这一区分意味着可以在政治人物的决策角色和官僚的政策执行角色之间划出清楚的界限。无疑，世界上绝大多数的文官都单独承担行政职责，涵盖福利和社会安全计划的执行、经济的管制、营业执照的发放，再到向国内外公民提供信息和建议等。因此，官僚机构的规模与政府的广泛责任关系密切。在整个 20 世纪，英国文官数量都是随着政府责任的扩张而增加的，1970 年代达到 735 000 人的最高值，但由于 1980 年代以来推行新自由主义政策，1996 年又减少到 499 000 人。自 1930 年代推行新政以来，美国联邦官僚机构规模明显增大，现在已发展到 250 多万人；苏联的中央计划体制甚至需要 2 000 多万国家官吏参与管理才能运转。

概念

行政（administration）

"行政"一词用法颇多。它可用来指行政部门中的高级官员整体，如"克林顿行政当局"（Clinton administration），在广义上则用来指协调与执行政策的工作。"行政"一词意味着协助或服务他人（其词根意思是"伺候某某"）。在这种意义上，所有文官都涉足行政。行政在较狭义上的意思是处理信息和维持控制。它在这种意义上是指高级官员的管理职责，与日常的执行工作相对。公共行政指公共政策借以实施的机制或制度，或者研究这些机制的学科。

然而，官僚仅仅适用规则和执行他人命令的工作人员形象可能具有误导性。首先，由于许多行政细节有待充实，文官在决定如何准确执行政策方面可有相当大的自由裁量权。其次，官僚机构所受控制的程度因国家的不同而差别巨大。再次，就作为政策顾问的能力而言，高级文官至少能够影响那些随后要交由他们执行的政策。

提供政策建议

官僚机构是政府获得政策信息和建议的主要来源，它们在政治上的意义基本源出于此。这种政策角色有助于我们区别高层文官和中低层文官，前者与政治人物常有接触，并有希望成为政策顾问，后者则负责较为常规的行政事项。因此，有关官僚政治意义的争论往往集中于高级文官组成的精英集团身上。从理论上讲，官僚与政治人物在政策方面应该有严格的分工。政策应由政治人物**作出**；而官僚仅仅提供**建议**。因此文官的政策作用可以归为两项职能：总结可资政府部长利用的政策选择，评估政策提议的影响和后果。高级文官的政策影响也受到进一步的限制：他们需要保持政治中立（如英国、日本和澳大利亚），或受制于政治任命制度（如美国）。

然而，我们仍有理由相信，文官在政策作用方面的政治意义要远甚于以上所述。例如，决策和提供政策建议之间没有明显的区别。道理很简单，决定是根据所获的信息作出的，这意味着决定的内容总是取决于所提供的建议。而且，官僚人员作为政治人物的首要来源，能够有效控制信息的流动：政治人物之所知即为文官之所诉。因此，文官可以隐瞒甚至"改变"信息以反映自己的偏好。官僚权力的主要源头，仍然是在官僚机构内部积累的专业技能和专门知识。由于政府责任扩张和政策变得更加复杂，"业余"的政治人物几乎必然要依靠"职业"的官僚顾问。

表达和聚合利益

庇护主义（clientelism）：政府机构服务于所负责管理或监督之受庇护团体的利益的一种关系。

官僚/官僚机构经常帮助表达并（有时）聚合利益，尽管这并非其正式职能。官僚机构执行政策并涉足制定政策与提出建议，与利益集团进行接触。由于统合主义趋势模糊了组织化利益和政府机构的界限，这种接触日益增加。医生、教师、农民和企业公司等团体由此成为"受庇护团体"（client group），相应政府机构为其提供服务，这些团体自身也成为信息和建议的宝贵来源。就其有助于维持共识而言，**庇护主义**对政治体系有一定益处。组织化利益利用接近政策制定的渠道，可以配合政府政策的制定与实施。另一方面，庇护主义也会干涉文官的公共责任。如在美国，某些管理机构最后竟为原本是其管制对象的产业部门所控制。当团体利益与官僚机构的利益沆瀣一气时，某种政策联结（policy nexus）就会形成，民主政治人物将发现这种联结很难打破。

维护政治稳定

官僚机构的最后一项职能是为政治体系的稳定和连续性提供一个支点。这一点有时在发展中国家尤为重要，一个受过训练的职业官吏群体的存在，可能是使政府实现有序和可靠管理的唯一保障。这种稳定在很大程度上取决于官僚的常任与职业地位：阁员和政府往复更替，官僚人员却常在。英国 1870 年诺思科特-特里维廉（Northcote-Trevelyan）改革创建的现代文官制度，就是建立在公正选拔、政治中立、常任和匿名基础之上的。即便在通过所谓的"政党分赃制"（spoils system）对高级官吏进行政治任命的美国，广大联邦官僚人员也是职业文官。

不过，连续性也有其弊端。在缺乏有效的公共审查和问责的情况下，它无疑会导致腐败。许多发展中国家都存在这样的问题，贫困和弱势群体的普遍化使腐败问题更加复杂化。在其他一些情况下，连续性还会在文官中滋生傲慢和褊狭的倾向，或趋向保守和偏见。职业文官可能会相信，比起民选政治人物来，他们更有能力确定公共利益或公意，因而觉得抵制激进或改良主义政治趋向合情合理，甚至自视为国家利益的捍卫者。

概念

腐败（corruption）

腐败一般指堕落或道德的败坏。如果权力滋生了支配的贪欲和对他人痛苦的麻木不仁，则可以说该权力是腐败的。更具体地讲，腐败是一个准法律术语，意思是由于追求私人利益而没有履行“适当”职责或公共职责。在多数情况下，腐败有着物质或狭义上的财务特征，最常见的政治表现是受贿或行为不检。某一机构或制度的腐败程度决定于多种因素，包括外部制约的有效性、行政纪律的严明程度、内部准则与规范的强度，以及一般经济发展水平。

官僚机构的组织

韦伯官僚制理论的缺陷之一，是它认为在效率和理性的驱动下，全世界都将采用本质上相似的官僚组织。韦伯的理想类型忽视了官僚机构组织的各种不同形式，以及官僚机构所运转之政治、社会和文化背景的差异。官僚机构的组织之所以重要，原因是，它影响政府的行政效率，也影响公共责任和政治控制可能实现的程度。不过随着压缩公共开支的压力增大——特别是 1980 年代以来，组织问题开始具有了更深层意义。这部分反映了新右派思想的发展，同时也是经济全球化的后果之一。因此许多国家都意图将其行政机构“合理化”，这个过程有时候被称为“改革政府”（reinventing government）。该过程还具有重要的政治意涵。

所有的国家官僚机构都是根据目的或职能以某种方式进行组织的，通过建立部门机构达到组织目标，这些机构负责一定政策领域的职责，包括教育、住宅、防卫、医疗以及税收等等。当然，这些部门机构的数目会随着时间的推移和国家的不同而有所变化，功能职责的分工或组合方式亦是如此。例如，2001 年 9 月 11 日美国遭到袭击后，小布什总统成立了白宫国土安全办公室，这个超级部门结合了移民、海关和国内安全机构，旨在确保充分协调，以应对恐怖主义威胁。

这些根据职能界定的官僚机构之最重要特点是其内部集权或分权的程度。英国的文官部门传统上是集权化的，有着共同的录用和晋升政策与统一的职业和薪金结构。1966 年的《富尔顿报告》（Fulton Report）在某些方面深化了统一文官体系的理念，要求废除文书、政务和行政评级的差别——这种差别类似于一种阶级制度，但有别于过去更加重视高级职位的“通才”（generalists）的做法，英国文官部门由此变得更强调专业能力和专门知识，从而强化了“部门主义”。此外，英国还建立文官部（后来取消）负责文官的录用、晋升和工作条件的改善，这也促进了官僚机构的自主性增强。

概念

部门主义（本位主义，departmentalism）

部门主义指一种官僚结构内强化个别部门或机构认同的离心力。这些机构因而能够追求其独立利益，抵制政治控制和一般的行政纪律。这种政府内部的独特文化受到某些因素的影响，如政府的政策职责、官吏群体的集体利益以及它们所服务之受庇护团体的利益。某些反部门主义的尝试——如调动官吏职位或进行严格的政治控制，可能会冒着使专业技术水平下降的危险。部长或高级官吏的部门化趋向——也就是被吸收到所在部门文化中——也会削弱上述尝试的作用。

在自由民主国家中，法国的官僚机构在传统上集权程度最高。英、德等国的官僚制是在改革和调整过程中形成的，法国的官僚制却是在拿破仑时代行政模式的基础上建立起来的。这种模式强调高度集权和等级结构中技术专家的重要性，并与法国的长期国家利益结合在了一起。行政法院（Conseil d’État）是法国最高行政机构，它就立法和行政事项提出建议，而且是最高行政法庭。国家行政学院和国家工艺学院负责培训文官，能为高级行政人员和技术专家树立崇高的威信。但这种严格训练和整齐划一的拿破仑模式从未完全实现。通才与专家之间、高级行政人员与低级文官之间、彼此对立的机构部门之间，特别是财政部和主要的支出部门之间仍然壁垒森严。

相比之下，美国的官僚机构则偏向地方分权。联邦官僚系统在行政首长——总统的正式权威下运转，但由于其相当分散和庞大，历任总统都不得不竭力协调和指挥其活动。造成这种状况的第一个原因，是联邦政府与州和地方政府职责重叠，需要各方协调才能确保政策的有效推行。权力分立的影响是第二个原因，总统职责之下的行政部门和机构通过各部部长主管施政，同时国会也成立了各种独立管制委员会，并提供财务资金。虽然总统任命这些委员会成员，但却不能撤换他们或干预国会赋予他们的职责。第三个原因是常任文官与数量较少的政治任命官吏之间存在紧张关系，前者经公开竞争考试录用，被归为普通级（General Schedule grades），较为关心所在机构的成长和所负责业务或计划的持久性；后者为所谓的 C 级职位（Schedule C posts），被期望能够优先效忠于行政当局。

1970 年代以来，传统的政府官僚结构受到了特殊的监督与压力。在极端情况下，这些监督和压力甚至企图重塑国家行政。例如，克林顿政府曾受到《改革政府》[①]（*Reinventing Government*，Osborne and Gaebler，1992）一书理念的极大影响。该书指出，政府的工作是“掌舵”而不是“划桨”，换言之，当政府只负责政策制定，而将服务或政治执行的任务交给其他代理机构时，其运行状态最为良好。理论上讲，这种取向并不必然要求国家责任的收缩，但其最热心的鼓吹者却无疑来自新右派，他们将上述分析作为他们攻击“大”政府的部分依据。

这些思想在美国和其他一些西方国家颇有影响。“授权国家”（enabling state）甚至“基干国家”（skeletal state）的建设在新西兰推进得最为深远，同时还影响到了英国。撒切尔和梅杰开始改革文官制度，布莱尔又进一步向前推进。这些理念也奠定了“新公共管理”的基础。1988 年的“后续行动”（Next Steps）是在这条道路上迈出的有意义的一步，它将各部职责限定于“核心”的政策职能，执行政策的责任交给行政代理机构。到 1996 年，英国 70%的文官在这种“后续”代理机构中工作，越来越多的政府工作被外包给私人机构承担。

---

① 中译本《改革政府》，上海，上海译文出版社，1996。——译者注

概念

新公共管理（new public management，NPM）

新公共管理广义上代表了公共部门的管理技术应用于政府工作当中，以及政府职责转移到私人机构中。新公共管理理念认为，政府应该“掌舵”（决定政策），私人机构应该“划桨”（提供服务），而公共机构应该具有“企业精神”。后者的例子包括，让管理者直接对结果负责，明确规定评估结果的目标，以及使用短期合同和开放录用策略。新公共管理代表了从等级制到市场、从政府到治理的整体转向。支持者认为它与“3Es”相联系：economy（经济）、efficiency（效率）和 effectiveness（效能）。批评者则称它损害了公共服务的精神，削弱了政府的责任；导致了大量新的管制或监督机构出现。批评者亦认为，“私人即好，公共即坏”的哲学有着根本的缺陷。

私有化（privatization）：国家资产从公共部门转移到私人部门，显示了国家责任的收缩。

为了弥补公共行政中的无效率和缺乏回应的缺陷，绩效目标（performance target）和质量评估（quality measurement）得到了广泛应用。1997 年以来，布莱尔政府一直努力将目标设定和绩效审核的文化推广到整个英国公共部门，使目标的完成同拨款挂钩，并愿意将“低绩效”部门公开曝光。与这些创新措施同时并进的，是准自治非官方机构在卫生、教育、城市发展及管制等行政服务部门的作用日益增大。1996 年，英国估计有 5 207 个准政府机构，每年花费 600 亿英镑（占整个公共支出的 35%），共雇有 60 000 名职员。但“退守国家”（roll back the state）最激进的举措却是**私有化**政策，1980 年代以来，电信、电力、天然气、水和地方运输等产业部门已从公有转为私有。公共—私人的伙伴关系也使私人机构在公用事业的融资和建设方面能够发挥更大作用。

当政府竭力控制公共开支时，上述发展，特别是政策建议和政治执行的分离，有可能变得更加普遍。然而，精简行政、提高效率和降低成本也要付出政治上的代价。其中最明显的是公共责任的削弱和“民主赤字”的出现。统一文官部门的优点之一，就是它支持了部长责任原则，从而保证委任官吏最终向民选政治人物负责，并通过他们向民众负责。而半独立执行代理机构以及——最重要的是——准自治半官方机构的成立，往往意味着部长大臣不再负责日常行政或业务事项。另一方面，政府改造的支持者则认为，利用许可证和其他绩效目标来提高交割要求标准，可以弥补这种不足。

焦点论述

准自治非官方机构（quangos）：优点与缺点

quango 是 quasi-autonomous nongovernmental organization 的缩写。这是一个意义非常不明确和混乱的术语。它在最广义上指所有履行政府职能，由受委任者而不是政治官员或文官组成的机构。因此，准自治非官方机构包括各种具有执行功能的机构以及顾问委员会和审查委员会。其半自治地位意味着它们是政府的外围组织；其非官方性则意味着它们是“非民选国家”（nonelected state）的一部分。

准自治非官方机构的优点如下：

- 它们使得政府能够获得外部顾问人员的经验、专长和专门知识。
- 它们减轻了官方政府部门和机构的工作负担。

准自治非官方机构也因如下缺点而受批评：

- 它们扩大了政治官员行使任命权（施与恩惠）的范围，从而促进了政治权力的集中。
- 它们削弱了代议机构监督政府工作的能力，从而损害了民主责任。
- 它们使公共行政更加支离破碎且缺乏系统，造成**巴尔干化**。

巴尔干化（balkanization）：指政治单位分裂为彼此敌对实体的现象（就像巴尔干地区经常发生的情况那样）。

第二个问题是，管理技术、管理结构和越来越多的人员从私人部门引入，会削弱国家官僚经营多年形成的文官精神理念。日本、印度、法国和英国等不同国家的文官文化都可能因其冷漠甚至傲慢而备受批评，但它们至少还与公益服务以及民族利益的理念——而不是私人利益和（关心利润的）企业家精神（entrepreneurialism）相联系。此外，在多数多元民主国家，这种公益服务文化也有助于控制腐败。

第三个问题是，尽管这种政府改造倾向于减少国家责任，但它在实际中仍会造成更大的中央集权和政府控制。原因在于，由于国家放弃了提供服务的直接责任，它不得不建立许多机构负责融资并履行管理职能。这反过来又使得政治人物通过任命权与设定绩效目标来行使原本属于职业官僚的权力（Jenkins，1995）。最后还有产生非预期结果的问题。推动经济、效率和效能的努力在实践当中可能会产生反效果。如苏联的经验显示，以指标为基础的“超理性”计划体制实际上会错误配置资源，造成许多荒谬的失误。

概念

部长责任原则（ministerial responsibility）

部长责任原则（“个人”责任）界定了部长/大臣与其所在部门之间的关系，至少在表面上保证了文官对公众负责。该原则在多数议会制国家，特别是英国得到了遵守。它有两个主要特征：其一，部长/大臣对其所在部门的行动和疏漏负责，维持着一种所有以部长名义作出的决定都是他亲自决策的假象：责任止于部长。其二，部长对议会负责，对所在部门一切事情负有责任，可因下属文官犯错或不胜任而被撤职。在理论上，部长责任原则形成了一种将文官通过部长和议会同民众联系起来的责任链条。但在实践中，它往往会屈从于当下政府的意志。

13.3　官僚的权力：是否失去控制？

官僚权力的来源

尽管官僚具有效忠并支持宪法的公职人员形象，但他们仍被普遍视为强有力和颇具影响的人物，共同构成了“政府的第四部门”。韦伯、伯纳姆和托洛茨基等观点各异的理论家都注意到了官僚权力的现象，并且看到了政治人物在某种程度上受控于官僚的趋势。日本的文官，特别是在颇有声望的通产省就职的职员，普遍被认为是策划 1950 年代和 1960 年代“经济奇迹”的“常任政治人物”。凯纳和克鲁瑟-汉特（Kellner and Crowther-Hunt，1980）则称英国文官是“英国的统治阶级”。与此类似，也有一种看法认为，欧盟货币和政治联盟背后的推动力，来自驻布鲁塞尔的欧洲委员会行政官吏，即所谓的“欧洲官僚”（eurocrats）。

那些对文官中立的传统说法嗤之以鼻的政治左派和右派人士，对官僚权力尤为关注。如上文所述，传统的马克思主义观点认为，阶级利益通过官僚系统发挥影响，而官僚系统尤为倾向于淡化社会主义政府推动的激进政策动议。新右派则坚持认为，自利的公职人员会推动国家的扩张，因而倾向于抵制自由市场政策。不过，有重要的一点我们须谨记：官僚权力的性质会（或许必然）掩盖于神秘与臆测之下。这是因为，若文官行使权力，他们需要与部长/大臣进行不受公众监督的私人交易，同时由于部长/大臣所受的压力无数，官僚的影响力实难估量。尽管如此，我们仍可确认出官僚权力的三个主要来源：

- 官僚在政策过程中所处的战略位置；
- 官僚与部长/大臣的对应关系；
- 官僚的地位与专长。

所有现代国家的政策过程在结构安排上都给文官留下了相当大的影响空间。最重要的是，文官凭借其作为政治顾问的能量，拥有接触信息的管道，能够控制信息向部长/大臣的流动。在政府专业部门当中，知识无疑就是权力，正是公务人员决定了部长/大臣们所能知晓的信息知识。因此，政策选项的选择、评估和表述方式就是为了作出官僚意图达成的决定。这当然不一定意味着官僚蓄意操纵什么，或者具有公开的政治性，而只是说他们的偏好——有意或无意地——在很大程度上影响政策辩论，并由此影响决定的内容。

官僚与组织化利益之间的联系进一步巩固了他们的地位。作为政府与企业、工会、专业人士和其他团体之间的主要中介者，官僚能构筑起强大的联盟，在制定与评估政策选项中扮演至关重要的角色。“政策网络”由此出现，这是一种高级官僚和利益集团代表之间的复杂关系，往往相对不易受到公众或民选政治人物的影响。不用说，就是政策决定形成之后，官僚权力也不会停止其影响。即便政治人物转而寻求其他的政策建议来源，他们也不得不将政策执行的责任交给官僚人员，不管后者组成了统一实体，还是一系列的半独立机构。控制政策执行使文官有机会重新解释政策，或拖延甚至阻挠政策的推行。

官僚权力的第二个来源，是部长/大臣与文官之间的业务关系和利益分配。表面上看，部长/大臣是政治上司，委任官僚乃忠诚的下属。但我们有理由相信，这种关系在实际当中是完全不同甚至倒转的。首先，政治官员的人数远少于主要官僚。以美国为例，即便是仅考虑高层的政治任命官员（须经参议院批准者），辅助总统工作的内阁部长也不到 20 人，但他们却要面对 600 多位高级文官。在英国，内阁大臣同政务次官（含）以上级别的文官比例为 2∶13。因此，政治官员的控制范围非常有限，这意味着有必要允许文官拥有相当的自由裁量权，以履行政策和行政职责。

其次，文官和民选政治官员的仕途之路不同。除了存在“政党分赃制”的国家（如美国），各国的文官都是常任的，政府往复更替，但他们仍可安居其位。相比之下，阁员的任职只是暂时的，在英国等内阁频繁改组的议会制国家中，阁员的任职时间平均只有两年。因此，新任阁员在学习有效管理本部门所需的经验和专门知识时，特别容易受到文官的影响，而一旦这种学习任务完成，又该另就他职了。文官则确信，他们待在本部门的时间很可能超过冷漠的政治上司。

文官具有的第三个优势在于他们是专职的政策顾问，而阁员只是兼职的部门首长而已。同时，由于政府事务的日益增加和复杂，内阁的工作负担也在加重，对阁员的时间和精力要求也越来越多，这包括内阁和内阁委员会的职责，不时的议会责任和选区工作，媒体露面，参加仪式和公共活动，以及对外访问和出席高峰会议等等。简单说来，不管阁员如何喜欢发号施令和顽强机敏，其作用也仅限于提供战略性的指导，他们明白多数政策细节和业务事宜都必须交由委任官吏来处理。

官僚权力的最后一个来源在于文官所获地位及尊重，两者主要来自他们的专长和专业知识。高级官僚在许多体系中都被看作贤能的精英，负有维护国家利益的重任。文官录用和培训中对功绩和成就的重视无疑反映了这一点。例如，德国的高级文官是经竞争性考试选拔而出，通常是法律专业的大学毕业生，他们接受了三年严格培训后，再参加第二次国家考试。法国则设有专门的国家行政学院，录用和培训高级通才型文官，与培养技术专家的国家工艺学院等学校相补充。日本官僚的考试录取率为 1/40，绝大多数竞争者是东京大学毕业生，70％的高级文官来自这所大学，其中又有 2/3 获得法学学位，如此严格的录用维持着日本官僚的精英地位。相对而言，未受整肃的日本官僚在战后重建尤其是在建立计划市场经济的过程中承担了重大责任，这也提高了日本官僚的地位。与此类似，英国的文官多为牛津大学和剑桥大学毕业生，入门程序严格，地位也很高。

相形之下，政府和内阁官员仓促上任，需要有人提供建议和支持。尽管政府在政党纲领和宣言基础上组建，但仍依靠文官将宽泛的政策目标落实为切实可行的立法方案。由于赢得选举和有效管理政府所需要的技能与素质并不相同，这个问题尤显严重。特别是在议会制中，阁员只能从十分有限的人才中选拔（议会多数党或多数党联盟的成员），他们或者很少拥有所在部门职权范围内的专门知识，或者缺乏管理大型组织的经验。

如何控制官僚？

弊政（maladministration）：管理不善；不当使用权力，有偏向性的适用规则，没有遵循程序或不称职。

官僚需加控制的观点反映了诸多的考虑。最重要的一点是，不受制约的官僚力量会摧毁代议和责任政府。欲使政治民主具有意义，委任官吏必须以某种方式向政治人物负责，后者又进而能对公众负责。确实，长期以来自由民主所受的批评之一，就是认为其在政党竞争和公共责任的幌子背后，隐藏着不对任何人负责的根深蒂固的官僚权力。因此，必须建立对抗腐败、**弊政**和滥用政府权力的保障机制。

同时，由于需要提高醉心于职业安逸和物质保障的官僚机构的效率，并以行政协调来对抗部门主义的离心力，政治控制的手段也是必需的。官僚自己会认为外在控制毫无必要，因为官僚机构已有严格之职业标准要求的自律性与深厚的文官精神理念，在德国、法国、印度和英国的常任文官身上这一点表现得特别明显。另一方面，这种文官文化可能正是问题本身而不是解决办法的一部分，它会使官僚基于“官僚最有权威”信念而表现出的傲慢自负变得根深蒂固。控制官僚的主要手段有：

- 建立政治责任机制；
- 使文官部门政治化；
- 建立平衡性官僚机构。

政治责任

我们可以使国家官僚机构对政治行政、议会、司法部门或公众负责。政治行政部门无疑是其中最重要的机构，因为它对政府行政负整体责任，并与文官部门有密切的工作关系。

在自由民主制特别是议会制中，政治控制主要取决于对部长负责原则的尊重。这种原则认为部长单独就属下官员的行动和所在部门推行的政策对议会负责。英国的部长/大臣责任发展到极端，文官只对主管大臣负责。通过该原则实现政治控制的能力仍受到三个因素的阻碍。其一，如上文所论，现代官僚机构的专业技能、规模和复杂性实际上使阁员无法对其进行有效监督。其二，阁员不愿意因下属（或自己）犯错而辞职断送前途，总理/首相也不愿鼓励部长辞职以免激起不利舆论。其三，议会往往也缺乏使阁员或文官受到有效审查的专长和政治意愿。

议会监督有助于保证官僚在政治上负责。英国 1979 年通过的一项决定允许新成立的部门选任委员会对文官和阁员进行询问，含蓄地承认了大臣（部长）负责制的失败。有效的议会控制与资金的提供紧密联系。美国国会审核总统的预算，并在宪法上有权为各行政部门和机构拨款。这使国会委员会有机会调查各部门的工作，审查其预算，并将弊政和挪用公款曝光。但是国会的监督也会促使强大的联盟形成，如行政机构、与之相关的国会委员会和利益集团三者两两交易的所谓“铁三角”政策网络。

行政法（规定国家行政机构的权力及职能）被确定为独立公法部门的国家，还特别设有针对官僚的司法监督。许多欧陆国家因此设置了行政法院和法庭体系，被授权解决政府官僚机构和公民间的纠纷。在法国，Conseil d'État（行政法院）是最高的行政法院，全面监督法国各类行政机构，但也保护文官免受其政治上司的无端干涉，从而削弱了政治控制。

使官僚对公众负责可有正式与非正式多种方法。一种方法是调查官制度，始自斯堪的纳维亚国家，后推广到新西兰、澳大利亚、英国和法国等不同国家。调查官制度提供了一条昭雪个人冤屈的途径，但调查官却很少利用法律的力量，往往缺少强制执行决定的直接工具。英国的议会行政专员特别没有效率，因为公众不能直接申诉，而需由议员代为提出，而且公众也普遍忽视它的职责与功能。

概念

调查官（ombudsman）

调查官（ombudsman是斯堪的纳维亚语词，没有准确的英文对应词）属于国家委任官吏，职责是保护特定部门公民的权利，调查弊政的指控，包括不当使用权力、不符合程序以及一般的不称职等。调查官的作用是补充而不是取代行政法院或民选代表的正常申诉渠道。由于调查官关注更宽泛的行政道德，其调查和发现很少具有法律强制力。调查官制度可以强化监督与补救，但也被批评为只做表面文章（调查官缺乏执行权），过度取决于在职者的素质（常常是圈内人）。

官僚所受的非正式压力来自媒体和组织完善的利益团体。官僚人员认识到，不管正式责任机制存在与否，丑闻、腐败和行政不称职的曝光将会损害其地位和公共形象。因而1970年代美国民众对“水门事件”的关注，推动中央情报局（CIA）和联邦调查局（FBI）等政府机构对此事更紧密的监督。与此类似，正是由于法国《世界报》（*Le Monde*）揭露了绿色和平组织的彩虹勇士号船（*Rainbow Warrior*）沉没事件的真相，导致法国国防部长下台。另一方面，秘密文化渗透到整个国家行政机构，政府不透明，信息不公开，这可能会严重阻碍调查的进行。

政治化

施加政治控制最常见的途径之一，是将高级官僚吸收到具有意识形态热情的当下政府中。这实际上模糊了政治与行政、政治人物与公务人员的区别。这种控制显然要通过政治任命制度来实现。19世纪时美国总统杰克逊（Andrew Jackson）将政党分赃制予以制度化，当时他把约20%的联邦文官换成自己人。此后，每当新总统上台，行政部门就要“大换血”，约3 000个高级职位要通过政治任命，大部分要在11月大选到第二年新总统就职期间匆匆决定。其中只有不到200人是由总统亲自任命，其他职位则经总统同意后由高级政治官员来任命。

在德国，尽管政治任命的空间形式上有限，但职业禁止制度（*Berufsverbot*）使新任部长和政府能以给予全额退休金为条件裁撤部分官员，而任命立场与自己更接近的人。不过，隐秘性政治化更为普遍。英国1981年裁撤了文官部，有人据此断言高级文官正在被“撒切尔化”。批评源于撒切尔夫人有意采用新的资深任命制度，以及她广为宣传的晋升标准——他们“是否和我们站在一边”。布莱尔则因允许唐宁街资深政治顾问控制文官而受到指责。日趋政治化也成为法国行政部门的特点。约 500 个高级职位现在由政府的主要人物自行任命；1980 年代以来，这些被任命者往往有着强烈的党派色彩，与高级政治官员有着个人和政治联系。因此，法国高级文官现在更像政治帮派的大杂烩，而不是超越政党政治的统一机构。

高级官僚政治化的好处显而易见，它确保了该群体比政治中立的文官具有更高的忠诚和支持度。此外，那些相信政治中立永远只是神话的观察家则指出，国家官僚无可避免地具有某种政治偏向，公开的政治化要比地下的政治化更为可取。但是，政治支持同时还会带来严重的危害。首先，政治化恰好击中了职业和常任文官的核心理念。一旦当下政府根据政治立场选拔官僚，或鼓励他们信奉政府的意识形态，则官僚的任期就和民选上司一样短暂了。反过来，这又意味着知识和经验经过几任政府并没有什么积累，就像美国的情况那样，行政机构的变化造成了政府施政连续性的断裂。

再者，政治忠诚和贤能统治很难在文官体系内相容共存。在政治化的部门，职务任命依据的是政治归属关系和个人忠诚，而不是能力和训练；不仅如此，它还很难吸引高素质人才在不提供任何工作保障的暂时性岗位上工作。另一个更大隐忧则是意识形态热情会使文官无法看到政策计划的缺陷和危害。从此观点来看，政治中立的益处就在于它使官僚和政治人物保持一定距离，让前者能看到所需审查之政策选项的优缺点。例如，英国在 1980 年代轻而易举地推出了灾难性的“人头税”，这证明撒切尔夫人手下的中立文官在很大程度上已经无法插话了。

反官僚机构（counter-bureaucracies）

最后的政治控制机制是建立旨在支持或协助政治官员及平衡官僚的结构。其中最简单的制度是使用政治顾问或“局外人”，现在这几乎成为所有现代国家的特点。更重要的是，各种制度机构也已建立，以分担部长的工作并为其配备个人顾问。这一举措在英国有着特别的基础。希思①建立了中央政策审核小组（CPRS）；威尔逊设立了政策小

---

① 希思（Edward Heath）曾为英国保守党领袖（1965—1975 年），1970—1974 年任英国首相；下文的威尔逊（Harold Wilson）曾为英国工党领袖，1964—1970 年、1974—1976 年任英国首相。——译者注

组；撒切尔夫人在 1980 年代扩大了私人办公室的作用，并向政策研究中心（Centre for Policy Studies）、亚当·斯密研究所（Adam Smith Institute）等右翼思想库征求建议；布莱尔则加强了内阁办公室，向公共政策研究所（Public Policy Research and Demos）和民众（Demos）这样的机构征询意见。应用更普遍的机制是部长小内阁（cabinet ministérial），这在法国形成已久，后来意大利、奥地利等国家和欧盟也予以采用。小内阁是部长的私人顾问小组（在法国通常有 15～20 人），负责帮助部长制定政策，协助监督部门活动，同时还帮助部长履行其他各项职责。

美国的总统行政办公室（EOP）是平衡官僚权力最周全和成熟的机制。罗斯福总统在布朗罗委员会（Brownlow Committee）宣称"总统需要帮助"后随即建立了这一机构。总统行政办公室是总统的私人官僚机构，由数目渐多的委员会和办公室组成，雇用了约 1 400 名职员。主要机构有白宫办公室（包括总统最亲密的政治顾问）、管理和预算办公室（Office of Management and Budget，协助准备预算和立法草案）、国家安全会议（NSC，就防卫和外交问题提供建议）和经济顾问会议（Council of Economic Advisers，就经济政策向总统提供专业建议）等。

成立反官僚机构，是为了弥补业余、非常任和人数少的政治官员与专业、常任的职业官吏之间的不平衡。但这种政治控制也有缺陷。以美国的总统行政办公室为例，它与原政府机构功能重复，因而导致权限冲突和某种官僚之间的钩心斗角。这在国家安全会议与国务院之间常令人忧心的关系上表现尤为明显。

另一更深层的困难是反官僚机构会使政治控制问题复杂化，而不是解决这个问题。例如，撒切尔夫人在 1983 年撤销了中央政策审核小组，因为她相信该机构是当年大选中严重泄密事件的源头。与此类似，国家安全会议职员，包括海军陆战队军官诺斯（Oliver North），就是 1980 年代令里根政府惊魂不定的伊朗—尼加拉瓜反政府武装事件的核心人物。最后一点，允许政治官员自己挑选顾问人员会造成他们脱离政治现实的危险，他们只会听到自己想要听到的建议和信息。"水门事件"和伊朗—尼加拉瓜反对派事件均凸显了这个问题，当时的尼克松和里根总统之所以过分依靠总统行政办公室的顾问，部分原因是他们相信自己既无法信任也无法控制充满敌意的联邦官僚。

总 结

- "官僚"（官僚制）一词在许多不同意义上使用。它最初指与民选政治人物相对的官吏的统治。在社会科学中，它通常被理解为一种组织模式。现代政治分析学者则用它来指国家的行政机器，官僚人员就是非经选举产生的国家官吏或文官，他们可能会受制于政治控制，也可能不会。
- 主要的官僚制理论有三种。韦伯模式认为官僚机构乃理性—行政机构，是现代社会典型的组织形态；保守的权力集团模式强调官僚机构在很大程度上反映了阶级的利益，能够抵制政治控制；官僚过度供给模式则强调了文官追求职业自利所造成的"大"政府的趋向。
- 官僚机构的核心职能是通过管理政府事务执行或贯彻法律与政策。文官还在下列方面发挥着重要作用：向阁员提供政策建议，表达和聚合利益（特别是通过与受庇护团体的联系），当政府出现变动时维护政治稳定。
- 官僚机构在传统上根据目标或功能进行组织，因而分为部门、委员会和其他机构。其内部集权或分权的程度差别很大。但现代的趋势是政策制定与政策执行相分离，并吸收私人部门的管理技术（如果不是彻底私有化的话）。
- 由于官僚对民主责任构成了威胁，人们也对官僚权力表示担心。官僚权力主要源于：文官有能力控制信息流动并因此决定政治上司对情况的了解；他们作为常任和专职的公务人员享有相应优势；他们拥有专家和国家利益护卫者的地位。
- 可以利用各种方式控制官僚。可建立官僚对部长、议会、法院或调查官公开负责的机制；也可将文官部门政治化，使之具有当下政府的意识形态热情；还可建立反官僚机构，以提供替代性的建议渠道，并巩固民选政治官员的控制。

问题讨论

- 官僚人员是否真的"管理"着他们的国家？

- 能否对决策和提供政策建议作出明确区分？
- 文官能否做到政治中立？
- 文官若在政治上忠于某一立场，其收益能否大于成本？
- 控制官僚权力最有效的机制是什么？

扩展阅读

Beetham，D.，*Bureaucracy*（Milton Keynes：Open University Press，1987）．该书简明扼要地讨论了官僚制的模式与官僚权力的理论。

Bekke，H.，J. Perry and T. Toonen，*Civil Service Systems in Comparative Perspective*（Bloomington，Ind.：Indiana University Press，1996）．作者对世界不同地区的文官部门进行了广泛而缜密的研究。

Guy Peters，B.，*The Politics of Bureaucracy*（White Plains，NY：Longman，2001）．该书对官僚机构的政治和决策角色进行了百科全书式的探讨。

Self，P.，*Government by the Market? The Politics of Public Choice*（Basingstoke：Palgrave Macmillan，1994）．作者颇有洞见地探讨了按照市场竞争和效率原则进行的政府再造。

Verheijen，T. and D. Coombes（eds），*Innovations in Public Management：Perspectives from East and West Europe*（Cheltenham and Northampton，MA：Edward Elgar，1998）．作者从比较的角度分析了新公共管理的理念与影响。

图书在版编目（CIP）数据

政治学的思维方式/(英）海伍德著；张立鹏译. —北京：中国人民大学出版社，2014.10
（人文社科悦读坊）
ISBN 978-7-300-20181-8

Ⅰ.①政… Ⅱ.①海…②张… Ⅲ.①政治学-研究 Ⅳ.①D0

中国版本图书馆 CIP 数据核字（2014）第 237546 号

人文社科悦读坊
政治学的思维方式
［英］安德鲁·海伍德（Andrew Heywood） 著
张立鹏 译
Zhengzhixue de Siwei Fangshi

出版发行	中国人民大学出版社		
社　　址	北京中关村大街 31 号	**邮政编码**	100080
电　　话	010－62511242（总编室）		010－62511770（质管部）
	010－82501766（邮购部）		010－62514148（门市部）
	010－62511173（发行公司）		010－62515275（盗版举报）
网　　址	http://www.crup.com.cn		
经　　销	新华书店		
印　　刷	涿州市星河印刷有限公司		
规　　格	185 mm×260 mm　16 开本	**版　　次**	2014 年 10 月第 1 版
印　　张	23.75 插页 1	**印　　次**	2025 年 11 月第 10 次印刷
字　　数	394 000	**定　　价**	79.00 元